读懂“红船精神”

红旗出版社编辑部　编

红旗出版社

红旗出版社
RED FLAG PRESS
推动进步的力量

图书在版编目（CIP）数据

读懂“红船精神”/红旗出版社编辑部编.
—北京:红旗出版社,2018.12(2021.3 重印)

ISBN 978－7－5051－4836－9

Ⅰ.①读…　Ⅱ.①红…　Ⅲ.①中国共产党－党的建设－学习参考资料
Ⅳ.①D26

中国版本图书馆 CIP 数据核字(2019)第 000777 号

书　　名　读懂“红船精神”
编　　者　红旗出版社编辑部

选题策划　毛传兵　　　封面设计　李　妍
责任编辑　丁　鋆　　　版式设计　张春生

出版发行　红旗出版社
地　　址　北京市沙滩北街 2 号　　　邮政编码　100727
地　　址　杭州市体育场路 178 号　　　邮政编码　310039
编 辑 部　0571－85310806　　　发 行 部　0571－85311330
E - mail　rucdj@163.com

印　　刷　北京画中画印刷有限公司
开　　本　710 毫米×1000 毫米　1/16
字　　数　418 千字　　　印　　张　25
版　　次　2019 年 5 月第 1 版　　　2021 年 3 月第 6 次印刷
ISBN 978－7－5051－4836－9　　　定　　价　68.00 元

目　录

高层论坛

专家观点

媒体聚焦

牢记初心使命 永远走在前列

核心要义

高层论坛

专家观点

媒体聚焦

弘扬伟大精神　推动伟大实践

核心要义

高层论坛

专家观点

媒体聚焦

传承弘扬践行　要点释义答问

弘扬“红船精神” 走在时代前列

习近平

新华社编者按：2005 年 6 月 21 日，时任浙江省委书记的习近平同志在《光明日报》发表文章《弘扬“红船精神” 走在时代前列》，首次提出并阐释了“红船精神”，阐述了中国共产党的源头精神。2017 年 10 月 31 日，党的十九大闭幕仅一周，习近平总书记带领新一届中共中央政治局常委专程前往上海和浙江嘉兴，瞻仰中共一大会址和嘉兴红船，回顾建党历史，重温入党誓词，宣示新一届党中央领导集体的坚定政治信念。

红船劈波行，精神聚人心。“红船精神”所昭示的是永不褪色的精神丰碑。《人民日报》2017 年党的十九大召开后重新刊发习近平总书记当年的这篇重要文章，旨在不忘初心、牢记使命，重温“红船精神”，坚定理想信念，进一步推动党的十九大精神学习宣传贯彻，为实现党的十九大提出的奋斗目标、实现中华民族伟大复兴的中国梦提供强大精神动力。

1921 年 8 月初，中国共产党第一次全国代表大会在浙江嘉兴南湖的一条游船上胜利闭幕，庄严宣告中国共产党的诞生。这条游船因而获得了一个永载中国革命史册的名字——红船。

红船，见证了中国历史上开天辟地的大事变，成为中国革命源头的象征。红船，一直接受着人们特别是共产党人的瞻仰。20 世纪 60

年代，中共“一大”代表董必武同志两次重访南湖，即兴赋诗。改革开放以来，邓小平、江泽民、胡锦涛等党和国家领导人，亲切关怀党的诞生地，或瞻仰红船，或亲笔题词，勉励我们“沿着南湖红船开辟的革命航道奋勇前进”。2002 年 10 月，我调任浙江后，即怀着无限崇敬的心情，专程到嘉兴南湖瞻仰红船，接受革命精神教育。今年春节后的第一个工作日，浙江省委理论学习中心组成员来到南湖瞻仰红船，举行保持共产党员先进性教育活动专题学习会。在先进性教育活动期间，成千上万的共产党员从祖国各地来到南湖，看一次展览，听一次党课，学一次党章，观一次专题片，瞻仰一次红船，重温一次入党誓词。嘉兴市广泛开展以“精神传承、思想升华”为主要内容的“红船精神”大讨论活动，有力地促进了先进性教育活动。

红船劈波行，精神聚人心。红船所代表和昭示的是时代高度，是发展方向，是奋进明灯，是铸就在中华儿女心中的永不褪色的精神丰碑。“红船精神”同井冈山精神、长征精神、延安精神、西柏坡精神等一道，伴随中国革命的光辉历程，共同构成我们党在前进道路上战胜各种困难和风险、不断夺取新胜利的强大精神力量和宝贵精神财富。80 多年来，“红船精神”一直激励和鼓舞着我们党坚持站在历史的高度，走在时代的前列，勇当舵手，引领航向，不断取得革命、建设和改革的一个又一个胜利。

“红船精神”——党的先进性之源

一个大党诞生于一条小船。从此，中国共产党引领革命的航船，劈波斩浪，开天辟地，使中国革命的面貌焕然一新。伟大的革命实践产生伟大的革命精神。“红船精神”正是中国共产党革命精神之源：中国共产党历史上形成的优良传统和革命精神，无不与之有着直接的渊源关系。中国共产党作为中国工人阶级和中华民族的先锋队，从这条红船扬帆起航，就始终代表着中国先进生产力的发展要求，代表着中国先进文化的前进方向，代表着最广大人民的根本利益，在推动中国历史前进中发挥着无可替代的领导核心作用。正如党的十六大报告所明确指出的，党的先进性“归根到底要看党在推动历史前进中的作用”。红船正是走在时代前列的象征，“红船精神”就充分体现了走在时代前列的精神，这也就集中体现了党的先进性，是党的先进性之源。

中国共产党沿着红船的航向，以开天辟地、敢为人先的首创精神，始终站在历史和时代发展的潮头。20世纪20年代的旧中国，是一个半封建半殖民地的社会。十月革命一声炮响给我们送来马克思列宁主义，“五四”运动中工人阶级登上政治舞台，这都为中国共产党的诞生作了思想和组织上的准备。中国共产党正是顺应求民族独立、谋人民解放的历史使命，勇立社会历史发展的潮头，在南湖红船上宣告成立，从此使中国革命的历史翻开了崭新的一页。对此，毛泽东同志称之为“开天辟地的大事变”。董必武同志在故地重游中欣然命笔：“烟雨楼台革命萌生，此间曾著星星火；风云世界逢春蛰起，到处皆闻殷殷雷。”南湖红船点燃的星星之火，形成了中国革命的燎原之势，使四海翻腾，五岳震荡。我们党从这里走向井冈山，走向延安，走向西柏坡，由一个领导人民为夺取政权而奋斗的党，成为领导人民掌握政权并长期执政的党。

中国共产党扬起红船的风帆，以坚定理想、百折不挠的奋斗精神，矢志推动中国革命和建设事业不断前进。中国共产党是以马克思主义理论武装起来的先进政党。中国共产党的诞生，使中国革命从此有了坚定的理想信念和强大的精神支柱。在惊涛骇浪不断的革命大潮中，红船在升腾，共产党人的信念也在升腾。当初，党的“一大”会议在白色恐怖中召开，由上海转至嘉兴，在南湖红船上完成缔造中国共产党的使命，靠的是坚定的理想信念和百折不挠的革命精神。之后，我们党在长期艰苦卓绝的奋斗中，历经曲折而不畏艰险，屡受考验而不变初衷，由小到大，由弱变强，靠的还是坚定的理想信念和百折不挠的革命精神。中国共产党人不管风吹浪打，不怕急流险滩，始终坚定自己的理想和信念，以压倒一切敌人、战胜一切困难的大无畏英雄气概，矢志推动中国革命和建设事业的大船劈波斩浪、不断奋进。

中国共产党载着红船的意愿，以立党为公、忠诚为民的奉献精神，努力维护好、实现好、发展好最广大人民的根本利益。“革命声传画舫中，诞生共党庆工农”。中国共产党从诞生那天起，从来就没有自己的私利，而是以全心全意为人民谋福利为根本宗旨。密切联系群众是我们党区别于其他任何一个政党的显著标志。依水行舟，忠诚为民，成为贯穿中国革命和建设全过程的一条红线，也是“红船精神”的本质所在。肩负为人民谋利益的神圣职责和崇高使命，中国共产党人以自己的身体力行，宣传、发动和引领全国各族人民团结一心，和衷共济，英勇奋战，在推进中国革命和建设的进程中，不断维护好、实现好、发展好最广大人民的根本利益。

开天辟地、敢为人先的首创精神，坚定理想、百折不挠的奋斗精神，立党为公、忠诚为民的奉献精神，是中国革命精神之源，也是“红船精神”的深刻内涵。我们要高举“三个代表”重要思想伟大旗帜，始终保持党的先进性，就必须永远铭记我们党的“母亲船”，重温红船的历史沧桑，在继承和弘扬“红船精神”中永葆党的先进性，进一步激发为中国特色社会主义事业而奋斗的信念和力量。

“红船精神”对党的先进性建设具有重要意义

新世纪新阶段，我国已踏上全面建设小康社会、加快推进社会主义现代化的伟大征程。保持党的先进性，既面临着新的要求，也面临着新的考验。在新的形势下，继承和弘扬“红船精神”，对于加强党的先进性建设，进一步巩固党的执政地位，完成党的执政使命，具有十分重要的理论意义和实践意义。

“红船精神”是激励我们把握发展这一时代主题和党执政兴国第一要务，大胆探索、创新创业的强大思想武器。发展是当今时代的一大主题，也是党执政兴国的第一要务。加强党的先进性建设，首要任务就是提高领导发展的能力。当今世界处于深刻变化之中，综合国力的竞争日趋激烈，我国全面建设小康社会的进程中也出现了许多前所未有的新情况、新问题。“红船精神”昭示我们，在社会发展的进程中，我们不能因循守旧，刻舟求剑，必须勇立潮头，敢为人先，以创新的精神永葆党的生机和活力。面对新挑战、新机遇和新形势、新任务，我们要坚持和发扬“红船精神”，有敢于突破前人的勇气和智慧，自觉克服安于现状、不思进取的思想观念，坚持用创新的理论成果武装头脑，用创新的思想观念谋划工作，紧紧扭住发展不放松，与时俱进，开拓创新，不断推进建设中国特色社会主义的伟大事业。

“红船精神”是鼓舞我们坚定共产主义理想和中国特色社会主义信念，不畏艰险、艰苦奋斗的强大精神支柱。中国革命的航船是在惊涛骇浪中到达成功的彼岸的，中国改革和建设事业的航程同样不会一帆风顺。建设中国特色社会主义是一项前无古人的创造性事业，全面建设小康社会是一项空前艰巨的宏图伟业，在推进其发展的漫漫征程中充满了重重困难和各种风险。“红船精神”昭示我们，逆水行舟，不进则退。面对我们的基本国情和我们党的历史使命，没有坚定的理想和必胜的信念，没有不畏艰辛、励精图治的精神状态和艰苦奋斗、顽强拼搏的作风，就难以克服前进道路上的重重困难，难以战胜前进道路上的风险和挑战。我们必须坚持和发扬“红船精神”，坚定理想信念，增强忧患意识，居安思危，处盛虑衰，以共产党人的胸襟和眼界观察世界、判断形势，恪尽职守、脚踏实地，不怕艰难、坚韧不拔，矢志拼搏、艰苦创业，努力谱写全面建设小康社会、加快推进社会主义现代化的新篇章。

“红船精神”是鞭策我们牢记立党为公、执政为民本质要求和全心全意为人民服务的根本宗旨，求真务实、一心为民的强大道德力量。作为马克思主义政党，我们党自诞生之日起就以解放全人类、实现共产主义为己任，以全心全意为人民服务为根本宗旨。坚持立党为公、执政为民，始终保持党同人民群众的血肉联系，是马克思主义政党与生俱来的政治品质和最高从政道德，是衡量党的先进性的根本标尺。

“红船精神”昭示我们，党和人民的关系就好比舟和水的关系，“水可载舟，亦可覆舟”。革命战争年代，正是在“红船精神”引领下，我们党从民族大义和人民群众的根本利益出发，充分发动并紧紧依靠人民群众夺取了政权，从此成为在全国掌握政权并长期执政的执政党。改革开放以来，我们党经受着执政和改革开放的双重考验。党的先进性能否始终保持，党的执政地位能否不断巩固，根本取决于人民群众对党的信赖和拥护，而这又取决于我们党能否践行立党为公、执政为民的本质要求，取决于我们党能否团结带领人民群众求真务实、真抓实干。我们必须牢记“权为民所用、情为民所系、利为民所谋”的谆谆教诲，继续发扬“红船精神”，始终不渝地为最广大人民谋利益，坚持人民利益高于一切的政德，真正干出有利于党和人民事业的政绩。

在新的实践中继承和弘扬“红船精神”

“红船精神”是我们党创立时期坚持和实践自身先进性的一个历史明证。正如党的先进性不是与生俱来、一劳永逸的，“红船精神”也是具体的、历史的。我们要把“红船精神”贯穿于树立和落实科学发展观、构建社会主义和谐社会和加强党的先进性建设的实践上来。把握住这一点，就从根本上把握了“红船精神”的实质与核心，同时也就把握了党的先进性的真谛。

红船起航于浙江，既有历史的偶然性，也有历史的必然性。这是浙江的光荣，也是推进浙江发展的精神力量所在。联系浙江实际，我们要在新的实践中继承和弘扬“红船精神”，就必须结合当前正在开展的保持共产党员先进性教育活动，高扬理想的风帆，荡起奋发的双桨，乘着改革开放的浪潮，认真贯彻胡锦涛总书记对浙江工作提出的“努力在全面建设小康社会、加快推进社会主义现代化的进程中走在前列”的要求，做到学在深处，谋在新处，干在实处，再铸浙江改革开放和现代化建设新的辉煌。

第一，要深入实施“八八战略”，努力在树立和落实科学发展观方面走在前列。科学发展观是指导浙江实现更快更好发展的根本指南，深入实施“发挥八个方面优势、推进八个方面举措”的“八八战略”，是浙江落实科学发展观的具体实践。我们要不断深化对科学发展观的认识，不断提高用科学发展观来指导实践的自觉性和坚定性，不断推进“八八战略”的深化细化具体化，在经济社会发展中更加注重统筹兼顾、加强薄弱环节，更加注重经济增长的质量和效益，更加注重以人为本，实现和维护广大人民群众的切身利益。要坚持在贯彻中央宏观调控政策中把握经济发展全局，正确处理发挥市场机制作用与加强政府宏观调控的关系，确保经济平稳较快发展。要以主动的姿态推进经济结构调整和增长方式转变，切实把提高自主创新能力作为结构调整的中心环节，把建设节约型社会放在重要位置，把统筹城乡发展作为解决“三农”问题的着力点，把加快建设先进制造业基地和发展现代服务业作为结构调整的突破口，把深化改革、扩大开放作为根本动力，努力在更高层次上推动浙江的发展。

第二，要全面建设“平安浙江”，努力在构建社会主义和谐社会方面走在前列。构建社会主义和谐社会，是我们党根据当今时代社会实践发展的新要求和人民群众生产生活的新需要，而提出的建设中国特色社会主义的新战略、新举措。浙江在构建社会主义和谐社会方面具有较好的条件。特别是建设“平安浙江”的具体实践，为我省构建和谐社会打下了工作基础，积累了有益经验。我们要以建设“平安浙江”为载体，积极构建具有中国特色、时代特征、浙江特点的和谐社会。要建设“法治浙江”，发展社会主义民主政治，为构建和谐社会提供法制保障。要加快文化大省建设，增强构成浙江综合竞争力的软实力，为构建和谐社会提供智力支持和精神支撑。要坚持“效率优先、兼顾公平”，激发社会发展的活力和创造力，促进社会公平和正义，进一步做好关心群众生产生活特别是帮扶困难群众的各项工作，不断健全社会保障和社会救助体系，为构建和谐社会营造良好的氛围。要加强社会建设和管理，努力形成党委领导、政府负责、社会协同、公众参与的社会管理格局，高度重视并切实做好维护社会稳定的各项工作，为构建和谐社会提供良好的社会秩序。

第三，要切实增强执政本领，努力在加强党的先进性建设方面走在前列。党的先进性建设是关乎党生存、发展、壮大的根本性建设。要扎实抓好保持共产党员先进性教育活动，把“走在前列”的要求贯穿于先进性教育活动的全过程，做到谋划工作有“走在前列”的意识，学习动员有“走在前列”的内容，分析评议有“走在前列”的标准，整改提高有“走在前列”的要求，努力解决存在的突出问题，真正使我省先进性教育活动成为推进各级党组织自身建设的基础工程、提高党员思想政治水平和工作能力的素质工程、人民群众真正得到实惠的满意工程。要以改革的精神推进党的建设各项工作，围绕深化理论武装这一首要任务，深入研究如何全面贯彻“真学、真懂、真信、真用”的要求，坚定建设中国特色社会主义的理想信念问题；围绕建设高素质干部队伍这一总体要求，深入研究在选人用人、党管人才、政绩考核、能上能“下”、管理监督、基层基础等方面的一些难题，努力求突破、创特色、出成果；围绕保持党同人民群众的血肉联系这一核心，深入研究如何全面贯彻求真务实的要求，进一步转变作风，推进党风廉政建设和反腐败工作。同时，要把制度建设贯穿于党的思想、组织、作风建设之中。

总之，我们要在新的实践中继承和弘扬“红船精神”，在“红船精神”的激励和鼓舞下，不断强化前列意识，切实把“走在前列”的要求体现到精神状态上，贯彻到衡量标准上，落实到各项工作上，再接再厉，乘势而上，努力为全国大局作出积极的贡献。

（原载《人民日报》2017 年 12 月 1 日）

习近平在瞻仰中共一大会址和嘉兴红船时强调

铭记党的奋斗历程　时刻不忘初心
担当党的崇高使命　矢志永远奋斗

党的十九大闭幕仅一周，中共中央总书记、国家主席、中央军委主席习近平带领中共中央政治局常委李克强、栗战书、汪洋、王沪宁、赵乐际、韩正，于 2017 年 10 月 31 日专程从北京前往上海和浙江嘉兴，瞻仰上海中共一大会址和浙江嘉兴南湖红船，回顾建党历史，重温入党誓词，宣示新一届党中央领导集体的坚定政治信念。习近平发表重要讲话强调，只有不忘初心、牢记使命、永远奋斗，才能让中国共产党永远年轻。只要全党全国各族人民团结一心、苦干实干，中华民族伟大复兴的巨轮就一定能够乘风破浪、胜利驶向光辉的彼岸。

31 日上午，习近平等一下飞机，就来到位于上海市兴业路 76 号的中共一大会址。这座饱经沧桑的石库门建筑，1952 年 9 月修复并对外开放，在繁华的现代化都市中庄严肃穆。96 年前，1921 年 7 月，中国共产党第一次全国代表大会在这里举行，会议的主要议程是成立中国共产党。

习近平等在兴业路下车后，步行来到中共一大会址纪念馆。习近平在上海工作期间曾 3 次到这里。在这里，习近平首先瞻仰了中共一大会议室原址。这个 18 平方米的房间按照当年会议场景复原布置。习近平久久凝视，叮嘱一定要把会址保护好、利用好。习近平动情地说，毛泽东同志称这里是中国共产党的“产床”，这个比喻很形象，我看这里也是我们中国共产党人的精神家园。

随后，习近平等瞻仰了中共一大代表群像浮雕，参观了《伟大开端——中国共产党创建历史陈列》。“前赴后继、救亡图存”“风云际会、相约建党”“群英汇聚、开天辟地”等专题展区，陈列着大量实物和图片，有的还有雕塑和沙盘。习近平一边听取介绍，一边询问细节。他对着浮雕一一列数中共一大13名代表的姓名，感叹英雄辈出，也感叹大浪淘沙。习近平指出，建党时的每件文物都十分珍贵、每个情景都耐人寻味，我们要经常回忆、深入思索，从中解读我们党的初心。

题为《追梦》的视频短片，浓缩了我们党波澜壮阔的奋斗历程，习近平等驻足观看。习近平表示，我们党的全部历史都是从中共一大开启的，我们走得再远都不能忘记来时的路。

纪念馆宣誓厅，悬挂着巨幅中国共产党党旗。面对党旗，习近平带领其他中共中央政治局常委同志一起重温入党誓词。在习近平领誓下，铿锵有力的宣誓声响彻大厅，让现场所有人都深受感染，仿佛回到了那个风雨如磐的年代。习近平强调，入党誓词字数不多，记住并不难，难的是终身坚守。每个党员要牢记入党誓词，经常加以对照，坚定不移，终生不渝。

当天下午，习近平等从上海乘火车来到浙江嘉兴市，继续追寻中共一大足迹。当时，正在上海召开的中共一大因遭到上海法租界巡捕袭扰，紧急转移到浙江嘉兴南湖一条小船上继续进行，在船上完成了大会全部议程。红船由此得名并名扬天下。

微风习习、清波荡漾的南湖，下午4时40分许迎来了习近平一行。习近平等走到湖边，瞻仰红船，详细了解利用红船开展爱国主义教育等情况。习近平指出，小小红船承载千钧，播下了中国革命的火种，开启了中国共产党的跨世纪航程。

离开南湖，习近平等前往南湖革命纪念馆参观。这座纪念馆2006年6月28日由时任浙江省委书记习近平亲自奠基，2011年纪念建党90周年前夕落成开放。

纪念馆圆形序厅里，精美的红船雕塑栩栩如生，硕大的镰刀锤头图案鲜艳夺目，二者交相辉映，寓意中国共产党领航中国号巨轮破浪前行。习近平等由此进入以“开天辟地”为主题的展厅，先后参观了“探索救亡图存道路”“中国共产党成立”等专题展览。这里展出的实物和图片，同上海中共一大会址的展览互为印证，翔实记录了中国共产党诞生的历史全貌。习近平不时同其他常委同志交流。习近平表示，从纪念馆奠基那一刻起，我就一直想着落成后要来看一看，今天如愿以偿了，确实深受教育和鼓舞。在浙江工作期间，我曾经把“红船精神”概括为开天辟地、敢为人先的首创精神，坚定理想、百折不挠的奋斗精神，立党为公、忠诚为民的奉献精神。我们要结合时代特点大力弘扬“红船精神”。

参观结束时，习近平发表了重要讲话。他表示，我们全体中央政治局常委同志这次集体出行，目的是回顾我们党的光辉历程特别是建党时的历史，进行革命传统教育，学习革命先辈的崇高精神，明确肩负的重大责任，增强为实现党的十九大提出的目标任务而奋斗的责任感和使命感。

习近平指出，上海党的一大会址、嘉兴南湖红船是我们党梦想起航的地方。我们党从这里诞生，从这里出征，从这里走向全国执政。这里是我们党的根脉。

习近平强调，“其作始也简，其将毕也必巨”。98 年来，我们党团结带领人民取得了举世瞩目的伟大成就，这值得我们骄傲和自豪。同时，事业发展永无止境，共产党人的初心永远不能改变。唯有不忘初心，方可告慰历史、告慰先辈，方可赢得民心、赢得时代，方可善作善成、一往无前。

习近平指出，党的十九大擘画了党和国家事业发展的目标和任务，全党同志必须坚持全心全意为人民服务的根本宗旨，不断带领人民创造更加幸福美好的生活；牢记共产主义远大理想，坚定中国特色社会主义共同理想，一步一个脚印向着美好未来和最高理想前进；始终保持谦虚谨慎、不骄不躁的作风，不畏艰难、不怕牺牲，为实现“两个一百年”奋斗目标、实现中华民族伟大复兴的中国梦而不懈奋斗。

临行时，习近平同纪念馆工作人员亲切握手，勉励大家从党的光辉历史中汲取奋进的力量，在为党和人民事业不断做出贡献的同时书写好自己的人生篇章。大家报以长时间热烈的掌声。

中共中央政治局委员丁薛祥、李强、陈希和中央有关部门负责同志，上海市、浙江省有关负责同志参加上述活动。

（原载《人民日报》2017 年 11 月 1 日）

王沪宁在弘扬“红船精神”座谈会上强调

认真贯彻习近平总书记重要指示
大力学习弘扬“红船精神”　用伟大精神推动伟大实践

弘扬“红船精神”座谈会2017年12月4日在浙江嘉兴召开，中共中央政治局常委、中央书记处书记王沪宁出席会议并讲话。他表示，习近平总书记提出并阐释了“红船精神”的深刻内涵和时代价值，并在瞻仰南湖红船时强调要结合时代特点大力弘扬“红船精神”，让“红船精神”永放光芒。我们要认真贯彻习近平总书记关于弘扬“红船精神”等革命精神的重要指示，把学习贯彻党的十九大精神和习近平新时代中国特色社会主义思想引向深入，激励和鼓舞广大干部群众用伟大精神推动伟大实践，不忘初心、牢记使命、永远奋斗，为实现党的十九大提出的任务不懈努力。

王沪宁表示，“红船精神”集中体现了中国共产党的建党精神，是中国革命精神之源，昭示着中国共产党人的初心。它所承载的首创精神、奋斗精神、奉献精神，是激励我们党顽强奋斗、不断发展壮大的精神动力，是我们党立党兴党、执政兴国的宝贵精神财富，也是新时代坚持和发展中国特色社会主义的坚强精神支撑，要在走好新时代的长征路上，不断赋予其新的时代内涵、绽放新的时代光芒。要把弘扬“红船精神”同深化党的十九大精神学习宣传贯彻结合起来，牢牢把握习近平新时代中国特色社会主义思想这个主线，在学懂弄通做实上下功夫。要深化对“红船精神”等革命精神的学习宣传，加强理论研究阐释，加大宣传力度，开展形式多样的教育实践，引导人们积极投身新时代中国特色社会主义伟大实践。

中共中央政治局委员、中宣部部长黄坤明主持会议。

浙江省委、上海市委、中央党史研究室、中央文献研究室、浙江嘉兴市委负责同志和党史专家作了发言。部分省区市党委宣传部部长，中央有关部门负责同志，部分全国爱国主义教育示范基地主要负责人，社科研究机构和智库有关党史专家等参加会议。座谈会前，与会人员共同瞻仰了南湖红船，参观了南湖革命纪念馆。

（原载《人民日报》2017 年 12 月 5 日）

重温『红船精神』

思想建党之源

核心要义

一、“红船精神”提出的历史轨迹

在中国共产党90多年的奋斗历程中，几代中央领导集体一直注重党的革命精神的总结概括与提炼升华，党的各级组织高度重视对中国革命精神的倡导与弘扬。然而，长期以来，由于种种原因，中国共产党建党时期所蕴含的革命精神一直没有被总结概括和提炼出来，造成了中国共产党的革命精神史与中国共产党历史在时间序列上的不一致。习近平关于“红船精神”的论述，弥补了中国共产党创建时期的革命精神的空白，丰富和发展了中国共产党思想建党理论。

中国共产党的历史是一部让中国人民站起来、富起来、强起来的奋斗史，也是一部不断铸造崇高精神的文明史。

“伟大的革命实践产生伟大的革命精神。”[①] 1921年7月23日，中国共产党第一次全国代表大会在上海召开，8月初，在浙江嘉兴南湖的一条游船上胜利闭幕。中共一大南湖会议虽然只有一天的会议，但完成了建党最重要的议程，宣告了中国共产党的诞生。一条小船诞生了一个马克思主义政党，它“见证了中国历史上开天辟地的大事变，成为中国革命源头的象征”[②]。中国共产党建党伟业所蕴含的伟大革命精神，因此称之为“红船精神”。中国共产党的诞生，标志着“红船精神”的形成。“红船精神”不是凭空产生的，也不是在浙江嘉兴南湖红船上开一天会议就出现的，“红船精神”的形成有其深刻的时代背景和实践基础。近代中国救亡图存的历史任务是“红船精神”形成的历史依据；马克思主义是“红船精神”形成的理论来源；中华优秀传统文化是“红船精神”形成的文化根基；中国早

① 习近平：《弘扬“红船精神” 走在时代前列》，《光明日报》2005年6月21日。
② 习近平：《弘扬“红船精神” 走在时代前列》，《光明日报》2005年6月21日。

期马克思主义者的建党活动是"红船精神"形成的实践基础。

中华人民共和国成立后，为纪念中共一大在南湖胜利闭幕这一重大历史事件，宣传党的创建历史，保护管理中共一大南湖会址，嘉兴成立了南湖革命纪念馆，在南湖烟雨楼上陈列革命史料，包括仿制中共一大纪念船，并于1959年10月1日起正式对外展出。当地群众则把这条纪念船亲切地称之为"红船"。之后，红船就一直停泊在南湖烟雨楼前湖心岛东南岸边的水面上，向人们展示着当年中国共产党诞生的生动历史场景，接受着人们特别是共产党人的瞻仰。

2005年，在全党开展保持共产党员先进性教育活动中，嘉兴南湖作为党的诞生地，为了把教育活动与得天独厚的政治资源结合起来，使活动富有创意，有关领导决定以红船为载体，在党员中开展新时期"红船精神"的内涵及如何弘扬"红船精神"的大讨论。与此同时，决定采用向社会各界征集"红船精神"表述语的方式，让广大群众在参与中接受教育。

2005年春节后的第一个工作日，习近平率领中共浙江省委理论学习中心组成员来到南湖瞻仰红船，举行保持共产党员先进性教育活动专题学习会。在获悉嘉兴市秀城区（现南湖区）开展"红船精神"大讨论的信息后，习近平对这一活动予以高度重视和充分肯定，认为嘉兴市广泛开展以"精神传承、思想升华"为主要内容的"红船精神"大讨论活动，有力地促进了党的先进性建设。

在人民群众广泛讨论的基础上，习近平集中民智，立足全局，高瞻远瞩，将自己对"红船精神"和党的先进性建设的思考写成了理论文章，首次对"红船精神"进行了系统论述，明确指出："开天辟地、敢为人先的首创精神，坚定理想、百折不挠的奋斗精神，立党为公、忠诚为民的奉献精神，是中国革命精神之源，也是'红船精神'的深刻内涵。"认为"红船正是走在时代前列的象征，'红船精神'就充分体现了走在时代前列的精神，这也就集中体现了党的先进性，是党的先进性之源"。"'红船精神'同井冈山精神、长征精神、延安精神、西柏坡精神等一道，伴随着中国革命的光辉历程，共同构成我们党在前进道路上战胜各种困难和风险、不断夺取新胜利的强大精神力量和宝贵精神财富。”①

二、习近平关于“红船精神”论述的重大意义

习近平关于“红船精神”的重要论述，丰富和发展了中国共产党革命精神史宝库，丰富和发展了中国共产党思想建党理论，对推动新时期党的建设新的伟大工程具有重要的理论意义和实践意义。

（一）“红船精神”重要论述丰富和发展了中国共产党革命精神史宝库

作为在中国共产党伟大建党实践中产生的一种社会思想意识，即“红船精神”在20世纪初尽管就已经客观存在了，但是，在2005年习近平首次提出并系统论述“红船精神”之前，理论界和学术界习惯于把井冈山精神作为中国共产党一系列革命精神和优良传统的源头。习近平关于“红船精神”论述的提出，弥补了中国共产党创建时期革命精神理论阐述空白，完善了中国共产党革命精神链条的历史起点，实现了中国共产党革命精神史与中国共产党历史在时间序列上的高度一致，使中国共产党的精神思想史也更加系统和完整。因此，习近平关于“红船精神”重要论述的提出，第一次确立了“红船精神”是中国共产党革命精神之源的历史地位，从而极大地丰富和发展了中国共产党革命精神史宝库。

（二）“红船精神”重要论述丰富和发展了中国共产党思想建党理论

习近平关于“红船精神”的重要论述，是在2005年开展保持共产党员先进性教育活动大背景下提出来的，是对中国共产党如何始终保持先进性，永远走在时代前列这一重大现实问题作出深入思考而形成的重要理论成果。习近平关于“红船精神”的重要论述，阐明了伟大的建党实践孕育产生的“红船精神”，反过来，“红船精神”又为党的先进性建设提供了强大精神动力。中国共产党之所以能历经磨难而信念愈坚、饱尝艰辛而斗志更强、千锤百炼而愈加刚毅，由小变大、由弱变强，一个重要原因就是始终有强大的革命精神力量作为支撑。“红船精神”是中国共产党人科学思想理论、崇高理想信

---

① 习近平：《弘扬“红船精神” 走在时代前列》，《光明日报》2005年6月21日。

念、高尚道德情操、优秀政治品格、优良工作作风和积极精神风貌的结晶，充分体现了走在时代前列的精神，集中体现了党的先进性，是加强思想建党的宝贵精神财富。因此，习近平关于“红船精神”的重要论述是思想建党理论的重要成果，丰富和发展了中国共产党思想建党理论。

（三）“红船精神”重要论述对推动新时期党的建设新的伟大工程具有重要现实意义

“红船精神”蕴含着丰富的党建价值；它与中国共产党核心价值观具有内在一致性，与中国共产党的先进性和纯洁性建设具有正相关性，与学习型、服务型、创新型马克思主义执政党建设具有同向性。“红船精神”与思想建党具有高度的内在一致性，都充分体现了走在时代前列、保持党的先进性和纯洁性的要求，都体现了立党为公、全心全意为人民服务的价值追求，特别是都集中强调了坚定对马克思主义的信仰，坚定对社会主义和共产主义的信念的极端重要性。在新的形势下，继承和弘扬“红船精神”，对于提高思想建党水平，推进全面从严治党战略，具有十分重要的意义。

三、“红船精神”是习近平马克思主义建党学说中国化的具体展现

2005年6月21日，习近平在《光明日报》发表《弘扬“红船精神” 走在时代前列》的署名文章，首次公开提出“红船精神”，并深刻阐述了“红船精神”的主要内涵、历史地位和时代价值。“红船精神”是中国革命实践和中国革命精神的开篇和奠基，是推进中国特色社会主义实践的精神动力，是推进党的建设新的伟大工程的重要法宝。“红船精神”论述的提出，是对中国共产党革命精神史宝库的丰富和发展，是马克思主义建党学说中国化的具体展现，是习近平思想建党理论的重要成果。

习近平指出：“开天辟地、敢为人先的首创精神，坚定理想、百折不挠的奋斗精神，立党为公、忠诚为民的奉献精神，是中国革命精神之源，

也是‘红船精神’的深刻内涵。”[①]“红船精神”体现了中国共产党对中国近代以来历史规律的自觉认识、对历史任务的自觉把握、对实现最广大人民根本利益的自觉担当。

“红船精神”是走在时代前列的精神。中国共产党诞生所蕴含的“红船精神”，一方面是对马克思主义建党历史必然性学说的直接继承，即中国共产党的建立是直接源于马克思列宁主义的指导；另一方面又是对它的创新和发展，即在整个社会还处于自然经济历史阶段条件下，中国共产党人创造性地运用马克思主义建党学说于中国无产阶级解放运动，开天辟地第一次在中国历史上用劳动阶级自己的理论指导建立了自己阶级的政党——中国共产党，完成了建党伟业，并从此领导全体劳动阶级开始了改变自己命运的革命斗争。“红船精神”所代表和昭示的是时代高度，即顺应时代趋势、把握时代规律、引领时代潮流、解决时代课题，是中国共产党走在时代前列的本质体现和根本要求。

自建党以来，中国共产党人始终站在中国革命和建设的历史前沿，准确把握时代和世界发展的正确方向，将自身的发展同中国和世界的前途命运紧密结合在一起，不断推进马克思主义中国化、时代化，使马克思主义适应时代需要、回答时代课题。以毛泽东为代表的中国共产党人紧紧围绕中国革命和建设这个时代主题，创造性地建立并牢牢掌握无产阶级的领导权，实现了马克思主义同中国革命实际相结合的第一次历史性飞跃，创立了毛泽东思想。改革开放以来，中国共产党人秉承马克思主义关于共产党人应当担任带领无产阶级开创历史这一历史角色的要求，史无前例地开辟了中国特色社会主义道路，实现了马克思主义同中国当代实践和时代特征的有机结合，形成了中国特色社会主义理论体系。中国共产党存在的全部意义和价值就在于肩负起历史赋予的使命，解决时代提出的课题。中国共产党90多年来的历史就是一部不断走在时代前列的首创史、奋斗史、奉献史。由此，习近平指出，“红船正是走在时代前列的象征，‘红船精神’就

---

① 习近平：《弘扬“红船精神” 走在时代前列》，《光明日报》2005年6月21日。

充分体现了走在时代前列的精神"[1]。

"红船精神"是中国革命精神之源。习近平指出："红船，见证了中国历史上开天辟地的大事变，成为中国革命源头的象征。"[2]"'红船精神'同井冈山精神、长征精神、延安精神、西柏坡精神等一道，伴随中国革命的光辉历程，共同构成我们党在前进道路上战胜各种困难和风险、不断夺取新胜利的强大精神力量和宝贵精神财富。"[3]在中国共产党成长壮大的过程中，每一个历史发展阶段都形成了代表时代价值的独特精神。从中国共产党革命精神形成的时间序列看，"红船精神"是中国共产党革命精神的历史起点，是中国共产党在不同历史阶段形成的各种革命精神的价值基础，不仅构成中国共产党革命精神的基因与内核，而且成为其传承的动力之源。纵观中国共产党革命精神史，从"红船精神"到西柏坡精神，都是中国共产党优良传统和作风的集中体现，都是党在奋斗历史过程中积累的最宝贵的精神财富，都可以从"红船精神"的深刻内涵中追根溯源，都继承和发展了"红船精神"的精神实质，保持了"红船精神"的核心内涵，它们一脉相承，薪火相传，穿越时空，共同构成中国共产党革命精神史上最光辉、最具有里程碑意义的历史篇章；而党在革命、建设和改革开放以来形成的一系列革命精神，都在不同历史时间和空间里延续乃至升华了"红船精神"的基本内涵，并始终激励、推动着党的发展壮大。

由此，习近平指出："'红船精神'正是中国革命精神之源；中国共产党历史上形成的优良传统和革命精神，无不与之有着直接的渊源关系。"[4]习近平第一次确立了"红船精神"是中国共产党革命精神之源的历史地位，从中国共产党革命精神史的角度追溯了我们党革命精神的源头，填补了中国共产党从创建到大革命之间的革命精神空白，完成了中国革命精神的系列建构，实现了中国共产党革命精神史与发展奋斗史在时间序列上的高度一致，充分反映了共产党人构建自身精神体系的历史自觉，从而极大

---

① 习近平：《弘扬"红船精神"　走在时代前列》，《光明日报》2005年6月21日。
② 习近平：《弘扬"红船精神"　走在时代前列》，《光明日报》2005年6月21日。
③ 习近平：《弘扬"红船精神"　走在时代前列》，《光明日报》2005年6月21日。
④ 习近平：《弘扬"红船精神"　走在时代前列》，《光明日报》2005年6月21日。

地丰富和发展了中国共产党的革命精神史宝库。

"红船精神"是党的先进性之源。习近平指出："坚持立党为公、执政为民，始终保持党同人民群众的血肉联系，是马克思主义政党与生俱来的政治品质和最高从政道德，是衡量党的先进性的根本标尺。"①"红船精神"所体现的党的先进性，就是党在推动历史进程中始终代表人民利益，走在时代前列。中国共产党自成立那天起就公开宣布，党除了工人阶级和最广大人民群众的利益，没有自己的特殊利益。代表中国先进生产力的发展要求，代表中国先进文化的前进方向，代表中国最广大人民群众的根本利益，是我们党最根本的价值追求和终极目标。90多年间，中国共产党始终坚持"立党为公、忠诚为民"，自觉地将为公、为民、为国家、为民族作为自己的历史责任，把马克思主义普遍原理与中国革命具体实践结合起来，不仅始终坚持和捍卫党的无产阶级本质特性，始终代表无产阶级的利益诉求，而且总是依据客观形势变化，尽可能多地增进人民群众的福祉，解放最广大的人民群众；不仅代表无产阶级和广大人民群众的利益诉求，追求无产阶级和广大人民群众的解放，而且将这一诉求与整个国家的独立、整个民族的解放和长远的历史发展结合起来，将"政治解放""社会解放""人类解放"（马克思语）有机地结合起来。

"红船精神"构成中国共产党人基本的主体精神，化为党的思想宗旨、理想信念、制度规则和作风纪律，融入党的路线、方针、政策，形成一切为了人民、一切依靠人民，从群众中来、到群众中去的群众路线，表现为勇于自我批评、自我斗争、自我修正的高风亮节。在革命、建设和改革开放等不同历史时期，正是一批又一批共产党员恪守"红船精神"的初心，牢记为党和人民奉献一切的价值追求，共同构筑了中国共产党不断取得胜利的精神基础。

细数中国共产党90余年奋斗的精神历程，"红船精神"所承载的首创、奋斗、奉献精神，集中展现了中国共产党人科学的思想理论、崇高的理想信念、高尚的道德情操、优秀的政治品格、优良的工作作风，集中体

① 习近平：《弘扬"红船精神" 走在时代前列》，《光明日报》2005年6月21日。

现了党的先进性，而正是靠着这种先进性，“红船精神”才会在伟大的实践中凝聚起爱国精神，汇聚成时代精神，超越历史时空，焕发出永久的精神价值。习近平关于“红船精神”的论述，不仅丰富了马克思主义建党学说和中国共产党思想建党理论，而且为加强和改善党的领导、全面提高党的建设科学化水平提供了新的理论指导，为党领导全国人民实现“两个一百年”奋斗目标和中华民族伟大复兴的中国梦提供了坚强的思想保证。

四、“红船精神”是中国革命实践与中国革命精神的开篇和奠基

毛泽东在党的七大上引用《庄子》“其作始也简，其将毕也必巨”，以形容党的一大在党的发展史上的独特地位。回首党的90余年历史，“红船精神”无疑在中国革命实践和中国革命精神的塑造历程中，占有开篇和奠基的历史地位。

“红船精神”第一次推动中国革命实践建立在马克思主义科学理论指导的基础之上。毛泽东曾在《论人民民主专政》一文中总结了鸦片战争以降，各个阶级的先进中国人寻求民族救亡图强的历史进程：自从1840年鸦片战争失败那时起，先进的中国人，经过千辛万苦，向西方国家寻找真理。洪秀全、康有为、严复和孙中山，代表了在中国共产党出现以前向西方寻找真理的一派人物。然而，在马克思主义广泛传播以前，先人们的探索始终没能找到真正有效的救国救民的真理。“五四”期间，各种“主义”传入中国①，形成了比春秋战国时期更复杂的百家争鸣局面。在中西文化的激荡和选择中，“‘五四’的那一代人”清醒地认识到：马克思主义作为一种科学的理论蕴含着巨大的变革现实的力量。正是基于马克思主义信仰的支撑，中国先进的知识分子选择了马克思主义，而这一选择深刻影响了

① 有人统计，1915年前“主义”一词共使用了约15000次，在几百种形形色色的主义中，总使用次数在100次以上的有11种。参见许纪霖、宋宏编：《现代中国思想的核心观念》，上海人民出版社2011年版，第542页。

中国现代的历史进程，开创了中国革命崭新的局面。

一条小船诞生了一个马克思主义政党，它“见证了中国历史上开天辟地的大事变，成为中国革命源头的象征”①。中国共产党建党伟业实践的精神结晶，就是“红船精神”。党的一大通过的党的第一个纲领表明，“中国的先进分子经过长时期的艰苦探索，找到马克思主义这个正确的革命理论，认识到只有社会主义、共产主义才能救中国。这是他们对中国革命问题认识的一次具有划时代意义的飞跃”②。马克思主义成为主流意识形态，成为中国先进知识分子改造中国的世界观和方法论，使鸦片战争之后中华民族逐渐失落、荒芜的精神家园在科学的理论和精神滋养下得到了新的开垦，中国革命的面貌就此焕然一新。历史反复证明，中国革命、建设和改革离不开马克思主义的指导，而科学的理论也必须同中国实际相结合，才能转化为推动中国经济社会不断发展进步的强大的物质和精神力量。

“红船精神”第一次推动中国革命实践建立在中国共产党领导的基础之上。“我们党一成立，就展开了中国革命的新阶段。”③ 这是毛泽东在1945年对中国革命进程的一个重要论断。近代以来，围绕着民族独立和人民解放这一主题，中国各种阶级力量和政治派别先后提出过不同的救国方案，太平天国农民革命运动的精神融合了历代中国农民的均平思想、儒家的大同理想，并糅合了西方基督教的天国理想，资产阶级革命派则以三民主义进行革命精神动员，但最终都未能使革命成功。“1921年产生了中国共产党，中国就改变了方向，五千年的中国历史就改变了方向。我们共产党是中国历史上的任何其他政党都比不上的，它最有觉悟，最有预见，能够看清前途。”④ 从历史影响上看，红船见证中国共产党“开天辟地”的创建历程，引领了中国革命道路的前进方向，成为中国共产党探索救国救民道路的光辉起点。

---

① 习近平：《弘扬“红船精神” 走在时代前列》，《光明日报》2005年6月21日。

② 《中国共产党历史（1921—1949）》第1卷上册，中共党史出版社2011年版，第87页。

③ 《关于若干历史问题的决议》（1945年4月20日中共第六届中央委员会扩大的第七次全体会议通过），《毛泽东选集》第3卷，人民出版社1991年版，第952页。

④ 《毛泽东文集》第3卷，人民出版社1996年版，第397页。

中国共产党诞生所蕴含的"红船精神"，一方面是马克思主义关于共产党的阶级属性学说的直接继承——中国共产党从诞生之日起即自觉地以无产阶级为自己的阶级基础，以社会主义革命和无产阶级的解放为自己的奋斗目标；另一方面又是对它的超越和发展——中国共产党从诞生之日起就自觉地担当起阶级重任和民族重任，将社会革命和无产阶级解放同整个民族救亡的使命、与反封建的民主革命紧密地结合起来。中国近代革命的重大使命是由中国共产党担当的，这也印证了中国共产党的成立不仅是创建了一个全新的政党，更是塑造了一种全新的革命精神——"红船精神"，远承精卫填海、愚公移山的民族气概，近将马克思主义中国化，矢志推动民族、人民解放的历史伟业，带领人民推翻"三座大山"，赢得民族独立和人民解放，初步建起繁荣昌盛的社会主义大国，并在社会主义道路上实现中华民族伟大复兴的历史使命。

"红船精神"第一次把中国革命实践建立在独立自主地探索中国道路的历史起点上。中国近代以来各种政治派别分歧的焦点，集中在建什么国、走什么路的问题上。鸦片战争后 80 年的历史进程，整个中国社会始终存在着为解决"中国向何处去"的理论上的探求和选择。但无论是救国图存的"变法梦"，还是中体西用的"洋务梦"，抑或是资本主义的"宪政梦"，都没有得到成功。是中国共产党把马克思列宁主义和中国工人运动相结合，以开天辟地的"红船精神"走出了一条中国历史上从未走过的崭新发展道路，开辟了一条从新民主主义走向社会主义的独特道路。历史表明，在中国建立社会主义，不能照抄照搬别国的模式，而要独立自主地走自己的发展道路，这才是符合中国国情的唯一正确的选择。

把马克思主义基本原理同中国具体实际相结合，走中国道路，是中国共产党最根本的历史经验，而这条道路的开辟，追根溯源正是启于"红船精神"。在红船开启的航程上，中国共产党人找到了适合中国国情的革命道路，找到了适合中国国情的改革发展之路。在此意义上，中国共产党的诞生及其中蕴含的"红船精神"，第一次把中国革命的实践建立在独立自主地探索中国道路的历史起点上。90 多年来，我们党紧紧依靠人民，面对国际共产主义运动处于低谷的现状，面对对外开放所带来的西方思潮的干扰，面对国内各种复杂的形势，把马克思主义基本原理同中国实际和时代特征相结合，独立自主地走自己的路，既不走封闭僵化的老路，也不走改旗易帜的邪路，始终沿着中国特色社会主义道路前进。

“红船精神”是中国共产党建党精神的集中体现。党的一大通过的第一个纲领和第一个决议是党诞生的重要标志，而党的创建者们在建党实践中所展现的首创、奋斗和奉献精神，正是中国共产党建党精神基本内涵的集中体现。中国共产党建党实践告诉我们，中国共产党建党群体中的大多数人是当时中国优秀分子的集中代表，是以天下为己任的理想主义者。他们站在新文化运动的起点上，超越了以往志士仁人的追求，怀揣着用马克思主义来“改造中国和世界”的理想，完成了“开天辟地的大事变”，充分展现了首创、奋斗和奉献的“红船精神”。而在中国共产党各个时期的革命精神中，也无不贯穿着这种精神。因此，习近平对“红船精神”基本内涵的理论概括正是中国共产党建党精神的集中体现，同时也为当代中国精神奠定了基础。习近平指出：“实现中国梦必须弘扬中国精神。这就是以爱国主义为核心的民族精神，以改革创新为核心的时代精神。”① 习近平亲切地把红船称为党的“母亲船”，要我们“永远铭记我们党的‘母亲船’，重温红船的历史沧桑”②。这也就是“其将毕也必巨”的历史价值。

五、“红船精神”昭示着中国共产党人的初心和使命

在2017年12月4日弘扬“红船精神”座谈会上，王沪宁提出，“红船精神”昭示着中国共产党人的初心。红船是中国共产党人的初心的代表，是中国共产党领导全国人民历经革命、建设、改革，探索中国特色社会主义伟大事业的根脉和灵魂。弘扬“红船精神”要不忘初心，牢记使命。

党的十九大报告把不忘初心，牢记使命写进大会主题。“不忘初心，

① 习近平：《在第十二届全国人民代表大会第一次会议上的讲话》，《人民日报》2013年3月18日。

② 习近平：《弘扬“红船精神” 走在时代前列》，《光明日报》2005年6月21日。

方得始终。中国共产党人的初心和使命，就是为中国人民谋幸福，为中华民族谋复兴。这个初心和使命是激励中国共产党人不断前进的根本动力。”[①] 为中国人民谋幸福，为中华民族谋复兴是中国共产党人的初心和使命的集中概括。

（一）带领人民创造幸福生活是中国共产党的奋斗目标

人民立场是中国共产党的根本政治立场，全心全意为人民服务是中国共产党的根本宗旨，带领人民创造幸福生活是中国共产党始终不渝的奋斗目标。正如党的十九大报告所指出的，人民是历史的创造者，是决定党和国家前途命运的根本力量。必须坚持人民主体地位，坚持立党为公、执政为民，践行全心全意为人民服务的根本宗旨，把党的群众路线贯彻到治国理政全部活动之中，把人民对美好生活的向往作为奋斗目标，依靠人民创造历史伟业。

人民立场始终写在共产党人的旗帜上，是共产党区别于其他政党的显著标志。马克思在《共产党宣言》中申明，过去的一切运动都是少数人的，或者为少数人谋利益的运动。无产阶级的运动是绝大多数人的，为绝大多数人谋利益的独立的运动。在纪念马克思诞辰 200 周年大会上，习近平总书记指出：“马克思主义博大精深，归根到底就是一句话，为人类求解放。”[②] 共产党人要始终把人民立场作为根本立场，把为人民谋幸福作为根本使命，坚持全心全意为人民服务的根本宗旨，贯彻群众路线，尊重人民主体地位和首创精神，始终保持同人民群众的血肉联系，凝聚起众志成城的磅礴力量，团结带领人民共同创造历史伟业。这是共产党人不忘初心、牢记使命的自觉担当。

得众者得国，失众者失国。人民就是江山，江山就是人民。“坚持不忘初心、继续前进，就要坚信党的根基在人民、党的力量在人民，坚持一切为了人民、一切依靠人民，充分发挥广大人民群众积极性、主动性、创

---

① 习近平：《决胜全面建成小康社会 夺取新时代中国特色社会主义伟大胜利——在中国共产党第十九次全国代表大会上的报告》，新华网 2017 年 10 月 27 日。

② 习近平：《在纪念马克思诞辰 200 周年大会上的讲话》，《人民日报》2018 年 5 月 5 日。

造性，不断把为人民造福事业推向前进。”① 党与人民风雨同舟、生死与共，始终保持血肉联系，是党战胜一切困难和风险的根本保证。共产党人要把人民放在心中最高位置，坚持全心全意为人民服务的根本宗旨，实现好、维护好、发展好最广大人民根本利益，把人民拥护不拥护、赞成不赞成、高兴不高兴、答应不答应作为衡量一切工作得失的根本标准，使我们党始终拥有不竭的力量源泉。

党的十八大以来，习近平总书记提出以人民为中心的发展思想，就保障和改善民生作出一系列重要论述。阐述中华民族伟大复兴的中国梦，强调“中国梦归根到底是人民的梦”；全面建成小康社会，强调“全面建成小康社会，一个也不能少，共同富裕路上，一个也不能掉队”；全面深化改革，强调“把改革方案的含金量充分展示出来，让人民群众有更多获得感”；全面依法治国，强调“努力让人民群众在每一个司法案件中都能感受到公平正义”；全面从严治党，强调“关键问题是保持党同人民群众的血肉联系”。从五位一体总体布局到四个全面战略布局，党的十八大以来的中国特色社会主义事业的发展实践，充分体现着党的十九大报告的要求，“坚持以人民为中心。人民是历史的创造者，是决定党和国家前途命运的根本力量”。把人民对美好生活的向往作为中国共产党人始终不渝的奋斗目标。②

（二）实现中华民族伟大复兴是中国共产党的历史使命

党的十八大闭幕不久，习近平总书记率中央政治局常委和中央书记处的同志来到国家博物馆参观《复兴之路》展览，提出，实现中华民族伟大复兴是中华民族近代以来最伟大的梦想。中华民族的昨天，可以说是“雄关漫道真如铁”；中华民族的今天，可以说是“人间正道是沧桑”；中华民族的明天，可以说是“长风破浪会有时”。中华民族伟大复兴的中国梦，反映了近代以来一代又一代中国人的美好夙愿，揭示了中华民族的历史命

① 习近平：《在庆祝中国共产党成立95周年大会上的讲话》，人民出版社2016年版，第18页。

② 习近平：《决胜全面建成小康社会　夺取新时代中国特色社会主义伟大胜利——在中国共产党第十九次全国代表大会上的报告》，新华网2017年10月27日。

运和当代中国的发展走向，指明了全党全国各族人民共同的奋斗目标。

"中国梦的本质是国家富强、民族振兴、人民幸福。"[①] 中华民族伟大复兴的中国梦是国家情怀、民族情怀、人民情怀相统一的梦。人民是中华民族伟大复兴的主体，中华民族伟大复兴必须紧紧依靠人民来实现，必须不断为人民造福。实现中华民族伟大复兴中国梦，意味着中国经济实力和综合国力、国际地位和国际影响力大大提升，意味着中华民族以更加昂扬向上、文明开放的姿态屹立于世界民族之林，意味着中国人民过上更加幸福安康的生活。中国梦是国家的梦、民族的梦，也是每一个中国人的梦。

中国共产党是民族复兴的脊梁，中国共产党一经成立，就义无反顾肩负起实现中华民族伟大复兴的历史使命，团结带领人民进行了艰苦卓绝的斗争，谱写了气吞山河的壮丽史诗：使具有5000年文明历史的中华民族全面迈向现代化，让中华文明在现代化进程中焕发出新的蓬勃生机；使具有500年历史的社会主义主张在世界上人口最多的国家成功开辟出具有高度现实性和可行性的正确道路，让科学社会主义在21世纪焕发出新的生机活力；使具有近70年历史的新中国建设取得举世瞩目的成就，中国这个世界上最大的发展中国家在短短30多年里摆脱贫困跃升为世界第二大经济体，彻底摆脱被开除球籍的危险，创造了人类历史的发展奇迹，让中华民族焕发出新的生机活力。

习近平总书记指出："实现中国梦必须走中国道路、弘扬中国精神、凝聚中国力量。"[②] 实现中华民族伟大复兴必须走中国特色社会主义道路。历史和现实充分证明，无论是封闭僵化的老路，还是改旗易帜的邪路，都是绝路、死路。只有中国特色社会主义道路才能实现国家富强、民族复兴。实现中华民族伟大复兴，要求我们不仅在物质上强大起来，而且在精神上强大起来。中华民族生生不息，中国精神薪火相传。实现中华民族伟大复兴，必须凝聚中国各族人民大团结的力量，也是海内外中华儿女共同的梦想。

---

① 习近平：《在接受拉美三国媒体联合采访时的答问》，《人民日报》2013年6月1日。

② 习近平：《在第十二届全国人民代表大会第一次会议上的讲话》，《人民日报》2013年3月18日。

行百里者半九十。空谈误国，实干兴邦。实现中华民族伟大复兴，全党必须准备付出更为艰巨、更为艰苦的努力。昨天的成功并不代表着今后能够永远成功，过去的辉煌并不意味着未来可以永远辉煌。时代是出卷人，我们是答卷人，人民是阅卷人。要实现党和国家兴旺发达、长治久安，全党同志必须保持革命精神、革命斗志。一代又一代中国人勠力同心、接力奋斗，中华民族伟大复兴就一定会实现。

（三）人民幸福民族复兴统一于中国特色社会主义实践

近代以来，随着西方列强的入侵，中国被动挨打，步入民族沉沦。中国人民既受封建主义压迫，也受帝国主义压迫，由此提出了民族独立和人民解放的历史任务。政治上的独立和解放，目的是经济社会的变革和发展，实现民族独立和人民解放，还必须从根本上改变国家的落后面貌，求得国家富强和人民富裕。民族独立和人民解放，国家富强和人民富裕，就是近代中国的两大历史任务。中国共产党从诞生起，就高举彻底反帝反封建的大旗，经过艰苦卓绝的奋斗，带领中国人民完成新民主主义革命，实现民族独立和人民解放。中华人民共和国成立后，中国共产党又带领中国人民历经曲折、持续奋斗，为中国发展富强、中国人民生活富裕奠定了坚实基础。

改革开放以来，“我们党团结带领中国人民进行改革开放新的伟大革命，极大激发广大人民群众的创造性，极大解放和发展社会生产力，极大增强社会发展活力，人民生活显著改善，综合国力显著增强，国际地位显著提高”[①]。开辟了中国特色社会主义道路，形成了中国特色社会主义理论体系，确立了中国特色社会主义制度，发展了中国特色社会主义文化。中国特色社会主义是改革开放以来党的全部理论和实践的主题，是党和人民历尽千辛万苦、付出巨大代价取得的根本成就。中国特色社会主义道路是实现社会主义现代化、创造人民美好生活的必由之路，中国特色社会主义理论体系是指导党和人民实现中华民族伟大复兴的正确理论，中国特色社会主义制度是当代中国发展进步的根本制度保障，中国特色社会主义文化

① 习近平：《在庆祝中国共产党成立95周年大会上的讲话》，《人民日报》2016年7月2日。

是激励全党全国各族人民奋勇前进的强大精神力量。

近代以来的两大历史任务，经过中国共产党领导人民在革命、建设、改革开放时期的不懈奋斗，今天就集中体现为使人民幸福和民族复兴。人民幸福和民族复兴是中国共产党人初心使命的当代概括。实现人民幸福和民族复兴，必须坚持和发展中国特色社会主义，不断以中国特色社会主义的伟大实践推进民族复兴的历史进程，实现人民幸福的价值追求。经过改革开放以来，特别是党的十八大以来的长期奋斗，中国特色社会主义进入了新时代。“在新时代，中国共产党人把马克思主义基本原理同新时代中国具体实际结合起来，团结带领人民进行伟大斗争、建设伟大工程、推进伟大事业、实现伟大梦想，推动党和国家事业取得全方位、开创性历史成就，发生深层次、根本性历史变革，中华民族迎来了从富起来到强起来的伟大飞跃。这一伟大飞跃以铁一般的事实证明，只有坚持和发展中国特色社会主义才能实现中华民族伟大复兴！”① 中国共产党人的初心和使命必然在新时代中国特色社会主义的伟大实践中不断实现。

2005 年习近平同志署名文章指出：“‘红船精神’一直激励和鼓舞着我们党坚持站在历史的高度，走在时代的前列，勇当舵手，引领航向，不断取得革命、建设和改革的一个又一个胜利。”② 党的十九大之后习近平总书记南湖重要讲话指出，上海党的一大会址嘉兴南湖红船是我们党的根脉。共产党人的初心永远不能改变。

（四）“红船精神”体现着为人民解放而奋斗的建党初心

红船建党是以为绝大多数人谋利益为宗旨的。党的一大之前，李大钊即明确指出，党的性质“不是政客组织的政党，也不是中产阶级的民主党，乃是平民的，劳动家的政党”③。“革命声传画舫中，诞生共党导工农”，党的一大的参与者董必武的诗充分点明了红船建党的初心所在，即为工农利益奋斗，为人民解放奋斗。

红船初心表明了中国共产党立党 90 余年历程中，基因和血脉的传延，

① 习近平：《在纪念马克思诞辰 200 周年大会上的讲话》，《人民日报》2018 年 5 月 5 日。
② 习近平：《弘扬“红船精神” 走在时代前列》，《光明日报》2005 年 6 月 21 日。
③ 《李大钊文集》第 4 卷，人民出版社 1999 年版，第 79 页。

立场和使命的坚守。党的十九大报告指出：“一九二一年中国共产党应运而生。从此，中国人民谋求民族独立、人民解放和国家富强、人民幸福的斗争就有了主心骨，中国人民就从精神上由被动转为主动。”① 中国共产党自诞生之日起，就勇敢担负起救国救民的责任，以全心全意为人民服务为根本宗旨，成为中国人民的主心骨。“红船精神”是中国共产党建党初心的代表，也是中国人民精神上由被动转为主动的重要标志。

在革命、建设和改革开放的长期奋斗历程中，中国共产党始终把人民解放、人民利益和人民幸福作为自己的奋斗目标。1927 年毛泽东在《湖南农民运动考察报告》中就号召要建立农会组织，组织农民力量，建立农民武装。在土地革命战争时期，为了解决农民土地问题，开展轰轰烈烈的土地革命，把封建半封建的土地所有制变为农民的土地所有制。抗日战争期间，毛泽东又指出，战争的伟力之最深厚的根源，存在于民众之中。1944 年毛泽东又在《为人民服务》的讲演中提出：“我们这个队伍完全是为着解放人民的，是彻底地为人民的利益工作的。”“中国人民正在受难，我们有责任解救他们，我们要努力奋斗。”② 在《论联合政府》中，毛泽东对中国共产党人的初心和出发点进行了清晰的概括：“我们共产党人区别于其他任何政党的又一个显著的标志，就是和最广大的人民群众取得最密切的联系。全心全意地为人民服务，一刻也不脱离群众；一切从人民的利益出发，而不是从个人或小集团的利益出发；向人民负责和向党的领导机关负责的一致性；这些就是我们的出发点。”③改革开放以来，以人民为中心，始终是中国共产党治国理政的理论和实践中不变的初心。邓小平提出社会主义的本质是解放生产力、发展生产力，消灭剥削，消除两极分化，最终实现共同富裕；江泽民提出“三个代表”重要思想，要求党要始终代表最广大人民的根本利益；胡锦涛提出的科学发展观，核心是以人为本；习近平新时代中国特色社会主义思想，坚持以人民为中心，把人民对美好生活

① 习近平：《决胜全面建成小康社会　夺取新时代中国特色社会主义伟大胜利——在中国共产党第十九次全国代表大会上的报告》，新华网 2017 年 10 月 27 日。

② 《毛泽东选集》第 3 卷，人民出版社 1991 年版，第 1004、1005 页。

③ 《毛泽东选集》第 3 卷，人民出版社 1991 年版，第 1094—1095 页。

的向往作为奋斗目标。这些都体现着对红船建党为民初心的继承、延续和发展。

（五）"红船精神"体现着富强国家振兴民族的建党初心

"红船"是中国共产党建党的原点、立党的起点、革命的出发地，追溯中国共产党的"初心"就必然指向"红船精神"。由红船开始的中国革命道路，开启了中华民族复兴的历史进程，"红船精神"成为照亮中国共产党前进道路的灯塔、引领中国共产党前进道路的旗帜。

中国共产党一经成立，就义无反顾地肩负起实现中华民族独立和复兴的历史使命，团结带领人民进行了艰苦卓绝的斗争，谱写了气吞山河的壮丽史诗。中国共产党砥砺奋斗的历程就是实现中华民族伟大复兴的历程。"为了实现中华民族伟大复兴的历史使命，无论是弱小还是强大，无论是顺境还是逆境，我们党都初心不改、矢志不渝，团结带领人民历经千难万险，付出巨大牺牲，敢于面对曲折，勇于修正错误，攻克了一个又一个看似不可攻克的难关，创造了一个又一个彪炳史册的人间奇迹。"[①] 坚守使初心永恒，奋斗使初心化为民族复兴的伟大实践。

中国共产党提出了"反帝反封建"的民主革命纲领，开辟了"农村包围城市，武装夺取政权"的新民主主义革命道路，开启了中国共产党领导实现中华民族独立和复兴的征程。实现了"占人类总数四分之一的中国人""站立起来"的愿望，表明"我们的民族将再也不是被人侮辱的民族了"[②]。为实现民族复兴的伟大目标创造了前提条件，扫清了发展障碍，奠定了坚实基础。国家独立，民族解放，开启了中华民族伟大复兴的新纪元。中华人民共和国成立后，完成社会主义革命，建立社会主义制度，为中华民族的伟大复兴奠定了重要的制度基础。党的八大期间，我们党提出，要用五十至一百年的时间，使中国变成富强的国家。1962 年的七千人大会上，毛泽东提出了要用 100 年的时间追赶甚至超越最先进的资本主义国家的战略目标。在革命和建设的历程中，中国共产党在理论和实践上对

① 习近平：《决胜全面建成小康社会 夺取新时代中国特色社会主义伟大胜利——在中国共产党第十九次全国代表大会上的报告》，新华网 2017 年 10 月 27 日。

② 《毛泽东选集》第 2 卷，人民出版社 1991 年版，第 633、637 页。

民族复兴这一历史课题艰辛而富有成效的探索，为后来者继续探索实现民族伟大复兴的正确道路奠定了基础、积累了经验、提供了镜鉴。

党的十一届三中全会召开，“解放思想、实事求是”的思想路线的重新确立，为在中国特色社会主义道路上实现民族复兴提供了政治理论基础。中国特色社会主义道路的开辟，为实现中华民族伟大复兴提供了方向路径；“三步走”的发展战略，为民族复兴提供了具体的路线图。党的十五大报告，提出“实现中华民族的伟大复兴”思想，提出了实现民族复兴的“新三步走”战略——在21世纪中叶实现中华民族的伟大复兴。党的十六大，提出在新世纪的头20年全面建设小康社会的奋斗目标。党的十八大报告，提出全面建成小康社会的任务，并明确宣布，建设中国特色社会主义，总任务是实现社会主义现代化和中华民族伟大复兴。党的十九大明确规划了到2020年、2035年、2050年的奋斗目标，为民族复兴的关键征程提供了重要航标。21世纪中叶，建成富强民主文明和谐美丽的社会主义现代化强国，中华民族将以更加昂扬的姿态屹立于世界民族之林。

（六）“红船精神”体现着谋求人类进步发展的建党初心

十月革命一声炮响，给中国送来了马克思列宁主义，中国共产党的创建有着重要的国际背景。无论是早期的共产主义组织，还是党的一大的召开，都是在共产国际的直接推动下实现的。“中国革命是世界革命的一部分”很长时间都是中国共产党人的革命理念的重要内容。在党的一大上，中共接受了马林所阐述的“国际无产阶级必须相互援助”的观念，同意接受共产国际的领导和财政援助，提出“联合共产国际”的纲领。在党的二大《宣言》中，提出了中国的反帝国主义的运动也一定要并入全世界被压迫的民族革命潮流中，再与世界无产阶级革命联合起来，才能迅速地打倒共同的压迫者——国际帝国主义。党的二大专门通过决议宣布加入共产国际，为其下属的一个支部。从组织上反映了中国革命是世界革命的一部分。所以，红船建党精神既包含着为民族谋独立、为人民谋解放的初心，也包含着为人类的解放和进步而奋斗的初心。

中国作为一个大国，世界变化影响中国，中国发展影响世界。建党初期，中国共产党主要是从世界革命的视角来关注中国与世界的关系。中国新民主主义革命的成功，也确实与20世纪前半叶世界革命的趋势和潮流有着密切的联系。经历着改革开放40年中国经济社会的发展进步，中国发展和世界进步的联系日益紧密。

党的十九大作出了中国特色社会主义进入新时代的重大判断。中国特色社会主义进入新时代，拓展了发展中国家走向现代化的途径，给世界上那些既希望加快发展又希望保持自身独立性的国家和民族提供了全新选择，为解决人类问题贡献了中国智慧和中国方案。并指出，中国特色社会主义新时代是“全国各族人民团结奋斗、不断创造美好生活、逐步实现全体人民共同富裕的时代，是全体中华儿女勠力同心、奋力实现中华民族伟大复兴中国梦的时代，是我国日益走进世界舞台中央、不断为人类作出更大贡献的时代”①。这个新时代的内涵中包括人民幸福、民族复兴和人类进步。习近平总书记进一步指出：“中国共产党是为中国人民谋幸福的政党，也是为人类进步事业而奋斗的政党。中国共产党始终把为人类作出新的更大的贡献作为自己的使命。”② 在2017年中国共产党与世界政党高层对话主旨讲话中，习近平总书记提出“三个为”和“三个一如既往”。中国共产党所做的一切，就是为中国人民谋幸福、为中华民族谋复兴、为人类谋和平与发展。中国共产党要一如既往为世界和平安宁做贡献；一如既往为世界共同发展做贡献；一如既往为世界文明交流互鉴做贡献。这是中国共产党赋予自己的神圣使命，彰显了马克思主义政党的胸襟与气度。在更高的历史坐标上，回应着红船建党的初心。

六、坚守初心和使命，永葆党的生机和活力

习近平总书记在“1·5”重要讲话中指出：“不忘初心，牢记使命，就不要忘记我们是共产党人，我们是革命者，不要丧失了革命精神。”“全

---

① 习近平：《决胜全面建成小康社会 夺取新时代中国特色社会主义伟大胜利——在中国共产党第十九次全国代表大会上的报告》，新华网2017年10月27日。

② 习近平：《决胜全面建成小康社会 夺取新时代中国特色社会主义伟大胜利——在中国共产党第十九次全国代表大会上的报告》，新华网2017年10月27日。

党同志必须保持革命精神、革命斗志，勇于把我们党领导人民进行了97年的伟大社会革命继续推进下去。”[①]

（一）坚守初心和使命必须在新时代有新气象新作为

“红船所代表和昭示的是时代高度，是发展方向，是奋进明灯，是铸就在中华儿女心中永不褪色的精神丰碑。”[②] 新时代弘扬“红船精神”，坚守初心使命，就要把“红船精神”作为奋进的明灯，在新时代有新气象新作为。正如王沪宁在“红船精神”座谈会上指出的，“红船精神”是激励我们党顽强奋斗、不断发展壮大的精神动力，是我们党立党兴党、执政兴国的宝贵精神财富，也是新时代坚持和发展中国特色社会主义的坚强精神支撑。

中国共产党是顺应时代潮流诞生的，也是在把握时代脉搏的历史进程中发展、壮大和成熟的。在当代中国，坚持和发展中国特色社会主义，必须把握时代特点、直面时代课题，在体现时代性、把握规律性、富于创造性中不断展现蓬勃的生机活力。把握潮流、创新实干是“红船精神”的集中体现，是中国共产党成功道路的突出特点。没有创新和实干，十月革命一声炮响，不会让中国的革命历史翻开新的篇章，一个50多人的政党经过28年的砥砺奋斗，最终在天安门城楼上宣布一个新的政权的诞生；没有创新和实干，中国共产党不会在大革命失败后坚定探索“农村包围城市，武装夺取政权”的革命之路，在一个东方大国，用马克思没有想过的道路实践了马克思的科学理论；没有创新和实干，中国共产党不会在历史浩劫之后开启改革开放伟大征程，在摸着石头过河的柳暗花明后，迎来中华民族伟大复兴的光明前景。创新和实干，让一条小船驶过急流险滩，终成万帆竞渡；创新和实干，让一条小船成为通江入海的巨轮，迎来伟大复兴的旭日东升。

党的十九大描绘了迈进新时代、开启新征程、夺取新胜利的宏伟蓝图。习近平总书记强调：“中国特色社会主义进入新时代，我们党一定要

① 《以时不我待只争朝夕的精神投入工作　开创新时代中国特色社会主义事业新局面》，《人民日报》2018年1月6日。

② 习近平：《弘扬“红船精神”　走在时代前列》，《光明日报》2005年6月21日。

有新气象新作为。”中国特色社会主义进入了新时代，这就要求中国共产党人要进一步解放思想、与时俱进，保持敢为天下先的精神，保持虎口夺食、猛虎扑食的干劲，敢于担当、勇于负责，求真务实、苦干实干，干出勇立潮头的新气势，干出改革发展的新境界。坚忍不拔、锲而不舍，奋力谱写社会主义现代化新征程的壮丽篇章。正如党的十九大报告所指出的，全党同志一定要勇于变革、勇于创新，永不僵化、永不停滞，团结带领全国各族人民决胜全面建成小康社会，奋力夺取新时代中国特色社会主义伟大胜利。历史只会眷顾坚定者、奋进者、搏击者，而不会等待犹豫者、懈怠者、畏难者。全党一定要保持艰苦奋斗、戒骄戒躁的作风，以时不我待、只争朝夕的精神，奋力走好新时代的长征路。

（二）坚守初心和使命必须进行具有新的历史特点的伟大斗争

党的十八大就已经指出，发展中国特色社会主义，必须准备进行具有许多新的历史特点的伟大斗争。党的十九大进一步指出，实现伟大梦想，必须进行伟大斗争。社会是在矛盾运动中前进的，有矛盾就会有斗争。我们党要团结带领人民有效应对重大挑战、抵御重大风险、克服重大阻力、解决重大矛盾，必须进行具有许多新的历史特点的伟大斗争，任何贪图享受、消极懈怠、回避矛盾的思想和行为都是错误的。①

人类社会是一个由许多矛盾构成的复杂矛盾体系，是在矛盾斗争中开拓前进的。认识并运用社会矛盾规律，坚持斗争、不懈斗争、在斗争中前进，是中国共产党人的本色。中国共产党是在斗争中成长壮大的党，是敢于并善于领导人民百折不挠开展斗争并在斗争中不断取得胜利的党。无论弱小还是强大，无论是顺境还是逆境，我们党都初心不改、矢志奋斗。中国人民能从悲惨境遇向着光明前途实现伟大历史转变，就是因为中国共产党带领人民以顽强的斗争精神进行了艰苦卓绝的斗争、持之以恒的奋斗。

“必须进行具有许多新的历史特点的伟大斗争”，这是党中央对世情国情党情新变化新特点的高度概括。从世情来说，2008 年爆发的国际金融危

---

① 习近平：《决胜全面建成小康社会 夺取新时代中国特色社会主义伟大胜利——在中国共产党第十九次全国代表大会上的报告》，新华网 2017 年 10 月 27 日。

机给世界带来巨大影响，世界加速进入大发展大变革大调整时期，国际力量对比发生新的此消彼长，出现了一系列新特点新趋势。就国情来说，经过40年改革开放，中国经济社会取得举世瞩目的成就，与此同时，中国改革处于攻坚期和深水区，在经济发展新常态下，中国经济社会发展处于一个新的历史阶段，面临着与改革开放初期不同的问题和矛盾，出现了一系列新特点新情况。就党情来说，一方面，党的领导和党的建设得到进一步加强；另一方面，党内存在严重的政治规矩、组织纪律松懈，管党治党出现宽松软和腐败问题。全面从严治党任重道远。

中国特色社会主义进入新时代，面临许多新情况新问题、新矛盾新挑战。全党要以更加自觉的精神状态积极开展伟大斗争，要更加自觉地坚持党的领导和中国特色社会主义制度，坚决反对一切削弱、歪曲、否定党的领导和我国社会主义制度的言行；更加自觉地维护人民利益，坚决反对一切损害人民利益、脱离群众的行为；更加自觉地投身改革创新时代潮流，坚决破除一切顽瘴痼疾；更加自觉地维护我国主权、安全、发展利益，坚决反对一切分裂祖国、破坏民族团结和社会和谐稳定的行为；更加自觉地防范各种风险，坚决战胜一切在政治、经济、文化、社会等领域和自然界出现的困难和挑战。全党要充分认识这场伟大斗争的长期性、复杂性、艰巨性，发扬斗争精神，提高斗争本领，不断夺取伟大斗争新胜利。

（三）坚守初心和使命必须勇于自我革命从严管党治党

党内出现不良作风和腐败现象，其重要原因是忘记了建党的初心、立党的使命。党的十九大报告指出，打铁必须自身硬。党要团结带领人民进行伟大斗争、推进伟大事业、实现伟大梦想，必须毫不动摇坚持和完善党的领导，毫不动摇把党建设得更加坚强有力；要把党建设成为始终走在时代前列、人民衷心拥护、勇于自我革命、经得起各种风浪考验、朝气蓬勃的马克思主义执政党。

勇于自我革命，从严管党治党，是我们党最鲜明的品格。要把新时代坚持和发展中国特色社会主义这场伟大社会革命进行好，我们党必须勇于进行自我革命。这既是我们党领导人民进行伟大社会革命的客观要求，也是我们党作为马克思主义政党建设和发展的内在需要。决胜全面建成小康社会的艰巨任务、实现中华民族伟大复兴的历史使命，对我们党提出了前所未有的新挑战新要求，影响党的先进性、弱化党的纯洁性的各种因素具有很强的危险性和破坏性。这决定了新时代党的建设新的伟大工程，既要培元固本，也要开拓创新，既要把住关键重点，也要形成整体态势，特别是要发挥彻底的自我革命精神。

中国共产党在自己长期奋斗的历程中，始终不忘初心，勇于自我革命。习近平总书记指出，以史为鉴可以知兴替。“功成名就时做到居安思危、保持创业初期那种励精图治的精神状态不容易，执掌政权后做到节俭内敛、敬终如始不容易，承平时期严以治吏、防腐戒奢不容易，重大变革关头顺乎潮流、顺应民心不容易。”[①] 党的先进性不是与生俱来、一劳永逸的，必须时时清洗自身，坚持从严治党，才能永葆先进。正是由于对这一点的深刻认识，1937 年毛泽东在致陕甘宁边区法院院长雷经天的信中才说，因为黄克功不同于一个普通人，共产党与红军，对于自己的党员与红军成员不能不执行比较一般平民更加严格的纪律。正是由于对这一点的深刻认识，邓小平才在改革开放开启后一再警告全党，不能手软，腐败的事情，我们下不了手，就会失去人心。要聚精会神地抓党的建设，这个党该抓了，不抓不行了。正是由于对这一点的深刻认识，习近平总书记严肃指出，新形势下，我们党面临着许多严峻挑战，党内存在着许多亟待解决的问题。尤其是一些党员干部中发生的贪污腐败、脱离群众、形式主义、官僚主义等问题，必须下大气力解决。全党必须警醒起来。

不忘初心，方得始终，全面从严治党永远在路上，要使红船开启的道路永远向前，我们必须时时自我约束、自我警醒、自我革命。只要我们党把自身建设好、建设强，就一定能够引领承载着中国人民伟大梦想的航船破浪前进，胜利驶向光辉的彼岸！

回首红船初心是为了向前走，昭示红船初心落脚于永远奋斗。初心如磐，使命如山。中国共产党担负着带领人民创造美好生活、实现中华民族

---

① 《以时不我待只争朝夕的精神投入工作　开创新时代中国特色社会主义事业新局面》，《人民日报》2018 年 1 月 6 日。

伟大复兴的历史使命。这一使命，绝不是轻轻松松、敲锣打鼓就能实现的。中国共产党人要永远保持昂扬状态、奋斗姿态，不断把党和人民的事业推向前进。唯有不忘初心、不懈奋斗，方能以伟大复兴告慰历史，以伟大事业告慰先辈，以美好生活赢得民心，以伟大斗争赢得时代。新时代的长征路上，红船初心与奋斗的中国共产党一路同行，“红船精神”永放光芒！

高层论坛

“红船精神”的当代价值

李 捷

新时代是中华民族强起来的伟大时代，伟大时代呼唤伟大精神。在党的十九大闭幕不久，习近平总书记带领中央政治局常委瞻仰上海“一大”会址和嘉兴南湖红船，号召全党同志要结合时代特点大力弘扬“红船精神”。这表明，在开启新时代新征程之际，“红船精神”有其独特的当代价值。“红船精神”所代表的开天辟地、敢为人先的首创精神，坚定理想、百折不挠的奋斗精神，立党为公、忠诚为民的奉献精神，同样是开辟新时代、奋斗新时代、成就新时代必不可少的伟大精神。

第一，“红船精神”贯穿党的97年奋斗历程，既集中体现了中国共产党的建党精神，也是激励新时代中国共产党人“不忘初心、牢记使命”的时代精神。

97年前，中国共产党的创始人在向全世界宣告党的成立时，塑造了“红船精神”。正如习近平总书记所说：“‘红船精神’集中体现了中国共产党的建党精神，昭示着中国共产党人的初心。”从那时起，为人民谋幸福、为民族谋复兴、为人类求大同的初心，犹如一条红线，贯穿整个中国共产党的光荣历史，贯穿党的过去、今天与未来。

纵观20世纪以来的世界历史，许多大党老党经不起时间的考验，经不起人民的检验，或因脱离群众而倒台，或因固步自封而下台，或因严重腐败而垮台。唯有中国共产党这个近百年的大党老党，始终屹立在世界东方，战胜了来自内部和外部的重重挑战和考验，创造出中国革命奇迹、中国改革奇迹、中国现代化发展奇迹这样一个又一个奇迹。探究其成功秘笈，就是因为中国共产党始终“不忘初心、牢记使命、永远奋斗”。正如习近平总书记所总结的那样：“只有不忘初心、牢记使命、永远奋斗，才能让中国共产党永远年轻。”而在13年前，习近平总书记概括提出“红船精神”的重要文章，正是以“弘扬‘红船精神’走在时代前列”命名的。

在党的十九大上，习近平总书记吹响了决胜全面建成小康社会、进而踏上全面建成社会主义现代化强国的伟大进军号。随后，习近平总书记又向全党发出号令，坚持和发展中国特色社会主义要一以贯之，推进党的建设新的伟大工程要一以贯之，增强忧患意识、防范风险挑战要一以贯之，以时不我待、只争朝夕的精神投入工作。我们要结合新时代特点大力弘扬“红船精神”。唯有不忘初心，方可告慰历史、告慰先辈，方可赢得民心、赢得时代，方可善作善成、一往无前。

第二，“红船精神”贯穿中国共产党的精神谱系，既是中国革命精神之源，也是新时代用自我革命统领社会革命的动力之源。

中国共产党既是伟大光荣正确的党，也是“不忘初心、牢记使命、永远奋斗”的党。在中国共产党领导中国革命、建设、改革的历史中，矗立着一座座精神丰碑，形成了中国共产党人一脉相承又与时俱进的精神谱系。从“五四精神”到“红船精神”，从“井冈山精神”到“苏区精神”，从“长征精神”到“抗战民族精神”，从“延安精神”到“西柏坡精神”，再到中华人民共和国成立以后的“抗美援朝精神”“铁人精神”“雷锋精神”“焦裕禄精神”“两弹一星精神”等，直到今日的伟大改革开放时代精神和社会主义核心价值观，可谓绵延不绝、蔚为壮观，是中华文明在精神层面的一道亮丽的风景线。

在中国共产党“不忘初心、牢记使命、永远奋斗”走过的97年光辉历程中形成的精神谱系，蕴涵极其丰富，然而探究其最为核心的精神根脉和力量之源，仍然是“红船精神”所确立的开天辟地、敢为人先的首创精神，坚定理想、百折不挠的奋斗精神，立党为公、忠诚为民的奉献精神。对于马克思主义先进政党来说，创新永远是其勇立于时代和实践潮头、为民族和人民指引前进方向的根本所在，也是政治自觉、理论自觉、行动自觉的基石。马克思主义先进政党还必须具备的又一个鲜明品格是奋斗，奋斗是其将理想变为现实、理论转化为实践的力量源泉，也是道路自信、理论自信、制度自信、文化自信的根基。中国共产党是以全心全意为人民服务为唯一宗旨的马克思主义先进政党，是立党为公、执政为民的中国人民和中华民族的先锋队，奉献是其扎根人民、取信人民、服务人民并拥有最为雄厚的群众基础和执政基础的成功之道，也是永葆先进性和纯洁性的前提。

“红船精神”所承载的首创精神、奋斗精神、奉献精神，不仅为中国共产党建党精神所独有，而且贯穿中国共产党从过去走向未来的全部精神谱系之中，是激励中国共产党顽强奋斗、不断发展壮大的精神动力，是中国共产党立党兴党、执政兴国的宝贵精神财富，也是新时代坚持和发展中国特色社会主义的坚强精神支撑。我们要结合新时代特点大力弘扬“红船精神”，就要在走好新时代的长征路上，不断赋予其新的时代内涵、绽放新的时代光芒。

第三，“红船精神”贯穿中华民族伟大复兴三次伟大飞跃，既是中国共产党的跨世纪航程伟大起点，也是让中华民族从站起来、富起来到强起来的伟大新开端。

中国共产党成立以来的97年波澜壮阔的历程，也是中华民族伟大复兴经历了从站起来、富起来到强起来的三次伟大飞跃的光辉历程。正如习近平总书记所说：“上海党的一大会址、嘉兴南湖红船是我们党梦想起航的地方。我们党从这里诞生，从这里出征，从这里走向全国执政。这里是我们党的根脉。”“小小红船承载千钧，播下了中国革命的火种，开启了中国共产党的跨世纪航程。”

中国共产党的奋斗历程与中华民族伟大复兴圆梦历程，高度重合、高度关联，绝不是偶然的。这里揭示的中国近代以来最根本的历史经验，就是只有社会主义才能救中国，只有中国特色社会主义才能发展中国，只有坚持和发展中国特色社会主义才能实现中华民族伟大复兴。为此，我们必须坚持中国特色社会主义道路自信、理论自信、制度自信、文化自信。道路自信是前提。道路正确，人民幸福；道路错误，满盘皆输。理论自信是灵魂。我们的理论，是反映时代潮流、实践呼唤、人民期盼的理论，是不忘初心、牢记使命、指引奋斗方向的理论，是从胜利走向胜利的理论。制度自信是根基。中国特色社会主义制度，是植根中华文明沃土的制度，是不断培植文化厚重感、展现制度优越性的制度，是不断实现自我革命、自我完善、自我发展的制度，是高效务实管用的制度。文化自信是根源。中国特色社会主义文化，发源于中华优秀传统文化，再造于中国革命文化和社会主义先进文化，植根并发展于中国特色社会主义伟大实践。文化自信是道路自信、理论自信、制度自信的更基础、更广泛、更深厚的支撑，也是实现中华民族伟大复兴中国梦更基本、更深沉、更持久的力量。这"四个自信"，贯穿于中国共产党"不忘初心、牢记使命、永远奋斗"的伟大历程，是中国共产党历经中国革命、建设、改革各个时期，带领中国人民实现中华民族伟大复兴三次伟大飞跃最可宝贵的成功之道。

在党的"一大"和"红船精神"开启的中国共产党跨世纪航程中，党的十九大具有极其重要的历史地位。在党的十九大上，习近平总书记庄严宣告"中国特色社会主义进入了新时代"，深刻阐述了中国共产党从建党之日起所肩负的初心和使命，进一步明确了新时代开启新征程的奋斗目标、治国理念、发展战略、重大部署，进一步明确了用全面从严治党这一伟大自我革命推动全面建成小康社会、全面深化改革、全面依法治国的伟大社会革命。这向全世界昭示，中国特色社会主义巨轮，正在乘着新时代的浩荡东风，加满油，把稳舵，鼓足劲，向着世界现代化强国的目标劈波斩浪、奋勇前进。

新时代呼唤伟大民族精神，新时代呼唤"红船精神"。我们要"不忘初心、牢记使命"，坚持全心全意为人民服务的根本宗旨，不断带领人民创造更加幸福美好的生活。我们要"不忘初心、牢记使命"，牢记共产主义远大理想，坚定中国特色社会主义共同理想，一步一个脚印向着美好未来和最高理想前进。我们要"不忘初心、牢记使命"，始终保持谦虚谨慎、不骄不躁的作风，不畏艰难、不怕牺牲，为实现"两个一百年"奋斗目标、实现中华民族伟大复兴的中国梦而不懈奋斗。这就是"红船精神"的当代价值。

（作者为中国史学会会长、求是杂志社原社长，原载中国社会科学网 2018 年 6 月 23 日）

弘扬建党精神 建设精神家园

尹 弘

一、把弘扬建党精神与建设好守护好中国共产党人的精神家园结合起来

建设好、守护好中国共产党人的精神家园，是上海这座城市的神圣使命。我们将充分发挥党史的“教科书”“营养剂”作用，以建党百年为重大节点，全力发掘上海丰厚的建党历史资源，实施好以“开天辟地”为主题的相关资源发掘宣传工程，突出我们党在上海这段前赴后继、不懈奋斗的历史，深入发掘保护革命文化、红色文化、先进文化资源，积极整合红色资源，着力为红色文化立根铸魂。全力开展建党精神研究，深入开展建党历史研究和我们党创建时期的思想理论、组织发展和制度形成研究，教育引导广大党员干部从正确认知历史中走向未来，从延续建党精神中开拓前进，在新的历史起点上凝心聚力进行伟大斗争、建设伟大工程、推进伟大事业、实现伟大梦想。全力传播建党故事，讲好酝酿、筹备、建立中国共产党艰难历程的生动故事，讲好革命先烈、仁人志士为中华民族独立和人民解放顽强奋斗的生动故事，讲好我们党带领全国各族人民勠力实现“两个一百年”奋斗目标和中华民族伟大复兴中国梦的生动故事，推动“红船精神”深入人心、红色基因融入血脉。

二、把弘扬建党精神与开展“不忘初心、牢记使命”主题教育结合起来

抓住并用好这次全党主题教育活动，精心策划、精细组织，确保全市广大党员学深悟透“红船精神”的丰富内涵，继承优良传统、弘扬革命文化、秉承建党精神，永葆先进性和纯洁性，始终站稳人民立场，自觉把人民对美好生活的向往作为奋斗目标。当前，重点是在全市开展“不忘初

心、牢记使命，贯彻落实党的十九大精神”学习实践活动，引导广大党员大力弘扬首创精神，敢为人先、追求卓越，锐意改革、勇于创新，始终走在前列；大力弘扬奋斗精神，坚定理想信念，始终保持一往无前的奋斗姿态和永不懈怠的精神状态；大力弘扬奉献精神，牢记党的宗旨，坚持以人民为中心，始终保持同人民群众的血肉联系。

三、把弘扬建党精神与奋力推进改革发展各项事业结合起来

深入贯彻习近平总书记对上海工作“四个新作为”的重要指示要求，赓续“红船精神”，勇于担当作为。一是着力在深化自由贸易试验区改革上有新作为。聚焦党的十九大提出的“赋予自由贸易试验区更大改革自主权，探索建设自由贸易港”要求，坚持以制度创新为根本，瞄准国际最高标准、最好水平，继续解放思想、勇于突破、当好标杆。二是着力在推进科技创新中心建设上有新作为。在基础科技领域作出大的创新，在关键核心技术领域取得大的突破，在实施创新驱动发展战略方面走在全国前头、走到世界前列，以科技创新引领经济转型升级。三是着力在推进社会治理创新上有新作为。持续深化党建引领社区治理，加强城市精细化管理，不断提高社会治理社会化、法治化、智能化、专业化水平，率先走出一条符合超大城市特点和规律的社会治理新路子，让广大市民有更多获得感、幸福感和安全感。四是着力在全面从严治党上有新作为。全面推进党的政治建设、思想建设、组织建设、作风建设、纪律建设，把党的政治建设摆在首位，牢固树立“四个意识”，更加坚定“四个自信”，始终在思想上政治上行动上同以习近平同志为核心的党中央保持高度一致，坚决维护党中央权威和集中统一领导。

（作者为中共上海市委副书记，原载《光明日报》2017 年 12 月 11 日）

弘扬“红船精神” 追溯建党初心

李忠杰

为深入弘扬“红船精神”，人民出版社近期推出了《红船映初心》一书。这本书由著名党史专家邵维正教授和他的学生国防大学联合勤务学院副教授刘晓宝所著。全书特色鲜明、通俗生动，是当前广大党员群众学习弘扬“红船精神”很有特色的一本党史读物，为开展“不忘初心、牢记使命”主题教育提供了重要的辅助读物。

立意高远，贴近现实

党的十九大报告中明确提出，在全党开展“不忘初心、牢记使命”主题教育，用党的创新理论武装头脑，推动全党更加自觉地为实现新时代党的历史使命不懈奋斗。这是中国特色社会主义进入新时代，我们党加强思想建设的一项重大举措，有着十分重要的现实意义和深远的历史意义。

《红船映初心》一书，以不忘初心为主题，以牢记使命为主线，立足中国共产党创建史实，直面新时代新思想新使命，全方位展现中国共产党红色基因的血脉传承，为开展“不忘初心、牢记使命”主题教育提供了重要辅助读物，表现出了高度的政治责任感和强烈的时代敏锐性。

初心，体现着事业开端的承诺和信念、历史使命的责任和担当、努力前进的动力和梦想。中国共产党人的初心和使命，就是为中国人民谋幸福，为中华民族谋复兴。中国共产党初心的源头就在党的创建时期，结晶就是习近平总书记概括提出的“红船精神”。从这个角度说，不忘初心、牢记使命，就是要大力学习弘扬“红船精神”，努力用伟大精神推动伟大实践。

《红船映初心》，书如其名，准确把握了两者间的密切联系，在每一部分的开篇都引用了习近平总书记的一段经典论述，起到了点睛的作用；在每一部分的后面，都有一段“新时代悟语”，将历史与新时代新使命紧密联系起来，具有很强的现实针对性。

全面领会，准确阐释

作者在弄懂吃透“红船精神”内涵的基础上，坚持以“红船精神”为主轴，精心设计总体框架。

第一部分以“开天辟地，担当民族复兴使命”为题，以党的产生和一大召开为重点，着力回答了中国共产党产生的历史必然性和承担的历史重任。

第二部分以“敢为人先，立足国情首创力行”为题，以四个“首次”实践创新为重点，着力回答了推进马克思主义中国化的必要性和中国革命应当选择的道路。

第三部分以“坚定理想，初心根基矢志不渝”为题，以马克思主义理论的传播为重点，着力回答了确立共产主义理想信念的重要性。

第四部分以“百折不挠，甘冒风险奋斗拼搏”为题，以建党前后革命先辈的感人事迹为重点，凝练提出了“不畏艰难的乐观态度、不怕牺牲的英雄胆魄、不骛虚声的务实拼搏、不忘初心的执着追求”的精神内涵。

第五部分以“立党为公，严格纪律磨砺党性”为题，以党的思想建设和纪律建设为重点，着力回答了确保党的先进性纯洁性和培植优良党风的极端重要性。

第六部分以“忠诚为民，倾情奉献造福人民”为题，以建党初期的工人运动和农民运动为重点，着力回答了践行党的根本宗旨的重要意义。

这六个部分，既遵循历史脉络又不拘泥于时间顺序，既衔接推进又相对独立，紧紧围绕习近平总书记对“红船精神”的重要概括，展开专题式的阐释和论述式的解读，对读者全面系统地学习领会“红船精神”大有裨益。

史论结合，以情感人

“红船精神”源自党的创建时期，是从波澜壮阔的革命斗争历史中凝练概括产生的。因此，近100年后的当代读者，怎样才能走近那段历史？怎样才能领悟好“红船精神”？

《红船映初心》给我们提供了一个很好的思路：深刻领悟“红船精神”的内涵要义，深切感悟“红船精神”的伟大力量，必须回到孕育产生这一革命精神的复杂历史背景、生动历史事件、感人历史人物中去。

正如该书在第一部分“开天辟地，担当民族复兴使命”开头所说的：中国共产党的成立是“开天辟地的大事变”，如今已成为人所皆知的至理名言。如何深刻理解这一论断？就要把建党活动摆到当时中国所处的社会历史大环境里加以分析认识。只有这样，才能准确理解“开天辟地”的深刻内涵，才能切实认清中国共产党产生的历史必然性。

因此，《红船映初心》一书下笔较远，开篇从中华民族的衰落和旧中国的屈辱苦难写起，从20世纪与21世纪中国的强烈对比中阐释革命的艰辛和党的伟大；挖掘很细，情景再现式地描写了青年毛泽东游学调研、李大钊英勇就义、陈望道首译《共产党宣言》、彭湃组织农民运动等感人故事，生动反映建党时期革命前辈和先烈们的精神风貌。

该书在写作风格上，坚持论从史出、就史论理，思路清晰、结构明快，文风纯朴、思想性强，给人启迪、催人奋进；在版式设计上，图文并茂、新颖活泼，庄重美观、可读性好，相信一定会受到广大党员群众的欢迎。

（作者为中共党史学会常务副会长、原中共中央党史研究室副主任，原载《光明日报》2018年6月28日）

专家观点

梦想，从这里起航

杜尚泽　霍小光

上海，兴业路76号；浙江嘉兴，南湖红船。两个具有重要标志意义的中国革命原点，在时隔近百年后的大地上依然闪耀着指引未来的光芒。

2017年10月31日，在党的十九大胜利闭幕一周之际，习近平总书记带领中共中央政治局常委专程赶赴这里，沿着早期共产党人的足迹，探寻我们党的精神密码。

从哪里来，到哪里去。翻开风云激荡的红色篇章，在历史中汲取力量，为的是不忘初心、牢记使命、永远奋斗。习近平总书记强调：“上海党的一大会址、嘉兴南湖红船是我们党梦想起航的地方。我们党从这里诞生，从这里出征，从这里走向全国执政。这里是我们党的根脉。”

惊雷划空

上海，11时许。习近平总书记一行下车，缓步走向绿荫下的中共一大会址。秋叶静美，大门上的铜环熠熠生辉。

1921年7月，身着长衫、中山装、西装的10多位有志之士，怀着对马克思主义的憧憬，从四面八方赶到位于法租界的这个幽静小院，轻轻叩响铜环。

那时的中国积贫积弱、九原板荡、百载陆沉，被称为是一艘“无一处没有伤痕”的破船。经过翻天覆地的历史变迁，今天的此刻，习近平总书记和其他常委同志迈过门槛，伫立于复原的中共一大会场旧址，倾听历史回响。

青色砖墙、红色窗棂、精致条桌、硬木椅、小圆凳、雕花茶杯、粉色花瓶、紫铜烟缸……习近平总书记凝视着、思索着。

中共一大会址纪念馆馆长说起当时情形。习近平总书记动情地说，毛泽东同志称这里是中国共产党的"产床"，这个比喻很形象，我看这里也是我们中国共产党人的精神家园。

当日下午，习近平总书记一行循着革命先辈的足迹，从上海乘坐火车赴嘉兴，瞻仰南湖红船。那时，中共一大会议因被巡捕窥探、被迫中断，代表们随后辗转来到浙江嘉兴，泛舟于"轻烟漠漠雨疏疏"的南湖之上，继续会议议程。

96 年前的那一天，7 个小时，从日头正浓到夕阳西下，中共一大代表们讨论通过了中共第一个纲领和第一份决议，选举产生了中央局。抚今追昔，习近平总书记感慨："小小红船承载千钧，播下了中国革命的火种，开启了中国共产党的跨世纪航程。"

总书记伫立岸边，久久眺望清波荡漾的远方。革命先辈们也曾一次次望向远方、追寻未来。"莽莽神州，已倒之狂澜待挽；茫茫华夏，中流之砥柱伊谁"，谁能想到，正是这条小船摆渡了暮霭沉沉的中国。

5 分钟车程，抵达南湖革命纪念馆。习近平总书记和其他常委同志拾级而上。气势恢宏的序厅，穹顶上的铁锤镰刀分外醒目。一艘复建的红船破墙而出，似在告诉人们正是这一把橹桨摇醒了在茫茫黑夜中摸索了半个多世纪的中国。

站在这条红船前，习近平总书记的讲话回荡大厅："党的十九大擘画了党和国家事业发展的目标和任务，全党同志必须坚持全心全意为人民服务的根本宗旨，不断带领人民创造更加幸福美好的生活；牢记共产主义远大理想，坚定中国特色社会主义共同理想，一步一个脚印向着美好未来和最高理想前进；始终保持谦虚谨慎、不骄不躁的作风，不畏艰难、不怕牺牲，为实现'两个一百年'奋斗目标、实现中华民族伟大复兴的中国梦而不懈奋斗。"

初心不改

走得再远、走到再光辉的未来，也不能忘记走过的过去，不能忘记为什么出发。上海、嘉兴，习近平总书记多次讲到"初心"二字。

初心是什么？

欲知大道，史可为鉴。中共一大会址纪念馆，视频短片《追梦》吸引了他们的目光。共产党领航，中国从生灵涂炭、一穷二白，到世界第二大经济体；从铁钉、火柴都要进口，到自力更生造出“两弹一星”、“嫦娥”奔月、“蛟龙”入海……一个政党的成长和一个国家的复兴紧密相连。

短片播放了习近平总书记党的十九大报告的一席话，此情此景听来更令人心潮澎湃：“中国共产党人的初心和使命，就是为中国人民谋幸福，为中华民族谋复兴。这个初心和使命是激励中国共产党人不断前进的根本动力。”

为什么不能忘记初心？因为共产党人的初心，是我们这个中国共产党长盛不衰、枝繁叶茂的动力源。

1920 年 9 月印刷出版的《共产党宣言》中文译本，安放于展厅陈列柜。习近平总书记多次讲述了陈望道在翻译《共产党宣言》时“蘸着墨汁吃粽子，还说味道很甜”。真理的味道如此甘甜，一代代共产党人前仆后继。讲解员说起这一译本由一位共产党人的老父亲放在衣冠冢中方才保存下来，总书记听了连称很珍贵，说这些文物是历史的见证，要保存好、利用好。

习近平总书记站在《中共第一个纲领》前、站在《中共第一个工作决议》前，逐字逐句细细品阅。他走到栩栩如生的一大代表群雕前，听讲解员的讲述。习近平指出，中国共产党一开始就在自己的纲领文件中开宗明义确立了坚持马克思列宁主义，鲜明写下“工人阶级”“无产阶级”这些字句。尽管处于初创阶段，但奠定了我们党的前进方向和基石。

纪念馆一层序厅，巨幅党旗如鲜血浸染。习近平总书记带领其他常委同志一道举起右拳、庄严宣誓。“我志愿加入中国共产党，拥护党的纲领，遵守党的章程……”他们的声音交汇在一起，一字一句，句句铿锵。习近平总书记说，入党誓词字数不多，记住并不难，难的是终身坚守。每个党员要牢记入党誓词，经常加以对照，坚定不移，终生不渝。

我们党从弱小到强大，从九死一生到蓬勃兴旺，从只有 50 多位党员到拥有 8900 多万党员、450 多万个基层组织，成为世界最大执政党。之所以能如此，根本在于我们党能“始终同人民想在一起、干在一起”，保持初心不改、壮志豪发，在风云变幻的百年史册上留下不朽传奇。

信念如磐

道路决定命运。

习近平总书记驻足于革命先辈谢觉哉的日记本前。1921 年 6 月 29 日，日记写道：“午后六时叔衡往上海，偕行者润之，赴全国○○○○○之招。”为避免搜查所画的五个圆圈，意为“共产主义者”。

那个年代，信仰的选择也是生命的抉择。习近平总书记一行站在中共一大代表的浮雕前端详。大浪淘沙，个人坚守信仰力量的强弱决定着人生命运的方向。有用马克思主义引领中国改天换地的毛泽东，有为真理献身的何叔衡、陈潭秋、邓恩铭，也有信念中途夭折、背叛党和人民的周佛海、张国焘、陈公博……一代代共产党人高举信仰的火炬，挺起民族的脊梁，推动中国浩荡前行。

从中共一大到党的十九大，跨越 96 年的对话。一条主线一脉相承——党的领导、党的建设，任何时候都要坚如磐石。在浙江工作时，习近平为南湖革命纪念馆奠基。2005 年 6 月，他刊发于《光明日报》的一篇文章，对“红船精神”作出概括：“开天辟地、敢为人先的首创精神；坚定理想、百折不挠的奋斗精神；立党为公、忠诚为民的奉献精神。”

“从纪念馆奠基那一刻起，我就一直想着落成后要来看一看，今天如愿以偿了，确实深受教育和鼓舞。”他说，我们要结合时代特点大力弘扬“红船精神”，让“红船精神”永放光芒。

96 年前，中共一大会议闭幕时的场景令人感怀：“让我们再喊一遍口号吧！记得声音要轻一点。”“嗯！”“中国共产党万岁！”……声音低沉却铿锵有力。

96 年后，嘉兴南湖游人如织；上海一大会址纪念馆，每日迎接着来自五湖四海的瞻仰者。在这些地方生起的火种，一代代共产党人接续前行。习近平总书记强调说：“秀水泱泱，红船依旧；时代变迁，精神永恒。”

永远奋斗

两个纪念馆，在三幅相似的图片前，习近平总书记久久凝视。

一幅，中国近代时事漫画《时局图》。列强瓜分，熊、鹰、犬、蛤蟆盘踞中国版图……

一幅，清末给列强赔款的惊人数字，白银令人痛心地如开闸河水般涌出国门。

一幅，马克思观察中国国情后写下的一段话：“一个人口几乎占人类三分之一的大帝国，不顾时势，安于现状，人为地隔绝于世并因此竭力以天朝尽善尽美的幻想自欺。”

习近平总书记连连感叹：“多屈辱啊！多耻辱啊！那时的中国是待宰的肥羊。”

中国共产党推动了历史上最广泛最深刻的社会变革，中国从半殖民地半封建社会到民族独立人民当家作主的新社会，从站起来、富起来到强起来。盘点昨日苦难与今日辉煌，总书记强调说：“这体现了中国共产党领导的社会主义制度的优越性。”

一路走来，细节中处处标注着我们党孜孜以求的奋斗精神。习近平总书记同其他常委同志边走边看，不时交流——

解放战争胜利前夕，毛泽东致函李达：“吾兄系本公司发起人之一，现公司生意兴隆，望速前来参与经营。”

李大钊挥毫泼墨：“铁肩担道义，妙手著文章。”这句话也成为他人生的生动写照。

……

穿越革命年代、建设时期，跋涉一段段改革历程，我们迈入意气风发的新时代。

一周前的新一届中央领导集体见面会上，习近平总书记为未来中国标注了大事记——2018 年，改革开放 40 周年；2019 年，新中国成立 70 周年；2020 年，全面建成小康社会；2021 年，建党 100 周年。路漫漫其修远兮，奋斗永远在路上。

中共七大上，毛泽东引用了《庄子》中的一句话“其作始也简，其将毕也必巨”。习近平总书记在瞻仰时再次引用，他指出，96 年来，我们党团结带领人民取得了举世瞩目的伟大成就，这值得我们骄傲和自豪。同时，事业发展永无止境，共产党人的初心永远不能改变。唯有不忘初心，方可告慰历史、告慰先辈，方可赢得民心、赢得时代，方可善作善成、一往无前。

从中共第一个纲领、第一份决议，到党的十九大报告，中国共产党带领人民一步接一步，从蓝图到现实，前所未有接近实现中华民族伟大复兴的梦想。不忘初心、牢记使命、永远奋斗——这是中国共产党人永葆青春活力的秘诀，这是一个肩负历史重托的政党对人民的承诺。“只要我们团结一心、苦干实干，就一定能乘风破浪……”习近平总书记挥动手臂，笑着说：“从小船一直划到巨轮上，驶向光辉的彼岸。”

（作者杜尚泽为《人民日报》记者，作者霍小光为新华社记者，原载《人民日报》2017 年 11 月 1 日）

再论红船初心

张　政　刘文嘉　罗容海等

编者按： 党的十九大前夕，《光明日报》刊发了述评《红船初心——从“红船精神”看中国共产党的人民性特质》，从习近平总书记在《光明日报》刊发的重要理论文章《弘扬“红船精神” 走在时代前列》写起，呈现“红船精神”当代意义、聚焦习近平总书记的人民哲学，和读者一起深思“不忘初心、继续前进”背后宽阔的历史视野和厚重的历史担当，在读者中引起了热烈反响。

2017 年 10 月 31 日，十九大闭幕仅一周，习近平总书记带领中共中央政治局常委专程从北京前往上海和浙江嘉兴，瞻仰上海中共一大会址和浙江嘉兴南湖红船，回顾建党历史，重温入党誓词，宣示新一届党中央领导集体的坚定政治信念。《光明日报》刊发光明述评《再论红船初心——新一届党中央领导集体瞻仰上海中共一大会址和浙江嘉兴南湖红船启示录》，从思想建党、人民至上和自我革命三个角度，阐释中国共产党为何能赢得民心，赢得时代，和读者一起走进从党的一大到十九大的波澜壮阔的历史。

这是中国当代史上最重要的两个地标——

上海，兴业路 76 号；嘉兴，南湖红船。

这是能用“开天辟地”形容的一段旅程——

1921 年夏天，一列承载着十几位有志之士的列车，在沪杭线上行驶了 100 余公里，将这两个地址永远地连接在一起。

如水拍云崖、如月涌江流，96年时光弹指一挥间。石库门的那盏灯火最终照亮了中华大地，南湖上的一叶扁舟已经成为巍巍巨轮；曾经只是中国300个政治团体之一的中国共产党，已成为世界上最大的政党，而党员人数，由“58”变为了“8944.7万”。

风物犹在，换了人间。2017年10月31日，党的十九大闭幕仅一周，习近平总书记带领中共中央政治局常委专程从北京前往上海和浙江嘉兴，瞻仰上海中共一大会址和浙江嘉兴南湖红船，沿着早期共产党人的足迹，探寻我们党的精神密码，再次聆听和思索历史的回答：中国共产党为什么能？

是信仰如磐、精神永志、初心不改；是以思想拓路，与人民奋斗，善自我革命。南湖革命纪念馆熠熠生辉的党徽之下，新时代的领路人字字千钧，“唯有不忘初心，方可告慰历史、告慰先辈，方可赢得民心、赢得时代，方可善作善成、一往无前”。

不能胜寸心，安能胜苍穹

96年前，浙江嘉兴南湖，一叶扁舟悄然靠岸。远渡而来的马克思主义，从此在中国落地生根。

彼时，被郁达夫哭叹“三百年来，我华夏威风久歇”的古老民族，正处于山河破碎、人心危殆、积贫积弱、群狼环伺的境地。该如何以马克思主义为指导，完成民族独立、人民解放的双重历史任务？

彼时，由“共产国际”领导的国际共产主义运动正风起云涌，实践探索与理论发展同程。面对普遍规律与独特国情，该如何同时把握科学社会主义的理论逻辑与中国社会发展的历史逻辑？

思想建党，由此成为自中国共产党诞生之初就摆在面前的严峻课题。96年大浪淘沙的历程，以沉默却无可辩驳的力量告诉我们：以发展着的理论指导发展着的实践，是中国共产党领导中国人民取得一个又一个胜利的根本保证；以思想自觉引领行动自觉，是中国共产党的鲜明特点和政治优势。结合实际地运用马克思主义、与时俱进地发展马克思主义，成为纵贯中国共产党发展历程的一条红线，从嘉兴红船上的“秘密会议”，直至

“是中国大事，也是世界大事”的党的十九大。

以毛泽东同志为主要代表的中国共产党人，开天辟地、筚路蓝缕，在总结中国革命正反两方面经验的基础上，找到了中国新民主主义革命的正确道路，积极探索适合中国国情的社会主义建设道路，开启和推动了马克思主义中国化的历史进程。

面对“山沟里出不了马克思主义”、面对将马克思主义教条化的倾向，毛泽东同志在坚持党的“无产阶级先锋队”性质的同时，以务实、科学的态度提出了“思想上入党”的理念，形成了一整套思想建党理论，在农民和其他小资产阶级占人口绝大多数的社会里，迅速建设起一支团结统一、纪律严明的工人阶级先锋队。

以邓小平同志为主要代表的中国共产党人，在把握中国国情和世界大势的基础上、在改革开放的伟大实践中，开山拓路、敢破敢立，开辟了中国特色社会主义道路，实现了党的指导思想和基本理论的与时俱进。

面对苏东剧变引发的“社会主义失败”论、面对国际共运的低潮与“马克思主义过时”论，中国特色社会主义的发展成果给出了强有力的回击。邓小平同志更是以对马克思主义科学性的精深理解，以对建设中国特色社会主义的坚定信心，向全党全国人民发出了这样的声音：“我坚信，世界上赞成马克思主义的人会多起来的，因为马克思主义是科学。”

随历史峰回路转，看人间斗转星移。党的理论创新与救国、兴国、强国、复兴的历史进程同频共振，党的思想建设与中华民族站起来、富起来、强起来的发展节奏协调一致。这当中，有无数英雄儿女，舍生忘死以赴之、披肝沥胆以从之；有无数志士仁人，实事求是以求之、殚精竭虑以成之。

今天，当中国已经成为全球第二大经济体、第一大贸易国、第一大外汇储备国，当中国的发展成为世界当代史中极富传奇性的一章，当人们用“呼啸前行”这样的词语来形容当下的中国速度，以习近平同志为主要代表的中国共产党人，立足民族复兴、胸怀人类视野，创立了习近平新时代中国特色社会主义思想，呈现了马克思主义中国化的最新成果，带领全国人民迈进了中国特色社会主义新时代。

理论创新是理论武装的先导，思想建设是思想团结的保证。几年来，以习近平同志为核心的党中央以"四个自信"的政治定力与魄力，提出了"全面从严治党"这一时代课题和理论体系，并具体提出了"坚持思想建党和制度治党紧密结合"等重要理念，让经历了近一个世纪历史风云的马克思主义大党，将信念之风帆、信仰之旗帜高扬在21世纪宏大的全球性场景中。

"为了谁、依靠谁、我是谁"，再次成为中国共产党人的时代之问。

从2013年开始，3次党内学习教育聚焦世界观、人生观、价值观这个"总开关"，风雷激荡又春风化雨，将思想建党与制度治党有机统一起来，将改造主观世界与改造客观世界有机统一起来，将理想信念教育与风劲弓鸣的反腐倡廉有机地结合起来，使8900多万党员完成了一次深刻的思想洗礼，使党风政风焕然一新，形成了马克思主义执政党建设的珍贵经验。

骨骼中的钙、血液中的火，再次激荡起一个大党在民族复兴伟业前的信念与豪情。

从"打铁必须自身硬"，到"永远做人民公仆、时代先锋、民族脊梁"；从"心中有信仰，脚下有力量"，到"培养造就一支具有铁一般信仰、铁一般信念、铁一般纪律、铁一般担当的干部队伍"，不忘初心的号召带来旷远回响。"砍头不要紧，只要主义真"的坚韧、"为有牺牲多壮志"的肝胆、"此头须向国门悬"的豪情，从历史中走来，深度融入了当代思想建党的叙事。

不能胜寸心，安能胜苍穹。

纵览风雷涌动的革命年代、荡气回肠的抗战历程、激情燃烧的建设岁月、波澜壮阔的改革开放，直至风正帆悬的新时代征程，秀水泱泱、红船依旧，时代变迁、精神永恒。

忧民之忧者，民亦忧其忧

在中国共产党的执政话语体系里，"人民"是一个带着温度和重量的核心词语。

党的十九大报告，全文三万多字，二百多次提到"人民"，三次强调

"人的全面发展"，四次强调"以人民为中心"。"中国共产党人的初心和使命，就是为中国人民谋幸福，为中华民族谋复兴"，开宗明义讲清使命和目标；"明确新时代我国社会主要矛盾是人民日益增长的美好生活需要和不平衡不充分的发展之间的矛盾，必须坚持以人民为中心的发展思想，不断促进人的全面发展、全体人民共同富裕"，提出了关系全局的历史性变化；十四条新时代坚持和发展中国特色社会主义的基本方略中，"坚持以人民为中心""坚持人民当家作主""坚持在发展中保障和改善民生"精准回应了人民对当下发展的诉求，让国家叙事层面的"中国经验"，与大众生活层面上的"中国体验"实现了融合。

过去的五年里，超过6000万中国人稳定脱贫，脱贫人口规模相当于一个意大利、六个希腊，书写了"人类历史上最伟大的故事之一"。而到2020年全面建成小康社会之时，数千年文明史的中华民族将彻底地与贫困告别。

过去的五年里，15个领域、330多项较大的改革措施，聚焦社会的全面进步；脱贫攻坚、生态治理、全面实现九年免费义务教育、建成世界最大规模基本医疗保障网和养老保障网，着力人的全面发展。从生存到发展、从物质到精神、从福利到权利，以人为发展落脚点的理念锻造了中国现代化的分量和质地。

过去的五年里，精准聚焦民生痛点的公共政策系统出台。坚守在贫困地区三尺讲台的老师，应该会对乡村教师生活补助政策的出台记忆犹新；在城市里打拼的年轻人，可能会对"全面实施居住证制度"印象尤深。与宏观抽象的数字相比，街头巷尾的民生变迁，讲述了一个个更丰满的"中国故事"，映射了更可触摸的时代精神。

"民者，万世之本也。"尊重人民的首创精神、维护人民的主体地位，写在中国共产党党史的字里行间，融入中国共产党人的骨肉血脉，让一个马克思主义大党经千锤百炼却历久弥坚，让融入黄色土地的红色火种沐风栉雨却能星火燎原。

从一大的"党纲和政策"，到十九大的"初心和使命"，我们党永远牢记，始终坚持以人民为中心，就必须坚持人民主体地位，坚持立党为公、执政为民，践行全心全意为人民服务的根本宗旨，把党的群众路线贯彻到治国理政全部活动之中，把人民对美好生活的向往作为奋斗目标，依靠人民创造历史伟业。

从一大的“承认无产阶级专政”到十九大的“坚持人民当家作主”，我们党永远牢记，始终坚持以人民为中心，必须坚持中国特色社会主义政治发展道路，坚持和完善人民代表大会制度、中国共产党领导的多党合作和政治协商制度、民族区域自治制度、基层群众自治制度，巩固和发展最广泛的爱国统一战线，发展社会主义协商民主，健全民主制度，丰富民主形式，拓宽民主渠道，保证人民当家作主落实到国家政治生活和社会生活之中。

从一大的“阶级区分消除”到十九大的“坚持在发展中保障和改善民生”基本方略，我们党永远牢记，始终坚持以人民为中心，就必须以增进民生福祉为发展根本目的，多谋民生之利、多解民生之忧，在发展中补齐民生短板、促进社会公平正义，在幼有所育、学有所教、劳有所得、病有所医、老有所养、住有所居、弱有所扶上不断取得新进展，使人民获得感、幸福感、安全感更加充实、更有保障、更可持续。

“乐民之乐者，民亦乐其乐；忧民之忧者，民亦忧其忧。”

党的根基在人民，党的血脉在人民，党的力量在人民，党的成败也在人民。历史叮嘱今人，昭示未来：永远不忘“为中国人民谋幸福，为中华民族谋复兴”这个初心和使命，确保党始终同人民想在一起、干在一起，才能引领承载着中国人民伟大梦想的航船破浪前进，驶向光辉的彼岸。

胜利不会向我走来，我必须自己走向胜利

成功，是一场持久战。

一个建党96年、拥有8900多万名党员、400多万个党组织的世界第一大党，其保持生机活力的“秘诀”来自哪里？96年来，党的历史方位、党员队伍、外部环境、时代特征都发生了巨大变化，如何能持续保有战斗力？

从习近平总书记在嘉兴红船边的殷殷叮嘱中，或许我们能找出答案：

“全党同志必须坚持全心全意为人民服务的根本宗旨，不断带领人民创造更加幸福美好的生活；牢记共产主义远大理想，坚定中国特色社会主义共同理想，一步一个脚印向着美好未来和最高理想前进；始终保持谦虚谨慎、不骄不躁的作风，不畏艰难、不怕牺牲，为实现‘两个一百年’奋斗目标、实现中华民族伟大复兴的中国梦而不懈奋斗。”

勇于自我革命，长于不懈奋斗。

早在新中国成立前夕，毛泽东同志就用“赶考”来比喻即将到来的执政之路，强调“决不当李自成”，并告诫全党“务必使同志们继续地保持谦虚、谨慎、不骄、不躁的作风，务必使同志们继续地保持艰苦奋斗的作风”。改革开放近四十年，党中央始终把党风廉政建设和反腐败斗争作为重要任务来抓，旗帜鲜明、措施有力、成效显明，为保持和发展党的先进性和纯洁性发挥了重大作用，为我们党领导改革开放和社会主义现代化建设提供了有力保证。

党的十八大以来，以习近平同志为核心的党中央全面推进从严治党，并使之迅速成为新时代中国特色社会主义实践的鲜明特色。“全面从严治党，核心是加强党的领导，基础在全面，关键在严，要害在治。”坚持以思想建党为根本，以从严治吏为重点，以改进作风为突破口，以反腐肃贪为重要任务，以严明纪律和制度治党为保障，全面提高党的领导水平和执政能力，为新的历史条件下加强党的建设提供了根本遵循。

从深入贯彻落实“八项规定”精神，到狠抓时间节点杜绝节日腐败；从“拍蝇打虎”坚决查处周永康、薄熙来、徐才厚、郭伯雄、令计划等严重违纪违法案件，到“猎狐行动”“天网行动”在国际舞台上展示中国反腐态度与决心；从擦亮巡视工作利剑，到深化监察体制改革，以党风带动民风，以政风带动社风，中国反腐成为二十一世纪第二个十年中国共产党令世界瞩目的执政亮点之一。

数据是最好的记录。

2012 年以来，各级纪检监察机关共查处违反中央八项规定精神问题 18.9 万起，处理党员干部 25.6 万人；2014 年以来，共从 90 多个国家和地区追回外逃人员 3453 名、追赃 95.1 亿元；2015 年以来，全国纪检监察机关实践“四种形态”，用严明的纪律管全党治全党，共处理204.8万人次。腐败蔓延势头得到有效遏制，反腐败斗争压倒性态势已经形成并巩固发展。

五年激浊扬清，起于毫末之间，成于驰而不息，党风政风焕然一新。

没有一条通向光荣的道路铺满了鲜花；没有一项崇高的事业不经历挫折。动真格、无禁区，刮骨疗毒、壮士断腕，别人做不到，中国共产党为什么能做到？

从中国共产党的性质里，我们可以找到答案：中国人民和中华民族的先锋队，代表中国最广大人民的根本利益，最高理想和最终目标是实现共产主义。

从中国共产党所继承的中华民族优秀文化传统里，我们可以找到答案：“为天地立心，为生民立命，为往圣继绝学，为万世开太平”“严辨义利，实事求是”“天下兴亡，匹夫有责”。

从一代代党员先锋模范里，我们可以找到答案：革命时期的李大钊、夏明翰、蔡和森、瞿秋白、方志敏、叶挺，社会主义建设和改革开放时期的雷锋、焦裕禄、牛玉儒、孔繁森、杨善洲，中国特色社会主义新时代的黄大年、廖俊波、姚玉峰……天地英雄气，千秋尚凛然。

彰显政治品格、植根深厚传统，一个有96年历程的马克思主义大党始终秉持着永远奋斗、永远年轻的信条。从1921年党的一大明确规定，党员不得具有非共产主义的思想倾向，到1942年延安整风在思想和组织上纯洁党的队伍；从“三讲”教育到先进性教育活动，直至群众路线教育实践活动、“三严三实”专题教育、“两学一做”学习教育，中国共产党先进性、纯洁性在自我革命中反复锤炼，长期执政能力在不懈奋斗中与日俱长。习近平总书记所言的“大就要有大的样子”，被历史赋予了沉甸甸的重量。

“胜利不会向我走来，我必须自己走向胜利。”

从一叶扁舟到巍巍巨轮，唯奋斗者永不止步。初心不改、信仰不坠、信念不灭、壮志不竭，引领中国人民进入新时代的中国共产党，势将继续创造前无古人、后启来者的历史辉煌。

（作者为《光明日报》记者，原载《光明日报》2017年11月20日）

“红船精神”承载着中国共产党人的初心和使命

户华为

2005年6月21日，时任浙江省委书记的习近平同志在《光明日报》发表文章《弘扬“红船精神” 走在时代前列》，首次提出并阐释了“红船精神”，阐述了中国共产党的源头精神。2017年11月30日，新华社重新播发了这篇重要文章，包括《光明日报》在内的主要媒体纷纷刊载。文章在党史学界引发热烈反响，大家纷纷表示，不忘初心，方能行稳致远；不忘本来，才能开创未来。重温“红船精神”，弘扬红色传统，传承红色基因，能够给我们提供无穷的智慧、丰富的营养和前行的强大力量。

“红船是中国共产党成立这一中国历史上开天辟地大事变的见证者。我们党从红船诞生，从红船出征，从红船走向辉煌。”中央党史研究室科研管理部主任李颖说，红船昭示初心，红船承载使命，红船孕育了伟大的“红船精神”。习近平总书记概括的以“开天辟地、敢为人先的首创精神，坚定理想、百折不挠的奋斗精神，立党为公、忠诚为民的奉献精神”为深刻内涵的“红船精神”，是中国共产党红色基因和精神族谱的源头。“红船精神”和此后的许多伟大精神，前后相接，汇聚成超越时空、具有永恒魅力的精神族谱。在这些伟大精神的鼓舞和感召下，我们党带领人民攻克了一个又一个看似不可攻克的难关，创造了一个又一个彪炳史册的人间奇迹。

广大党员特别是领导干部要从“红船精神”中凝神、聚力，做到不忘初心，不忘入党时的铮铮誓言。中央党校党史部教授、中国现代政党史教研室主任张卫波指出，“红船精神”中所蕴含的首创精神、奋斗精神和奉献精神，实际上反映了建党时期中国共产党人的理想信念和价值追求，体现了中国共产党的初心和使命。习近平总书记要求结合时代特点大力弘扬“红船精神”，这是很有针对性的。在中国特色社会主义进入新时代的背景下，的确需要大力弘扬首创精神、奋斗精神和奉献精神，唯有在改革开放的浪潮中解放思想、大胆尝试、勇于创新，我们才能更好地解决目前所面临的困难和挑战。

“红船精神”深刻揭示了中国共产党人为中国人民谋幸福、为中华民族谋复兴的初心和使命。延安大学中国共产党革命精神与文化资源研究中心常务副主任谭虎娃指出，中国共产党人坚信“人民，只有人民，才是创造历史的真正动力”。这也决定了我们党全心全意为人民服务的根本宗旨以及以人民为中心的发展思想。深入思考和研究以“红船精神”发端的中国共产党精神谱系，从中解读我们党的初心，既可以知道我们党为什么会由弱到强，也可以明白我们党在当代以至世世代代为什么能。作为一名党史工作者，应该以高度自觉去认识、传承和发展党的伟大精神，把它们世世代代传下去。

“红船精神”是激励中国共产党人勇往直前的不竭动力。中央文献研究室第一编研部主任杨明伟表示，“红船精神”所蕴含的中国共产党人的初心和特质，被赋予了极强的现实生命力，深深地融入了当代中国共产党人的精神世界。学习领会“红船精神”，可以增强当代中国共产党人特有的开天辟地、翻天覆地干大事的勇气，可以增强当代中国共产党人一心为民、团结奋斗的情怀。继承和弘扬“红船精神”，可以鼓舞我们进一步坚定理想信念，不断开辟中国特色社会主义新境界；可以鞭策我们进一步牢记党的根本宗旨，不断为人民谋幸福，完成民族复兴的宏伟大业。面向未来，面对挑战，在以习近平同志为核心的党中央坚强领导下，在党的十九大精神和习近平新时代中国特色社会主义思想的科学指引下，我们党一定能够引领承载着中国人民伟大梦想的航船破浪前进，胜利驶向光辉的彼岸！

（作者为《光明日报》记者，原载《光明日报》于2017年12月5日）

“红船精神”与中国共产党的初心和使命

王京清

党的十九大后，习近平总书记带领中共中央政治局常委赴上海瞻仰中共一大会址、赴浙江嘉兴瞻仰南湖红船时指出：“上海党的一大会址、嘉兴南湖红船是我们党梦想起航的地方。我们党从这里诞生，从这里出征，从这里走向全国执政。这里是我们党的根脉。”1921 年，中国共产党在嘉兴南湖红船上完成了缔造中国共产党的使命。红船是中国共产党起航的地方，是党为中国人民谋幸福、为中华民族谋复兴的开端，是开启党的初心和使命的起点。

伟大的革命实践形成伟大的革命精神。97 年来，“红船精神”一直激励和鼓舞着中国共产党，站在历史的高度，走在时代的前列，勇当舵手，引领航向，与人民同呼吸、共命运、心连心，永远把人民对美好生活的向往作为奋斗目标，朝着实现中华民族伟大复兴中国梦奋勇前进，不断取得革命、建设和改革的一个又一个胜利，践行自己的初心和使命。

一、“红船精神”集中表达了中国共产党的初心和使命

“红船精神”揭示了党的初心和使命的本质是为中国人民谋幸福、为中华民族谋复兴。

实现中华民族独立和中国人民解放是近代中国主要任务。中国共产党就是为了实现中国人民幸福和中华民族复兴而诞生的。

中国共产党的诞生，是近代中国历史发展的必然产物，是中国人民在救亡图存斗争中顽强求索的必然产物，是中华民族在追求复兴的道路上不断觉醒的必然产物。辛亥革命的失败宣告了资产阶级共和国方案在中国的破产，启发先进的中国人探索救国救民的新途径。曾经参加辛亥革命的林伯渠在回顾自己的思想历程时说，辛亥革命前觉得只要把帝制推翻便可以

天下太平，革命以后经过多少挫折，自己追求的民主还是那样的遥远，于是慢慢地从痛苦的经验中，发现了这路不通，终于走上了共产主义的道路。这不仅是一个人的经验，在革命队伍里是不缺少这样的人的。

中国共产党正是顺应争取民族独立、谋求人民解放的历史使命，在南湖红船上宣告成立。从诞生那天起，中国共产党就以全心全意为人民谋福利为根本宗旨。“我们既然是为无产群众奋斗的政党，我们便要‘到群众中去’，要组成一个大的‘群众党’。”这个党不仅“内部必须有适应于革命的组织与训练”，而且“党的一切运动都必须深入到广大的群众里面去”。依水行舟，忠诚为民，是“红船精神”的本质所在。

中国共产党的诞生，是开天辟地的大事变，深刻改变了近代以后中华民族发展的方向和进程，深刻改变了中国人民和中华民族的前途和命运，深刻改变了世界发展的趋势和格局。从此，中国人民谋求民族独立、人民解放和国家富强、人民幸福的斗争就有了主心骨。

“红船精神”揭示了实现党的初心和使命关键在于永葆先进性。

红船是走在时代前列的象征，“红船精神”是党的先进性之源，揭示了实现党的初心和使命关键在于永葆先进性。

选择马克思主义，是中国共产党人走在时代前列的重要标志。中国共产党一诞生就是以当时世界上最先进的思想——马克思主义武装起来的先进政党。毛泽东同志指出，自从中国人学会了马克思列宁主义以后，中国人在精神上就由被动转入主动。从这时起，近代世界历史上那种看不起中国人、看不起中国文化的时代应当完结了。中国共产党是马克思主义与中国工人运动相结合的产物。中国共产党早期组织成员大多数是具有坚定理想信念的知识分子，他们中的许多人选定了共产主义，就始终不渝，并为之奋斗终身。

选择社会主义，是中国共产党引领中华民族航向的历史初心。在红船上一诞生，中国共产党就宣告选择走人类社会发展的必然趋势——社会主义道路。

中国共产党是中国工人阶级的先锋队，同时是中国人民和中华民族的先锋队，从红船扬帆起航，一贯永葆马克思主义政党的先进性，始终走在时代的前列，团结带领人民历经千难万险，付出巨大牺牲，创造一个又一个彪炳史册的人间奇迹。

二、“红船精神”贯穿党实现初心和使命的光辉历程

实现中华民族伟大复兴是近代以来中华民族最伟大的梦想。中国共产党一经成立，就把实现共产主义作为党的最高理想和最终目标，义无反顾肩负起实现中华民族伟大复兴的历史使命，团结带领人民进行了艰苦卓绝的斗争，谱写了气吞山河的壮丽史诗。“红船精神”同井冈山精神、长征精神、延安精神、西柏坡精神等一道，伴随中国革命、建设、改革的光辉历程，共同构成我们党在前进道路上战胜各种困难和风险、不断夺取新胜利的强大精神力量和宝贵精神财富，感召着一代又一代共产党人不忘初心、牢记使命、永续奋斗。

在“红船精神”的感召下，我们党团结带领人民，在中国这样的东方大国，创造性地探索出了一条以农村包围城市、武装夺取政权的中国特色革命道路，进行了28年浴血奋战，推翻了压在中国人民头上的帝国主义、封建主义、官僚资本主义三座大山，完成了新民主主义革命，建立了中华人民共和国，彻底结束了旧中国半殖民地半封建社会的历史，彻底结束了旧中国一盘散沙的局面，实现了民族独立、人民解放、国家统一、社会稳定，为实现中华民族伟大复兴和人民共同富裕，创造了前提，开辟了道路。

在“红船精神”的激励下，我们党团结带领人民完成社会主义革命，创造性地实现了马克思主义经典作家对资本主义实行和平赎买设想，确立了社会主义基本制度，推进了社会主义建设，完成了中华民族有史以来最为广泛而深刻的社会变革，为当代中国一切发展进步奠定了根本政治前提和制度基础，实现了中华民族由近代不断衰落到根本扭转命运、持续走向繁荣富强的伟大飞跃，为实现中华民族伟大复兴和人民共同富裕提供了先进的社会制度保证。

在“红船精神”的鼓舞下，我们党合乎时代潮流、顺应人民意愿，团结带领人民进行改革开放新的伟大社会革命，破除阻碍国家和民族发展的一切思想和体制障碍，创造性地开辟了中国特色社会主义道路，使中国大

踏步赶上时代，极大解放和发展了社会生产力，极大增强了社会发展活力，人民生活显著改善，综合国力显著增强，国际地位显著提高，创造了人类发展史上的中国奇迹，迎来了中国人民从站起来、富起来到强起来的伟大飞跃，迎来了实现中华民族伟大复兴的光明前景。

为了实现党的初心和使命，无论是弱小还是强大，无论是顺境还是逆境，我们党都初心不改、矢志不渝，始终弘扬“红船精神”，以开天辟地、敢为人先的首创精神，迎着惊涛骇浪前进，以坚定理想、百折不挠的奋斗精神，攻克前进道路上的重重难关，以立党为公、忠诚为民的奉献精神，一代又一代中国共产党人前赴后继，英勇奋斗，领导中国人民取得了辉煌成就。

三、弘扬“红船精神”，不忘初心，实现新时代中国共产党的历史使命

党的十八大以来，在以习近平同志为核心的党中央坚强领导下，在习近平新时代中国特色社会主义思想指引下，中国特色社会主义进入新时代。新时代，是全国各族人民团结奋斗、不断创造美好生活、逐步实现全体人民共同富裕的时代，是全体中华儿女勠力同心、奋力实现中华民族伟大复兴中国梦的时代。现在，我们比历史上任何时期都更接近中华民族伟大复兴的目标，比历史上任何时期都更有信心、有能力实现这个目标。

人无精神则不立，国无精神则不强。“红船精神”，作为中国共产党人红色基因和精神谱系的重要组成部分，已深深融入中华民族的血脉和灵魂，成为社会主义核心价值观的丰富滋养，成为鼓舞和激励中国人民不断攻坚克难、从胜利走向胜利的强大精神动力。

弘扬开天辟地、敢为人先的首创精神，在实现中华民族伟大复兴的历史使命中，为党永葆先进性而矢志奋斗。

“红船精神”是激励我们进行伟大斗争、建设伟大工程、推进伟大事业、实现伟大梦想，不忘初心、实现新时代中国共产党的历史使命的强大思想武器。行百里者半九十。中华民族伟大复兴，绝不是轻轻松松、敲锣打鼓就能实现的。全党必须准备付出更为艰巨、更为艰苦的努力。“自知者英，自胜者雄。”民族复兴梦想越接近，改革开放任务越繁重，越要弘扬“红船精神”。实现伟大理想，没有平坦大道可走。夺取新时代中国特

色社会主义伟大事业新胜利，夺取推进党的建设新的伟大工程新成效，夺取具有许多新的历史特点的伟大斗争新胜利，还有许多“雪山”“草地”需要跨越，还有许多“娄山关”“腊子口”需要征服，一切贪图安逸、不愿继续艰苦奋斗的想法都是要不得的，一切骄傲自满、不愿继续开拓前进的想法都是要不得的。

“红船精神”昭示我们，在实现党的新时代历史使命进程中，不能因循守旧，刻舟求剑，必须勇立潮头，敢为人先，坚持用习近平新时代中国特色社会主义思想武装头脑，确保党在世界形势深刻变化的历史进程中始终走在时代前列，在应对国内外各种风险和考验的历史进程中始终成为全国人民的主心骨，在坚持和发展中国特色社会主义的历史进程中始终成为坚强领导核心。

弘扬坚定理想、百折不挠的奋斗精神，坚定共产主义远大理想和中国特色社会主义共同理想，为崇高理想信念而矢志奋斗。

“红船精神”是鼓舞我们坚定共产主义理想和中国特色社会主义信念，不畏艰险、艰苦奋斗的强大精神支柱。中国革命的航船是在惊涛骇浪中到达成功的彼岸的，中国改革和建设事业的航程同样不会一帆风顺。建设中国特色社会主义是一项前无古人的创造性事业，全面建成小康社会、实现中华民族伟大复兴是一项空前艰巨的宏图伟业，在推进其发展的征程中充满了重重困难和各种风险。

“红船精神”昭示我们，逆水行舟，不进则退。实现新时代党的历史使命，没有坚定的理想和必胜的信念，没有不畏艰辛、励精图治的精神状态和艰苦奋斗、顽强拼搏的作风，就难以克服前进道路上的重重困难，难以战胜前进道路上的风险和挑战。发扬“红船精神”，自觉做共产主义远大理想和中国特色社会主义共同理想的坚定信仰者、忠实实践者，永远为了真理而斗争，永远为了理想而斗争；增强忧患意识，居安思危，处盛虑衰，以共产党人的胸襟和眼界观察世界、判断形势，恪尽职守、脚踏实地，不怕艰难、坚韧不拔，矢志拼搏、艰苦创业；深入学习习近平新时代中国特色社会主义思想，不断提高马克思主义思想觉悟和理论水平，保持对远大理想和奋斗目标的清醒认知和执着追求，在全面建成小康社会、实现中华民族伟大复兴中国梦的历史进程中充分发挥先锋模范作用，在胜利和顺境时不骄傲不急躁，在困难和逆境时不消沉不动摇，牢牢占据推动人类社会进步、实现人类美好理想的道义制高点。

弘扬立党为公、忠诚为民的奉献精神，把人民放在心中最高位置，为人民过上更加美好生活而矢志奋斗。

“红船精神”是鞭策我们牢记立党为公、执政为民本质要求和全心全意为人民服务的根本宗旨，求真务实、一心为民的强大道德力量。作为马克思主义政党，我们党自诞生之日起就以全心全意为人民服务为根本宗旨。坚持立党为公、执政为民，始终保持党同人民群众的血肉联系，是马克思主义政党与生俱来的政治品质和最高从政道德，是衡量党的先进性的根本标尺。

发扬“红船精神”，必须始终不渝地为最广大人民谋利益，做到：

坚持人民立场。坚持立党为公、执政为民，坚持全心全意为人民服务的根本宗旨，把党的群众路线贯彻到治国理政全部活动之中，实现好、维护好、发展好最广大人民根本利益，把人民拥护不拥护、赞成不赞成、高兴不高兴、答应不答应作为衡量一切工作得失的根本标准，使我们党始终拥有不竭的力量源泉。

顺应人民群众对美好生活的向往。坚持以人民为中心的发展思想，以保障和改善民生为重点，发展各项社会事业，加大收入分配调节力度，打赢脱贫攻坚战，保证人民平等参与、平等发展权利，使改革发展成果更多更公平惠及全体人民，朝着实现全体人民共同富裕的目标稳步迈进。

尊重人民主体地位。毫不动摇走中国特色社会主义政治发展道路，长期坚持、全面贯彻、不断发展人民代表大会制度、中国共产党领导的多党合作和政治协商制度、民族区域自治制度、基层群众自治制度，发展社会主义协商民主，巩固和发展最广泛的爱国统一战线，扩大人民群众有序政治参与，保证人民广泛参加国家治理和社会治理，形成生动活泼、安定团结的政治局面。

一切向前走，都不能忘记走过的路；走得再远、走到再光辉的未来，也不能忘记为什么出发。唯有不忘初心，方可告慰历史、告慰先辈，方可赢得民心、赢得时代，方可善作善成、一往无前。在新时代中国特色社会主义伟大实践中，要继承和弘扬“红船精神”，始终保持共产党人的首创精神、奋斗精神、奉献精神，在习近平新时代中国特色社会主义思想的指引下，以永不懈怠的精神状态和一往无前的奋斗姿态，不忘初心，继续前进，实现新时代中国共产党的历史使命，引领承载着中国人民伟大梦想的航船，胜利驶向光辉的彼岸！

（作者为中国社会科学院习近平新时代中国特色社会主义思想研究中心研究员，原载《光明日报》2018 年 7 月 17 日）

“红船精神”昭示着中国共产党人的初心

陈华兴

“红船精神”集中体现了中国共产党的建党精神，是中国革命精神之源，是中国共产党人的精神“初心”。它是激励我们党顽强奋斗、不断发展壮大的强大精神动力，是我们党立党兴党、执政兴国的宝贵精神财富，是引领中国革命、建设、改革各项事业不断走向成功与兴旺的重要精神之源，是新时代坚持和发展中国特色社会主义的坚强精神支撑。

“红船精神”是中华优秀传统文化、浙江区域文化传统在中国革命时期呈现的精神样式。它所蕴含的首创精神、奋斗精神、奉献精神是对中华优秀传统文化中生生不息的璀璨精神因子的继承与发展。同时，“红船精神”是浙江优秀文化精神的生动展现。浙江人主体自觉、开拓创新的志向，卧薪尝胆、事上磨炼的品格，饮水思源、热心公益的情怀，尤其是嘉兴“开天辟地、坚定信念、劈波斩浪、扬帆引航”的人文精神，它们与革命精神相互砥砺，共同铸就了以首创精神、奋斗精神、奉献精神为基本内涵的中国共产党人的初心——“红船精神”。

“红船精神”是中国共产党人成功探索救亡图存道路的精神形态。中国近代史是一部内忧外患、血泪交织的屈辱历史，也是一部先进国人寻找独立自主道路、值得后人永远铭记的光辉奋斗历史。中国共产党人以开天辟地、敢为人先的精神，将中国革命引上以马克思主义为指导的科学道路，掀开中国革命走向胜利的崭新页面，使一个积贫积弱、落后挨打的旧中国改换天地。“红船精神”蕴含中国共产党人探索救亡图存道路的精神求索，孕育诞生了伟大的中国共产党，展现了中国共产党的建党精神，成为中国革命精神之源头。

“红船精神”是中国共产党人始终保持先进性纯洁性的精神之源。“红船精神”的实质是始终保持党的先进性、走在前列的时代精神。保持党的先进性、走在前列是由中国共产党的本质属性所决定，是中国共产党的基本精神特质。中国共产党是中国工人阶级的先锋队，也是中国人民和中华民族的先锋队，先进性是中国共产党的本质属性。“红船精神”作为中国革命精神之源，是中国共产党在任何历史时期必须保持的精神品质。以“红船精神”为源头的中国革命精神在社会主义建设和改革开放时期继续发扬光大，指引中国共产党人带领广大人民投身建设、深化改革、扩大开放、走上实现中华民族伟大复兴中国梦的新征程。

“红船精神”是实现新时代中国特色社会主义目标任务的精神引力与德性支撑。伟大的革命实践孕育伟大的精神，伟大的精神引领伟大事业蓬勃发展。近百年风雨兼程、筚路蓝缕，“红船精神”代代相传，不仅在既往的革命、建设、改革进程中砥砺中国共产党人开天辟地、革故鼎新、奋力前行，也将在中国特色社会主义新时代持续发挥思想引领、精神引力、德性支撑的价值。在实现中华民族伟大复兴中国梦的新时代，我们要不断赋予其新的时代内涵，让“红船精神”不断绽放出新的时代光芒，成为激发我们向第二个百年奋斗目标进军、建成富强民主文明和谐美丽的社会主义现代化强国的精神动力，成为鞭策我们全面从严治党、永葆党的先进性纯洁性的德性内涵，成为砥砺新时代浙江人继续勇立潮头走在前列的精神力量。

（作者为浙江工商大学马克思主义学院院长、教授，原载《浙江日报》2017 年 12 月 19 日）

红船初心永不改

文凌云

2017年10月31日，党的十九大闭幕仅一周，习近平总书记就带领中央政治局常委瞻仰上海中共一大会址和浙江嘉兴南湖红船，回顾建党历史，重温入党誓词，宣示新一届党中央领导集体的坚定政治信念。

从党的一大到十九大，中国共产党人向世人昭示了其矢志不渝为人民谋幸福的红船初心。当年，革命先辈怀揣推翻“三座大山”、救劳苦大众于水火、为人民谋幸福的初心，从上海秘密辗转来到浙江嘉兴南湖红船，完成了建立中国共产党的历史使命。从此，28年筚路蓝缕、浴血牺牲，无数先烈用热血升起了天安门广场上第一面五星红旗。今天，中国共产党为了实现人民对美好生活的向往，为了兑现13亿多中国人“全面建成小康社会，一个不能少；共同富裕路上，一个不能掉队”的庄严承诺，直面“人民日益增长的美好生活需要和不平衡不充分的发展之间的矛盾”，坚持以人民为中心、坚持人民当家作主、坚持在发展中保障和改善民生，在幼有所育、学有所教、劳有所得、病有所医、老有所养、住有所居、弱有所扶等方面不断取得新进展。时代已变，地位已变，但中国共产党人为中国人民谋幸福的红船初心始终不变。

从党的一大到十九大，中国共产党人向世人昭示了“红船精神”。为了实现民族独立、国家富强，为了实现方志敏在《可爱的中国》里所说的“我们民族就可以无愧色地立在人类的面前，而生育我们的母亲，也会最美丽地装饰起来，与世界上各位母亲平等地携手了”的先烈遗志，革命先辈用敢为人先的精神，组建了代表最大多数中国人民根本利益的无产阶级政党，第一次把占领着人类真理和道义制高点的马克思主义写在自己前进的旗帜上，第一次把马克思主义与中国实际相结合。今天，中国共产党同样用敢为人先的精神，用与时俱进的马克思主义优秀品格，第一次作出中国特色社会主义进入新时代的重大历史判断；第一次将马克思主义中国化的最新成果——习近平新时代中国特色社会主义思想写在自己胜利的旗帜上。时代已变，地位已变，但中国共产党人的“红船精神”始终不变。

从党的一大到十九大，中国共产党人向世人昭示了其实现中华民族伟大复兴的红船夙愿。中国共产党一经成立，就把实现共产主义作为党的最高理想和最终目标，义无反顾肩负起实现中华民族伟大复兴的历史使命。面对风雨如晦的旧中国，面对处于亡国灭种危险境地的中华民族，革命先辈抱着实现中华民族伟大复兴的夙愿来到红船，点燃革命的星星之火。党的十九大高举马克思列宁主义、毛泽东思想、邓小平理论、“三个代表”重要思想、科学发展观、习近平新时代中国特色社会主义思想的伟大旗帜，擘画出决胜全面建成小康社会，夺取新时代中国特色社会主义伟大胜利，为实现中华民族伟大复兴的中国梦不懈奋斗的宏伟蓝图。时代已变，地位已变，但中国共产党人实现中华民族伟大复兴的红船夙愿始终不变。

“不忘初心，方得始终”“大道之行，天下为公”。只要红船初心不改，“红船精神”不变，红船夙愿不忘，志存高远、脚踏实地，锐意进取、埋头苦干，我们党就能赢得民心，赢得时代，带领人民群众实现中华民族伟大复兴的中国梦。

（作者为中共广元市委党校副校长，原载《浙江日报》2017 年 11 月 22 日）

重温“红船精神”的根本与关键

降瑞峰

96年后，当我们回顾党的光辉历史，仿佛难以置信：一艘在风雨飘摇中的小船，一小群先进代表确立了一个伟大的党——坚定地承载起人民幸福与民族复兴的伟大梦想的中国共产党。今天，当我们再次重温红船里形成的思想，感到眼前的道路极为广阔，肩上的责任无比重大，党的先烈们的无私奉献和牺牲是那样光荣和伟大。

2005年6月，时任浙江省委书记的习近平同志在《光明日报》发表文章，首次提出并阐述了“红船精神”。党的十九大胜利召开不久，习近平同志带领新一届中共中央政治局常委瞻仰中共一大会址和嘉兴南湖红船，回顾建党历史，重温入党誓词。2017年12月1日，《人民日报》以大篇幅重新刊发习近平同志的署名文章《弘扬“红船精神” 走在时代前列》。

可以说，“红船精神”是融入中国共产党身心的精神血脉，是每一位党员不忘初心、牢记使命的奋进灯塔。当前，我们要在新的时代实现新的目标，就要认认真真、扎扎实实地学习践行“红船精神”，让十九大精神落地生根，在960万平方公里的广袤大地上开花结果，让我们在习近平新时代中国特色社会主义思想指引下，创造出人类更美好的幸福生活。

重温“红船精神”的根本在于不忘初心

红船本是嘉兴南湖的一条普通画舫，但中国共产党赋予她新的灵魂，凝聚和熔铸了96年来一以贯之的“红船精神”。1921年7月31日，参加中共一大的代表为躲避搜查和密探，分两批乘火车抵达嘉兴，登上了事先租好的游船，继续进行党的一大的议题。正是在这南湖的红船上，中国共产党的第一个纲领和第一个决议横空出世、开天辟地，中国共产党第一次选举成立中央领导机构。“我们的党定名为‘中国共产党’”“我们应始终站在完全独立的立场上，只维护无产阶级的利益”，这些后来响彻海内外的政治宣言，也正是在红船上发出的新的号角。

从红船走来的96年光辉历程，一代又一代中国共产党人承载着南湖“红船精神”的磅礴力量，在曲折坎坷的革命道路上取得辉煌成就。习近平同志在文章中强调指出：“开天辟地、敢为人先的首创精神；坚定理想、百折不挠的奋斗精神；立党为公、忠诚为民的奉献精神，是中国革命精神之源，也是‘红船精神’的深刻内涵。”

今天，我们要重温“红船精神”，就是要重温党的一大通过的决议纲领、领略党的一大代表的革命气魄，始终做到不忘初心、牢记使命。

重温“红船精神”、做到不忘初心，就要把红船上提出的革命理想作为安身立命的根本。党的一大代表在红船上重温了《中国共产党宣言》，掷地有声地指出：“共产主义者的目的是要按照共产主义者的理想，创造一个新的社会。”从党的一大到今天，中国共产党面临的形势和任务发生了若干次重大的变化，但是中国共产党人追求国家富强、谋求人民幸福、实现民族复兴的伟大理想并没有发生任何偏移和变化。重温“红船精神”，就是在革命、建设、改革的任何一个时期、任何一个岗位都能高扬革命理想高于天的旗帜，补足精神之“钙”、强健奋进之“魂”，不为风雨飘摇所扰动、不被精神蛊惑而迷茫，始终保持青春的激情和昂扬的斗志，能够为理想而奋不顾身地去拼搏、去奋斗，献出自己的全部精力乃至生命。

重温“红船精神”、做到不忘初心，就要把红船上体现的忠诚担当作为入党在党的基石。红船上提出的第一个党的纲领指出，“凡接受我党的纲领和政策，愿意忠于党，不分性别、国籍，经过一名党员介绍，均可成为我们的同志”。当时，来自上海、北京、武汉、长沙、济南、广州的先进代表汇聚一堂，既有投身革命的远大志向，也有干事创业的奋斗激情。但是，后来在我们党的发展历程中，有一些昔日的同志却与中国共产党分道扬镳甚至走向了反面。当前，重温“红船精神”，我们就要拨开历史的迷雾，重温党的誓词，真正放弃个人的利益得失，将个人梦想融入中国共产党领导的强国大业中来，增强政治意识、大局意识、核心意识、看齐意识，始终做到对马克思主义的坚定信仰，对共产主义和社会主义的坚定信念，对党和人民的赤胆忠心。

重温“红船精神”的关键在于践行使命

从党成立至今，中国的面貌发生了翻天覆地的变化，中华民族以新的姿态日益走近世界舞台的中央。1921 年，在风雨飘摇的红船里，来自全国各地的 13 位代表提出了中国共产党的希望和诉求。96 年后，中国共产党发展至拥有 8900 多万党员的大党，正在以习近平同志为核心的党中央带领下，向全面建成小康社会、建设社会主义现代化强国的目标阔步前进。“红船精神”昭示着我们党永远不忘初心、牢记使命。为什么我们的党旗国旗军旗美如画，那是因为英雄的鲜血染红了它；为什么祖国大地春常在，那是因为英雄的生命开鲜花。

在新时代新阶段，重温“红船精神”的丰富内涵，按照红船开启的新的航向追寻中华民族伟大复兴的梦想，最关键的在于掌握“红船精神”的真谛，践行共产党员的光荣使命。

掌握“红船精神”的真谛、践行共产党人的使命，要旗帜鲜明地把政治建设放在首位。我们党自诞生之日起，就以信仰马克思主义、创造一个新的社会为己任。党的一大宣告了中国共产党的正式成立，从此中国的政治局面翻开了新的一页，走向了无产阶级革命取得胜利的一个新时代，中国共产党明确宣布以马克思列宁主义为行动指南，“彻底断绝与资产阶级的黄色知识分子及与其类似的其他党派的任何联系”，中国共产党把马克思主义的普遍原理与中国的具体实际相结合，使中国革命的面貌为之一新。但是，党的一大并没有解决党的政治问题，在政治立场、党内原则、组织制度方面仍然存在着各种缺陷和问题。因此，从 1921 年到 1935 年，中国共产党既有从小到大的快速发展，也曾多次遇到政治军事上的重大挫折，面临生存危机的严峻考验。直到遵义会议的召开，实质上确立了毛泽东同志在党和红军中的领导地位，党的政治建设取得了重要进展，在最危急的关头挽救了党、挽救了红军、挽救了中国革命。当前，世情国情党情与一大相比，发生了天翻地覆的变化。但是，党在长期革命、建设和改革中形成的讲政治、讲规矩、讲纪律的优良传统并没有过时，还需要进一步增强。我们要坚决维护以习近平同志为核心的党中央权威和集中统一领导，进一步提高党的领导水平和执政能力，加强和完善党的政治建设，保持党的先进性和纯洁性，永葆共产党人的政治本色。

掌握“红船精神”的真谛、践行共产党人的使命，要坚定自觉地用马克思主义中国化创新理论成果武装全党头脑、教育人民。思想建设是党的基础性建设。全党的思想建设水平，直接决定了我们党的领导力量和执政绩效。党的一大代表董必武同志曾经在 1963 年 12 月，为南湖一大会址题写了“烟雨楼台，革命萌生，此间曾著星星火；风云世界，逢春蛰起，到处皆闻殷殷雷”，寓意党的一大的巨大历史影响，指出自从党诞生后，中国大地波澜壮阔、天翻地覆。作为从红船走出来的、我们党的创始人之一，董必武同志一生坚定马克思主义信仰，始终以党和人民的“老牛”自勉。他常说：“我们的党是为群众利益服务的，如果不为群众服务，还要组织共产党干什么?”当前世界上正是各种思潮多元激荡、多种观念你方唱罢我登场的时期，中国共产党党员要向董必武同志等一些党的一大的优秀代表学习，以“咬定青山不放松”的态度，牢记党的宗旨，用习近平新时代中国特色社会主义思想武装头脑、教育人民、净化心灵，解决好世界观、人生观、价值观这个“总开关”问题，经得起千锤百炼、惊涛骇浪，自觉地为实现新时代党的历史使命不懈奋斗。

掌握“红船精神”的真谛、践行共产党人的使命，要持之以恒地为新事业开拓创新。1930 年，毛泽东同志在展望革命的胜利的时候，曾经满怀激情地指出，“它是站在海岸遥望海中已经看得见桅杆尖头了的一只航船，它是立于高山之巅远看东方已见光芒四射喷薄欲出的一轮朝日，它是躁动于母腹中的快要成熟了的一个婴儿”。从党的一大到党的十九大，中国共产党的“红船精神”照耀着前行的路，正在驾驭“中国号”这艘巨轮驶入全面建成小康社会、建设社会主义现代化强国的新航道，迎接中华民族伟大复兴的曙光。面对新形势新机遇新挑战，我们要进一步解放思想、实事求是、与时俱进、求真务实，以改革创新的进取精神全面增强改革创新的本领，在各自的岗位上结合实际创造性地推动工作，争做坚定的奋进者、搏击者，在浩荡的大时代成为勇于前进的弄潮儿。更为重要的是，我们要学习和继承“红船精神”开天辟地、敢为人先的改革锐气，敢于打破“本本”里的条条框框，敢于突破前人的经验和智慧，在党的十九大精神指导下，推动新的实践、开拓新的局面、再创新的辉煌。

“路漫漫其修远兮，吾将上下而求索。”100 年前，“十月革命”一声炮响，为我们送来了马克思列宁主义，中国共产党在南湖的“红船”点亮了中国前进的灯塔。“为有牺牲多壮志，敢教日月换新天。”100 年后的今天，中国共产党人在“红船精神”的指引下，取得了举世瞩目的伟大成就。“雄关漫道真如铁，而今迈步从头越。”千难万难只要重视就不难，大路小路只要行动就有出路。照亮前进的道路，克服前进道路上的各种艰难险阻，我们要在习近平新时代中国特色社会主义思想的指引下，为实现人民对美好生活的向往、为最终实现中华民族伟大复兴的中国梦而接续奋斗。

（作者为中国人民大学党委宣传部副部长，原载宣讲家网 2017 年 12 月 3 日）

弘扬“红船精神” 传承初心使命

韩冬雪

碧波荡漾的嘉兴南湖上，一艘红色画舫见证了一个标志着近代以来中国命运彻底改变的历史时刻。革命风暴中，大党与小船的因缘际会，既是一种偶然，也因为象征着中国革命经由苦难走向辉煌而具有更深厚的历史意味。事实上，正如习近平总书记所言，红船所代表和昭示的是时代高度，是发展方向，是奋进明灯，是铸就在中华儿女心中的永不褪色的精神丰碑。无论是开天辟地、敢为人先的首创精神，坚定理想、百折不挠的奋斗精神，还是立党为公、忠诚为民的奉献精神，都是“红船精神”作为中国革命精神之源的重要内涵，是中国共产党人至为宝贵的精神财富；而党和国家各项事业在新时代的继续前进，也同样需要从回溯“红船精神”的初心中汲取力量。

一、火种：敢为人先的革命气魄

近代以来，中国积贫积弱、人民苦难深重的严酷现实，促使先贤们不断尝试救亡兴国的不同道路。随着十月革命一声炮响送来了马克思列宁主义，探索社会主义拯救中国、社会主义发展中国的前景也进入了中国人的视野。正是在这样的历史背景下，中国共产党作为中国工人阶级的先锋队、中国人民和中华民族的先锋队应运而生。

如果说，是马克思主义与中国进步知识分子、中国工人阶级的结合为中国共产党的诞生创造了必不可少的客观条件，那么，我们也没有理由否认，第一代中国共产党人又是以其敢为人先的革命气魄，才使历史巨变的可能成为改天换地的现实，才使中国革命在山重水复疑无路的境地中开辟出一条通向光明彼岸的道路。人们常说，历史总在轮回中前进，但命运的转变却并不总是静待天变的结果。因此，当我们总结中国革命的历史经验时，整理传承先辈的精神遗产便成为彰往考来的基础与前提。

敢为人先的革命气魄首先体现在为中国革命指明了正确的方向和目标。在红船上召开的中共一大对此后中国历史影响之大，甚至是一些参加会议的当事人都未曾料到的。作为一个在当时刚刚登上中国政治舞台的新生力量，中国共产党人将反对帝国主义的任务写进了社会革命的方案当中，这是其他任何政治团体都没有能力、没有勇气做到的。然而，历史证明，正是由此在中国的社会革命、民族革命与世界革命间架起的桥梁，从根本上解决了革命中的敌友问题，为中国革命凝聚大众、走向胜利奠定了坚实的基础。

敢为人先的革命气魄还体现在中国共产党人把阶级斗争和无产阶级专政写在了自己的革命旗帜上。在近代中国的救亡努力屡遭挫折的情况下，代表资产阶级的政治团体往往倾向于在其政治纲领中人为掩盖甚至否认中国社会阶级斗争的现实，代之以一种看似跨越阶级界限的共同愿景。但严酷的现实证明，不从根本上解决谁来掌握政权的问题，就不可能真正团结广大群众，更不可能实现民族独立、人民解放、国家富强和人民幸福。因此，中国共产党人在红船上郑重写下的革命纲领，其历史意义和时代价值尤显珍贵。尽管由于种种原因，今天的我们已经看不到这份文件的原始面貌，但我们也不难联想到这种革命气魄与《共产党宣言》中“共产党人不屑于隐瞒自己的观点和意图”的精神间一脉相承的历史关联，更不难联想到，正是这种在奠基之初就将自己的革命目标昭示天下的勇气，为中国革命的星星之火势成燎原埋下了火种。

二、源泉：矢志不渝的革命信仰

中共一大的召开开启了马克思主义植根于中国大地的历史，中国共产党一成立就马不停蹄投入到革命斗争之中，深入广大工人、农民群众当中，开辟出反帝反封建的民主革命成功之路。今天，人们或许已经很难想象这条路的艰辛，但历史证明，正是这种曲折中前进的艰辛，检验了中国共产党人矢志不渝的革命信仰，磨炼了中国共产党人愈挫愈勇的革命精神，也铸就了中国共产党人百折不挠的革命意志。

真正的共产党人，从来都不会被任何艰难困苦所压倒。在中国革命大浪淘沙的进程中，参加党的一大的代表中，有人背叛了革命，有人意志消沉远离了革命，但坚持下来的共产党人最终担负起了中国的命运，他们中的许多人直至生命的最后一刻仍在为数十年前的誓言不懈奋斗。这些定格在历史中的中国共产党人群像也成了激励无数后来者见贤思齐的精神坐标。

毛泽东同志在参与一大时还不到而立之年，作为深刻理解中国革命的希望在于将马列主义普遍原理同中国具体实际相结合的中国共产党人，毛泽东同志在政治生涯的起落中非但没有变得意志消沉、随波逐流，反而更加坚定了自己的革命理想与信念。他一次次从人生低潮中奋起的经历，恰恰也与同一时期中国革命从低潮中重振的过程交相呼应。从这个意义上说，以毛泽东同志为代表的中国共产党人经由井冈山、长征、延安、西柏坡，直至“进京赶考”的革命历程，也生动地诠释了“红船精神”中坚定理想、百折不挠的奋斗精神。

当然，用燃烧的一生展现中国共产党人百折不挠精神的，还不仅是毛泽东同志一人。同为一大代表的王尽美，虽然在领导革命的过程中发现自己罹患绝症，但其革命意志却不曾因此稍减半分，相反，怀抱着“功成不必在我”的信念，王尽美战斗到了人生的最后一刻。在王尽美一字一顿口述留下的简短遗嘱中，没有涉及任何个人的身后之事，而唯以天下之事为念，他说道：“全体同志要好好工作，为无产阶级和全人类的解放和共产主义的彻底实现而奋斗到底。”为国尽忠，为民效命，为党牺牲，志向坚定，奋斗不息，是王尽美青春岁月的鲜明写照，他用青春、热血和生命充分诠释了早期共产党人的初心与使命。

三、目标：人民对美好生活的向往

嘉兴南湖上这一叶红船承载着中国共产党的民族复兴之梦，而作为中国共产党人走向成功的起点象征，水载船行的情境又与中国共产党领导革命、建设和改革进程中始终坚持的人民立场交相辉映。

回首中国近百年来的历程，不难发现，正是因为发掘了蕴藏在广大人民群众中的无穷力量，中国共产党人才能无畏地发出“敢教日月换新天”的宣言；也正是因为始终保持着与广大人民群众的血肉联系，中国共产党人才能跳出中国历史上的兴衰周期律，领导中国人民在实现中华民族伟大复兴中国梦的征程中走向胜利。

青年毛泽东在湖南长沙求学期间，曾记述了国文课老师袁仲谦讲到庄子《逍遥游》时提到的舟水关系带给他的深刻体悟。纵观毛泽东同志的革命生涯，我们不难看出中国共产党人知行合一的努力是如何深刻影响了党和国家的命运。水积不厚，负舟无力，积水至厚则可以负载大舟，正是通过争取最劳苦的广大群众，使自己成为劳苦大众的贴心人，中国共产党才牢牢地掌握了人民这一书写历史的伟大力量，托起了党的宏基伟业，也开启了中国发展的新篇章。

始终站在人民立场上，是马克思主义区别于其他意识形态和政治理论的主要标志，也决定了指导全世界无产阶级劳苦大众的革命斗争是马克思主义政党的重要历史使命。作为立足中国大地的马克思主义政党，中国共产党人自建党以来就把这种信念贯注于每一位党员的理想与实践当中。王尽美在早期山东工人群众运动中就曾清醒地认识到，要唤醒工农之中的历史伟力，就需要增进劳动者的智识，提高劳动者的地位，改造劳动者的生活。而为了达到这样的目标，又必须让党的理论宣传贴近群众。于是，王尽美针对工农群众受教育程度低的现状调整宣传手段和渠道、途径，综合各种办法推动山东地区工人阶级学习接受马克思主义，他对于马克思主义的讲解一律使用通俗易懂的语言来讲，常常走到工人中间即兴发挥讲解时局和马克思主义基本著作。

利民之事，丝发必兴；厉民之事，毫末必去。这是中国共产党人建党伊始的信念，也是中国共产党人延续至今的情怀。习近平总书记强调的"人民对美好生活的向往，就是我们的奋斗目标""人民群众是我们力量的源泉"，就是"红船精神"当代传承的最好体现。处在党情国情世情发生深刻变化的当下，全党上下自觉把克服精神懈怠危险、能力不足危险、脱离群众危险、消极腐败危险作为不断推动自我革命的实践基础，代表着党对于人民、民族、国家的庄严承诺，也代表着中国共产党人沿着兴国利民之路不忘初心、继续前进的执着信念。

站在新时代的起点上，我们回溯"红船精神"，不仅是因为它铭刻着中国共产党的历史，更是因为其中蕴含的革命基因昭示着中国共产党的未来，从这个意义上讲，“红船精神”永远都不会过时。深刻体会过创业艰难的中国共产党曾秉持着建党伊始的理想信念穿过了时代浪潮的起伏，我们同样有理由相信，始终保持初心的新一代中国共产党人，将继续用“红船精神”引领全党，团结全党，从而在中国大地上谱写出新的辉煌篇章。

（作者为中国政治学会副会长、清华大学教授，原载《光明日报》2018 年 8 月 9 日）

“红船精神”价值永恒 红船初心历久弥新

李永胜

2017 年 10 月 31 日，在党的十九大闭幕一周之际，习近平总书记带领中共中央政治局常委专程赴上海和浙江嘉兴，瞻仰中共一大会址和南湖红船这两个标志中国革命原点的地方，在聆听历史回响中，追寻中国共产党人的奋斗历程，破译我们党的精神密码，汲取不忘初心、牢记使命、不竭奋斗、创造人民美好生活的智慧和力量。在中国特色社会主义进入新时代，中国共产党人处于“两个一百年”历史交汇的新起点之际，这次寻根之行、溯源之行充分证明“红船精神”价值永恒、红船初心历久弥新。

中国精神的基石

96 年前，浙江嘉兴南湖上，红船见证了中国历史上开天辟地的大事变，形成了具有划时代意义的“红船精神”。从此，“红船精神”照耀中国。2005 年 6 月，时任浙江省委书记的习近平在《光明日报》刊发文章，对“红船精神”作出概括：“开天辟地、敢为人先的首创精神；坚定理想、百折不挠的奋斗精神；立党为公、忠诚为民的奉献精神。”抚今追昔，“红船精神”正是中国革命精神之源。中国共产党在历史上形成的优良传统和革命精神，无不与之有着直接的渊源。

中国共产党作为中国工人阶级的先锋队，同时也是中国人民和中华民族的先锋队，从这条红船扬帆起航时，就始终代表着最广大人民的根本利益，始终走在时代前列，勇当舵手，引领航向，由一个领导人民夺取政权而奋斗的党，成为一个领导人民掌握政权并长期执政的党。

党的航船从这里出发(水粉)　胥厚峥

先进性是马克思主义政党最鲜明的特点。“红船精神”深刻地体现了中国共产党的先锋队性质，彰显了党的先进性。“红船精神”同“井冈山精神”“长征精神”“延安精神”“抗战精神”“西柏坡精神”等一道，伴随着中国革命的光辉历程，共同构成我们党在前进道路上战胜各种困难和风险，不断夺取新胜利的强大精神力量和宝贵精神财富，成为中国精神的基石。

植根于中华文化沃土

“红船精神”也是对中华优秀传统文化的继承与发展。博大精深、源远流长的中华文化造就了中华民族独特的价值追求与精神家园，孕育了中国革命文化的巨大思想资源宝库。“红船精神”正是在中国这块具有悠久历史传统和深厚文化底蕴的土地上，生长出来的绚丽精神之花。它植根于中华文化沃土，吮吸着中华文化的丰富营养而成长壮大。

第一，“红船精神”体现求实变革的实践思维方式和实事求是的科学态度，是中国文化传统中实践理性精神的创造性转化与创新性发展。中华民族是一个注重求实、勤于改革的民族，长期以来形成了勤勉务实、经世致用、敢于变革的精神，如“修古好学，实事求是”“革故鼎新”“与时偕行”等。第二，“红船精神”体现立党为公、忠诚为民的奉献精神与为最广大人民谋利益的价值观，是对“民为邦本，本固邦宁”等中国传统民本思想的创造性转化与创新性发展。第三，“红船精神”所蕴含的坚定理想、百折不挠的精神是中国传统文化“自强不息”精神和“天下兴亡，匹夫有责”担当意识的思想升华。

“红船精神”树起了一座体现时代特征与社会发展方向的精神丰碑。“红船精神”是鸦片战争以来，在“数千年未有之大变局”的情况下，中国共产党人把马克思主义理论创造性地运用于中国革命实践，倾听人民意愿，反映人民诉求，把握时代潮流，开拓中国道路，在争取民族独立、人民解放和国家富强中承担民族责任和历史使命的精神映照。“红船精神”体现时代特征，洞悉历史本质，符合社会发展规律，顺应历史潮流，指明中国社会发展进步的方向，具有永恒价值。

赢得未来的动力源泉

立党为公，忠诚为民，一切依靠人民，一切为了人民，是“红船精神”的灵魂，也是红船初心的思想魅力与强大生命力之所在。它深刻地体现了马克思主义群众观和群众路线，体现了“人民至上”的马克思主义价值观和全心全意为人民服务的价值旨趣，与我们党的性质、目的、宗旨、使命紧密相连，也是共产党人初心的庄严宣示与充分彰显。正如习近平总书记在十九大报告中所指出的：“中国共产党人的初心和使命，就是为中国人民谋幸福，为中华民族谋复兴。”

作为马克思主义政党，我们党自诞生之日起，就以解放全人类、实现共产主义理想为己任，以全心全意为人民服务为根本宗旨。秉持人民立场，坚持立党为公、执政为民，始终保持党同人民群众的血肉联系，是马克思主义政党与生俱来的政治品质和崇高的价值追求，是衡量党的先进性的根本标尺。

红船初心，深刻地反映了中国共产党人的共产主义理想信念，奠定了为中国人民谋幸福、为中华民族谋复兴的价值基石，赢得了中华儿女的价值认同，取得了最大的社会共识。可见，红船初心体现了中国共产党人的根基、方向、信仰与本色，成为我们党长盛不衰、充满生机活力、枝繁叶茂、赢得未来的动力源。因而，它才在历史的沧桑巨变中能够穿越时空，具有历久弥新的时代价值。

“红船精神”是引领我们战胜艰难险阻的精神灯塔，红船初心是鼓舞我们为党和人民事业矢志不渝、不懈奋斗的不竭动力源泉。在中国特色社会主义新时代，大力弘扬“红船精神”，守护红船初心，我们才能从中汲取丰富的精神营养与不竭动力，坚定共产主义信念，保持创造活力，为实现中华民族伟大复兴中国梦续写新的辉煌。

（作者为西安交通大学马克思主义学院教授、博士生导师，原载《光明日报》2017年11月17日）

“红船精神” 中国革命精神之源

金延锋

2005年6月21日，时任浙江省委书记习近平同志发表署名文章《弘扬“红船精神” 走在时代前列》，首次从中共党史和中国革命史的层面，提出了“红船精神”的理念。

一、“红船精神”集中体现了中国共产党的建党精神

习近平同志在《弘扬“红船精神” 走在时代前列》一文的开头就明确指出：“1921年8月初，中国共产党第一次全国代表大会在浙江嘉兴南湖的一条游船上胜利闭幕，庄严宣告中国共产党的诞生。这条游船因而获得了一个永载中国革命史册的名字——红船。”正如习近平同志在文中指出，“红船精神”是我们党创立时期坚持和实践自身先进性的一个历史明证。

中国共产党建党精神集中体现在早期共产党人的建党实践活动中。早期共产党人的建党实践涉及北京、上海、湖南、湖北、山东、广东以及海外等多地，是一个优秀群体共同的实践。中国共产党的建党精神很难用一个地方、一个事件、一个人物来命名，这些都无法涵盖中国共产党的创建这一开天辟地的大事件，在不同时空中所展现出来的全局性、整体性的精神。习近平同志提出“红船精神”这一鲜活、生动而富有象征意义的命题，很好地解决了这一难题。习近平同志指出：“当初，党的‘一大’会议在白色恐怖中召开，由上海转至嘉兴，在南湖红船上完成缔造中国共产党的使命”，“红船，见证了中国历史上开天辟地的大事变，成为中国革命源头的象征。”“红船精神”是对中国共产党建党精神的高度概括。

二、“红船精神”是中国革命精神的源头

习近平同志指出：“‘红船精神’正是中国革命精神之源，中国共产党

历史上形成的优良传统和革命精神，无不与之有着直接的渊源关系。”习近平同志提出的“红船精神”，使中国共产党的革命精神史与中国共产党的历史在时间序列上实现了一致性。

习近平同志在文章中不仅多次强调“红船精神”是中国革命精神之源，而且详细阐述了“红船精神”与中国共产党不同历史时期形成的革命精神的关系，认为“红船精神”是中国革命精神之源，与其他革命精神都是我们党的“强大精神力量和宝贵精神财富”。他明确指出：“‘红船精神’同‘井冈山精神’‘长征精神’‘延安精神’‘西柏坡精神’等一道，伴随中国革命的光辉历程，共同构成我们党在前进道路上战胜各种困难和风险、不断夺取新胜利的强大精神力量和宝贵精神财富。”

“红船精神”与“井冈山精神”“长征精神”“延安精神”“西柏坡精神”等所展示的内涵，都有着内在的逻辑关联。这些革命精神的深刻内涵，始终贯穿着创新、奋斗、奉献的主线，是“红船精神”深刻内涵的延续和发展。

三、对“红船精神”深刻内涵的提炼和概括表达了中国共产党的建党初心

习近平同志在纪念中国共产党成立95周年大会上向全党提出了“不忘初心、继续前进”的要求。初心是什么？习近平同志指出，就是“建党时中国共产党人的奋斗精神”和“对人民的赤子之心”；在十九大报告中，习近平同志再次强调：“中国共产党人的初心和使命，就是为中国人民谋幸福，为中华民族谋复兴。”

“红船精神”既是中国共产党革命的精神之源，也是中国共产党一路走来的精神之源，历史地、全面地回答了中国共产党“从哪里来”“为什么出发”的初心和使命。96年前，中国共产党毅然肩负起为中国人民谋幸福、为中华民族谋复兴的历史使命而宣告成立，始终站在历史和时代发展的前列，从一个领导人民为争取民族独立、人民解放而奋斗的革命党，成为领导人民为国家富强、人民幸福而奋斗的执政党。在中国共产党近百年的历史上，她的革命精神和初心使命始终如一，没有改变。

（作者为浙江省政协常委、文史委副主任，原载《光明日报》2017年12月11日）

“红船精神”：共产党人的精神家园

王胜昔

习近平总书记强调：“上海党的一大会址、嘉兴南湖红船是我们党梦想起航的地方。我们党从这里诞生，从这里出征，从这里走向全国执政。这里是我们党的根脉。”

“总书记的讲话揭示了上海党的一大会址、嘉兴南湖红船在党的历史上的重要地位。”河南省社会科学院副院长王承哲表示，“这里有中国共产党人从胜利走向胜利的精神动力，有不忘初心的使命担当。”

参观者在“致敬——红旗渠”摄影展上用手机拍摄摄影作品

王承哲说，纵观党史，“红船精神”是中国共产党和中国人民在革命、建设和改革开放各个历史时期形成的精神品格、优良作风的优秀开端，是共产党人需要传承和弘扬的“红色基因”。由“红船精神”开始，中国共产党人形成了井冈山精神、长征精神、西柏坡精神、大庆精神、航天精神、抗震救灾精神，以及焦裕禄精神、红旗渠精神等富有时代特征、民族特色的革命文化精神，成为中国文化自信的优质基因。

中共一大会址（中国画）

“红船精神”是开天辟地、敢为人先的首创精神，坚定理想、百折不挠的奋斗精神，立党为公、忠诚为民的奉献精神。王承哲说，“红船精神”的基因渗透进共产党人的血液、沁入心扉，是共产党人红色革命文化的内核。

中国共产党之所以伟大，原因就在其总能够将马克思主义与不同时期中国发展的具体实际相结合。王承哲说，“红船精神”一直激励和鼓舞着我们党站在历史的高度，走在时代的前列，带领全国人民不断取得革命、建设和改革的胜利。河南在“红船精神”的指引下，诞生了“亲民爱民、艰苦奋斗、科学求实、迎难而上、无私奉献”的好干部焦裕禄。焦裕禄精神就像习近平总书记评价的那样，“无论过去、现在还是将来，焦裕禄精神都是鼓舞我们艰苦奋斗、执政为民的强大思想动力，都是激励我们求真务实、开拓进取的宝贵精神财富，永远不会过时”。在“红船精神”的指引下，勤劳勇敢的河南林州人民，苦战十个春秋，仅仅靠着一锤、一铲、两只手，在太行山悬崖峭壁上修成了红旗渠，孕育了“自力更生，艰苦创业，团结协作，无私奉献”的红旗渠精神。

“红船精神”见证了“没有共产党就没有新中国”的历史。传承“红船精神”，重温共产党人烽火岁月里的革命斗争精神、自强不息精神，不仅成为新时期社会主义中国文化凝心聚力的精神纽带，也是应对各种挑战的有力武器，成为能够激发共产党人内在价值自省的精神源泉。王承哲表示，每一位共产党人都要认真学习贯彻习近平总书记的重要讲话精神，时刻不忘初心、永远奋斗，大力弘扬“红船精神”，切实担当起新时代中国共产党人的历史使命，以习近平新时代中国特色社会主义思想为指导，牢固树立“四个意识”、忠诚维护核心，永葆党员本色、坚定理想信念，牢记根本宗旨、坚持以人民为中心的发展思想，全力落实好党的十九大确定的各项任务，带领人民不断创造更加幸福美好的生活。

（作者为《光明日报》记者，原载《光明日报》2017 年 11 月 29 日）

弘扬“红船精神”：中共革命精神谱系再定位

李亚彪

这是浙江嘉兴南湖上，按照当年画舫仿造的游船，供游人瞻仰

精神力量

政党精神，内蕴着一个政党的根本价值理念，外显着一个政党的基本历史形象。同世界上任何政党相比，中国共产党的革命历史长河都极其波澜壮阔、光辉灿烂，在长期革命实践中培育的革命精神极其丰厚多元、鼓舞人心。20 世纪 20 年代，国内政党乱象纷呈，有的政党由少数几个人发起，再拉拢几个军政界人士，就可以招收党徒、开展活动，但多数难成大事。当时，影响最大的是孙中山领导的国民党，但他在二次革命失败后总结原因时就认为，“非袁氏兵力之强，乃同党人心涣散”。

辩证唯物主义认为，一定条件下，精神力量可以转化为物质力量。邓小平同志曾说，“革命精神是十分宝贵的，没有革命精神就没有革命行动”。浙江省委党史研究室副主任曾林平等人认为，如果没有时代价值，不能发挥对现实的指导作用，任何一种精神都会失去存在意义。中国共产党白手起家成大事，靠的就是精神的力量。

翻开中共党史，革命战争时期就有“红船精神”、井冈山精神、苏区精神、长征精神、延安精神、西柏坡精神等。而广义的中国革命精神，还包括和平建设时期的精神，如艰苦奋斗、自力更生、勇于改革、严于律己等，也包括雷锋精神、铁人精神、焦裕禄精神、抗震救灾精神等。

中国共产党在历史上创造了无数奇迹，历经磨难而信念弥坚，饱尝艰辛而斗志更强，千锤百炼而意志愈刚，由小变大，由弱变强，就是因为有强大的精神力量支撑。这些精神力量引起了从国内到国外、从东方到西方诸多机构、学术界的广泛关注和研究。

从哪里来

站在第一个百年奋斗目标即将实现的历史节点上，中国共产党到了该梳理自己精神链条的时候了。同长征精神、延安精神相比，在过去几年间，社会和学界对“红船精神”的关注和研究都不够。

由于革命中心分散、历史人物复杂等因素，对于建党初期的精神，无论命题还是研究，均长期处于空白。曾有人认为，中国革命精神源头是井冈山精神。倘若如此，就没有办法解释 1921 年到 1927 年间的中国共产党革命精神。

嘉兴市委党校副校长徐连林认为，如果中国共产党革命精神链条上缺少党的创建这个历史阶段，将不足以全面、完整地反映革命精神的历史，不利于党内核心价值形成和代际更替背景下的价值认同。而“红船精神”完善了中国革命精神链条的起点，实现了我们党精神创建史与发展奋斗史在时间序列上的高度一致。

中国共产党在哪里成立？客观来看，上海和浙江嘉兴南湖，都为党的创立作出了重要贡献。南湖革命纪念馆的史料记载着，在红船上通过了党的纲领和第一个决议，确定了党的名称，选举产生了第一届中央领导机构，完成了建党使命，年轻的中国共产党从这里走上历史舞台。因此，可以用“上海孕育，浙江落地”8 个字形容建党过程。

“红船精神”作为一种社会意识，尽管 90 多年前就已经存在，但以理论形态提出是 2005 年的事，直到今天才逐渐得到广泛认同。那么，“红船精神”的提出和确立为什么这么晚。

嘉兴学院“红船精神”研究中心副教授高凡夫等学者研究认为，长期以来，人们普遍认为中共诞生地在上海，因而忽视了南湖会议和红船在中共创建史上的地位。再者，民主革命早期，中国共产党革命精神是否形成，曾一度在学界存疑。因此，就 1921 年到 1927 年间中国共产党的革命精神，提出一个让学界和广大干部群众所接受认可的概念，需要很大勇气。

人们对历史的认知有一个过程。尽管“红船精神”是在 2005 年才提出来，但它对应了建党之初由史实所生发出的政党精神，诠释着中国共产党过去、当下、未来的历史智慧、历史逻辑、历史责任。

源流之争

关于中国革命精神之源，学界一直存有争议，有的认为是井冈山精神，有的认为是“红船精神”。究竟谁是谁非？

恩格斯说过，“历史从哪里开始，思想进程也应当从哪里开始”。毛泽东同志也做出“自从有了中国共产党，中国革命的面目就焕然一新了”的论断。因此，在红船上结束的中共一大南湖会议，不仅宣告了中国共产党的诞生，也是其革命精神的起点。

20 世纪 90 年代，“红船精神”还没有概括提炼，井冈山精神、长征精神、延安精神中，井冈山精神最早，因而成为源头。但随着西柏坡精神、苏区精神、“红船精神”等相继提出，就需要从更广阔的视野来把握和认识中国共产党的革命精神谱系。

各个阶段的革命精神中，有其内在的基因联系，要防止孤立性地看待。比如井冈山精神中的“实事求是、敢闯新路”，延安精神中的“理论联系实际、不断开拓创新”，与“红船精神”中的“首创”是一脉相承的；井冈山精神中“坚定信念、艰苦奋斗”，以及长征精神和延安精神的相关表述中，均有“红船精神”中“奋斗”二字的影子；“红船精神”中的“奉献”，在延安精神的“全心全意为人民服务”表述中也得到了延展。

强调“红船精神”的地位，并非否定、贬低其他精神。中央党史研究室原副主任、中共党史学会常务副会长李忠杰认为，所有这些精神，追根溯源，都源自“红船精神”。因此，“红船精神”与井冈山精神、长征精神、延安精神、西柏坡精神等是源与流的关系。这些精神各有侧重，又一脉相承、接力发展，共同构成了中国共产党完整的精神链条和整体精神风貌。

建党精神

“红船精神”提出至今整整12年，从中央有关部门到理论界，对“红船精神”的研究和讨论，呈现出一条从冷到热的轨迹。以“红船精神”为牵引，推动中国共产党政党精神建设借梯登高，显得迫在眉睫。

一个正在发生的事实是，近年学界对“红船精神”的研究，越来越集中于“建党精神”上。多位学者建议，发挥“红船精神”作为中国革命精神之源的统领作用，打造“建党精神”，从而推动形成伟大复兴中国梦的精神支撑和动力之源。有的学者甚至认为“红船精神”就是“建党精神”。

对此，有两个问题需要进一步厘清。

首先，中国共产党需要“建党精神”吗？20世纪初，经历了从帮会、社团到政党等政治组织形态的中国，正处于政党林立的时期，各种组织、政党一一登台，也大都谢幕，有的甚至成了人民的对立面。这些昙花一现的政党很难说有其建党精神。嘉兴学院“红船精神”研究中心原主任陈水林认为，提炼“建党精神”对历经沧桑仍生机勃勃的中国共产党来说，是一件很有意义的大事，有助于进一步明确中国共产党革命精神之源。

其次，“红船精神”是“建党精神”吗？根据相关史料分析，中国共产党成立前夕，政党理论就开始形成。来源主要是三个渠道：一是李大钊、李汉俊、陈望道从日本带回的马克思主义论著；二是蔡和森等从法国搜集的马克思主义理论材料；三是瞿秋白等把苏俄社会主义革命和建设的真实情况全面系统地介绍到国内。在政党理论构成上，党的性质、指导思想、纲领、组织原则，分别在红船上通过的各类建党草案中得到了体现。而建党精神就是一个政党创建过程中形成的理论纲领、奋斗目标所展现的精神感召力。因此，支撑"红船精神"的这些关键史实，同样是"建党精神"形成的最重要标志。

寻找初心

多年来，在全国社科理论界辛勤付出、大力推动下，"红船精神"研究已从一般性的学术讨论上升为体系上的全面阐述。中宣部将"红船精神"纳入马克思主义理论研究工程重大课题，为"红船精神"研究工作提供了更高平台、更大空间。

"红船精神"趋热，说明了"寻找初心"正成为人们内心深处的共鸣。

没有历史照进的未来，注定是苍白的。当我们今天为全面建成小康社会而奋斗的时候，必须追根溯源，明确我们从哪里来，到哪里去。本着"从历史中塑造民族精神"的考虑，中国共产党迫切需要探寻精神之魂，以此认识和把握执政规律、社会主义建设规律和人类社会发展规律，从而激发继续前进的信心和勇气。

"红船精神"趋热，时刻提醒着，党的精神建设是根治精神懈怠的必然选择。

中国共产党经历的曲折和磨炼，超过了近代以来任何一个党派，在国际上也是罕见的。建党时的13位代表，在28年革命战争期间，有的壮烈牺牲，有的面对困难挫折放弃革命，有的脱离党组织，有的叛党叛国，仅有2人站到了开国大典的天安门城楼上。红船所在的浙江，当年作为国民党的"模范省"，斗争环境极其恶劣——民主革命时期，中共浙江省委自1927年创建到1929年4月撤销，省委书记或代理书记换了近10人，其中多人被捕牺牲。今天重新讨论"红船精神"，就是为了提醒当代共产党人时刻保持清醒头脑和忧患意识，居安思危、砥砺奋进。

"红船精神"趋热，提出了党员代际传承中强化党的意识的新命题。

当前，基层党组织建设中，新老党员之间在思维方式、知识结构、价值观念诉求等方面存在明显代际差异。建党初心、精神之源是否会在代际更替中消退，值得高度警惕。团中央发起了“青年马克思主义者培育工程”，而从平均年龄28岁的13位一大代表身上生成的“红船精神”，给“青马”工程提供了丰厚的精神资源。

深化对“红船精神”等党的系列精神的研究，存在不少现实难点。比如，“红船精神”研究地域色彩明显，多集中于浙江，集中于党校等社科研究机构和党史研究部门，研究力量相对分散，与其地位不符。

另外，包括“红船精神”、井冈山精神在内的系列革命精神研究在一定程度上碎片化、阶段性特征明显，有的相互割裂、相互冲突，缺乏对中国共产党革命精神的完整逻辑论述。

因此，应该整合研究力量，组建专门机构，建立保障机制，把中国共产党革命精神研究列入国家层面课题，为迎接建党百年做准备。“红船精神”进入理论界和公众视野较晚，尤其要加大研究力度，打造中国共产党创建史研究的权威资料中心，向海外推出包括“红船精神”在内的中国共产党革命精神，推动中国共产党不断走向世界政党舞台中央。

（作者为新华社记者，原载《半月谈》2017年12月6日）

再论“红船精神”的历史地位

吕延勤

习近平总书记在带领新一届中央政治局常委瞻仰上海中共一大会址和嘉兴南湖红船时指出，上海党的一大会址、嘉兴南湖红船是我们党梦想起航的地方。我们党从这里诞生，从这里出征，从这里走向全国执政，这里是我们党的根脉。他还特别重申了“红船精神”，要求全党结合时代特点大力弘扬“红船精神”。

“红船精神”是中国共产党建党精神的集中体现。“红船精神”在中国共产党建党实践中孕育形成。中国共产党建党群体中的大多数人是当时中国优秀分子的集中代表，是以天下为己任的理想主义者，他们超越了千百年来仁人志士的追求，怀揣着用马克思主义科学真理来改造中国和世界的理想，为民族独立和人民解放，置生死于度外，完成了“开天辟地的大事变”，充分体现了开天辟地、敢为人先的首创精神，坚定理想、百折不挠的奋斗精神，立党为公、忠诚为民的奉献精神。由此可见，“红船精神”就是中国共产党建党伟业所蕴含的伟大革命精神。

“红船精神”是中国共产党建党精神的集中体现，是由中共一大在南湖红船上通过党纲、决议奠定历史基础的。中国共产党第一次代表大会在嘉兴南湖通过了党的第一个纲领、第一个决议，选举产生了党的中央领导机构，宣告了中国共产党的诞生。中国共产党的第一个纲领、第一个决议是中国共产党诞生的标志，也是中国共产党建党精神形成的最重要的标志。从此，每一个中国共产党人都要宣誓拥护党的纲领，遵守党的章程，执行党的决议，严守党的纪律，为共产主义奋斗终身。同时，中国共产党的创建者们在建党实践中展现出来的首创精神、奋斗精神和奉献精神正好体现了建党精神的基本内涵和特点。

“红船精神”是中国革命精神之源。习近平同志在《弘扬“红船精神” 走在时代前列》一文中指出，“红船，见证了中国历史上开天辟地的大事变，成为中国革命源头的象征”，第一次确立了“红船精神”是中国共产党革命精神之源的历史地位，极大地丰富和发展了中国共产党的革命精神史宝库。

“红船精神”是中国共产党革命精神之基。“红船精神”形成之后，在革命战争时期形成的井冈山精神、苏区精神、长征精神、延安精神、西柏坡精神等，在社会主义建设时期形成的“两弹一星”精神、雷锋精神、铁人精神、焦裕禄精神等，在改革开放时期形成的九江抗洪精神、抗击非典精神、抗震救灾精神、载人航天精神等，无不与“红船精神”存在着直接的渊源关系，“红船精神”所承载的首创精神、奋斗精神、奉献精神，彰显了超越时空的永恒价值，成为一代又一代共产党人接续奋斗的精神底色，构成了中国共产党革命精神的基因与内核，并成为其传承的动力之源，始终激励、推动着党的发展壮大。

“红船精神”昭示着中国共产党人的初心。“红船精神”凝结着实现中华民族伟大复兴的初心。党的十九大报告指出，“中国共产党人的初心和使命，就是为中国人民谋幸福，为中华民族谋复兴”。习近平总书记指出，“中国共产党之所以叫共产党，就是因为从成立之日起我们党就把共产主义确立为远大理想。我们党之所以能够经受一次次挫折而又一次次奋起，归根到底是因为我们党有远大理想和崇高追求”。中共一大通过的《中国共产党第一个纲领》明确规定：“以无产阶级革命军队推翻资产阶级，由劳动阶级重建国家，直至消灭阶级差别；采用无产阶级专政，以达到消灭阶级的阶级斗争目的；废除资本私有制，没收一切生产资料归社会所有。”中共二大通过的《中国共产党章程》明确规定“中国革命现阶段的两大任务”，一是消除内乱，打倒军阀，建设国内和平；二是推翻国际帝国主义的压迫，达到中华民族完全独立。初心蕴含在党的最高纲领和最低纲领中。这一切都是中国共产党人的庄严宣示。

“红船精神”凝结着为中国人民谋幸福的初心。中国共产党从诞生之日起，从来就没有自己的私利，始终为中国人民谋幸福，中国共产党的宗旨就是全心全意为人民服务。早期共产党人把个人命运与国家命运紧紧联系在一起，抛头颅、洒热血，把实现共产主义作为党的最高理想和最终目标，义无反顾肩负起实现中华民族伟大复兴的历史使命，团结带领人民进行了艰苦卓绝的斗争，谱写了气吞山河的壮丽史诗，实现了从几千年封建专制政治向人民民主的伟大飞跃，实现了由不断衰落到根本扭转命运、持续走向繁荣富强的伟大飞跃，实现了中国人民从站起来到富起来、强起来的伟大飞跃，始终与历史同步伐，与时代共命运。98 年来党的初心始终是贯穿革命、建设和改革伟大历程的一条红线，“红船精神”成为昭示初心的精神航标，不断鞭策我们牢记过去、牢记为什么出发，警示我们初心不改、使命永在。

（作者时任嘉兴学院中国共产党革命精神与文化资源研究中心主任，现任嘉兴学院党委副书记，原载《浙江日报》2017 年 12 月 19 日）

从伟大的建党精神中汲取不懈奋斗的力量

齐卫平

上海是党的诞生地。毛泽东形象地称上海中共一大会址是中国共产党的“产床”，习近平总书记称它是“中国共产党人的精神家园”。伟大的革命实践产生伟大的革命精神，中国共产党建党精神，是中国革命的精神之源。不管取得多大的成就，也无论走得多远，对于中国共产党人来说，伟大的建党精神始终熠熠生辉。

开天辟地 敢为人先

1921 年因一个崭新政党的诞生而成为中国历史上特别具有纪念价值的年份。这个时间节点，距此前鸦片战争爆发是 81 年，距此后中华人民共和国成立是 28 年。国家命运和民族前途的历史转折在这个时间节点上与中国共产党相遇。

近代以来，一批批爱国志士在救国救民道路上前赴后继，谱写了不屈不挠的壮丽史诗。标志中国革命面貌由此焕然一新的历史性事件发生于辛亥革命十年之后，武昌起义掀动的革命浪潮转移到了近代中国最具现代化水平的城市上海，一些先进知识分子聚集到这里，多次秘密地商议，为建党作了充分的理论和组织准备。于是，接续辛亥革命未竟事业、完成民族解放的先进政党就历史性地在上海孕育诞生。

作为严密的政治组织，建党不是一次性活动的事件，而是一系列准备的过程。建党也不是一时冲动的组织结社，而是励志奋斗的精神集合。中国共产党创建整个过程，展示了开天辟地敢为人先的建党精神。上海之所以成为孕育建党精神的沃土，是因为这座现代化城市成为先进知识分子寻求中国革命另辟蹊径的理想之地。

围绕建党在上海开展的活动，催生了诸多中国革命的“第一”：第一个共产党组织、第一个社会主义青年团组织、第一个领导全国工人运动总机关、第一所培养妇女干部的学校，都建立在上海；中国共产党第一次全国代表大会选择在上海召开；第一部《共产党宣言》中译本在上海出版；明确揭示反帝反封建民主革命纲领、最先提出统一战线实现思想和主张、形成第一部党章、第一次提出无产阶级革命领导权问题等等，这鲜明展示了开天辟地、敢为人先的建党精神。

坚定理想　百折不挠

党的十九大结束后，习近平总书记带领中央政治局常委瞻仰中共一大会址，他驻足于革命先辈谢觉哉的日记本前。1921 年 6 月 29 日的日记写道：

“午后六时叔衡往上海，偕行者润之，赴全国〇〇〇〇〇之招。”五个圆圈就是“共产主义者”，隐去是为防止泄露危险。这里“之招”的直接意思，是指接到通知赴上海参加中共一大，但却折射着一批先进知识分子受共产主义理想的召唤，走上勇于使命担当的建党之路。在中国，马克思主义旗帜是在上海举起来的，共产主义理想是在上海树起来的。建党精神成为中国共产党人革命思想的原点和红色文化的源泉。

19 世纪末 20 世纪初，马克思主义广泛传播在上海形成中心。当时被统治当局视为“洪水猛兽”的共产主义，通过上海出版发行的一些报纸、书籍得到传播，许多先进知识分子受理想感召而来到上海，为理想奋斗而相约上海建党。坚定理想、百折不挠的建党精神成为一代代共产党人高举信仰火炬，挺起民族脊梁，争当时代先锋的动力来源。

中国革命的航船是在惊涛骇浪中到达成功的彼岸的，中国改革和建设事业的航程同样不会一帆风顺。党的十九大报告指出，国内外形势正在发生深刻复杂变化，我国发展仍处于重要战略机遇期，前景十分光明，挑战也十分严峻。全党同志一定要登高望远、居安思危，勇于变革、勇于创新，永不僵化、永不停滞，团结带领全国各族人民决胜全面建成小康社会，奋力夺取新时代中国特色社会主义伟大胜利。

立党为公 忠诚为民

近代中国政党史上，大大小小的政党曾达数百个，争权夺利、勾心斗角主导着政党纷争。中国共产党是个后来者。但中国共产党一经登上历史舞台，就以代表广大人民群众利益的鲜明特质，刷新了政党的观念形象。

中国共产党的建党过程，就是政党性质的认识过程。五四运动前后，许多先进知识分子从近代中国革命屡遭失败的教训中就深刻认识到，缺少工人和农民参与的革命不可能取得成功。李大钊把俄国十月革命视为“庶民的胜利”“世界劳工阶级的胜利”，号召“知识阶级要加入劳工团体”。筹备建党过程中，宣传工人、创办平民夜校、深入农村、组织农会等广泛活动，意味着先进知识分子自觉地把建党与代表广大人民群众的根本利益相挂钩。

认识政党性质，就是明确为什么要建党。中国共产党人的初心和使命，就是为中国人民谋幸福，为中华民族谋复兴。从中共一大决议关于代表无产阶级利益的表达，到中共二大提出不能使党成为学院式的团体，要建成“大的群众党”，再到中共四大形成坚持群众路线等思想，立党为公、忠诚为民的建党精神日益鲜明。对我们党来说，为公就是为民，忠诚于党与忠诚于民相一致，党性与人民性相一致。立党为公，表现为忠诚为民；忠诚为民，才能显示立党为公。

中国特色社会主义进入新时代，让我们从伟大的建党精神中汲取源源不断的力量，以永不懈怠的精神状态和一往无前的奋斗姿态，继续朝着实现中华民族伟大复兴的宏伟目标奋勇前进。

（作者为华东师范大学教授，原载《文汇报》2017 年 11 月 28 日）

弘扬“红船精神”，走好新时代的长征路

秦德君

“红船精神”集中体现了中国共产党的建党精神，是中国共产党革命精神之源，昭示着中国共产党人的初心和使命。习近平总书记提出并阐释了“红船精神”的深刻内涵和时代价值，并在瞻仰上海中共一大会址和浙江嘉兴南湖时作了重要讲话。我们要认真学习领会习近平总书记的重要论述，继承发扬上海的光荣革命传统，大力弘扬“红船精神”，建设守护好中国共产党人的精神家园。

“红船精神”是治国理政的宝贵思想资源

一个政党、一个国家、一个民族，要兴旺发达，必须有属于自己的精神力量。“红船精神”就是开天辟地、敢为人先的首创精神，坚定理想、百折不挠的奋斗精神，立党为公、忠诚为民的奉献精神。“红船精神”与井冈山精神、长征精神、延安精神、西柏坡精神等一起，构成了中国共产党人的精神价值体系，是激励中国特色社会主义事业不断前行的精神资源和强大动力。

“红船精神”是新时代推进治国理政的宝贵思想资源。在新时代坚持以人民为中心的发展观，为实现两个阶段的战略目标、最终实现中华民族伟大复兴共同奋斗，要把弘扬“红船精神”与在新时代推进各项改革发展事业结合起来。

要把弘扬“红船精神”与改革开放的时代精神结合起来。改革开放是当代中国最伟大的实践，它最大限度地传承了“红船精神”开天辟地、敢为人先的首创精神。以改革开放为核心的时代精神已成为全国人民团结奋斗的精神旗帜，正如习近平总书记指出的：“中国发展的根本出路在于改

革。"只有让"红船精神"在新时代春风化雨，才能凝聚起更大力量加快推进改革开放，加快推进城市治理现代化。

要把弘扬"红船精神"与城市治理创新实践结合起来。上海已经历了新中国成立初期从旧上海到"社会主义新上海"、20世纪90年代从计划经济的重镇到"改革开放的龙头"这两次最为深刻的历史性转型，现在正迈向卓越的全球城市，不仅涉及经济、科技、文化三个维度的深层次变化，更涉及城市治理全方位的创新，这就需要对标国际最高标准、最好水平，敢于冲破阻碍发展的藩篱束缚，切实提升制度环境软实力，提升城市治理创新的层级。

要把弘扬"红船精神"与满足人民对美好生活的追求结合起来。十九大报告指出，我国社会主要矛盾已转化为人民日益增长的美好生活需要与不平衡不充分发展之间的矛盾。如何与人民风雨同舟、同舟共济，满足人们经济、政治、文化、社会、生态各方面新的需要，让人们有更多实实在在的获得感，实现对美好生活的追求，是在新的社会主要矛盾下治国方略面临的新课题，也是党保持先进性面临的重要任务。

使我们党始终保持创造力凝聚力战斗力

"红船精神"所蕴含的立党为公、忠诚为民的奉献精神，是今天管党治党的精神先导和攻坚克难的思想动力。政党治理是个全球性命题，在不久前召开的中国共产党与世界政党对话会上，全球近300个政党和政治组织分享经验，其中很重要的一点是政党要有为人类构建命运共同体的责任和担当。

党的十八大以来中国政党治理为世界提供了新鲜经验。从"党要管党""从严治党"到"全面从严治党"，构成了党的建设新的伟大工程的历史进程。从党承担的历史任务和面临的执政与领导的创新命题看，战略规划、目标愿景、组织体系、体制安排、制度设计、政策创制、方法程序等构成了全面从严治党和中国特色政党治理体系的主要内容。全面从严治党不是"一面"，也不仅是"多面"，而是各个方面如精神之面、制度之面、体制之面、能力之面、纪律之面、反腐之面；"从严"不仅仅是管理之严、处置之严，更是精神之严、规制之严，体制机制之严。思想建党的灵魂是精神，所谓“道”为本，“器”为技，理想、信念是建设之本。要夯实思想精神基础，同时强化制度保障，两者同时发力。

历史车轮滚滚向前，时代潮流浩浩荡荡。面对新时代新征程新使命，只有弘扬“红船精神”，传承“红色基因”，不忘初心、牢记使命、永远奋斗，才能使我们党始终保持创造力、凝聚力、战斗力，始终走在时代前列，团结和带领人民走好新时代的长征路，谱写新时代中国特色社会主义伟大胜利的辉煌篇章。

（作者为上海市政治学会副会长、东华大学教授，原载《文汇报》2017 年 12 月 20 日）

走好新时代的长征路 让“红船精神”永放光芒

“红船精神”研讨会专家组

2017 年 12 月 4 日，在嘉兴召开的弘扬“红船精神”座谈会，有来自全国各地的 60 多位理论工作者参加。如何大力学习弘扬“红船精神”，用伟大精神推动伟大实践，这一话题引发与会专家学者的热议。

座谈会现场

座谈会上，与会专家们表示，“红船精神”是中国共产党革命精神之源，它所承载的首创精神、奋斗精神、奉献精神，是激励我们党顽强奋斗、不断发展壮大的精神动力，也是新时代发展中国特色社会主义的坚强精神支撑。不忘初心、牢记使命，就要赓续精神力量，从党的光辉历史中汲取源源不断的前进动力。

中共一大会址纪念馆馆长张黎明表示，要让中华民族的伟大复兴真正实现，需要有强大的精神力量和精神支柱，所以我们依然要“首创”、要奋斗、要奉献。

“要落实贯彻好习近平新时代中国特色社会主义思想，‘红船精神’对加强党的建设，加强社会主义核心价值体系建设，都具有十分重要的意义。”中国人民大学马克思主义学院院长郝立新说。

走好新时代的长征路，“红船精神”被不断赋予新的时代内涵、绽放出新的时代光芒。大家认为，要结合时代特点大力弘扬“红船精神”，让“红船精神”永放光芒。

中国社会科学院马克思主义研究院院长邓纯东表示，在新的时代下，要弘扬“红船精神”，以习近平新时代中国特色社会主义思想为指导，对各方面的问题进行深入研究，勇于创新、勇于探索，并不断解决实践中的问题，来推动我们的实践发展，推动我们的理论进步。

清华大学马克思主义学院院长艾四林对记者说：“要把‘红船精神’研究好、阐释好，使‘红船精神’能够进入我们的课堂，来武装我们的精神。在我们的实际工作当中，要能够做出实实在在的成效。”

浙江是中国革命红船的起航地，是习近平新时代中国特色社会主义思想的重要萌发地。这次座谈会在浙江与会专家学者中引发强烈反响，大家表示，要把学习贯彻党的十九大精神和习近平总书记南湖重要讲话精神紧密结合起来，切实把弘扬“红船精神”化作“两个高水平”建设的强大动力。

浙江省委党校副校长黄华章表示，要把“红船精神”和习近平新时代中国特色社会主义思想结合起来，深入开展红色基因工程建设，整合各方面的力量，多出精品力作，在宣传、阐释、研究“红船精神”上也要更进一步、更快一步。

“在新时代下，要沿着八八战略指引的路子继续走下去，必须发扬首创、奋斗、奉献精神。要从具体的小事情做起，像我们省里的‘最多跑一次改革’，就非常好地践行了‘立党为公、忠诚为民’的奉献精神。”浙江省政协文史委副主任金延峰说。

（原载新蓝网 2017 年 12 月 5 日）

大力弘扬“红船精神” 扎实开展革命传统教育

柳建辉

一、通过弘扬“红船精神”，开展党的创建史教育

“红船精神”孕育于中国共产党创建的历史实践。当时，中国共产党力量薄弱，面临着各种反动政治势力的压制，可以说是困难重重，举步维艰。但是，面对险恶的形势，中国共产党人并没有退却，而是不畏艰险，参加一大的代表们由上海辗转来到南湖红船上，庄严宣告中国共产党成立，通过中国共产党第一个纲领，明确了自己的伟大旗帜和历史使命。这段艰难的创党历史，是“红船精神”孕育产生的丰厚土壤。要理解和弘扬“红船精神”，就需要我们好好研究和铭记党的创建历史。只有了解了这段历史，我们才能更深刻理解“红船精神”的精髓，才能更加坚定完成新时代党的历史使命的决心。

二、通过弘扬“红船精神”，学习革命先辈的崇高精神

“红船精神”是中国共产党革命精神之源，体现了早期中国共产党人的价值追求，反映他们为理想信念而不懈奋斗的政治品质和人格风范。这种崇高的精神，同“井冈山精神”“苏区精神”“长征精神”“延安精神”“西柏坡精神”等，共同构成了中国革命精神的基本内容。这些革命精神，既有自己的独特之处，也一脉相承、有机统一，不能截然分开。因此，我们在弘扬“红船精神”时，既要学习建党时期共产党人的崇高精神，也要对其他时期共产党人的崇高精神进行学习。

三、通过弘扬“红船精神”，赋予革命传统以新的时代内涵

新的时代条件下，开展革命传统教育，既要结合党的奋斗历史，也要体现时代性。弘扬“红船精神”也是如此，需要赋予这种革命精神以时代内涵。具体而言，就是在弘扬“开天辟地、敢为人先的首创精神”时，我

们要结合目前改革开放中所遇到的困难，大胆创新、勇于开拓；在弘扬“坚定理想、百折不挠的奋斗精神”时，我们要结合“两个一百年”奋斗目标和实现中华民族伟大复兴中国梦的宏伟目标，矢志不渝、勇往直前；在弘扬“立党为公、忠诚为民的奉献精神”时，要结合“以人民为中心”的发展思想，牢固树立公仆意识，增强为民情怀，一心为民。

［作者为中共中央党校（国家行政学院）副教育长，原载《光明日报》2017 年 12 月 11 日］

不坠的旗帜：三位献身革命的中共一大代表

张道旺

油画《在党的第一次代表大会上》。画面正中是毛泽东，他的左边依次是董必武、邓恩铭、陈潭秋，右边依次是何叔衡、王尽美。此油画为陈逸飞、邱瑞敏创作，现藏中国美术馆。

出席中共一大的十三位代表中，有两位走到了革命胜利，有三位背叛了革命，还有几位为革命奉献了宝贵的生命。在党的95岁生日来临之际，让我们重温其中三位英雄的事迹，缅怀为国为民的英烈。

已牺牲却当选的七大中央委员——陈潭秋

陈潭秋，1896年出生于湖北黄冈的一个书香世家。身为同盟会成员的五兄陈树三是其民主革命思想的启蒙者。1916年，陈潭秋考入武昌高等师范学院英语部。在校期间，他经常翻阅《新青年》等传播新思想的书刊。

1919年6月，他在上海认识了董必武，二人志同道合，一见如故，他们商定用办报、兴学的方式传播马克思主义，开展革命活动。

1920年初，陈潭秋与董必武等筹备成立的武汉中学正式开学，他义务担任英文教师。此后，陈潭秋深入工厂、学校，宣传革命思想，培养革命分子。8月，他与董必武等成立共产主义组织，陈潭秋负责组织工作，后又在武汉中学成立社会主义青年团。同年冬至1921年初，陈潭秋先后参与组织武汉马克思主义研究会，共同创办《武汉星期评论》，开办湖北人民通讯社并任社长。陈潭秋因其杰出的工作被推选参加中共一大。1936年，在莫斯科中共驻共产国际代表团工作期间，陈潭秋为纪念中共诞生15周年还撰写了关于一大的回忆文章，成为研究中共一大历史的珍贵文献。

一大后，陈潭秋在武汉主要开展工人运动等工作，京汉铁路“二七”大罢工即是由他直接领导组织的。陈潭秋常借记者身份深入工人群众中。他主动邀约在工人中有较高威望的林祥谦见面，这让饱受压迫、地位低下的贫苦工人林祥谦很感动，想不到一个大学毕业的记者会主动见自己，并且要同他交朋友。在长期的促膝谈心中，林祥谦逐渐燃起阶级觉悟，主动要求入党。

1923年，京汉铁路总工会决定实行罢工反抗军阀吴佩孚的压迫。陈潭秋负责武汉方面的罢工斗争，他既要组织工人参与斗争，又要研究工作部署与斗争策略，后来更是亲自率领两千多人的慰问队支援工人罢工，召开万人群众大会。在预感可能来临的血腥镇压之时，陈潭秋坚持在罢工斗争一线指挥战斗，直到最后一刻才撤离。

1939年5月，陈潭秋从苏联回国工作，途经新疆时临危受命担任中共中央驻新疆代表和八路军驻新疆办事处负责人。1942年6月，新疆督办盛世才和中共的关系急剧恶化，许多中共党员被集中软禁。面对这样的危急情况，陈潭秋一面组织新党员进行整风学习，一面向中央请示做好撤退准备。

在整风学习中，陈潭秋特别加强了对全体党员的气节教育以应对不测。他说：“我们随时随地都有被捕的可能……每个同志均须有足够的精神准备。”陈潭秋鼓励大家如果被捕，要像季米特洛夫一样，把法庭变为宣传战斗的场所；要学习夏明翰，在敌人的严刑拷打前坚贞不屈、视死如归；要胜过文天祥十万八千倍。

在制订撤退计划时，陈潭秋拒绝了其他同志要他第一批撤退的建议。他说：“党交给我的任务，是把大家全部安全地撤出去，只要这里还有一个同志，我就不能走！”9月17日，陈潭秋被捕。尽管在狱中受尽折磨，陈潭秋仍保持了共产党员的本色。1943年9月27日，陈潭秋被秘密杀害。1945年6月中共七大召开，尚不知陈潭秋已牺牲的代表们选举他为44位中央委员之一。

最小且唯一的少数民族代表——邓恩铭

邓恩铭，1901年出生于贵州荔波县，水族。16岁时，他远赴山东投奔叔父继续求学。在即将离别故土之际，邓恩铭写下了“男儿立志出乡关，学业不成誓不还。埋骨何须桑梓地，人间到处是青山”。巧合的是，青年毛泽东1910年离开家乡时，亦是改写这首西乡隆盛的诗，毛泽东的诗作是“孩儿立志出乡关，学不成名誓不还。埋骨何须桑梓地，人间无处不青山”。伟人总有相似之处，面对相似的场景，在不同的时间、地点，却能改写同一首诗抒发他们舍身为国的壮志豪情！

从另两首离别赋诗中我们还可以看到，年少时的邓恩铭已立下了为国为民努力奋斗、不怕牺牲的决心：“赤日炎炎辞荔城，前途茫茫事无分。男儿立下钢铁志，国计民生焕然新。”“南雁北风，去不思归。志在苍生，不顾安危。生不足惜，死不足悲。头颅热血，不朽永垂。”

1918年，邓恩铭考入济南省立第一中学，开始阅读《新青年》《新潮》等刊物，思想有了较大飞跃。1919年五四运动爆发时，邓恩铭在济南学生运动中的表现尤为出色，其爱国情怀与组织能力得到同学们的一致认可，被推举为学生自治会负责人兼出版部部长。

在一中求学期间，邓恩铭如饥似渴地学习新知识，齐鲁书社是他常去的地方。在这里，邓恩铭大量阅读了介绍苏俄革命、宣传马克思主义的书刊，还结识了一批志趣相投的伙伴，王尽美即是其中之一。这群少年在不断的学习与交流中成长起来，并组织成立了“康米尼斯特学会”（即共产主义学会）。为更好地宣传马克思主义，广泛吸收革命青年，邓恩铭、王尽美等在1920年11月成立励新学会，出版《励新》半月刊。1921年一大召开，邓恩铭被推荐作为济南代表与会，成为一大代表中最小的、唯一的少数民族代表。

邓恩铭对革命的态度是坚持到底、义无反顾的。1925年5月和11月，邓恩铭两次被捕入狱，虽在组织和家人的营救下出狱，但艰苦的环境和常年的奔波让他患上肺结核病和颈部淋巴结核病。即便身患重病，即便家人一再反对，只要身体稍有好转，邓恩铭便又投身到党的工作中去。

1929年1月，由于叛徒出卖，邓恩铭第三次被捕。身陷囹圄的他领导狱中党员进行了富有成效的斗争。4月19日，我党同志利用日军和国民政府交接的有利时机策划了一次越狱斗争，但是由于仓促起事，准备工作尚未计划周全，最后只有党员杨一辰成功逃脱。这之后，邓恩铭还强拖着复发的顽疾，组织狱中党员成功进行了两次为改善生活条件的绝食斗争。一次越狱失败并没有打倒顽强的邓恩铭，7月21日我党同志又组织了第二次越狱斗争，这次斗争经过周密部署，邓恩铭等顺利逃出。

令人遗憾的是，由于长期患病，身体虚弱的邓恩铭等部分党员未跑多远被重新捕获。邓恩铭预感时日无多，在狱中留下了与母亲的诀别诗：“卅一年华转瞬间，壮志未酬奈何天。不惜唯我身先死，后继频频慰九泉。”由此可见其对未能实现革命理想的遗憾和慷慨赴死的悲壮。1931年4月5日，邓恩铭被枪杀于济南纬八路刑场。

领导苏区反腐肃贪的革命长者——何叔衡

何叔衡，1876年出生于湖南宁乡。26岁时，他遵父命考中秀才，却拒绝了县衙的职务，选择留在乡间继续教书。辛亥革命爆发后，何叔衡剪掉自己的辫子，他不仅动员学生剪辫子，更是专程回家动员父亲、兄弟和邻居剪辫子。

1913年，37岁的何叔衡考入湖南省立第四师范学校。高龄外出求学的原因，在何叔衡写给儿子的一封信中可见一斑，他说：“我绝对不是我一家一乡的人，我的人生观，绝不是想安居乡里以善终的；绝对不能为一身一家谋升官发财以愚懦子孙的。”该校次年与第一师范学校合并，何叔衡也因此得以结识毛泽东、蔡和森等人。

毕业后的何叔衡拒绝了父亲与妻子的请求，留在长沙教书，仍同继续求学的毛泽东等青年保持密切的交往。他们经常讨论“如何使个人及全人类的生活向上”，尤其是如何使“自己生活向上”等问题。1918年4月，新民学会成立。不久，在毛泽东等多次劝说下，因年龄自愧不适合与20岁左右青年为伍的何叔衡也加入其中。

1919年，湖南人民驱逐反动军阀张敬尧，何叔衡负责衡阳驱张代表团的工作，得到毛泽东的肯定，称赞“叔翁办事，可当大局”。1920年，何叔衡协助毛泽东创办文化书社，组织俄罗斯研究会，通过售书、研讨、发表文章等来宣传马克思主义。毛泽东、蔡和森、何叔衡等新民学会中一批对马克思主义信仰坚定的革命者逐渐走到一起，成立了中国共产党的早期组织和社会主义青年团。1921年7月，何叔衡作为年龄最大的代表参加了中共一大。

1931年，何叔衡奉命前往中央苏区，担任工农检查人民委员。此后，他还代理了临时最高法庭主审等职，主管监督法纪，责任重大。1933年，有群众写信举报瑞金县苏维埃政府干部多报灯油去吃酒宴，何叔衡当即派出有检查经验的干部前往调查。可是，当地干部却嘲讽说：“检查部没有事做，可以下来参加农业生产嘛!”检查人员查账亦一无所获。面对瑞金县的消极抵抗，何叔衡义愤填膺，表示此事一定要彻查到底。于是，他从别处抽调几名干部组成“轻骑队”住到了当地群众家里。轻骑队员分头查访，通过问询酒馆勤杂人员等办法，掌握了瑞金县苏维埃政府在灯油、纸张、邮票、药品等使用上存在的严重问题。此时，再去有针对性地查账，果然发现当地干部10至11月多报灯油400余斤，9至11月伪造购纸收据441元，开具假药单500余元，侵吞群众退还谷票及公债2830元……而当时中央规定：“贪污外款500元以上者，处以死刑。”面对这一重大案件，何叔衡毅然对贪污犯分别处以死刑、监禁十年、监禁五年并退还赃款等判罚，得到当地群众的拥戴。

1934年10月，红军开始长征，何叔衡被留在苏区工作。次年2月，何叔衡等被安排前往上海。为躲避敌人的追捕，何叔衡等人必须昼伏夜行，这对年老体弱的何叔衡而言是巨大的挑战。24 日，他们不幸被敌人发现，遭到围捕。为了不牵连随行人员，何叔衡欲夺枪自杀不成，又乘警卫不备，纵身跳下山崖。坠崖的何叔衡被搜捕的敌人发现，在同敌人的搏斗中，何叔衡连中两枪，不幸牺牲。

（作者为武汉地方志办公室干部，原载《中国纪检监察报》2016 年 6 月 27 日）

媒体聚焦

不忘初心、牢记使命、永远奋斗

——习近平总书记瞻仰中共一大会址引起热烈反响

新华社记者

“只有不忘初心、牢记使命、永远奋斗，才能让中国共产党永远年轻。”

习近平总书记日前带领中共中央政治局常委，专程前往上海和浙江嘉兴，瞻仰上海中共一大会址和浙江嘉兴南湖红船，回顾建党历史，重温入党誓词，宣示新一届党中央领导集体的坚定政治信念，在广大党员干部群众中引起热烈反响。

大家纷纷表示，习近平总书记用深刻话语和实际行动，为广大党员干部作出表率，指引大家从党的光辉历史中汲取奋进的力量，在为党和人民事业不断作出贡献的同时书写好自己的人生篇章。

不忘初心：走得再远都不能忘记来时的路

上海兴业路76号，中共一大会址大门上的铜环熠熠生辉；纪念馆一层序厅，巨幅党旗如鲜血浸染。

日前，习近平总书记在这里带领中共中央政治局常委一起重温入党誓词，铿锵有力的宣誓声响彻大厅。

“总书记的领誓让人心潮澎湃，总书记的教诲更是振聋发聩。”纪念馆馆长张黎明说，“誓词中浸润着中国共产党人的理想信念。牢记誓词、不忘初心，坚守信仰、坚定理想，我们就能牢牢占据推动人类社会进步、实现人类美好理想的道义制高点。这是党中央的庄严承诺，也必将成为全党上下的自觉遵循。”

不能忘记为什么出发，也不能忘记走过的路。

2015 年 6 月，习近平总书记到贵州考察，专程到遵义参观了遵义会议会址和遵义会议陈列馆。

“总书记说，要给大家好好讲，告诉大家我们党是怎么走过来的。”陈列馆管理所所长周芸竹回忆起 2 年前的情景依然十分激动，“我理解，总书记在瞻仰中共一大会址时强调不忘初心，就是要求我们不能忘记走过的艰难历程，遇到再大的困难，也要坚定信心、百折不挠，不畏艰难、永远向前。”

不忘初心，方得始终。

5 年前，刚刚当选中共中央总书记的习近平，首次国内考察就来到改革开放的前沿深圳，向莲花山公园山顶伫立的邓小平铜像敬献花篮，传递出我们党为了国家发展和人民幸福勇于变革、勇于创新的不变初心。

5 年来，深圳在保持经济稳健增长的同时，继续走在改革开放的最前沿。

从一片滩涂到高楼林立的创新高地，前海管理局副局长王锦侠谈起 5 年来“特区中的特区”前海的变化感慨万千：“事业无止境，奋斗永不止。我们共产党人就是要勇于变革、勇于创新，永不僵化、永不停滞。我们要按照总书记的要求，不断在这片创新的沃土上谱写出改革开放的新篇章。”

牢记使命：不断带领人民创造更加幸福美好的生活

穿越革命年代、建设时期，跋涉一段段改革历程，中国共产党领航中国迈入意气风发的新时代。

“这 5 年是幸福感最强的 5 年。”宁夏石嘴山市惠农区中街街道办事处主任王津从电视上看到习近平总书记带领中共中央政治局常委瞻仰中共一大会址的消息，对“其作始也简，其将毕也必巨”感触最深，“96 年来，我们党团结带领人民取得了举世瞩目的伟大成就，这值得我们每个人骄傲和自豪。”

深秋时节，江西省吉安县沉浸在一片喜悦中。国务院扶贫办 1 日正式宣布，吉安县等26个国家级贫困县脱贫摘帽。

“脱贫摘帽只是万里长征第一步。”吉安县委书记李克坚说，“我们要向党中央看齐，牢记为中国人民谋幸福、为中华民族谋复兴的历史使命，不断带领人民创造更加幸福美好的生活。”

新的时代，呼唤新的担当。

辽宁鞍钢齐大山铁矿露天采场，53岁的修路工人高森山的安全帽在晨曦中闪耀着光辉。

“这些年企业收入稳中有升，不少职工买了楼房、开上了轿车。”高森山说，“十九大提出要解决发展不平衡不充分的问题，满足人民日益增长的美好生活需要，相信老百姓的日子一定会越过越好。”

习近平总书记带领中央政治局常委瞻仰中共一大会址，在全军和武警部队引起强烈反响。官兵们表示，不忘初心、牢记使命，对人民军队来讲，就是要传承红色基因、担当强军重任。

中部战区陆军某旅“杨根思连”连长王震说：“建设一支听党指挥、能打胜仗、作风优良的人民军队，是实现‘两个一百年’奋斗目标、实现中华民族伟大复兴的战略支撑。要更加注重聚焦实战，更加注重创新驱动，更加注重体系建设，更加注重集约高效，更加注重军民融合，实现党在新时代的强军目标。”

永远奋斗：在党的十九大精神指引下团结一心、苦干实干

党的十九大擘画了党和国家事业发展的宏伟蓝图，开启了一个崭新的时代。

面向未来，习近平总书记指出，全党同志必须坚持全心全意为人民服务的根本宗旨，不断带领人民创造更加幸福美好的生活；牢记共产主义远大理想，坚定中国特色社会主义共同理想，一步一个脚印向着美好未来和最高理想前进；始终保持谦虚谨慎、不骄不躁的作风，不畏艰难、不怕牺牲，为实现“两个一百年”奋斗目标、实现中华民族伟大复兴的中国梦而不懈奋斗。

“十九大胜利闭幕一周，总书记就带领中央政治局常委专程赴一大会

址，从我们党诞生的地方寻找继续前进的精神动力。我们要从中体会党中央的深意，学习好、领会好十九大精神，把十九大提出的各项目标任务落到实处。”十九大代表、四川省蒲江县两河村党支部书记姚庆英连日来认真学习十九大报告，已写下14页心得体会。她表示，将以自己的亲身经历、切身感受宣传好党的十九大精神，在当地迅速兴起学习宣传贯彻的高潮。

不断加强党的建设，是中国共产党长盛不衰、枝繁叶茂的根本原因。

四川省雅安市坪阳村党支部书记王志伟说：“总书记要求我们全心全意为人民服务，始终保持谦虚谨慎、不骄不躁的作风。作为一名基层党员，一定牢记党的宗旨，用诚心和爱心对待群众，带领村民过上更美好的生活。”

秀水泱泱，红船依旧；时代变迁，精神永恒。

“嘉兴南湖是我们党起航、凝聚、升华‘红船精神’的地方。”南湖革命纪念馆馆长张宪义说，习近平总书记带领中央政治局常委来南湖瞻仰红船，再一次深刻阐述了“红船精神”——开天辟地、敢为人先的首创精神，坚定理想、百折不挠的奋斗精神，立党为公、忠诚为民的奉献精神，令广大党员深受教育。

“我们一定要结合时代特点大力弘扬‘红船精神’，用每一位党员的不懈奋斗，让‘红船精神’永放光芒。”张宪义说。

（原载《人民日报》2017年11月2日）

激活共产党人的“红色基因”

——让“红船精神”绽放时代光芒

姜　赟

党的十九大闭幕仅一周，习近平总书记就带领新一届中共中央政治局常委，在一大旧址中重温誓词，在南湖红船旁沉思历史，重申中国革命精神之源“红船精神”，强调要结合时代特点大力弘扬“红船精神”，让“红船精神”永放光芒。深刻的思想，发人深思，催人奋进。

弘扬“红船精神”座谈会12月4日在浙江嘉兴召开，中共中央政治局常委、中央书记处书记王沪宁出席会议并讲话。

2017年12月4日，弘扬“红船精神”座谈会在浙江嘉兴召开。走好新时代的长征路，如何把弘扬“红船精神”同深化党的十九大精神学习宣传贯彻结合起来？怎样不断赋予“红船精神”新的时代内涵？本版今起推出系列评论员观察“让‘红船精神’绽放时代光芒”，通过学习来深化认识、通过思考来加深理解，用伟大精神去推动伟大实践，使革命精神成为奋进新时代的不竭动力。

——《人民日报》编者

正因有了红色基因，我们共产党人才有了冲锋陷阵的勇气、改天换地的志气和决胜未来的底气

前不久，在中国共产党与世界政党高层对话会召开之际，部分外国政党领导人来到中共中央党校参观。掠燕湖上，一艘江南风格的红色木船吸

引了他们的目光。当得知这是纪念中共诞生的复刻版“母亲船”时，一行人的神情变得庄严肃穆起来。身为政党领导人，他们对一个党的根脉，无疑有着深刻的认识和共鸣，也更能领会到中共最高学府放置红船背后的深意。

这个深意，就是不忘初心、牢记使命，就是让“红船精神”绽放时代光芒，激活共产党人的红色基因。党的十九大闭幕仅一周，习近平总书记就重申中国革命精神之源“红船精神”，昭示中国共产党人的初心，目的正是号召全党在梦想起航的地方汲取精神动力，增强落实十九大战略擘画的责任感和使命感。回望90多年峥嵘岁月，“红船精神”所承载的首创精神、奋斗精神、奉献精神，是激励我们党顽强奋斗、不断发展壮大的精神动力，是我们党立党兴党、执政兴国的宝贵精神财富，也是新时代坚持和发展中国特色社会主义的坚强精神支撑。红船，不管停靠在哪里，已深深融入共产党人的精神血脉，化为引领中华民族伟大复兴的红色基因。

翻开风云激荡的历史篇章，红色的基因谱系耀眼夺目。百年前的中国积贫积弱、精神委顿，“中流之砥柱伊谁”。谁能想到这样一艘小小红船承载千钧，摆渡了暮霭沉沉的神州华夏，开启了中国共产党的精神和意志的伟大远航。从深山翠竹中孕育井冈山精神，到雪山草地上熔炼长征精神，从宝塔窑洞中生发延安精神，到进京赶考路上锤炼西柏坡精神，从建设时期的干劲豪情，到改革岁月的激情壮志……历经96年来的砥砺奋进，淬火成钢的精神品质、坚如磐石的理想信念、百折不挠的英雄气概、敢于胜利的革命风范，构成了我们党的红色基因，在苦难与辉煌中代代相传。从南湖红船上寻找光明的摆渡人，到驾驭世界第二大经济体的领航者，正因有了红色基因，我们共产党人才有了冲锋陷阵的勇气、改天换地的志气和决胜未来的底气。

“历史是最好的教科书，中国革命史是最好的营养剂。”党的十八大以来，习近平总书记反复强调党员干部要不断筑牢理想信念，在参观考察延安、井冈山等革命圣地的时候，更是大力倡导“多接受红色基因教育”。有人曾问“拼命三郎”廖俊波，“不觉得累吗？”他回答：“因为信念！人有信念，就不会觉得累。”信念从哪里来？来自于红色资源、红色传统、红色基因。新时代的辉煌序章证明，唯有激活红色基因，鼓起信仰风帆，我们才能在繁重任务面前挺起脊梁、敢于担当；在利益诱惑面前站稳脚跟、坚定前行。

踏上新征程，依然会有雪山沼泽、浅滩暗礁。正如党的十九大报告指出的，发展不平衡不充分的问题尚未解决，民生领域仍有不少短板，社会矛盾和问题交织叠加，党的建设还存在薄弱环节……走好新时代的长征路，绝不是轻轻松松就能实现的。李大钊曾经说过，“有时走到艰难险阻的境界，这是全靠雄健的精神才能够冲过去的”。实现我们党在新时代的奋斗目标，必须用共产党人的精神感染他人的精神，用共产党人的干净干事振奋起整个社会的精气神，而共产党人的“红色基因”，正是这种精神力量的源泉。这就是为什么习近平总书记反复强调“把红色资源利用好、把红色传统发扬好、把红色基因传承好”。在新时代的长征路上，将红色火种播进一代代年轻人的心中，成为他们精神的归宿、前行的动力；讲好红色故事，补充红色营养，不断激发中华儿女的信仰伟力，凝聚起众志成城的磅礴力量，就能为新时代坚持和发展中国特色社会主义提供坚强精神支撑。

秀水泱泱，红船依旧。全球再没有第二条船，能像南湖红船一样见证世界第一大党的不变初心，领航世界人口最多的民族迈向伟大复兴。驶向新航程，在习近平新时代中国特色社会主义思想的引领下，赓续“红船精神”的血脉基因，不畏浮云，击水中流，我们定能书写共产党人的新传奇。

（作者为《人民日报》评论员，原载《人民日报》于2017年12月5日）

牢记为中国人民谋幸福的初心

《光明日报》评论员

“革命声传画舫中，诞生共党庆工农”。当历史步入近代，中国人民在帝国主义和封建主义的双重压迫下苦苦挣扎，上下求索而不得其路。在这令人绝望的时刻，在浙江嘉兴南湖的一条小船上，中国共产党成立了，一颗革命的火种即将点燃这片被黑暗笼罩的大地，中国人民从此有了属于自己的领导者和组织者。

伟大的事业来自于伟大的精神。深入人民之中，去了解他们的疾苦，这是中国共产党的先驱们最初的想法。早在1920年，在李大钊同志的号召和组织下，一些先进的知识分子对当时社会上的人力车工人居住区进行调研，“调查回来，大家相顾失色，太息不止，都现出一种极悲伤且不平的样子”。怀着这一触动灵魂的对生民的悲悯之情，中国共产党成立了：她生机勃勃，因为她代表了中国无产阶级和最广大人民的根本利益；她满怀信心，因为她有着最先进的思想武器指引前进的方向。

伟大的事业要用伟大的实践来检验。96年筚路蓝缕的艰辛奋斗，96年不断创造的辉煌成就，是中国共产党“为人民谋利益”的理想信念最恰当的注脚。“从群众中来，到群众中去”，依靠被毛泽东同志称之为三大法宝之一的群众路线，中国共产党赢得了革命战争的胜利，建立了人民当家作主的中华人民共和国，从根本上改变了中国人民受剥削、受压迫的残酷状况；“立党为公、忠诚为民”，载着红船的意愿，中国共产党带领中国人民克服重重困难，在一穷二白的中华大地取得了社会主义建设的伟大成就，不仅使中华民族再次焕发出生机与活力，而且也对人类文明的发展作出了巨大贡献。

几天前，在中国共产党与世界政党高层对话会上，来自120多个国家近300个政党和政治组织的领导人共同探讨中国共产党的“成功要素”，最重要的一条就是“始终把人民放在心中最高位置”。就像世界和平理事会执委会委员、孟加拉国和平理事会秘书长夸西姆说的，“中国特色社会主义发展欣欣向荣，归根结底是因为中国共产党务实、灵活，将马克思主义与本国国情相结合，与时代发展同进步，与人民群众共命运，走出了一条独特的发展之路。”

伟大的事业需要坚强的领导核心继往开来。为人民谋利益，就是要更好地造福人民，及时了解最广大人民的根本利益和迫切愿望。当中国特色社会主义进入新时代，在国内外形势发生深刻复杂变化的时刻，以习近平同志为核心的党中央作出重大论断：“我国社会主要矛盾已经转化为人民日益增长的美好生活需要和不平衡不充分的发展之间的矛盾。”在这一基础上，为人民谋利益的根本宗旨有了新的内涵。在党的十九大报告中，所有的举措都是围绕着“人民”展开的。创新、协调、绿色、开放、共享的发展理念，让人民有了积极参与发展的热情，让发展的成果可以人人享有，让当前的发展造福子孙后代。“四个全面”战略布局，就是人民有所呼、改革有所应的顶层设计彰显，将有力推动中国面临的突出问题和社会矛盾的解决。

“乐民之所乐者，民亦乐其乐；忧民之所忧者，民亦忧其忧。”因为秉持着“立党为公、忠诚为民”的信念，中国共产党从一叶扁舟走向了全国，带领着中国人民取得了一个又一个辉煌成就。因为不忘初心、牢记使命，中国共产党将继续走在时代前列，开创中国特色社会主义事业更加美好的未来。

伟大的事业彪炳千秋，“红船精神”永放光芒。

（原载《光明日报》2017年12月5日）

牢记使命　讲好“红船故事”

王杭徽

2017 年 10 月 31 日，对南湖革命纪念馆讲解员袁晶来说，注定是不平凡的一天。当天，习近平总书记带领中共中央政治局常委瞻仰南湖红船，她全程陪同，为他们讲解。

对于南湖红船，袁晶再熟悉不过。小小红船承载千钧，播下了中国革命的火种，开启了中国共产党的跨世纪航程。“昨天，在红船畔，我聆听了最重要的一堂党课，心情澎湃，深受教育。”袁晶说，习近平总书记南湖重要讲话振奋人心，提醒她共产党人的初心永远不能改变，要矢志不渝坚持自己的理想并为之奋斗。

袁晶一直有一个红色的梦想。2000 年，袁晶进入南湖革命纪念馆，担任实习讲解员。从仗着自己的专业功底认为当个讲解员没有问题，到真正接触发现党史讲解远没有想象中那么简单，袁晶在了解和熟悉党史中不断成长。

作为红船旁的讲解员，袁晶一直从党的光辉历史中汲取奋进的力量。2006 年，袁晶在国家博物馆里担任“开天辟地——纪念中国共产党成立 85 周年图片展”的讲解任务，经过 180 多场讲解历练，她的讲解风格日趋成熟，对党的历史研究也更加深入。那一年，她光荣加入中国共产党，实现了进入南湖革命纪念馆以来就一直怀揣的梦想。袁晶记得，也正是在 2006 年 6 月 28 日，南湖革命纪念馆由时任浙江省委书记习近平亲自奠基，并在 2011 年建党 90 周年前夕落成开放。

“在红船边工作，我感到无上荣光。”袁晶说，南湖是“红船精神”的发源地，习近平总书记强调，上海党的一大会址、嘉兴南湖红船是我们党梦想起航的地方。我们党从这里诞生，从这里出征，从这里走向全国执政。这里是我们党的根脉。

2005年以来，“红船精神”一直都是袁晶为参观者讲解的重要内容。“能够亲耳聆听习近平总书记对‘红船精神’的阐述，我感到特别骄傲，深受鼓舞，对‘红船精神’的内涵也有了更多感悟。”袁晶说，她一定努力做好自己的本职工作，不忘初心，为党和人民的事业不断作出新的贡献。

（作者为《浙江日报》记者，原载《浙江日报》2017年11月2日）

不忘初心　无限崇敬护红船

黄　娜

李少敏（前）和他守护的红船

2017 年 11 月 1 日一早，南湖红船沐浴在晨光里，南湖革命纪念馆湖心岛管理点负责人李少敏和往常一样提前到岗，同事们仍沉浸在前一天的兴奋喜悦中。

10 月 31 日，习近平总书记带领中共中央政治局常委瞻仰南湖红船。李少敏内心沸腾，备感自豪。

2017 年 1 月，李少敏从师傅张新志手中接过守护红船的接力棒。“荣誉感和责任感油然而生，一开始压力大到睡不着觉。”李少敏说。

从 2013 年开始，李少敏就跟着师傅熟悉岛上的古建筑、古树名木，还有极为重要的红船修缮。烟雨楼的历史、20 多棵古树名木的照料要点、红船修缮的流程，现在他都了然于心。

“红船需要两年一大修，一年一小修。”李少敏说，船体光零件就有

500 多个，一个都不能少，边拆边检查结构、榫头是否有损坏，修完还要再刷上七八遍桐油，丝毫不能懈怠。

2017 年 7 月 11 日开始，红船进行了为期 45 天的维修，李少敏全程参与，24 小时轮值看护拆卸的零件。他最担心恶劣天气，一有台风他就睡不着，要根据风向把红船移到避风港，用绳子、铁锚加固。

“上海党的一大会址、嘉兴南湖红船是我们党梦想起航的地方。我们党从这里诞生，从这里出征，从这里走向全国执政。这里是我们党的根脉。”习近平总书记的话，李少敏铭记在心，“责任重大，但我是有着 17 年党龄的党员，又当了 15 年兵，锻炼了意志，我会尽心尽力守护好红船，保护好岛上的文物，服务好全国各地来瞻仰红船的党员和群众。”

习近平总书记在南湖革命纪念馆再次提到“红船精神”，也让李少敏深受鼓舞。作为红船的守护者，他表示会不忘初心、牢记使命，“再过 4 年就是建党 100 周年，希望大家能通过红船了解历史、感悟精神、汲取动力”。

（作者为《浙江日报》记者，原载《浙江日报》2017 年 11 月 2 日）

探访嘉兴南湖革命纪念馆——南湖红船　开天辟地

沈　吟　黄　娜

2017年6月27日上午，嘉兴南湖，游人如织。湖心岛畔，一条红船静卧水面，还原中国共产党诞生的历史场景，接受着一拨拨党员群众的瞻仰。

人群中，一个稚嫩的声音响起：“我们的幸福生活，源于这片湖上的这条船。”说话的李熙多11岁，是江苏南京人，家人带他来增长见识。一家5口人，有3名党员。第一次看到红船，听妈妈讲起红船的故事，小男孩听得很认真，还挺直了小腰板，要和红船合影。

一条小船，诞生了一个伟大的党。今年是建党96周年，记者重访嘉兴南湖革命纪念馆、瞻仰红船，探访中国革命的航船扬帆起航的地方。

96年前，中国共产党第一次全国代表大会在南湖的一艘画舫上完成了最后议程，宣告中国共产党成立。“一大”会议闭幕，代表们当夜分散离开了嘉兴，革命的火种被带向全国各地。从此，中国革命的航船从南湖扬帆起航，中国的历史开启了全新的篇章。

96载光阴似箭，96年沧桑巨变。从1921年到2017年，从58名党员发展到8000多万名党员，中国共产党一路引领着中国革命、建设和改革的航船，乘风破浪，奋勇向前。

停泊在南湖湖心岛畔的红船、矗立在红船旁的南湖革命纪念馆，正吸引着越来越多的党员群众前来瞻仰。“2016年，入馆参观106万人次，瞻仰红船56万人次。”南湖革命纪念馆馆长张宪义说，“纪念馆就如中国共产党党史的一部厚重的书，给大家留下了深刻印象。”

一年365天无休的南湖革命纪念馆，每天迎来全国各地的党员群众。27日上午，纪念馆入口处排起了长龙，记者发现不少人的胸前佩戴着党徽。据了解，这几天日均入馆参观人数达八千人。

来自上海的陆慧文，是位有47年党龄的老党员。他们一行30人在南湖纪念馆的宣誓墙前，重温了入党誓词。他说，每次来嘉兴，都会来参观南湖革命纪念馆或瞻仰红船，这已经是第五次了。“虽然我已经退休，但始终牢记自己是一名共产党员，生命中的每一天都会尽力履行好一名党员应尽的职责。”两鬓斑白的陆慧文依旧激情澎湃。

站在新的历史时代，面对新的航程，如何继承和弘扬好“红船精神”？纪念馆三楼的誓言墙，诸多慕名前来的党员群众在这里留下了自己的思考。“追忆红色足迹，弘扬‘红船精神’，立足岗位，奋勇前行”“不忘初心，弘扬‘红船精神’，坚定理想信念，牢记入党誓言，做合格的共产党员”……满满一墙的留言，是全国各地的游客们一笔一画留下的感悟。

红船起航于南湖，在党的历史上，南湖镌刻下了光辉的一笔；而南湖人也在“红船精神”的指引下，不断创造新的业绩。2016年，南湖区实现地区生产总值451.6亿元，增长7.8%，城镇、农村居民人均可支配收入均增长8.1%，改革创新结出新硕果，城乡建设展现新面貌，民生福祉得到新提升。

“‘红船精神’穿越时空、历久弥新。我们要做好‘红船精神’的研究者、传播者和践行者，挖掘出更多鲜活事例，丰富展陈的内涵，大力弘扬‘红船精神’，不忘初心，继续前行。”张宪义说。

（作者为《浙江日报》记者，原载《浙江日报》2017年6月29日）

牢记初心使命　永远走在前列

核心要义

一、"红船精神"是走在时代前列的精神

从本质上说，"红船精神"就是"走在时代前列"的精神，而首创精神、奋斗精神、奉献精神则是其基本精神内核。首创精神是核心，是动力之源。创新是事业兴旺发达的不竭动力之源，只有坚持用时代发展要求审视自己、以改革精神创新发展理念，才能焕发蓬勃生机和无限活力。奋斗精神是支柱，是胜利之本。只有坚定理想信念，才能意志坚强、品节刚毅；只有脚踏实地，一步一个脚印，遭遇任何挫折都不动摇、不退缩、不屈服，才能真正走在前列。奉献精神是本质，是政德之基。只有坚持一切决策和措施都从人民群众利益出发，始终保持同人民群众的血肉联系，我们党才能保持根本性质、恪守根本宗旨、牢记根本使命、巩固执政地位。

萌生于中华民族探索救亡图存道路的历史背景，"红船精神"的原初含义是中国共产党的建党精神。一个大党诞生于一条小船，从此，这条小船便被赋予了象征意义，获得了一个永载中国革命史册的名字——红船。"红船精神"蕴含首创、奋斗、奉献的精神内涵，砥砺伟大的中国共产党的建立，成为中国革命精神的源头。承载着厚重精神意蕴的嘉兴红船，与此后的井冈翠竹、瑞金红井、遵义会址、延安宝塔、河北西柏坡一道，共同构成中国共产党人英勇战斗的精神丰碑。"红船精神"之后，"井冈山精神""苏区精神""长征精神""延安精神""西柏坡精神"一脉相承，汇聚成激发中国革命奋进的精神链条。以"红船精神"为源头的中国革命精神在社会主义建设和改革的新时期继续发扬光大。社会主义建设时期的大庆精神、红旗渠精神、抗震精神、"两弹一星"精神、焦裕禄精神、雷锋精神，改革开放新时期的小岗精神、华西精神、浦东精神、孔繁森精神、抗洪精神、抗击"非典"精神、载人航天精神等，无不与"红船精神"息息相通、一脉相承，指引中国共产党人带领人民群众投身建设、深化改

革、扩大开放，引导中国走上实现伟大复兴中国梦的新征程[①]。

"红船精神"的核心内涵孕育了中国共产党勇于创新、富于进取的精神。党的全部历史，在一定意义上可以说是在创新中发展、在发展中创新的光辉历史。这么多年来，我们党坚持创新和发展的生动实践，证明了党的创新是一个民族进步的灵魂，是一个国家兴旺发达的不竭动力，也是一个政党永葆生机的源泉。

2015年6月29日，在浙江嘉兴举行的"红船精神"研讨会上，时任中共浙江省委常委、宣传部部长葛慧君指出，"红船精神"对于中国的革命精神具有追根溯源的重大意义，"红船精神"的提出是完善中国革命精神链条的启示性环节，表明我们党的精神创建属于发展状态，在时间序列上是高度统一的，组织力与思想力上是同步同行的，重温"红船精神"，必将随着时代发展而不断丰富与延展，它包含的首创、奋斗、奉献精神也必将得到新的阐释。

走在时代前列，关键在于看清时代潮流与社会发展的大势，正确认识和把握社会发展规律，创造性地回答时代和实践提出的重大历史性问题。90多年来，中国共产党努力推进理论创新，不断用发展着的马克思主义武装头脑，始终走在时代前列、引领中国进步。以毛泽东同志为代表的中国共产党人经过反复探索，回答了新民主主义革命的一系列基本问题，创立了毛泽东思想，指导革命取得了历史性胜利，确立了社会主义基本制度，为当代中国一切发展进步奠定了根本政治前提和制度基础[②]。

中国共产党之所以能始终走在时代前列，根本在于其指导思想的先进性。中国共产党始终坚持把马克思主义与中国革命、建设、改革的具体实践相结合，不断推进实践创新、理论创新、制度创新，与时俱进地开创马克思主义中国化的新境界，关键在于其坚定的理想信念。党的十八大以来，习近平一再强调，理想信念是共产党人精神上的"钙"，是共产党人安身立命的根本，归根结底在于我们党始终恪守和践行全心全意为人民服

---

① 陈华兴、唐晓燕：《"红船精神"生成和发展的内在逻辑》，《浙江日报》2015年6月30日。

② 高永中：《继承弘扬"红船精神"　协调推进"四个全面"》，《光明日报》2015年6月23日。

务的宗旨，这“是马克思主义政党与生俱来的政治品质和最高从政道德，是衡量党的先进性的根本标尺”①。中国共产党之所以始终走在时代前列，就在于不断继承和弘扬“红船精神”。“红船精神”是中国共产党发展壮大的原动力，首创精神、奋斗精神和奉献精神，都充分展现了勇于担当这一共产党人的鲜明品格，这也是检验共产党人先进性和纯洁性的重要标尺。

二、开天辟地、敢为人先的首创精神是走在前列的关键体现

（一）首创精神体现了马克思主义执政党的核心内涵

首创精神也就是创新精神，其实质是指强烈的进取精神和勇于开拓的思维意识。创新是人类社会实践活动的重要形式之一，也是人类社会发展的主旋律，对经济发展和社会进步、对人的物质文明和精神文明等各个方面，都具有重要的影响和作用。整个人类社会发展的历史，就是一个不断创新和创造的历史。

创新是马克思主义政党的灵魂和使命，我们坚持解放思想、实事求是、与时俱进，永不自满，永不懈怠，不断总结新的实践经验，不断作出新的理论概括，把解放思想与统一思想结合起来，更好地发展党的建设新的伟大工程，从而推动全面从严治党向纵深发展，这是我们要长期坚持的管党治党之道。

1. 创新是推动全面从严治党向纵深发展的不竭动力

创新是党的事业兴旺发达的不竭动力，也是一个政党永葆生机的源泉。推进党的建设新的伟大工程、全面从严治党向纵深发展需要“红船精神”中所蕴含的创新精神。90多年前的这种创新精神，开启了中国共产党的历史征程。新的历史条件下推进党的建设新的伟大工程，同样离不开这种创新精神。党的十八大以来，以习近平同志为核心的党中央将全面从严

① 习近平：《弘扬“红船精神” 走在时代前列》，《光明日报》2005年6月21日。

治党视为崇高历史使命，党的建设新的伟大工程全面推进到一个新阶段。党的建设之所以能取得重大进展，是因为以习近平同志为核心的党中央坚持以改革创新精神推进全面从严治党，提出一系列新思想，作出一系列新部署，实施一系列新举措，从而不断提高党的建设科学化水平，党内政治生活展现新气象，为开创党和国家事业新局面提供了重要保证。

中国特色社会主义进入了新时代，要求我们党一定要有新气象新作为，一定要把党建设得更加坚强有力，这是我们党肩负的历史使命，也是推进全面从严治党的时代背景。推动全面从严治党向纵深发展，是在新的历史条件下党的自身建设的必然要求。形势的发展、事业的开拓、人民的期待，都要求我们以改革创新精神全面推进党的建设新的伟大工程、推动全面从严治党向纵深发展。中国共产党历经90多年的发展，党情、国情和世情都已经发生了重大变化，党的建设必须认真对待和分析这些变化。如果不能够与时俱进地做出新判断、提出新思路、做出新部署，而是一味地困守传统手段、拘泥传统思路，则党的建设必将与时代脱节。因此，在党的建设中，始终秉持一种创新精神，以创新精神不断赋予新思路、构建新体制、引入新方法，关乎党的建设能否有效运转。尤其要注意的是，伴随着市场经济的深入发展，党员的结构与思想状况、党组织的建构模式、党员与组织的关系模式必然与过去计划经济体制下有很大不同。如果不能勇于开拓，构建起新的体制机制，党的基层组织有可能陷入空转，必将危及党的执政地位。因此，在新常态下推进党的建设，既要继承和发扬党的优良传统和作风，也要以开拓进取的精神创新方式方法，创新党内治理模式。

理论创新为党的建设提供科学指南。中国共产党是一个既重视理论指导又善于进行理论创新的马克思主义政党，根据实践发展和时代要求，不断推进理论创新，是我们党的优良传统和宝贵经验。党的十八大以来是党的建设提出科学的新理念、新思想、新观点最为活跃的时期，这种创新既有宏观层面的创新，又有中观和微观层面的创新。多层面的理论创新，是党的建设取得突出成就的首要前提。提出全面从严治党战略是党的建设的一项重大创新。全面从严治党决不仅仅是在“从严治党”前面加上“全面”二字那么简单，而是重要的理论创新。习近平同志指出，它“不只是字面上的变化，更是实践的发展、认识的深化”。全面从严治党，核心是加强党的领导，基础在全面，关键在严，要害在治。“全面”就是管全党、治全党，覆盖党的建设各个领域、各个方面、各个部门，重点是抓住“关键少数”；“严”就是真管真严、敢管敢严、长管长严；“治”就是从党中央到基层党支部都要肩负起主体责任，党委书记要把抓好党建作为必须担当的职责。从党的十八大以来的实践看，正是由于提出和推进全面从严治党战略，党的建设才不断开创新局面。

实践创新使党的建设迈出坚定步伐。党的十八大以来，以习近平同志为核心的党中央为了将党的建设理论创新成果贯彻落实到实际工作中，解决党的建设中存在的突出问题，在实践中提出许多新要求、推行许多新做法，给党的建设带来了新变化、新气象、新面貌。一是实现学习教育常态化。在全党深入开展党的群众路线教育实践活动，随后在县处级以上领导干部中开展“三严三实”专题教育，然后又在全体党员中开展“两学一做”学习教育。这些学习教育实现了从内容到形式的创新，对全面从严治党起到了重要的牵引作用。二是以零容忍态度严厉惩治腐败。一个时期以来，腐败现象的多发高发势头令人揪心，严重损害党的先进性和纯洁性，严重影响党同人民群众的血肉联系。党的十八大以来，以习近平同志为核心的党中央以创新举措铁腕反腐，猛药去疴、重典治乱，“老虎”“苍蝇”一起打，使多少年来一直遏制不了的腐败现象多发高发势头得到了有效遏制。三是强化巡视监督的利剑作用。以习近平同志为核心的党中央提升了巡视监督的重要作用、明确巡视工作方针、全面开展专项巡视。党的十八大以来，以习近平同志为核心的党中央坚定推进全面从严治党，集中整饬了党风，严厉惩治了腐败，净化了党内政治生态，党内政治生活展现了新气象，赢得了党心民心，为开创党和国家事业新局面提供了重要保证。

制度创新在管党治党中起到根本性、全局性、稳定性和长期性作用。党的历史中，制度建设对党的事业发展起到了不可替代的作用。党的十八大以来，习近平总书记就加强党的制度建设作出一系列重要论述，明确提出制度治党的重要思想。制度建设是制度治党的前提条件，没有健全的制度就不可能有力地治党。但是，构建制度本身不是目的，制度的“建”应突出“治”，离开“治党”的制度建设就会流于形式。如果制度构建与管党治党相脱节，党的建设中有的制度就会被虚置、成摆设，出现重“建”而忽“治”、形“建”而虚“治”的现象。把党的制度建设与制度化的政党治理紧密联系起来，突出了制度在全面从严治党中的价值。从制度建设到制度治党，标志着我们党对执政党建设规律认识的深化。党的十八大以来出台的一系列党内法规，将以习近平同志为核心的党中央全面从严治党的思想理论和实践经验系统化、规范化、制度化，是制度治党的标志性成果，对推进党的制度建设具有标杆作用。这些党内法规和制度，既是继续全面推进党的建设新的伟大工程的重要抓手，也是全面从严治党的重要保障，体现了我们党在管党治党方面的改革创新精神，也使管党治党更加规范化、程序化和制度化，有力推动着党的建设新的伟大工程。

理论创新是全面从严治党向纵深发展的先导，实践创新是全面从严治党向纵深发展的基础，制度创新是全面从严治党向纵深发展的保障。党的十八大以来，以习近平同志为核心的党中央为了将党的建设理论创新成果贯彻落实到实际工作中去，解决党的建设中存在的突出问题，在实践中提出许多新要求、制定许多新规定、推行许多新做法，给党的建设带来了新变化、新气象、新面貌。

2. 首创精神是开天辟地的改革创新体现

中国共产党是一个具有强烈创新意识和伟大首创精神的政党。这种意识和精神来自于马克思主义与时俱进的理论品质。马克思主义是一种诉诸实践、强调革命、向往解放的理论，是科学性和革命性的高度统一。也就是说，马克思主义批判的革命的本质就是创新，马克思主义与创新精神具有内在一致性。马克思主义发展史就是一部不断解放思想、理论创新的历史。自建党以来，中国共产党人始终站在中国革命和建设的历史前沿，准确把握时代和世界发展的正确方向，将自身的发展同中国和世界的前途命运紧密结合在一起，不断推进马克思主义中国化、时代化，使马克思主义适应时代需要、回答时代课题。

近代以来，随着西方文化的冲击和社会危机的不断深化，具有强烈批判精神和创新精神的马克思主义由此传入中国。数千年来，中国传统社会建立了以儒家思想为核心、"三纲五常"为架构的思想体系，人们的思想观、价值目标和生活意义都来自于这一思想体系的说明和阐释。即使到了近代，中国面临着"数千年未有之变局"，很多中国人仍然认为中华文明高于西方文明，只是在船坚炮利方面不如西方，所谓"器可变，而道不可变；庶知所变者，富强之权术而非孔孟之常经也"。围绕着民族独立和人民解放这一主题，中国各种阶级力量和政治派别先后提出过不同的救国方案，太平天国农民革命运动的精神融合了历代中国农民的均平思想、儒家的大同理想，并糅合了西方基督教的天国理想，资产阶级革命派则以三民主义进行革命精神动员，但最终都未能使革命成功。新文化运动期间，人们才认识到必须对传统进行变革创新才能挽救民族危亡。各种西方思潮在知识分子当中广泛传播，都曾试图登上中国的历史舞台，实用主义、新村主义、基尔特社会主义、无政府主义等鼓噪一时。以李大钊为代表的一批先进知识分子，没有人云亦云，而是冷静分析和思考，科学论证和研究，最终把目光投向了遥远的莫斯科。接受马克思列宁主义，走俄式道路，成为他们最终的抉择，这集中体现了一种走在时代前列、勇于开拓进取的意识。中华民族的先进分子以开天辟地、改革创新的精神，站在历史和时代发展的潮头，在"九州生气恃风雷，万马齐喑究可哀"的艰难环境中，经过艰辛探索和反复比较，最终选择了马克思主义，创建了中国共产党。从此以后，中国革命的面貌就焕然一新了。

红船见证了中国共产党"开天辟地"的创建，"红船精神"引领了中国革命道路的前进方向，首创精神开启了中国共产党探索救国救民的光辉道路。中国共产党的创建改变了中华民族的命运，使中华民族走在了世界历史发展的前列。中国共产党是适应时代的需要而产生的。顺应时代趋势、把握时代规律、引领时代潮流、解决时代课题，是中国共产党走在时代前列的本质体现和根本要求。毛泽东说："一九二一年产生了中国共产党，中国就改变了方向，五千年的中国历史就改变了方向。我们共产党是中国历史上的任何其他政党都比不上的，它最有觉悟，最有预见，能够看清前途。"[①] 在中国共产党创建的历史实践中孕育形成了伟大的"红船精神"。习近平同志指出："红船正是走在时代前列的象征，'红船精神'就充分体现了走在时代前列的精神。"[②] 中国共产党的成立是开天辟地的大事变，是首创精神的集中体现，开创了以马克思列宁主义为指导思想的历史先河，并把马克思主义基本原理与中国实际结合起来，不断开创马克思主义中国化的新境界。开天辟地、敢为人先的首创精神对后来我党的创新建设提供了榜样示范，为以后我党创造性地开展革命斗争、社会建设、改革开放提供了宝贵的经验。

自 1921 年诞生之日起，中国共产党就准确把握时代和世界发展的正确方向，将自身的发展和中国的前途命运同世界的前途命运紧密地结合在一起，不断推进马克思主义中国化、时代化，使马克思主义适应时代需要，解决时代课题。毛泽东指出："运动在发展中，又有新的东西在前头，新东西是层出不穷的。研究这个运动的全面及其发展，是我们要时刻注意的大课题。"[③] 土地革命时期，中国共产党在井冈山创建了第一块农村革命根据地，开辟了"农村包围城市，武装夺取政权"的道路，点燃了中国革命的"星星之火"。中国工农红军的二万五千里长征是举世无双的创举，成为人类坚定无畏的象征。抗日战争时期，中国共产党科学总结正反两方面经验，实现了马克思主义中国化的第一次历史性飞跃。解放战争时期，面对革命形势的迅猛发展，中共中央在复杂的政治风云和决定中国人民前途和命运的历史关头，敢于不失时机地发起战略决战，取得了新民主主义革命的胜利，为从新民主主义向社会主义过渡开辟了道路。社会主义革命和建设时期，北大荒人用他们的汗水与智慧把荒凉的北大荒变成了祖国的粮仓，创造了人间的奇迹；在红旗渠的修建过程中，林县政府和人民团结一致，众志成城，竖立了一座改造自然的历史丰碑。改革开放时期，敢闯、敢冒、敢试、敢为天下先是深圳特区建设取得伟大成就的最根本原因；载人航天工程科技人员始终不懈探索、敢于超越，展示了新时期中国航天人

---

① 《毛泽东文集》第 3 卷，人民出版社 1996 年版，第 397 页。

② 习近平：《弘扬"红船精神"　走在时代前列》，《光明日报》2005 年 6 月 21 日。

③ 《毛泽东选集》第 2 卷，人民出版社 1991 年版，第 534 页。

的卓越创新能力。……总之，井冈山精神中的“敢闯新路”、苏区精神中的“争创一流”、西柏坡精神中的“勇于创新”、北大荒精神中的“勇于开拓”、“两弹一星”精神中的“协同创新”、深圳特区精神中的“敢闯敢冒”、抗洪精神中的“坚韧不拔、敢于胜利”、航天精神中的“特别能攻关”等都展现了首创精神。

党的十八大以来，以习近平同志为核心的党中央提出要通过进一步解放思想，解放和发展社会生产力，解放和增强社会活力，破除各方面体制机制弊端，开拓中国特色社会主义事业更加广阔的前景。习近平总书记说：“思想不解放，我们就很难看清各种利益固化的症结所在，很难找准突破的方向和着力点，很难拿出创造性的改革举措。”① 开创全面深化改革的新局面，要坚持创新理念，善于不断创新。没有思想的进一步解放，任何创新都无从谈起。人类社会是一个发展、创新、变革的过程。实践证明，改革开放和现代化建设离不开创新，只有在实践的过程中坚持创新精神，不断推进理论创新、制度创新、科技创新、文化创新，才能不断推进我国的科技进步、经济发展，才能进一步激发社会活力，提高人民生活水平。如果没有真理标准讨论，不否定“两个凡是”，就没有中国的改革开放。习近平同志指出：“实践发展永无止境，解放思想永无止境，改革开放也永无止境，停顿和倒退没有出路。”② “改革是一个国家、一个民族的生存发展之道。”③ 全面深化改革，仍然需要“杀出一条血路”的精神。当前，我国改革进入了攻坚期和深水区，各种深层次矛盾相继爆发，转型升级的要求越来越紧迫，成长中的烦恼也越来越多，全面深化改革也面临较多历史的、时代的制约因素。面对错综复杂的国内外形势，我们要实现全面深化改革，就必须加大创新力度，最大限度地集中全党、全社会的智慧，最大限度地调动一切积极因素，充分发挥人民的积极性、主动性和创

① 《十八大以来重要文献选编》（上），中央文献出版社2014年版，第509页。

② 中共中央文献研究室编：《习近平关于全面深化改革论述摘编》，中央文献出版社2014年版，第30页。

③ 中共中央文献研究室编：《习近平关于全面深化改革论述摘编》，中央文献出版社2014年版，第10页。

造性，培养人的创新思维、提高人的创新能力、培育人的创新精神，鼓舞全国各族人民团结一致、奋勇前进，不断把社会主义改革事业推向新的高度。

改革创新是我们的时代精神。“苟日新，日日新，又日新”才会有发展的动力与不竭的活水源头，才能始终走在时代前列。首创精神就是面对世界发展潮流而展现出来的前所未有的变革创新精神。近代中国落后挨打，面临着“数千年未有之大变局”，这对于有着几千年封建社会历史，近代又沦为半殖民地半封建社会的中国来说，堪称浴火重生的凤凰涅槃。建党以来，中国革命道路异常的艰难曲折，既有敌人围追堵截，帝国主义的干涉遏制，也有我们自己所犯的路线错误，结果造成革命战争年代的多次失败，几乎全军覆没。社会主义建设时期也犯了“文化大革命”的错误，濒临危局。面对这些困难挫折，革命的敌人认为我们必败无疑，帝国主义以为他们会“不战而胜”，内部的意志薄弱者或放弃理想半途而废，或背叛革命与敌人同流合污。但中国共产党却总能克难攻坚，起死回生，开创出革命和建设的新道路。中国共产党靠的就是不断开创马克思主义中国化的新天地，既坚持马克思主义中国化的坚定方向，又始终坚持改革创新，进行了长期的理论创新和艰苦卓绝的斗争，开创出经过新民主主义走向社会主义的革命新道路和中国特色社会主义现代化道路。今天，我们更应该顺应时代的要求，锐意进取，解放思想，勇于创新，全面深化改革开放，勇敢承担起当今时代赋予的历史使命。

3. 首创精神是敢为人先的政治担当体现

首创精神体现了勇立时代潮头、善开风气之先、敢于争创一流的锐气和魄力，实质上就是一种敢于担起对历史、对时代的责任，勇于实践、勇于创新、锐意进取的精神。中国共产党是一个具有强烈使命意识、勇于担当使命的马克思主义政党。中国共产党不仅是世界上人口最多国家的执政党，还是世界上最大的、最先进的执政党，更是肩负着带领十几亿中国人民不断奋斗、不断创新、不断进步、不断胜利的伟大而崇高的历史使命的执政党。只有始终走在时代前列，我们党才能永葆生机和活力，才能认清和完成好各个时期的使命和任务。中国共产党存在的全部意义和价值就在于解决时代提出的课题，肩负起历史赋予的使命。

“敢为人先”就是敢于走前人没有走过的路，敢于做别人没有做过的事，表现的是一种引领性，面对世界发展潮流而展现出的前所未有的勇于担当的精神。李大钊指出，中国人民实现真正的解放，“要靠自己的力量，抗拒冲决”“要靠自己的努力，打出一道光明。”[①] 青年毛泽东也号召民众联合起来，担负起解放自己、改造社会的伟大责任。他说：“天下者我们的天下。国家者我们的国家。社会者我们的社会。我们不说，谁说？我们不干，谁干？”[②] 90多年来，中国共产党之所以能够始终站在历史和时代发展的潮头，就在于掌握了马克思主义立场、观点和方法，敢于担起历史和时代的责任，不断推进实践创新和理论创新，不断开创马克思主义中国化的新境界。“‘红船精神’一直激励和鼓舞着我们党坚持站在历史的高度，走在时代的前列，勇当舵手，引领航向，不断取得革命、建设和改革的一个又一个胜利。”[③]

我们党之所以能始终站在时代前列，归根到底在于她在推动历史前进中担当起的重大责任。党的十八大以来，习近平总书记反复重申：“实现党的十八大确定的各项目标任务，进行具有许多新的历史特点的伟大斗争，关键在党。”一个政党、一个政府、一个干部有无担当精神，不在于怎么说，而在于怎么做。因此，判断和检验不同历史时期党的先进性，就要结合不同历史阶段的中心任务来考察，归根结底要看党在推动历史前进中的实际作用。党从成立伊始，就以大无畏的担当精神，勇敢担负起国家、民族、人民的前途命运，义无反顾地担当起推翻帝国主义和封建主义的统治，实现民族独立和人民解放，彻底改变国家贫穷落后面貌的伟大历史使命，走上了通过反帝反封建的民族民主革命实现救亡图存的道路。90多年来，中国共产党紧紧依靠人民，跨过一道又一道沟坎，取得一个又一个胜利，为中华民族作出了伟大历史贡献，“实现了中国从几千年封建专制政治向人民民主的伟大飞跃，实现了中华民族由不断衰落到根本扭转命

---

① 《李大钊全集》第2卷，人民出版社2006年版，第363页。

② 《毛泽东早期文稿》，湖南人民出版社1990年版，第390页。

③ 习近平：《弘扬“红船精神” 走在时代前列》，《光明日报》2005年6月21日。

运、持续走向繁荣富强的伟大飞跃，实现了中国人民从站起来到富起来、强起来的伟大飞跃”。事实充分证明，中国共产党的先进性是一代又一代中国共产党人同人民一道顽强拼搏、接续奋斗的结果。每个时代有每个时代的历史担当，每个人有每个人的责任担当。当前，中国特色社会主义已经进入新时代，踏上了实现伟大复兴的新征程。

打铁必须自身硬，铁肩才能担道义。在全面推进党的建设伟大工程和党领导的伟大事业中，我们仍然需要大力弘扬敢为人先的精神，切实担当起新的历史使命，不断推进实践创新和理论创新，开创马克思主义中国化的新境界。当前，我们党正肩负着时代的重任，同时面临着时代的考验。经过30多年的改革开放，中国新一轮改革已经进入“啃骨头”的攻坚阶段，一些深层次的矛盾与问题逐步累积与显现，解决这些突出矛盾，开创全面深化改革的新局面，迫切需要我们有开天辟地的勇气、敢为人先的胆识、不断创新的精神，直面问题，解决问题，切实担当起历史使命。习近平同志强调：“中国改革经过30多年，已进入深水区，可以说，容易的、皆大欢喜的改革已经完成了，好吃的肉都吃掉了，剩下的都是难啃的硬骨头。这就要求我们胆子要大、步子要稳。胆子要大，就是改革再难也要向前推进，敢于担当，敢于啃硬骨头，敢于涉险滩。”①

以创新精神推进党的建设必须富有担当精神。党的建设的创新不同于其他方面的创新，它必然与政治紧密相连，必然根源于党性原则。因此，推动党的建设创新，首先必须做到政治立场坚定，忠诚于党和人民的事业。只有这样，才能以创新思维破解党的建设中的复杂问题，也才能使党的建设的创新始终保持正确政治方向。以改革创新精神推进党的建设，必须解决党内存在的突出问题，有些问题还非常复杂、非常棘手，这就需要有担当精神。习近平同志指出：“人民把权力交给我们，我们就必须以身许党许国、报党报国。”他强调，必须“以强烈的历史责任感、深沉的使命忧患感、顽强的意志品质推进党风廉政建设和反腐败斗争”。有了政治勇气和担当精神，党的建设的创新就有了牢固的政治基础和强大的前进

① 《习近平接受俄罗斯电视台专访》，《人民日报》2014年2月9日。

动力。

习近平同志反复强调党员干部特别是领导干部要敢于担当，敢于坚持原则，并带头示范、以上率下。他在接受俄罗斯电视台专访时说：“我的执政理念，概括起来说就是：为人民服务，担当起该担当的责任。”[①] 事业越发展，就越会有新问题出现；把不断出现的新问题解决好，事业就会有更大发展，这是事物发展的规律。敢不敢触及难题、解决难题，考验着一个干部的担当精神。领导干部的职责就在于解决难题。如果高高在上，遇到难题绕着走，敷衍了事混日子，必然失去人民群众的信任和支持，给工作和事业带来损害。

党的十八大以来，以习近平同志为核心的党中央顺应时代要求，勇敢承担起时代赋予的历史使命，“始终把改革创新精神贯彻到治国理政各个环节”。在新的历史方位上，共产党人应该增强执政意识和担当精神，面对大是大非敢于亮剑，面对矛盾敢于迎难而上，面对危机敢于挺身而出，面对失误敢于承担责任，面对歪风邪气敢于坚决斗争，自觉地把对民族的责任、对人民的责任、对党的责任担当统一于实现国家富强、民族振兴、人民幸福和人类发展进步之中。

（二）全面从严治党需要弘扬首创精神

今天弘扬“红船精神”，就是要从“红船精神”中汲取思想力量，更好扛起时代重任，持续深入推进全面从严治党，持续深入推进党的建设新的伟大工程，勇于直面问题，敢于刮骨疗毒，消除一切损害党的先进性和纯洁性的因素，消除一切侵蚀党的健康肌体的病毒，不断增强党的政治领导力、思想引领力、群众组织力、社会号召力，确保我们党永葆旺盛生命力和强大战斗力，在新时代、新征程上以“永无止境”的心劲再起航、再出发。

1. 弘扬首创精神面临能力不足“不能为”问题

随着全面从严治党新形势的发展，党员领导干部对党建工作中不熟悉、不了解的东西越来越多，面临问题的复杂程度、解决问题的艰难程度

① 《习近平谈治国理政》，外文出版社2014年版，第101页。

远远超过以往，新办法不会用、老办法不管用、硬办法不敢用、软办法不顶用，领导干部在党的建设工作中本领恐慌问题十分突出。正如习近平总书记指出，很多同志有做好工作的真诚愿望，也有干劲，但由于缺乏本领，结果是虽然做了工作，有时候也很辛苦，但不是不对路子，就是事与愿违，甚至搞出一些南辕北辙的事情来。在这个与时俱进的年代，党务工作如果缺乏创新，就不能很好地统揽全局、带动发展，相反还会影响到经济的繁荣和社会的进步。有人虽然也觉得党建重要，但这项工作是软任务，不好找到抓手，颇有些“老虎吃天，无处下口”的无奈，党建工作缺乏创新，呈现如下现象。

首先，有知识贫乏的恐慌。近些年来，一些党员领导干部或者党务工作者刚刚走上领导岗位，有些党务干部理论水平不足，不能运用发展着的马克思主义的立场、观点和方法改造思想、指导工作、探索新形势下机关党建工作的规律；有的党务干部由领导干部转任，总认为自己资历较老，学不学无所谓、干不干无所谓，得过且过，“当一天和尚撞一天钟”，部分党务干部忙于事务、疏于学习，新知识的补充和更新跟不上形势的发展变化，对有关党建新知识知之不多，知识面偏窄、能力素质偏低的问题仍没有得到根本解决。有的同志能够比较清醒地意识到自己知识匮乏、本领不够，但又不知怎么办，不知从何入手，因此时常感到措手不及、缺少方法，表现出无奈和茫然；有的党务干部知识结构单一，除了自身的党务工作，不熟悉本单位本部门其他业务工作，党建工作不能围绕中心工作服务，党务、政务两张皮；有的同志虽然事业心、责任感都很强，但由于领导能力和领导方法不够，往往费力不讨好，因而工作压力大，工作信心不足，产生了本领恐慌。

其次，有工作经验不足的恐慌。有些领导干部从事党建工作时间不长，基层历练不够，心里想法很多，但没有头绪，“巧妇难为无米之炊”。党建工作是实践性很强的工作，没有一定的创新能力，不能把握好，又如何去创造性地开展工作呢？一些地方和部门的干部队伍，年轻人占大多数，基本是从学校到机关，他们解决基层实际问题的经验较少，在工作中拘于形式，陷于俗套，在发展党员方面按部就班、流于程序，在教育培训方面如“八股文”操作，工作没有新花样，当然收到的效果也不理想。有些干部随着工作岗位的变化、职级的提升，缺乏必要的党建工作经验，原有的能力素质与新岗位、新角色的需求之间会出现新的不适应，不能适应新岗位、胜任新工作。而且大多数党务工作者身兼数职，本身这一摊事情又多，想创新而没有时间去思考，没有精力去探讨，另外，还担心创新不好会弄巧成拙，影响自己的前途；怕把握不好方向，犯下政治性错误而后悔莫及。如此，导致党建工作年复一年、日复一日重复着前人做的事情。

最后，有环境不适应的恐慌。一个时期以来，管党治党方面出现了失之于宽、失之于松、失之于软等突出问题，严重损害着党的机体。党的十八大以来，以习近平同志为核心的党中央坚定推进全面从严治党，坚持思想建党和制度治党紧密结合，集中整饬党风，严厉惩治腐败，净化党内政治生态，党内政治生活展现新气象。一些党务干部思想上仍然不能满足全面从严治党新形势的要求，碰到新情况，遇到新问题，总是照搬老经验，既不想新思路，也拿不出新办法，工作始终处于徘徊状态；有的党务干部整天忙于各种事务，不注意对工作做前瞻性思考，工作总是处于被动应付状态，适应不了党建工作的新变化；还有的同志知识老化严重，知识透支，满足于自己几十年前的工作惯例和工作经验，停留在以前学得的一些基本知识上，对党建工作只靠过去的“老本”应付，工作起来缺乏卓有成效的工作思路，显得捉襟见肘、力不从心。

为此，必须在全面从严治党过程中弘扬首创精神，突破党建工作主要靠经验、靠传统、靠教育的旧套路，坚持继承与创新相结合。发展是最好的坚持，创新是最好的继承。既要坚持党建工作的优良传统和宝贵经验，又要敢于摒弃不合时宜的观念和做法，树立创新意识，破除与新形势新要求不相适应的、束缚我们手脚的思想观念，坚持“解放思想、实事求是、与时俱进”的思想路线作为思考问题、谋划工作的指针，作为分析形势、指导工作的准则，作为统一思想、解决问题的依据，作为检验工作、衡量成效的标准。

2. 弘扬首创精神面临动力不足“不想为”问题

不想为，是指政府部门或工作人员工作中散漫懈怠，也就是我们常说的庸政、懒政、怠政，是思想懒惰的表现。所谓思想懒惰，根源于少数领导干部工作缺乏主动性、创新性，满足于对上级的指示和政策照抄照转，照本宣科，人云亦云，以会议贯彻会议，以文件落实文件，而不去研究本地区、本部门的客观实际，抓住主要矛盾对症下药。现实生活中，不想为的党员干部确实不少，主要有以下表现：

一是“守摊子”。有的认为当前形势下当官风险系数大，干事创业更需谨慎，为了不出事，宁可不干事。有的同志工作挑三拣四、挑肥选瘦，干工作走马观花、蜻蜓点水。有的善于搞“你好我好大家好”，只讲恭维话、场面话、违心话，在是非曲直面前不敢亮思想、亮观点，看到问题不愿指出，发现过失视而不见，遇事“和稀泥”。有的把民主生活会开成“相互表彰会”，只谈工作不谈思想，只讲成绩不讲缺点，只提希望不提问题。有的精神懈怠、动力不足，干事没激情、工作标准低，事不关己高高挂起，存在“多一事不如少一事”的思想，推一推动一动、不推不动甚至推了也不动；有风险的事不敢干，有难度的事不愿干，没有先例的事不肯干。有的眼里只有成绩没有问题，沉迷于一些锦上添花的花架子，即便发现了问题，也有意掩盖起来或推卸逃避，不去寻找解决的办法。

二是“降调子”。有的认为工作争一流太累，事情干得越多，出的毛病越多，受问责的概率就越高，正所谓“枪打出头鸟”“出头的椽子先烂”，工作顺得过眼儿、看得过去、交得了差就行，“一般一般，宛若神仙，不慢不快，自由自在”。有的干部责任心较差，工作不够认真细致，完成任务的方法少，推脱责任的能力强，对政策措施机械执行、选择执行、推诿执行。有的干部浮躁之气严重，习惯于以会议贯彻会议，以文件落实文件等。有的对待上级精神不肯琢磨、不求甚解，照搬照抄图省事，依样画瓢，应付了事。有的做工作完全不顾本地本部门实际情况，以前怎么做就怎么做，别人怎么做就怎么做。有的办事拖拉，一天能干完的事，五天才交工，半年能搞定的事，一年才收工。有的衙门作风严重，时间不到不开门，期限不到不盖章，规定三到十天内办的，硬要拖到第十天才办，还说都是按规定办。

三是“混日子”。有些干部表面上看似忙忙碌碌，成日迎来送往，吃喝应酬，作决策、干工作想当然、拍脑袋，空谈一些徒有虚名的“大口号”，摆出一些花里胡哨的大场面，而不去进行艰苦细致的调查研究，眼高手低，脱离实际。有些干部遇到问题不愿创新，创新要有过人的胆识、科学的头脑，而一般认为，党务工作是枯燥无味的，谈不上乐趣和活力，没有必要瞎折腾、出奇招，而能够这样坚持下去，已经很不错了。少数干部在任何时候都是“南郭先生”，办事磨磨蹭蹭，慢慢腾腾，“当一天和尚撞一天钟甚至不撞钟”，拼劲不足，闯劲不够，钻劲不强，韧劲不大，只想成天混日子、无所事事，当“逍遥官”“太平官”，“一杯茶、一支烟、一张报纸看半天”。有的以油滑取巧为荣，以老实本分为耻，工作中挑肥拣瘦、拈轻怕重，好事、容易出彩的事、容易给领导留下印象的事抢着做，难事、打基础的事、不太会给领导留下印象的事想着法子推；有的混天度日，消极怠工，不思进取，不求甚解，对工作不负责任，对事业没有追求，满足于过得去、一般化；有的见问题就躲，见责任就推，形成“中梗阻”；有的缺乏创新意识，死抠条条框框，循规蹈矩，不敢越雷池半步，能办的不办、该办的不办，不为改革找出路、只为不改找理由；有的纪律松弛、行为散漫、作风漂浮，在岗不在状态，对上级部署能推就推、能拖就拖。

四是“撂挑子”。有的热衷于搞“面子工程”、形象工程，急功近利、好大喜功，把群众利益放到一边，千方百计琢磨如何“造势”，如何邀功，使自己名利双收，而工作没有任何实效；有的不能给予部属正确的方法引导，习惯于发号施令。一些年龄稍大一点的干部，有船到码头车到站的思想，只想安全着陆，把工作都交给别人干。有的干部刚出一点成绩，就和组织上提条件、要待遇，满足不了自己的意愿就闹情绪，消极怠工。还有个别干部被批评或者被问责后，不知耻而后勇，干脆猪八戒摔耙子，不玩活儿了。少数单位中不干事的人紧盯着干事的人，横挑鼻子竖挑眼，干事的人一边干事，一边提防不干事的人，弄得精疲力竭、心灰意冷，形成了多干不如少干、少干不如不干的认识“怪圈”。

干部干部，就要干事。干部“不想为”将对党的建设事业造成严重的后果。有的忽视问题，对矛盾熟视无睹，一旦遇到问题，往往措手不及：

有的逃避问题，搞鸵鸟政策、选择性失明，把一些本来应该及时解决的问题拖成了老大难；有的不注重解决问题，纸上谈兵、夸夸其谈，真正遇到棘手问题就捉襟见肘，这些都严重影响着各项工作的推进，影响着改革发展稳定任务的落实。

全面从严治党必须防止思想懒惰。思想懒惰是领导干部的大忌。领导干部如果思想懒惰，就不能在纷繁复杂的事物中找出其内部的必然联系，就不能在丰富的实践中概括、总结、提炼出规律性的东西，并用以指导本地区、本单位的工作。其结果往往是固守老套路，坚持老主张，工作缺少计划性、预见性和创造性，事到临头草率决策、匆忙应付，轻则事倍功半、收效甚微，重则劳民伤财、遗患无穷，给党和人民的事业造成极大危害。最终造成一些地方形式主义、官僚主义和表面文章、盲目攀比现象滋长蔓延。长此以往，领导干部的世界观、人生观、价值观必然会发生扭曲，政治敏锐性和政治鉴别力不断退化，全面从严治党更无从谈起。

3. 弘扬首创精神面临担当不足“不敢为”问题

当前党内存在一些不敢创新的现象。在现实中，确有官员因精神状态不佳、素质不高而不想作为、不会作为，甘当“撞钟和尚”；可也有一些被大家公认为“有本事的人”，起初干劲很大，风风火火，想干也能干，可是过不了多久，要么遭受冷言冷语，要么工作得不到承认，要么受到不公正待遇，导致干事创业的激情减退，不知不觉地加入了不敢作为、甘居平庸的行列。究其原因，从客观上讲在于“干的不如看的，看的不如玩的，玩的不如会来事儿的”“干得多问题多，挨的板子多”的不良政治生态，从主观上讲在于一些干部担当不足。

现实生活中，一些干部在其位而不担其责，不想、不敢、不会创造条件解决难题。因为思想上存在畏惧情绪，被老框框所取代，被旧思想所滞后，照着本本做，对着样子画，这样放心保险，不会出差错，不会捅娄子。如果想大胆一些，出格一点，又怕惹出麻烦，发生意外，给工作造成负面影响，给自己背上“大包袱”。有的满足于当“传声筒”“收发员”，浑浑噩噩，遇到问题绕道走；有的对工作中出现的新情况、新问题和群众的意见，只限于做做批示、提提要求，不敢一抓到底；有的不敢面对矛盾，“得罪人”的事不干，“讨人嫌”的话不说，只要不出事，宁愿不做事，一旦出了问题，往往推卸责任，甚至金蝉脱壳。实践证明，敢不敢直面矛盾、破解难题，是一个领导干部事业心责任感强弱的具体表现。“沧海横流，方显英雄本色。”领导干部要以攻坚克难的勇气、敢于负责的态度，知难不畏，排难而进，义无反顾地承担起时代和历史赋予我们的使命，切实做到敢于直面矛盾、善于破解难题。

历史经验表明，事业发展到一个关节点上。义无反顾，迎难而上。奋力拼搏，展现在未来的是一片新前景、新天地；畏首畏尾，迟疑不决，坐失良机，带来的将是千古遗憾。以全心全意为人民服务为唯一宗旨的中国共产党人，以中华民族伟大复兴为己任的中国共产党人，唯一的选择就是胸怀理想、坚定信念，不动摇、不懈怠、不折腾，顽强奋斗、艰苦奋斗、不懈奋斗。各级领导干部要有攻坚克难的担当精神，要不畏难、敢担当，树立“无功就是过”的思想，下决心为官一任、造福一方，能够顶住压力、得力应对，用改革和创新的思维破解困难障碍。

“为官避事平生耻。”作为党的领导干部，任其职，就要尽其责；在其位，就要谋其政。解决难题必然要触及各种矛盾，甚至会得罪一些人，受到阻挠和责难。如果没有顽强的意志和敢于碰硬的精神，没有一身正气和坚定信念，是难以做到迎难而上的，也是解决不了难题的。特别是那些久拖不决、积重难返的难题，解决起来难度很大；在那些各种利益盘根错节、消极腐败现象严重的地方，影响难题解决的因素很多。倘若领导干部不敢碰硬，听任难题发展下去，难题就会越积越多，遗患无穷。其实，对于难题越是回避，就越是陷入被动；如果真正敢于碰硬，反而能够攻克它、解决它。作为领导干部，必须具备敢于正视难题的勇气和早日破解难题的决心，做到上不愧党，下不愧民，内不愧心，以攻坚破难的实际行动赢得广大人民群众的拥护和支持。

（三）以弘扬首创精神确保全面从严治党

改革创新是当今时代的潮流，是当代中国的主旋律，也是推进党的建设的强大动力。“新则活，旧则板；新则通，旧则滞。”党建工作只有新起来、活起来，才能保持生命力。抓党建工作，不敢闯、不敢试，墨守成规、拘谨守分，不可能赢得党员的真心拥护。只有牢固树立了创新理念，才能不断突破自我发展瓶颈，最终真正实现党建工作在理论和实践经验上的创新发展。

1. 敢于攻坚克难直面矛盾

加强党的建设，必须直面党所面临的挑战，推进新时代党的建设新的伟大工程必须突出问题意识，坚持问题导向。目前，我国正处于改革发展的关键时期，前进道路上面临的机遇和挑战前所未有，各种矛盾也趋错综复杂。全党要清醒认识到，我们党面临的执政环境是复杂的，影响党的先进性、弱化党的纯洁性的因素也是复杂的，党内存在的思想不纯、组织不纯、作风不纯等突出问题尚未得到根本解决。要深刻认识党面临的执政考验、改革开放考验、市场经济考验、外部环境考验的长期性和复杂性，深刻认识党面临的精神懈怠危险、能力不足危险、脱离群众危险、消极腐败危险的尖锐性和严峻性，坚持问题导向，保持战略定力，推动全面从严治党向纵深发展。当前，我们党确实存在一些不适应新形势新任务要求的问题，唯有敢于直面矛盾，善于解决矛盾，才能不断开创党的事业发展的新局面。党的十八大以来，以习近平同志为核心的党中央身体力行、率先垂范，励精图治、攻坚克难，始终坚持问题导向。牢牢聚焦全面从严治党，敢于直面矛盾挑战，对腐败现象和问题零容忍，净化了党内政治生态，得到了广大党员干部和人民群众的拥护，创造了大量新经验新做法，取得了辉煌的成绩，向全世界彰显了中国共产党无与伦比的自信和强大的自我革新能力。

执政的考验。我们党经过漫长的革命，付出了无数的牺牲，才成为在全国执政的党。正是因为执政，党带领中国人民取得了社会主义现代化建设的巨大成就，从根本上改变了中国人民和中华民族的前途命运，中华民族伟大复兴展现出前所未有的光明前景。同时，也应该看到执政对我们党的严峻考验。因为执政，所以存在权力的诱惑，权力是一把双刃剑，容易造成腐败，使党反腐败难度加大；因为执政，容易形成官僚主义、文牍主义、等级主义；因为执政，民众要求高，容易成为矛盾的焦点；因为执政，容易陷入事务主义，导致党政不分，难以做到党要管党。中国古代之所以会发生周期性的王朝更替，一个很重要原因就是历代王朝都没有经受住执政的考验。苏联东欧剧变的一个重要原因，就是这些国家的共产党没有经受住执政的考验。我们党作为一个马克思主义政党，是能够经受得住执政考验的，但前提是必须直面执政所带来的各种考验，正确应对这些挑战，有效处理执政所带来的各种问题。

改革开放的考验。改革开放以来我国的快速发展靠的是改革开放，我国未来发展也必须坚定不移依靠改革开放。但是，改革开放也给党的建设带来巨大挑战。随着改革开放的深入和社会主义市场经济体制的建立，党所处的环境和条件与过去相比发生了很大的变化。社会经济成分、组织形式、就业方式、利益关系和分配方式日益多样化，各种思想文化相互激荡，经济、社会生活出现了许多未曾遇到的新情况，党员队伍也发生了重大变化。社会经济成分多样化冲击着党的执政基础；社会组织形式的多样化，使人们选择多样；就业方式多样化、生产方式和生活方式多样化，促进人们自主意识、竞争意识、效率意识、民主意识和权利意识觉醒，导致人们思想活动独立性、选择性、多变性和差异性增强；物质利益和分配方式的多样化，使得群众自主性增强，对党依赖减弱。这些新情况，使得传统比较有效的党建办法受到挑战，适应新情况的党建办法还在探索中。

市场经济的考验。在社会主义制度下建设市场经济，是中国共产党在人类历史上第一次伟大的创举。市场经济作为一种有效地配置资源的方式，使中国改革取得了巨大的成就，使社会主义焕发了前所未有的活力。我们也应清醒地看到，市场经济的存在和发展不可避免地带有一定的自发性和盲目性，有其负面性。市场经济强化了人们的功利性，使人们过分追求物质享受，深受消费主义的影响，淡化精神追求；市场经济强化成本意识，增强了党建活动的物质约束，党建需要成本，需要资本的支持；市场交换原则延伸到党内，易致权力市场化。市场经济作为商品经济的高级形式，它产生的一系列思想、观念和原则，渗透到党员的心理行为之中，进入党内运行机制，与党性原则发生矛盾，造成党员心理上的强烈反差。这种反差具体表现为：商品经济的等价交换原则与全心全意为人民服务的党的宗旨的冲突；商品经济追求利润的冲动与党性要求以他人利益为第一的冲突；商品经济自发滋长的个人主义与党所提倡的集体主义的冲突；商品经济产生的“金钱至上”观念与党所要求的精神激励的冲突；等等。

外部环境的考验。伴随着全球化进程的加快，我国改变了过去的半封闭局面，充分享受到走向世界的好处，最大限度地利用了外部的资源、市场、技术和人才，促进了我国的快速发展。随着我国对外开放力度的加大，党越来越面临外部环境的严峻考验。西方资本主义国家对我“西化”和“分化”的图谋未变。党面临着西方资本主义政治制度颠覆、渗透的压力。西方发达国家政党制度存在的一些优点对党构成强大压力，群众更容易接受外来信息，用比较和挑剔的眼光看待党。

问题是时代的号角，开创全面从严治党的新局面要敢于直面问题。面临上述“四大考验”，我们党必须要提高应对新情况、解决新问题、化解新矛盾、推进新实践的素质和能力，勇于直面问题，敢于“刮骨疗毒”，居安思危，增强忧患意识，常怀忧党之心，恪尽兴党之责，勇于变革、勇于创新。永不僵化、永不停滞，继续推进党的建设新的伟大工程，消除一切损害党的先进性和纯洁性的因素，清除一切侵蚀党的健康肌体的病毒，有效应对重大挑战、抵御重大风险、克服重大阻力、解决重大矛盾，避免出现失误和挫折，确保党永葆旺盛生命力和强大战斗力，确保党在世界形势深刻变化的历史进程中始终走在时代前列。

2. 敢于动真碰硬狠抓落实

习近平总书记反复强调，落实是为政之要、从政之本。一切工作只有通过落实才能实现预期目标。抓落实是一项复杂、系统、连续的工作，内外环境又在不断发展变化。一些新情况、新问题会在抓落实的具体实践中冒出来，一些棘手的矛盾和困难也会隐藏其中。不懂规律、不懂门道、缺乏知识，就抓不住重点和关键点，工作因此而“搁浅”。如果工作方法陈旧，“老办法不管用，新办法不会用”，再好的决策也不能起到应有的效果。所以，抓落实必须具备过硬的真本领，全面从严治党向纵深发展也需要狠抓落实的真本领。

第一，动真碰硬、狠抓落实，就是困难面前不退缩。新时代推进党的建设各项工作中，必定会遭遇各种各样的难题，它们具有这样一些特点：

一是复杂性。现实中往往多个问题交织在一起，盘根错节，相关联系复杂，牵一发而动全身。二是典型性。党的建设问题涉及国家和社会的方方面面，往往是同类矛盾的集中代表，牵扯广，影响大。三是艰巨性。处理起来比较棘手，难见一招之效，难求一时之功，比起一般问题的处理需要投入更多的精力。面对矛盾、难题，有的人勇于攻坚、化险为夷，有的人裹足不前、畏首畏尾。如果在困难和挑战面前思想僵化、因循守旧，就不可能走出发展新路子、打开工作新局面。

抓落实、解难题必须要有新思路、新办法、新作为。一是创造性思维的确立。不断用新的创造性思维方式去研究党建工作中的新情况和解决新问题，并以创新的价值观为指导，去消除以往党建工作中存在的突出问题，进而实现党建工作的新突破。二是不断改进党建工作的方式方法。把党建工作方式方法的改进与创新定位在“人有我有，人无我有，人有我新”上，真正形成党建工作的新特色。三是使命感的树立。党建工作能否创造性地开展，取决于党组织与党务工作者的事业心和责任感。破旧立新的过程，实际上也是对机关党组织和党务工作者使命感强弱的最好检验。四是具有开创新局面的勇气。在党建工作中，只有党员，尤其是党员领导干部具有了一种为开创机关党建工作新局面而敢想、敢干、敢闯、敢试、敢冒风险的果敢勇气，推进党建工作的深化才会是水到渠成的事情。

第二，动真碰硬、狠抓落实，就是原则面前不动摇。一段时间以来，“好人主义”在少数干部中有所滋长，怕得罪人而不敢坚持原则，怕触及矛盾而不敢改革创新，这不仅导致同志之间关系庸俗化，而且直接影响工作的落实。抓落实，必然会遇到这样那样的矛盾，如果都搞无原则的一团和气，遇到矛盾绕道走，事情肯定做不好。我们强调以人为本、执政为民，充分发扬民主，是为了更好地代表最广大人民的根本利益。工作受评判，干部受评议，这本是一件好事，但如果因为怕丢选票而不讲原则、不改革创新、不纠正不正之风，就失去了一个党员干部应有的担当，任由这种风气蔓延，损害的是人民群众的根本利益，影响的是党的事业、人民的事业。

抓落实、解难题必须要始终坚持正视问题的自觉、刀刃向内的勇气，不断增强党自我净化、自我完善、自我革新、自我提高的能力，保持肌体健康。党建工作做得好不好，不要往墙上看，而要往群众脸上看。要坚持以人民为中心，不断增强人民的获得感、幸福感和安全感，不断厚植党的执政根基。每一个党员干部都要把立党为公、执政为民作为自己的行为准则，做到讲党性不徇私情、讲原则不循私利，敢于面对各种矛盾、解决各种问题，对工作落实上的事，该抓的要抓，该管的要管，该负的责任要负起来；对班子和队伍建设特别是作风建设方面存在的错误倾向、错误言行、不良风气，同样也要动真碰硬、敢于批评、敢于斗争，负起责任来。要大力弘扬一种敢于负责、勇于担当的精神，倡导一种不敷衍不回避不推卸的工作作风，只要对党的事业有利、对人民有利的事情，看准了就要坚定不移地干，一抓到底、抓出成效、绝不动摇。

第三，动真碰硬、狠抓落实，就是质量面前不打折。党的十九大明确提出“不断提高党的建设质量”的重要论断，这既是党在改革创新中历史经验的深刻总结，也是新时代坚定不移全面从严治党的深刻认知，是中国共产党长期执政的重大课题。党的建设质量不仅是对党的建设“新的伟大工程”的回应，更是衡量党的建设优劣的标准。从现实来看，党的十八大以来，全面从严治党取得显著成效，但是也面临一些问题，存在一些痛点，党的建设方面还存在不少薄弱环节。党内存在的思想不纯、组织不纯、作风不纯等突出问题尚未得到根本解决。一些地方和部门抓党的建设仍然存在形式主义现象，有的搞“两张皮”，围绕中心服务大局不够；有的热衷于做表面文章，习惯喊口号、唱高调，工作停留在嘴上、会上、纸上；有的抓工作蜻蜓点水，不敢、不愿意触及深层次矛盾、解决复杂问题；有的“以点代面”，把精力和心思放在打造典型、制作“盆景”上；等等。形式主义是事业发展的大敌，纠正“四风”不能停步，必须坚持“长”“常”二字，持续用力、绵绵不绝，真正把形式主义消弭掉。

抓落实、解难题必须要优化工作机制。党的建设是内容和方法的有机统一体。机制是制度化了的方法，是制度和手段、方法的集合体，直接关系到党的建设质量，正如毛泽东同志指出的，“不解决方法问题，任务也只是瞎说一顿”。一方面要完善具体实施机制，细化党建责任分工，对班子成员抓什么、职能部门抓什么，都要规定得清清楚楚，逐一列明责任清单。对每一项工作怎么干、谁来干、何时完成，都要有任务书、时间表，不能简单地以会议落实会议、文件落实文件。另一方面还要完善督促检查、考核问责机制，没有督查就没有落实，没有问责就没有压力。要紧盯目标、瞄准问题，通过调研督查、随机抽查、暗访调查等多种方式，搞好跟踪监测、效果评估，发现问题及时督促整改，落实不力的严肃追究责任，做到有部署、有检查、有考核、有成效。

3. 敢于担当履责有所作为

党的十八大以来，以习近平同志为核心的党中央坚持党要管党、从严治党，对党的建设从战略高度进行新谋划、新布局，形成了全面从严治党战略。他还多次强调“全面从严治党，核心是加强党的领导，基础在全面，关键在严，要害在治”，要求“各级党组织要担负起全面从严治党主体责任”。这些重要论述，深刻阐明了全面从严治党的责任主体、主要内容和关键举措，明确回答了全面从严治党由谁抓、抓什么、怎么抓等重大问题。深入贯彻习近平总书记重要讲话精神，关键是党员领导干部必须始终坚持主责就是首责、守土必须尽责，切实肩负起全面从严治党主体责任和相关责任，推动全面从严治党战略部署在本地区本单位落细落实。

紧紧抓住主体责任这个“牛鼻子”，层层传导压力，层层落实责任，是当前落实全面从严治党的重要抓手，但在具体工作中也出现主体责任压力传导层层递减，呈现“上热中温下冷”的现象，不能切实将主体责任牢牢抓在手上、扛在肩上、落到实处。有的党委对主体责任认识不清、落实不力，有的没有把党风廉政建设当作分内之事，每年开个会、讲个话，或签个责任书就万事大吉了；有的对错误思想和作风放弃了批评和斗争，搞无原则的一团和气，疏于教育，疏于管理和监督，放任一些党员、干部滑向腐败深渊；还有的领导干部只表态、不行动，说一套、做一套，甚至带头搞腐败，带坏了队伍，带坏了风气。从严治党，必须增强管党治党意识、落实管党治党责任。历史和现实特别是这次活动都告诉我们，不明确责任，不落实责任，不追究责任，从严治党是做不到的。经过这些年努力，各级建立了党建工作责任制，党委抓、书记抓、各有关部门抓、一级抓一级、层层抓落实的党建工作格局基本形成。然而，是不是各级党委、各部门党委（党组）都做到了聚精会神抓党建？是不是各级党委书记、各部门党委（党组）书记都成为了从严治党的书记？是不是各级各部门党委（党组）成员都履行了分管领域从严治党责任？一些地方和部门还难以给出令人满意的答案。在一些领导干部眼中，抓党建同抓发展相比要虚一些，不容易出成绩，一年开几次会布置一下就可以了，不必那么上心用劲。也有一些人认为，在发展社会主义市场经济条件下，从严治党面临两难选择：过宽没有威慑力，会导致越来越多人闯“红线”，最终法不责众；过严会束缚人手脚，影响工作活力，干不成事，甚至还会影响自己的选票。这些认识都是不对的。各级各部门党委（党组）必须树立正确政绩观，坚持从巩固党的执政地位的大局看问题，把抓好党建作为最大的政绩。如果我们党弱了、散了、垮了，其他政绩又有什么意义呢？各级党委要把从严治党责任承担好、落实好，坚持党建工作和中心工作一起谋划、一起部署、一起考核，把每条战线、每个领域、每个环节的党建工作抓具体、抓深入，坚决防止“一手硬、一手软”。

出现这种问题究其根源在于思想上缺乏担当精神和全面从严治党的责任意识，必须树立“抓好党建是本职、抓不好党建是失职、不抓党建是渎职”的意识，牢固树立抓好党建是最大政绩的理念。对各级党员领导干部特别是党委（党组）书记来说，落实主体责任，既是政治责任、政治担当问题，又是政治态度、政治立场问题。必须增强政治意识、责任意识、看齐意识、忧患意识，坚定“四个足够自信”，向以习近平同志为核心的党中央看齐，紧跟中央全面从严治党战略部署，在履行主体责任上做到认识足够清醒、思想足够自信、行为足够坚定、措施足够有力，自觉做中央满意、党员认同的管党治党、从严治党书记。必须清醒认识到“全面从严治党是我们党立下的军令状”，在“四个全面”战略布局中起重要保障作用，切实增强从严管党治党自觉性。必须清醒认识到我们党面临的“四大考验”“四种危险”是长期的复杂的，为人民服务是永恒的、没有止境的，切实增强全面从严治党永远在路上的意识，始终做到真管真严、敢管敢严、长管长严。必须牢固树立不管党治党就是严重失职、管党治党不力就是渎职的意识，以舍我其谁的政治担当和“铁面包公”的浩然正气，层层压实责任，级级传导压力，实现责任缝隙全覆盖、无死角，以严肃问责推动责任落到实处，坚决防止“口号喊在党委、工作还在纪委”，对全面从严治党作壁上观、当“甩手掌柜”现象发生。必须深刻领会“全面”“从严”的丰富内涵，把对党员干部的关心爱护体现在严格要求上，贯穿到日常监督管理中。

三、坚定理想、百折不挠的奋斗精神是走在前列的根本体现

坚定理想、百折不挠的奋斗精神是“红船精神”的支柱，是党始终站在历史和时代发展的前列、保持先进性和纯洁性的根本保证。“坚定理想”就是坚守共产党人的精神追求，坚定对马克思主义的信仰，坚定对社会主义和共产主义的信念。习近平指出：“坚定理想信念，坚守共产党人精神追求，始终是共产党人安身立命的根本。对马克思主义的信仰，对社会主义和共产主义的信念，是共产党人的政治灵魂，是共产党人经受住任何考验的精神支柱。”① “百折不挠”就是围绕共产主义理想勇于实践，不论经受多少挫折，绝不屈服退缩的坚强品格。坚定理想、百折不挠的奋斗精神实质上就是为了实现共产主义的理想目标不断实践、不断奋斗，脚踏实地的实干精神。奋斗精神是走在时代前列的意志要素，表现了中国共产党历史性实践的目的性、坚定性。面对艰难险阻、风险和挑战，只有坚持不懈地奋斗，才能把理想蓝图变成美好现实，才能落实走在前列的要求。

党的十八大以来，习近平多次使用“担当”一词，他反复强调，党员干部特别是领导干部要敢于担当，敢于坚持原则，并带头示范、以上率下。他指出，是否具有担当精神，是否能够忠诚履责、尽心尽责、勇于担责，是检验每一名领导干部身上是否真正体现了共产党人先进性和纯洁性

① 习近平：《紧紧围绕坚持和发展中国特色社会主义学习宣传贯彻党的十八大精神》，《人民日报》2012 年 11 月 19 日。

的重要方面。担当精神，体现的是一种坚定的信念和执政意志，即面对历史使命的责任感，对民族的重大责任，对人民的重大责任。每个时代有每个时代的历史担当，每个人有每个人的责任担当。当前，最重大的责任是坚持和发展中国特色社会主义、实现中华民族伟大复兴。习近平说："我们的责任，就是要团结带领全党全国各族人民，接过历史的接力棒，继续为实现中华民族伟大复兴而努力奋斗，使中华民族更加坚强有力地自立于世界民族之林，为人类作出新的更大的贡献。"[①] 目前，我们比历史上任何时候都更接近中华民族伟大复兴的目标。在这个关键时期，立足现实，面向未来，就是要不断丰富和发展中国特色社会主义，脚踏实地贯彻创新、协调、绿色、开放、共享的发展理念，协调推进"四个全面"战略布局，不断拓展中国特色社会主义道路，不断丰富中国特色社会主义理论，不断完善中国特色社会主义制度。只要我们坚定中国特色社会主义的道路自信、理论自信、制度自信，既不走封闭僵化的老路，也不走改旗易帜的邪路，就能实现中华民族伟大复兴的中国梦，并最终实现共产主义。

四、立党为公、忠诚为民的奉献精神是走在前列的价值体现

立党为公、忠诚为民的奉献精神是"红船精神"的本质，是党始终站在历史和时代发展的前列、保持先进性和纯洁性的价值导向。"立党为公"彰显了马克思主义政党的性质和宗旨，它表明中国共产党的成立不是为了少数人的私利，而是忠实地代表中国各族人民的利益，是为了国家富强、民族振兴、人民幸福。"忠诚为民"彰显了共产党人的价值追求。共产党人必须把大公无私，为最大多数人的利益而奋斗作为自己的基本价值观念。立党为公、忠诚为民的奉献精神实质上就是为共产主义的崇高事业和最广大人民群众的根本利益而不懈努力，敢于牺牲、为民服务的精神，体

① 习近平：《人民对美好生活的向往就是我们的奋斗目标》，《人民日报》2012年11月16日。

现了党性与人民性的内在统一。奉献精神是走在时代前列的情感要素，表现了中国共产党历史性实践的价值性、倾向性，是党始终走在前列的价值追求和检验标准。实现全人类的解放是马克思主义的价值旨归。立党为公、忠诚为民是马克思主义政党的价值逻辑，为民奉献是共产党人的价值追求。

着力解决人民群众最关心、最直接、最现实的利益问题，突出解决民生问题，使人民过上幸福快乐的生活，是中国共产党执政的价值逻辑。民生是人民幸福之基、社会和谐之本。习近平在党的十八届一中全会闭幕后同中外记者见面时深情地说：“人民对美好生活的向往，就是我们的奋斗目标。”① 中国梦归根到底是人民的梦，必须紧紧依靠人民来实现，必须不断为人民造福。民族复兴、国家富强，归根结底是为了人民幸福。习近平说：“检验我们一切工作的成效，最终都要看人民是否真正得到了实惠，人民生活是否真正得到了改善，这是坚持立党为公、执政为民的本质要求，是党和人民事业不断发展的重要保证。”② 全面建成小康社会战略目标的提出，就是为了最广大人民群众的根本利益。

为了实现全面建成小康社会的战略目标，习近平在党的十八届五中全会上，系统论述了五大发展理念，强调实现创新发展、协调发展、绿色发展、开放发展、共享发展。共享发展指明了发展的价值取向，解决的是“发展为谁”的问题。所谓共享发展，就是发展为了人民、发展依靠人民、发展成果由人民共享，使全体人民共同享有人生出彩的机会，共同享有梦想成真的机会，共同享有同祖国和时代一起成长与进步的机会。共享发展的关键是，要通过有效的制度安排使全体人民在共建共享发展中有更多获得感，从而增强发展动力，增进人民团结，实现共同富裕的目标。共享发展把人民的幸福、自由、解放，把维护人民的公平正义作为发展的根本出发点和归宿点，以是否有利于满足人的发展的客观需要、是否有利于促进

---

① 中共中央宣传部：《习近平总书记系列重要讲话读本》，学习出版社、人民出版社 2016 年版，第 212 页。

② 习近平：《全面贯彻落实党的十八大精神要突出抓好六个方面工作》，《求是》2013 年第 1 期。

人的发展、是否有利于广大人民群众的根本利益作为发展的客观价值评价标准，充分体现了实现了党的事业发展和人民群众根本利益的统一。

共享发展是社会主义的本质要求。共享发展、共同富裕是马克思主义关于社会主义社会的本质规定和发展目标。马克思明确指出，在社会主义制度中，“生产将以所有的人富裕为目的”①。恩格斯也提出，应当“结束牺牲一些人的利益来满足另一些人的需要的情况”，使“所有人共同享受大家创造出来的福利”，“使社会全体成员的才能得到全面的发展”②。邓小平强调：“社会主义财富属于人民，社会主义的致富是全民共同致富。社会主义原则，第一是发展生产，第二是共同致富……我们的政策是不使社会导致两极分化。”③ 因此，要实现社会主义发展的目标也即社会主义的价值目标，就必须让发展的成果惠及全体人民，使人的物质需要、人的精神需求、人的实践能力、人的社会关系、人的自由个性等充分发展。另一方面，从共享的主体角度来看，在社会发展的横向层面，发展不是少数人的发展，而是全体人民都应得到公平的发展。全面建成小康关键在全面，既包括发达地区的人民，也包括不发达地区的人民。从世界范围来说，发展既包括发达国家的人民，也包括发展中国家的人民。从全人类发展和解放的高度来认识，中国的开放、共享、共赢、共同合作的发展理念，必将改善世界发展的不平衡状况，打破地域的界限，增强不同群体之间的相互依赖和交往，大大加速人的“世界历史性存在”的进程。从社会历史发展的纵向层面来说，发展不仅仅要满足当代人的需要，而且要考虑发展的历史延续性，不能以损害子孙后代的持续发展的能力为代价。因此，共享发展不仅仅改变当代中国人的命运，也将改变全人类的命运。

共享发展理念是马克思主义在中国发展的新境界，也是对中国共产党为人民服务根本宗旨的时代诠释。让广大人民过上更加美好的新生活，充分显示出中国共产党的执政理念，反映了党性和人民性的统一。坚持人民性，就是坚持人民群众是历史的创造者这一马克思主义唯物史观，就是站

① 《马克思恩格斯全集》第46卷（下），人民出版社1980年版，第222页。
② 《马克思恩格斯选集》第1卷，人民出版社1995年版，第243页。
③ 《邓小平文选》第3卷，人民出版社1993年版，第172页。

在人民立场，为人民谋利益。为了保证坚决、彻底地坚持人民性，就必须纯洁党性。开展党的群众路线教育实践活动，就是要使全党同志牢记并恪守全心全意为人民服务的根本宗旨，密切联系群众，以优良作风把人民紧紧凝聚在一起。每位共产党员都必须通过教育实践活动，牢固树立群众意识，牢固树立为民服务思想，不断提高一心为民的自觉性，始终与人民群众同呼吸共命运。习近平指出，党同人民是血脉相连的紧密关系，只有全心全意为人民谋利益，“坚持这个根本政治立场，把这个立场一以贯之地落实和体现到党的全部理论和实践之中，我们党就无往而不胜”①。红船之所以能够从南湖驶向全中国，勇立潮头、破浪飞舟、扬帆远航，始终得到人民群众的信任和支持，最根本的原因就在于我们党坚持把人民群众的利益放在首位。所以，党和国家机关的各项工作必须“坚持人民性，就是要把实现好、维护好、发展好最广大人民的根本利益作为出发点和落脚点，坚持以民为本、以人为本”②。

中国共产党存在和发展的一切价值都是为了人民群众。习近平指出：“始终坚持全心全意为人民服务的根本宗旨，是我们党始终得到人民拥护和爱戴的根本原因，对于充分发挥党密切联系群众的优势至关重要。我们任何时候都必须把人民利益放在第一位，把实现好、维护好、发展好最广大人民根本利益作为一切工作的出发点和落脚点，诚心诚意为人民群众谋利益。”③ 90 多年来，我们党历经革命、建设和改革，从领导人民为夺取全国政权而奋斗的党成为领导人民掌握全国政权并长期执政的党。虽然党的历史地位有所变化，但是我们党始终载着红船的意愿，以立党为公、忠诚为民的奉献精神，领导人民群众解放和发展生产力，创造丰富的物质、政治、精神财富，不断满足人民群众生存和发展的需要，维护和发展人民群众的根本利益，推动中国社会历史的持续前进。

---

① 习近平：《改革开放 30 年党的建设回顾与思考》，《学习时报》2008 年 9 月 8 日。

② 习近平：《胸怀大局把握大势着眼大事　努力把宣传思想工作做得更好》，《人民日报》2013 年 8 月 21 日。

③ 习近平：《始终坚持和充分发挥党的独特优势》，《求是》2012 年第 15 期。

五、溯源“红船精神”，永葆党的先进性

先进性是马克思主义政党的根本特征，也是马克思主义政党的生命所系、力量所在。作为马克思主义政党，中国共产党的先进性是在长期的革命、建设、改革实践中形成和发展的，是理论和实践的统一，历史和现实的统一。中国共产党成立之时形成的“红船精神”蕴含着体现时代要求的先进性，体现了早期中国共产党人在理论武装、组织形式、思想作风等方面走在时代前列的精神风貌，因而成为中国共产党的先进性之源。

（一）思想先进性起源于“红船精神”

中国共产党是受十月革命的影响，在苏联共产党的指导并帮助下成立起来的无产阶级政党。因此，从诞生之日起它就是一个以马克思列宁主义为行动指南的政党。党的先进性首先就表现在其指导思想的真理性。党在指导思想上的先进性，正是起源于“红船精神”。

中华民族在几千年的文明历史中，为人类文明进步做出过不可磨灭的贡献。但进入近代以后，由于封建制度的腐朽没落，在西方列强的侵略欺凌下，中国社会危机四伏、战乱频仍，中国陷入半殖民地半封建社会的深渊。为了寻求救亡图存道路，中国的先进分子带领中国人民坚持在苦难和挫折中求索。但是，从西方资产阶级革命时代学来的进化论、天赋人权论、资产阶级共和国等政治方案，也都和中国封建主义的思想一样，难以承担起救国的重任。1917 年，俄国十月革命一声炮响，给中国送来了马克思主义。中国的先进分子在对当时纷至沓来的各种理论思潮和学说的反复比较鉴别中，选择了马克思主义，确立了马克思主义的信仰，开始努力运用马克思主义基本原理来观察和思考中国社会发展问题，探求民族复兴的正确道路。李大钊是在中国出现的第一个马克思主义者。俄国十月革命后，他首先从中得到这场革命“照见新人生的道路”的感悟；并热情讴歌十月革命是“世界革命新纪元，是人类觉醒的新纪元”，由此承担起向中国人系统全面地介绍和宣传马克思主义的责任。正是早期中国共产党人这

种坚定地以马克思主义为指导来改造中国社会的精神自觉，才会在革命实践中表现出百折不挠的奋斗精神。

马克思主义以辩证唯物主义和历史唯物主义为哲学基础。马克思主义揭示了自然、人类社会和人类思维变化发展的最一般规律，为人类改造自然、改造社会提供了真理性的世界观和方法论。恩格斯曾指出：“我们党有个很大的优势，就是有一个新的科学的观点作为理论的基础。”以马克思主义的科学世界观作为党的理论基础，是坚持党的先进性的决定条件。马克思列宁主义是科学、完整的理论体系，更是开放的理论体系，与时俱进是它的理论品质。中国共产党人在马克思列宁主义的指导下结合中国革命和社会主义建设的具体实践，把马克思列宁主义发展到新的高度，分别形成了毛泽东思想、邓小平理论、“三个代表”重要思想、科学发展观、习近平新时代中国特色社会主义思想。党的十九大党章明确指出，“中国共产党以马克思列宁主义、毛泽东思想、邓小平理论、‘三个代表’重要思想、科学发展观、习近平新时代中国特色社会主义思想作为自己的行动指南”。正是有了这样的思想武器，中国共产党才处处彰显出无比的先进性。

（二）组织先进性起源于“红船精神”

中国共产党是按照马克思列宁主义建立的无产阶级革命政党，它具有马克思主义政党学说特别是列宁关于无产阶级政党学说的基本思想指南、基本组织架构、基本组织原则和基本价值取向，保持了无产阶级政党的先进性和纯洁性。党在组织上的先进性，正是源于“红船精神”。

马克思主义的创始人以及其后来继承者从来都是强调无产阶级政党组织的严密性和纪律的严肃性。马克思恩格斯认为，作为无产阶级战斗组织的工人阶级政党不能没有权威和集中。恩格斯说：“为了进行斗争，我们必须把我们的一切力量捏在一起。”马克思也特别强调过：“我们现在必须绝对保持党的纪律，否则我们将一事无成。”列宁在俄共创立初期就因党组织的严密性与纪律的严肃性与孟什维克进行了激烈的斗争。列宁甚至把组织的作用提高到前所未有的高度，指出“无产阶级在争取政权的斗争中，除了组织，没有别的武器”。因为只有通过组织的力量，才能使各种不同思想按照组织的要求，纳入到无产阶级的思想轨道，这样的团结统一才是党和阶级的真正统一，才能把分散的劳动者组成一支大军。因此，党必须有统一的意志、统一的纪律和统一的行动。只有这样，党才能成为有强大凝聚力、战斗力的组织，才能领导无产阶级完成其历史使命。

中国共产党人在建党伊始，就非常重视组织纪律性。中共一大通过的中国共产党第一个纲领规定："承认本党党纲和政策，并愿成为忠实的党员者"，"在加入我们的队伍之前，必须与力图反对本党纲领的党派和集团断绝一切联系"。同时，对入党的条件、程序、党员的组织纪律都有明确的要求，规定："接收新党员的手续如下，被介绍人必须接受其所在地的委员会的考察，考察期限至少为两个月。考察期满后，经大多数党员同意，始得成为党员，如果该地区有执行委员会，必须经执行委员会批准。""在党处于秘密状态时，党的重要主张和党员身份应保守秘密。"中共一大通过的《中国共产党第一个决议》也对党的组织纪律性有相关要求，如规定"党应在工会里灌输阶级斗争的精神。党应警惕，使工会避免成为其他党派之傀儡。为此，党应特别机警地注意，勿使工会执行其他的政治路线。对于手工业工会，应迅速派出党员，尽快进行改组工作"。从这些规定内容的严格性可以看出，中国共产党从建立的时候开始就是一个具有高度组织纪律性的政党。这就与近代中国历史舞台上形形色色的小资产阶级政党相区分开来，保证了无产阶级政党的先进性。

（三）作风先进性起源于"红船精神"

中国共产党作为一个新兴的政党，从一开始就表现出良好的作风。早期中国共产党人旗帜鲜明地坚持群众路线，与人民群众保持鱼水情深，把群众对美好生活的向往作为自己的奋斗目标。党在作风上的先进性，正是源于"红船精神"。

马克思主义唯物史观告诉我们：人民群众是社会实践的主体，是社会物质财富和精神财富的创造者，是社会发展的决定性力量；人民群众的实践是我们获得正确认识的基本源泉。因此，坚持群众路线，保持优良作风，是我们党必须坚持的基本工作方法和组织方法。正如习近平总书记所指出的："群众路线是我们党的生命线和根本工作路线，是我们党拥抱青春活力和战斗力的重要传家宝。”“本质上体现的是马克思主义关于人民群众是历史的创造者这一基本原理。只有坚持这一基本原理，我们才能把握历史前进的基本规律。只有按历史规律办事，我们才能无往不胜。”可见，我们党不仅在理论上坚持群众观点和群众路线，而且将其贯穿在实际工作中，表现出作风上的先进性。

中国的马克思主义思想运动，一开始就具有一个特点和优点，就是注意同实际结合、同群众结合。五四运动中有一部分学生领袖，就是“到民间去”，跑到工人中去办工人学校、去办工会。中国的先进分子首先到工人中去传播马克思主义，促成马克思主义与中国工人运动相结合，从而直接推动了作为工人阶级政党的共产党的诞生。中国共产党在成立之时，就不是仅仅注意马克思主义的宣传，而是把建立同本阶级的联系放在十分重要的位置。党的一大在讨论党的实际工作时，虽然由于党员少，力量有限，对于组织工人、农民和军队问题没有形成决议案，但大会通过的决议中明确规定，党在当前的“基本任务是成立产业工会”，“党应在工会里灌输阶级斗争的精神”，并决定安排党员到工会去工作。党成立后不久，便在上海组建了领导中国工人运动的第一个公开机构——中国劳动组合书记部，随后相继在各地建立了分部，纷纷开设工人夜校，创办工人刊物，领导罢工斗争，对中国工人运动的发展起了重要作用。早期共产党人的精神文化和奋斗历史充分说明了，真正地深入群众，实现马克思列宁主义的普遍真理与中国具体实际的结合，并不十分容易，一方面，需要有一个在实践中不断摸索和积累的过程；另一方面，更需要有一种行动上联系群众的自觉性，必须具备“立党为公、忠诚为民”的政治品质。中国共产党从诞生那一刻起就肩负着为人民谋利益的神圣职责和崇高使命，以立党为公、忠诚为民的奉献精神，载着红船的意愿，宣传、发动和引领全国各族人民团结一心、和衷共济，在推进中国革命和建设的进程中，不断实现好、维护好、发展好最广大人民的根本利益。加强党的先进性建设，就要始终坚持群众满意的根本价值取向，在密切党同人民群众的联系中获取永葆先进的力量源泉。

六、加强党的先进性面临的考验和危险

（一）加强党的先进性面临的四大考验

1. 执政考验

所谓执政考验是指党在完成了革命党向执政党身份角色转换之后能否长期保持执政合法性的问题，即“长期执政”问题。“长期执政”问题是关系中国社会主义事业兴衰成败、关系中华民族前途命运、关系党的生死存亡与国家长治久安的重大战略问题。正如习近平总书记在学习贯彻党的十九大精神研讨班开班式上的重要讲话所言：功成名就时做到居安思危、保持创业初期那种励精图治的精神状态不容易，执掌政权后做到节俭内敛、敬终如始不容易，承平时期严以治吏、防腐戒奢不容易，重大变革关头顺乎潮流、顺应民心不容易。这“四个不容易”深刻揭示了政党执政的普遍规律，也深刻阐明了政党执政面临的执政考验。这“四个不容易”无论哪一方面做不到、做不好，就不可能长期执政。无论是历史上的统治者，还是现代执政党，丧失政权大多是在这“四个不容易”上没有过关。

在即将领导战争革命胜利、开始全面执政的前夜，毛泽东在1949年3月5日党的七届二中全会上就深刻洞察和敏锐地指出了党执政后面临的考验，特别是要经受住资产阶级糖衣炮弹攻击的考验。为使大家能够经受住执政后的考验，他明确提出“务必使同志们继续地保持谦虚、谨慎、不骄、不躁的作风，务必使同志们继续地保持艰苦奋斗的作风”的“两个务必”的执政党作风建设新要求。1949年3月23日，中共中央机关由西柏坡迁往北平，毛泽东就把这次的行程比喻成“进京赶考”。在进北平的路上，毛泽东对周恩来说：“今天是进京的日子，不睡觉也高兴，因为今天是‘进京赶考’嘛！”周恩来回答说：“我们应当都能考试及格，不要退回来。”毛泽东则接下来说：“退回来就失败了，决不能当李自成，我们都希望考个好成绩！”在从涿县到北平的火车上甚至一直到党中央临时驻地香山，毛泽东一路上都在说的是“不要做李自成”，因为李自成进北京考试不合格被赶了出来。在这里，毛泽东实际上是将党即将开始的全面执政比作了赶考，期待全党同志能够经受住执政后的各种诱惑和风险的考验，像领导中国革命胜利考取满分一样，也能够在执政的赶考中考取好成绩。1949 年 10 月 1 日，党领导下的中华人民共和国中央人民政府成立，标志着党全面执掌了国家政权、中央政权，党从此进入全面执政的新时代。我们党作为长期执政的党如何实现科学执政、民主执政、依法执政，做到执政为民，这对于我们的执政理念和党的自身改革创新是新的重大考验。作为一个执政党，特别是长期执政的党，加强和改进党的执政能力建设，不断推进从严管党治党，是我们应对执政考验必须做好的课题。

2. 改革开放考验

实行改革开放是党的十一届三中全会作出的伟大抉择。我们的改革开放是党在新的时代条件下带领人民进行的新的伟大革命，被邓小平称为“中国的第二次革命”，其目的就是要解放和发展社会生产力，实现国家现代化，让中国人民富裕起来，振兴伟大的中华民族；其目的就是要推动我国社会主义制度自我完善和发展，赋予社会主义新的生机活力，建设和发展中国特色社会主义。

改革开放以来，我国持续 40 年的经济高速发展，取得了举世瞩目的成就，人民生活水平有了显著的提高，综合国力名列世界前茅，但是改革开放也带来了一些不可避免的问题和挑战，例如，改革带来的利益结构调整使一些人受益的同时也使一些人利益受到损害，出现了贫富差距和环境污染等严重问题；改革历经多年“由易及难”，在某些领域的推进似乎正遭遇瓶颈，或是遭受既得利益集团的阻力；政府在社保、医疗、教育、住房等方面投入大量资源，但离人民满意仍有距离；一些党员干部贪污腐败，社会贫富分化、道德缺失；面对骄人的数字成绩，某些群体容易滋生“盛世心态”，故步自封……这些都是我们党必须迎接的改革开放的考验。改革开放的深入发展使职业与事业之间的关系变得越来越复杂。在革命战争年代，党员的职业就是他的事业。而在现在，事业与职业之间的分野开始变得很大。一个党员，他有自己的职业。作为一个职业工作者，很多人要求有好的待遇、体面的工作环境等。但是作为一个党员，他的事业就是为党无私奉献，这两者常常会发生矛盾。改革开放的深入发展使个人对自己的利益越来越重视，个人的权利越来越得到保障。但对个人利益的过度关切容易使党员在面对党的监督制度时产生抵触情绪。发展中的问题要在发展中解决。迎接改革开放考验要求我们党进一步深化改革开放，完善社会主义市场经济体制，稳步推进政治体制改革，加快体制机制创新，全面推进各个领域改革。

3. 市场经济考验

所谓市场经济考验主要是指党在社会主义市场经济条件下能否保持不被商品交换价值原则所浸染，始终保持党的先进性的问题。党的先进性是无产阶级政党保持活力的根源所在，是保障市场经济的社会主义价值取向所在。党所进行的改革初衷定位就是“中国的改革是坚持社会主义取向的市场化改革”，也就是说市场化不是中国改革的根本的社会价值取向，而是要坚持社会主义价值导向的市场化改革。市场经济考验的起因不仅仅因为已经从实行计划经济条件下成为发展社会主义市场经济条件下领导国家建设的党。而且市场机制本身具有自发性、盲目性和滞后性等缺陷和缺损。

改革开放以来，我们建立新的经济体制的过程，是在改革计划经济、引入商品经济、建立和完善市场经济的基础上逐步实现的。1982 年 9 月党的十二大，提出发展社会主义经济要坚持“计划经济为主，市场调节为辅”的原则。1984 年 10 月党的十二届三中全会，明确社会主义经济是“公有制基础上的有计划的商品经济”。1987 年 10 月党的十三大，把有计划的商品经济概括为“计划与市场内在统一的新体制”。1992 年邓小平南方谈话强调：“计划多一点还是市场多一点，不是社会主义与资本主义的本质区别。计划经济不等于社会主义，资本主义也有计划；市场经济不等于资本主义，社会主义也有市场。计划和市场都是经济手段。”这就冲破了长期以来我们对市场经济的敌意，为社会主义市场经济体制的建立做了最具中国特色的理论准备。1992 年 10 月党的十四大明确提出：“我国经济体制改革的目标是建立社会主义市场经济体制。”2003 年 10 月党的十六届三中全会审议通过了《中共中央关于完善社会主义市场经济体制若干问题的决定》，从此我国的市场经济体制进入不断健全和完善发展的新阶段。对我们党来讲，市场经济的发展和市场经济体制的建立完善既为党的执政准备了雄厚的物质基础、扩大了党执政的经济资源、增强了党推进伟大事业发展的经济能力，也对党的生存发展、党的领导执政带来了严峻考验与全新的挑战。由于市场机制本身存在明显的瑕疵，致使社会主义和市场经济相结合就不可避免地需要国家对其进行宏观调控来发挥其本身具有的优势作用。在宏观调控过程中，党和国家就不可避免地遭受到权力商品化、货币化和资本化的风险，会极大地被商品交换价值原则所浸染。权力寻租、权钱交易的腐败既会极大地侵蚀党的肌体，也会严重地危害社会主义的经济基础。

4. 外部环境考验

外部环境考验主要是指我们党在当今经济全球化、政治多极化快速推进的态势下，在和平、发展、合作是世界主题而局部战争、冲突、斗争又不断发展的矛盾环境中，在努力带领13亿多中国人民实现中华民族伟大复兴的过程中，所受到的来自国际领域内的各种风险与挑战的考验。

当今世界正在发生深刻复杂变化，中国在世界的角色逐步由革命者转变为建设者。一个受压迫的民族，在政治、经济、文化、军事方面取得了令人瞩目的成就，由此产生的大国崛起效应，使得各种外部阻力也随之增加，引起了一些周边国家的疑虑和防范心态，增加了我们维持周边环境稳定的难度。从政治局势来看：自2011年至今，美国高调宣布“重返亚洲”，其目的除了遏制俄罗斯，控制日本、印度，更主要的是防止中国和平崛起。当前，亚洲秩序正在发生急剧的变化，并且不是变得更稳定了，而是出现失序的趋势。同时，周边安全形势很不平静，朝鲜半岛局势持续紧张，南海争端未完待续，菲律宾、越南很清楚仅靠自身力量难以与中国抗衡，于是向美国靠拢。中印边界战争已经结束50多年，但印度仍每每把矛头指向中国。从经济局势来看：发源于美国的次贷危机，在全球化浪潮下，迅速波及全球，从发达国家传导到新兴国家和发展中国家，并影响到实体经济，世界经济增长明显减速。在危机治理过程中，各国政府采用的多项“非常规”政策或许避免了猝发的危机产生多米诺骨牌死亡效应，但也产生了货币供应泛滥、政府债台进一步高筑、市场纪律松懈、社会动荡愈演愈烈的副作用。面对复杂多变的外部环境，如何审时度势，把握机遇，应对挑战，是不断完善我们党的执政方略的重大考验。当前，我们正处在20年发展战略机遇期的关键时期，虽然和平是当今时代的主题之一，但我们所处的世界仍然很不安宁。霸权主义和强权政治依然存在，局部冲突加剧，传统安全威胁和非传统安全威胁相互交织，国际恐怖主义、民族分裂主义和领土争端依然是我国面临的挑战。来自政治、经济、社会、文化、外交、军事等方方面面的挑战和考验，要求我们不管国际风云如何变幻，必须始终高举中国特色社会主义伟大旗帜，走中国特色社会主义道路；要奉行独立自主的和平外交政策，维护国家主权、安全、发展利益；要始终不渝走和平发展道路，奉行互利共赢的开放战略。

（二）加强党的先进性面临的四大危险

1. 精神懈怠的危险

精神决定风貌。健康的精神充满斗志，能让人勇气倍增；病态的精神缺乏神采，会使人消极堕落。良好的精神状态是一个人奋发进取的精神源泉，是一个政党正气、朝气、锐气的集中体现。毛泽东曾经提出：“我们要保持过去革命战争时期的那么一股劲，那么一股革命精神，那么一股拼命精神，把革命工作做到底。”中国共产党的辉煌历史靠的就是共产党员始终保持良好的精神状态。可以说，共产党人的精神状态是一笔宝贵的精神财富，是推进社会主义事业前进的一大法宝。世界上许多老党、大党惨败的历史教训也告诉我们：越是在取得成功和成绩的时候，越要警惕精神懈怠和傲慢的情绪；执政时间越长，越容易出现思想麻痹、精神懈怠。共产党人的“精神懈怠”是指缺乏马克思主义信仰和共产主义理想，悲观消沉，萎靡不振，不思进取，甚至自甘堕落。“形象地说，理想信念就是共产党人精神上的‘钙’，没有理想信念，理想信念不坚定，精神上就会‘缺钙’，就会得‘软骨病’。”崇高的理想、坚定的信念以及由此产生的百折不挠的革命意志，是我们党凝聚党心民心、战胜各种艰难险阻，不断夺取革命、建设和改革胜利的精神支柱和动力源泉。理想信念丧失、精神支柱动摇，就会丧失正确的政治方向和战胜困难的精神动力，丧失抵御各种风险和诱惑的意志。精神懈怠是一种致命的“慢性病”，一种危险的销蚀剂。如果丧失了精神支撑，必将对党和人民的事业带来严重影响。社会主义事业任重而道远，前途艰辛而曲折，我们共产党人必须以忧党之心、兴党之志，正信仰、树信念、明方向，使党员干部始终保持坚韧不拔的锐气、迎难而上的勇气、开拓进取的朝气，不断防范精神懈怠的危险。

2. 能力不足的危险

适应时代发展，提升能力素质，是政党的永恒主题。多年前，毛泽东曾指出：“我们的队伍里有一种恐慌，不是经济恐慌，也不是政治恐慌，而是本领恐慌。过去学的本领只有一点点，今天用一些，明天用一些，渐渐告罄了……学习本领，这是我们许多干部迫切需要的。”毛泽东这些语重心长的告诫在今天读来仍有很强的针对性。领导干部加强学习不仅是个人行为，更是政治责任。各级领导干部的学习水平，决定着个人的能力和水平，而且在很大程度上决定着整个执政团队的执政能力和水平，关系着党和国家事业的兴衰成败。在党的历史上几次重大转折关头和工作重心转移中，党都遇到并成功解决了“本领恐慌”和能力不足的问题。我们党在历经革命、建设和改革开放的各种洗礼之后，能力建设取得了很大成效，大多数干部的能力在提升。但是在现实中，很多干部依然存在能力不足的问题。某省一位厅长下基层，问了群众“家里几口人”“收入怎么样”“有没有什么困难”等几个简单问题后，就不知如何继续交流下去。对诸如此类不会说话的干部，群众的批评入木三分：与新社会群体说话，说不上去；与青年学生说话，说不进去；与困难群众说话，说不下去；与老同志说话，给顶了回去。不会说话，从一个侧面折射出一些干部存在“能力不足”的危险。因此，在新形势新任务面前，只有老老实实地学习，并使之转化为运用科学理论分析和解决问题的实际能力，才能不断提升各级干部的素质能力，从而保证完成我们党的执政使命、巩固党的执政地位。

3. 脱离群众的危险

中国共产党能从一个局部执政的党变成一个执掌全国政权的党，就是因为中国共产党人始终坚持全心全意为人民服务的根本宗旨，把老百姓的根本利益作为一切工作的出发点和落脚点，就是因为始终保持了党同人民群众的血肉联系。习近平总书记指出："密切联系党群干群关系，保持同人民群众的血肉联系，始终是我们党立于不败之地的根基。"毋庸置疑，在革命战争年代，我们的党、党的各级干部与人民群众的关系亲如家人、水乳交融。人民群众竭尽全力，不惜一切代价，支持党领导下的人民战争，才使得党和人民军队在极其恶劣的环境中，得以生存发展。由星星之火，燃成燎原之势，最后走向全面胜利。当今党群干群之间存在隔阂，就是因为我们的一些干部在与人民群众的交往中，淡忘了全心全意为人民服务的宗旨意识，摆官架子，高高在上，拒人于千里之外，又怎么产生"鱼水之情"？尤其是一些党员干部以权谋私、贪赃枉法，侵害群众利益，最终把自己推向了老百姓的对立面！"你到底是为党说话，还是为老百姓说话！"就是活生生的写照。我们党要长期执政，就不能背离其立党原则。只有牢固树立立党为公、执政为民的思想，时刻以人民群众为中心，倾听群众呼声，和群众打成一片，我们党才能永远立于不败之地。

4. 消极腐败的危险

习近平总书记指出："人民群众最痛恨各种消极腐败现象，最痛恨各种特权现象，这些现象对党同人民群众的血肉联系最具杀伤力。"中国共产党是中国工人阶级、中国人民和中华民族先锋队，以全心全意为人民服务为根本宗旨，这决定了党同任何消极腐败水火不容。坚持立党为公、执政为民，是中国共产党保持先进性和纯洁性、克制消极腐败的根本。从新民主主义革命到社会主义革命再到改革开放新的伟大革命，党的历史方位发生了变化，但党的性质和宗旨没有任何改变。但是，在执政条件下，部分党员干部消极腐败的现象还是经常出现。比如，一些干部感觉"升迁无望"时，往往混天度日；一些同志奉行"知足常乐"，不求有功，只求无过，不思进取，无视大局；还有一些干部办事拖拉、责任心不强，见困难就让，见矛盾就藏。这些表现为奢侈浪费、官僚主义、形式主义的"消极腐败"现象，与明显触犯法律规范的贪污贿赂型腐败犯罪行为相比，其造成的危害毫不逊色，毫不"消极"，它严重损害了党和政府的公信力，严重损害了党和政府及广大干部的形象，与我们平常所说的腐败现象本质上是一致的。消极腐败严重败坏党的形象，严重损害党和人民群众的关系，严重削弱党的战斗力和凝聚力，必须以“零容忍”的坚决态度和更加有力的举措形成对消极腐败的围剿之势，扎扎实实夺取根治消极腐败的新突破、新胜利。

（三）加强党的先进性建设面临的巨大风险

进入新时代，我们党在先进性建设方面依然面临着巨大的风险。正如习近平总书记在“1·5”重要讲话中所指出的：“决胜全面建成小康社会的艰巨任务、实现中华民族伟大复兴的历史使命，对我们党提出了前所未有的新挑战新要求，影响党的先进性、弱化党的纯洁性的各种因素具有很强的危险性和破坏性。”因此，“增强忧患意识、防范风险挑战要一以贯之”，“既要有防范风险的先手，也要有应对和化解风险挑战的高招；既要打好防范和抵御风险的有准备之战，也要打好化险为夷、转危为机的战略主动战”。

在改革开放之后的历史阶段中，我国初步建立了社会主义市场经济体系，市场充满活力，但是不少问题开始浮现，如产业结构失调、市场规范缺失、经济效率仍然低下。当前，我国经济发展进入“新常态”，经济增速放缓。此外，我国经济发展方面，还面临经济结构失调，政治体制、经济体制、生态体制等多重体制改革压力。当今，人民群众更加注重个人权利的维护，参政议政意识增强，更加愿意表达自己的政治意愿。并且，在未来经济进一步发展的历史阶段，这种倾向会进一步增强。东欧剧变之后，西方国家打着去除意识形态的旗号，然而事实上他们在不断地用更加隐蔽难以发现的手段和形式，对我国进行文化渗透。主要形式有西方话语的文学作品、学术作品、电影、歌曲等文艺形式。不但在我国消费市场赚得盆满钵满，更将“普世价值”“自由”等观念悄无声息地传播进来。西方国家还打着慈善、无国界组织的名义宣传西方意识形态，影响大众认知。同时，借着我国大量派出留学生的机会，向他们传输西方价值观。西方的这种意识形态传播和文化渗透，在不同程度上对社会主义国家的执政构成了威胁，甚至导致了政权的更迭。这些都是我们在党建中面临的巨大风险。

世界历史发展表明，一个政党的伟大不取决于在顺境之中轻装上路、阔步前行，而取决于在逆境之中能否逆势前行、在绝境之中能否绝地重生、在错误之后能否拨乱反正、在挫折之后能否毅然奋起。近百年来，我们党有凯歌高奏的辉煌，也有失误挫折的低谷，甚至一次次站在生死存亡的悬崖边上。但在历史紧要关头，中国共产党能够一次次悬崖勒马、力挽狂澜，就在于我们党敢于坚持真理、修正错误，始终保持自我革命、从头再来的勇气；就在于我们党始终具有极强的自我纠错能力和自我修复能力。毛泽东在《为人民服务》一文中指出："因为我们是为人民服务的，所以，我们如果有缺点，就不怕别人批评指出。""只要我们为人民的利益坚持好的，为人民的利益改正错的，我们这支队伍就一定会兴旺起来。"他还强调，有了错误，"我看不应当怕。我们的态度是：坚持真理，随时修正错误"。的确，我们党胸怀开阔、光明磊落，对党在认识上和实践中出现的错误从来都采取彻底的唯物主义态度。正如党的第二个历史决议指出的："'坚持真理，修正错误'，这是我们党必须采取的辩证唯物主义的根本立场。过去采取这个立场，曾使我们的事业转危为安、转败为胜。今后继续采取这个立场，必将引导我们取得更大的胜利。"

七、弘扬"红船精神"始终走在时代前列

（一）弘扬"红船精神"，确保党始终走在时代前列

从本质上说，"红船精神"就是走在时代前列的精神。开天辟地、敢为人先的首创精神体现了早期共产党人敢为天下先的政治品格和马克思主义的开创性品格，是走在时代前列的关键体现。坚定理想、百折不挠的奋斗精神体现了马克思主义的实践品格和马克思主义政党的政治本色，是走在时代前列的根本体现。奉献精神体现了马克思主义的价值旨归和马克思主义政党的政治立场，是走在时代前列的价值体现。面对新形势、新任务、新要求，我们要深刻认识和充分运用党的建设历史经验，继续弘扬"红船精神"，把党的先进性建设作为一项重大战略任务切实推进，走在新时代的前列。

第一，必须坚持以科学理论为指导，坚定不移走自己的路。马克思主义是我们立党兴国的根本指导思想。90 多年来，我们党始终坚持实践基础

上的理论创新，实现了两次历史性飞跃，形成了两大理论成果，即毛泽东思想和中国特色社会主义理论体系。在新的发展阶段，党要领导全国人民夺取改革开放和社会主义现代化建设事业的新胜利，就必须深刻认识和充分运用坚持马克思主义基本原理同中国具体实际相结合、坚持科学理论指导、坚定不移走自己的路的历史经验，始终把马克思主义作为指导思想，坚持用马克思主义立场观点方法观察当今世界、观察当代中国，准确把握时代脉搏，不断推进马克思主义中国化时代化大众化，坚定不移地走中国特色社会主义道路。这是我们党 90 多年历史最根本的经验和启示。

第二，必须坚持围绕党的中心任务来开展工作，切实凝聚党心民心的强大力量。党的领导和党领导的各项事业，历来都是同党的中心任务联系在一起的。在革命战争年代，党领导下的工作一切都是围绕革命夺取政权、解放劳苦大众这个中心任务来展开。在和平建设年代，发展是第一要务，稳定是第一责任，我们的一切工作都应该围绕经济社会发展这一中心任务来开展，一切力量都应该围绕推进这一中心任务来实施。中国共产党执政 60 多年的历史无可辩驳地证明了一个事实：只有经济建设搞上去，社会建设才有保障，人民群众才能安居乐业。

第三，必须坚持解放思想、实事求是的思想路线，创造性地贯彻执行党的路线方针政策。党的思想路线是制定政治路线、组织路线和各项方针政策的基础。新中国 70 年经济社会的发展史，就是一部解放思想的历史，就是一部实事求是的历史，就是一部与时俱进的历史。在建设中国特色社会主义道路上，在今后的发展过程中，还会遇到这样那样的新情况、新问题。这就需要我们不断解放思想、实事求是、与时俱进，需要我们不断分析新情况、解决新问题，使党的理论和实践始终体现时代性、把握规律性、富于创造性，使党的路线方针政策不断与时俱进，从而不断推进改革开放和社会主义现代化建设伟大事业。

第四，必须坚持真理、修正错误，经得起胜利和挫折、高潮和低潮、顺境和逆境的考验。我们党是一个勇于追求真理、修正错误，善于总结经验、不断提高自己的党。中国共产党 90 多年的历史，既有顺境也有逆境，是一部从胜利走向新的胜利的历史，其间也有挫折和失误。我们党 90 多年来的奋斗历程充分证明，中国共产党是一个伟大、光荣、正确的马克思主义政党。党的伟大、光荣和正确，并不是因为它从来不犯错误，而是因为它敢于正视并善于纠正自己的错误，能够依靠自身的力量和人民的支持坚持真理、修正错误，并且通过总结和反思，使党的建设得到进一步加强，党的领导水平得到新的提高，从而更好地领导中国革命、建设和改革事业不断前进。

（二）弘扬“红船精神”，始终赢得人民衷心拥护

立党为公、忠诚为民的奉献精神是“红船精神”的本质和价值旨归。新时代弘扬“红船精神”，就要继续坚持党的群众路线和群众工作方法，通过扎实有效的工作，赢得人民群众的衷心拥护和支持。

我们党在90多年的革命、建设和改革实践中，形成了做好党的群众工作的强大传统优势，以此赢得了民心、密切了党群干群关系。但是，我们必须看到，一方面，新时期党的群众工作的主体、客体以及二者之间的关系发生了新变化，给党的群众工作提出了新挑战。利益矛盾问题、贫富差距和社会不公等问题的存在，直接影响了党群干群关系的和谐。面对西方敌对势力的破坏和离间，要解决上述种种问题，我们就必须从自身做起，即只有切实保持干部队伍的先进性纯洁性，才能做到以不变应万变。另一方面，在改革开放和社会主义市场经济条件下，思想不纯、组织不纯、作风不纯的问题在一些党组织和少数党员干部中严重存在，特别是党内不正之风和腐败现象的滋生蔓延，正严重侵蚀着党的肌体，严重损害党同人民群众的血肉联系，严重影响党的执政地位的巩固和执政使命的实现。这就是为什么我们党做了那么多有利国计民生的事情，而人民群众依然不十分满意的深层次原因。不纯洁就会诋毁党的伟大功绩，造成党群关系的隔阂。只有始终保持党的先进性纯洁性，才能真正得到广大人民群众的信任、拥护和支持，党才有凝聚力、向心力、感召力，才能团结带领全国各族人民夺取全面建成小康社会的新胜利。面对这些新矛盾、新问题，我们只有正视现实、敢于面对，不断改进干部作风，以过硬的素质、扎实的作风，营造和谐的党群干群关系，才能构建和谐稳定的发展大局。

一是要深入开展调研，做到真心访民情。做好群众工作，首先必须体

察民情、了解民意，搞清楚群众在想什么、盼什么，这样工作才有针对性。当前，改革开放进入攻坚期和深水区，改革政策的制定更需要深入群众，真正把握群众的所需所想所盼。通过大兴密切联系群众之风，通过深入开展调研和走访，“零距离”接触群众，面对面与群众交流，倾听群众呼声，体察群众疾苦，增进与群众的感情。领导班子成员和党员干部要带头走出会议室、走出办公室，走进工地、走进基层，深入到困难比较大、矛盾比较多的地方，深入到条件比较艰苦、群众不富裕的地方，深入到工作难开展、群众意见多的地方，深入到群众家中，开展调查研究，了解群众的所思所想、所需所盼，听取群众的意见和建议，真正做到干部走下去、情况弄清楚、问题带上来。要牢固树立群众观点，像沈浩、杨善洲那样，对群众始终怀有赤子之情，尊重人民主体地位和首创精神，满怀感情，努力使我们的工作获得最广泛、最可靠、最牢固的群众基础和力量源泉。

二是要着力解决问题，做到热心解民忧。解决好群众的实际问题，维护好群众的根本利益，是最重要的群众工作，也是密切党群关系的根本之策。要把解决问题作为重中之重，认真解决好群众生产生活中遇到的实际问题，解决好群众反映强烈的突出问题。譬如，当前浙江在全省推进的“最多跑一次”改革，就是深入了解群众的现实需求。对“一单申请”“一窗受理”“一次勘察”“一科办结”“一章审判”“一证覆盖”“一档归并”等多种新模式的探索，使人民群众切实感受到，“踢皮球……吃闭门羹”的现象已大为减少，多重审批和乱收费现象正在从根本上得到治理，企业发展也赢得了更大的市场活力和成长空间。“最多跑一次”改革是以人民为中心的发展思想的具体体现。以人民为中心的发展思想，不是一个抽象的、玄奥的概念，不能只停留在口头上、止步于观念中，而要体现在经济社会发展的方方面面。“最多跑一次”改革的浙江实践，是为民简政、为民放权，让人民感受到政府服务“以民为本”理念的现实承载。

三是要带着问题走访，做到虚心汇民智。毛泽东指出，“群众是真正的英雄”。这是因为群众是直接实践者、直接利益者，对情况最了解、对需求最直接。改革建设实践中的一些好经验尤其是一系列突破性的政策措施，都来源于基层和群众的创造。现在，我们有些工作之所以难以推进，说到底是因为我们的政策还不够完善、方法还不够科学。究其原因，要么是囿于固有的政策，要么是囿于固有的做法，要么是囿于固有的思维。这就要求各级领导干部安排时间、静下心来，放下架子、沉下身子，到基层一线去、到群众中去，一方面深入了解政策执行中到底存在什么问题，一方面认真总结基层和群众创造的好经验，与群众一起研究制定解决问题的办法和措施，真正做到问计于民。比如，征地拆迁补偿标准到底应当怎么调，怎样才能真正做到拆得快、拆得稳；土地如何流转农民易于接受；医闹事件背后的真实原因是什么，怎么减少医患纠纷；社会建设和管理工作到底应该如何做，街道社区体制机制如何理顺，网格化管理如何落实等。这些问题涉及面比较广、情况比较复杂，并且与群众利益密切相关，容易形成不稳定因素，需要我们认真研究，完善相关的政策措施。

（三）弘扬“红船精神””，勇于自我革命

“红船精神”彰显了早期中国共产党人为了多数人的利益甘愿自我牺牲的精神。当前在我们党内仍然需要保持这样一种自我革命的精神。习近平总书记明确指出：“勇于自我革命，是我们党最鲜明的品格，也是我们党最大的优势。中国共产党的伟大不在于不犯错误，而在于从不讳疾忌医，敢于直面问题，勇于自我革命，具有极强的自我修复能力。”在世情国情党情深刻变化的情况下，有没有强烈的自我革命精神，有没有自我净化的过硬特质，能不能坚持不懈同自身存在的问题和错误作斗争，就成为决定党兴衰成败的关键因素。

纵观世界各国那些长期执政的政党，一个很大的风险就是自身特殊利益的固化，从“不愿意”逐步蜕变成“不能够”解决自身面临的突出问题；本应发挥领导作用的政党却变成了利益集团的战场，失去了对各种利益的整合能力和对整体利益的维护能力。一个政党、一个政权，其前途和命运取决于人心向背。这一点，无论中外都是一个道理。具体来说，又有不同。一个政党长期执政，和西方国家“你方唱罢我登场”不一样，必须要探索出一党长期执政条件下实现自我监督的有效途径。这需要一个长期执政的党必须能够保持不断自我革命的勇气。党的十九大报告指出，勇于自我革命，从严管党治党，是我们党最鲜明的品格。习近平总书记在十九

届中共中央政治局常委同中外记者见面时的讲话中说：中国共产党是世界上最大的政党。大就要有大的样子。实践充分证明，中国共产党能够带领人民进行伟大的社会革命，也能够进行伟大的自我革命。

党的十八大后，反腐败形成了压倒性态势，党的十九大明确释放出了反腐败不会“喘口气、歇歇脚”的政治信号，因为“反腐败斗争形势依然严峻复杂”。值得注意的是，这是一场对政治生态的重塑，因此新时代的反腐，不是简单的经济意义上的查办一些大案要案就行了，其更重要的取向是政治反腐。重塑政治生态，在反腐上当然会表现为清除一批腐败分子，但绝不是等同于仅仅是清除一批腐败分子，要害是防止出现政治和经济交织在一起的利益集团。今后反腐败惩治的重点，是在高压态势下仍然不收敛、不收手，群众反映强烈、问题反映集中，已经进入了重要岗位、可能还要提拔使用的领导干部，特别是要清除政治问题和经济腐败相互交织的利益集团。利益集团是个西方的政治现象，是和政党制度上的轮流执政联系在一起的。而在一党长期执政条件下，党内就不能存在利益集团。一党长期执政的领导力和党内出现利益集团是无法兼容的，党内的利益集团化会削弱甚至瓦解党的领导力。所以，党的十九大报告把政治建设放在了党的建设的首位：党的政治建设是党的根本性建设，决定党的建设方向和效果。而保证全党服从中央，坚持党中央权威和集中统一领导，是党的政治建设的首要任务。党章在相应的修改中也明确，党的建设要“以党的政治建设为统领”，“坚定维护以习近平同志为核心的党中央权威和集中统一领导”。

如果说没有中国共产党的领导，中国会一盘散沙，中华民族复兴必然是空想，那么，没有以习近平同志为核心的党中央的集中统一领导，党内也会一盘散沙，中华民族复兴也必然是空想。把政治建设放在首位，就是要保证党中央的重大决策部署能够得到有效贯彻落实。这种重大决策部署得到有效贯彻落实的能力，同样是一党长期执政能否成为“中国特色社会主义制度的最大优势”的重要保证。由此，可以理解反腐败惩治的重点为什么要聚焦于破坏党中央集中统一领导的、政治问题和经济腐败相互交织的利益集团。无论是国家的变革还是党的自我革命都进入了深水区。

高层论坛

新时代与“红船精神”

——专访中共中央党校常务副校长何毅亭

曹建文　王　珽

2005年6月21日，时任浙江省委书记的习近平同志在《光明日报》发表理论文章《弘扬“红船精神”　走在时代前列》，首次提出并阐释了作为中国革命精神之源的“红船精神”。在党的十九大报告中，习近平总书记明确提出：“中国共产党人的初心和使命，就是为中国人民谋幸福，为中华民族谋复兴。”党的十九大闭幕不久，习近平总书记带领中央政治局常委赴上海瞻仰中共一大会址、赴浙江嘉兴瞻仰南湖红船。习近平总书记为何如此强调和重视“红船精神”？这一系列重要宣示，又向外界释放了怎样的信号？在新时代，我们应该如何大力弘扬“红船精神”？为此，记者专访了中央党校常务副校长何毅亭。

记者：在您看来，“红船精神”的基本内涵和精神实质是什么？

何毅亭：“红船精神”产生于中国共产党创建的历史实践。红船见证了党的诞生，因此，人们通常用“红船精神”来概括反映建党时期共产党人的首创精神、奋斗精神和奉献精神。2005年6月，习近平总书记在浙江工作期间，将“红船精神”概括为“开天辟地、敢为人先的首创精神，坚定理想、百折不挠的奋斗精神，立党为公、忠诚为民的奉献精神”。这是对“红船精神”本质和内涵的科学总结，高度凝练地概括和表达了共产党人“为中国人民谋幸福，为中华民族谋复兴”的初心和使命。

记者：党的十九大闭幕不久，习近平总书记带领中央政治局常委赴上海瞻仰中共一大会址、赴浙江嘉兴瞻仰南湖红船，这向外界释放了怎样的信号？

何毅亭：大家还记得，党的十八大闭幕后不久，习近平总书记带领中央政治局常委全体成员参观了《复兴之路》展览，提出了“实现中华民族伟大复兴，就是中华民族近代以来最伟大的梦想”。这次党的十九大刚刚闭幕，习近平总书记带领中央政治局常委赴上海瞻仰中共一大会址、赴浙江嘉兴瞻仰南湖红船，回顾建党历史，重温入党誓词。这表明了以习近平同志为核心的党中央不忘初心、牢记使命、敢于担当的责任感和使命感，体现的是一种永不懈怠的精神状态和一往无前的奋斗姿态。正如习近平总书记所说，我们全体中央政治局常委同志这次集体出行，目的是回顾我们党的光辉历程特别是建党时的历史，进行革命传统教育，学习革命先辈的崇高精神，明确肩负的重大责任，增强为实现党的十九大提出的目标任务而奋斗的责任感和使命感。

记者：在中国特色社会主义进入新时代的背景下，如何结合时代特点，大力弘扬“红船精神”？

何毅亭：习近平总书记提出“我们要结合时代特点大力弘扬‘红船精神’”，具有很强的现实意义。“红船精神”孕育产生的时候，正是中国共产党的初创阶段，面临重重困难，非常需要走在时代前列的首创精神，需要对理想信念矢志不渝的奋斗精神，需要为人民谋幸福的奉献精神，而这些精神恰恰构成了“红船精神”的精髓。正是在这些精神的激励下，早期的中国共产党人不畏艰难，以开天辟地、敢为人先的首创精神，毅然肩负起“为中国人民谋幸福，为中华民族谋复兴”的历史使命，使中国革命迎来了光明前途。用习近平总书记的话说，就是“小小红船承载千钧，播下了中国革命的火种，开启了中国共产党的跨世纪航程”。现在，中国特色社会主义进入新时代，我们取得的成就是历史性的，面临的困难和挑战也是巨大的。在这种情况下，要带领中国这艘巨轮乘风破浪，沿着党的十九大制定的目标顺利航行，特别需要进一步提振全党全国人民的“精气神”，特别需要继承和发扬“红船精神”所倡导的首创精神、奋斗精神和奉献精神。

记者："红船精神"在哪些方面体现了中国共产党人的初心和使命？

何毅亭：对于共产党人的初心和使命，习近平总书记一直十分重视。在庆祝中国共产党成立95周年大会上的讲话中，他明确提出："一切向前走，都不能忘记走过的路；走得再远、走到再光辉的未来，也不能忘记走过的过去，不能忘记为什么出发。面向未来，面对挑战，全党同志一定要不忘初心、继续前进。"在党的十九大报告中，他更是明确指出："不忘初心，方得始终。中国共产党人的初心和使命，就是为中国人民谋幸福，为中华民族谋复兴。"前不久，带领中共中央政治局常委赴上海瞻仰中共一大会址、赴浙江嘉兴瞻仰南湖红船时，他又说："上海党的一大会址、嘉兴南湖红船是我们党梦想起航的地方。我们党从这里诞生，从这里出征，从这里走向全国执政。这里是我们党的根脉。"由此可见，要了解中国共产党人的初心和使命，就不能不考察和研究党的创建历史和奋斗历程，就不能不了解"红船精神"。"红船精神"所蕴含的首创精神、奋斗精神和奉献精神，在精神动力、理想信念和根本宗旨方面体现了共产党人的初心和使命。

记者：您认为应该如何通过弘扬"红船精神"来开展革命优良传统教育？

何毅亭：对于继承和发扬革命优良传统，习近平总书记历来十分重视。他在党的十九大报告中论述坚持社会主义核心价值体系和发展中国特色社会主义文化时，都强调了革命文化的重要性。习近平总书记多次到上海一大会址、南湖红船、井冈山、遵义、延安、西柏坡等地，重温革命精神。习近平总书记指出，"'红船精神'正是中国革命精神之源；中国共产党历史上形成的优良传统和革命精神，无不与之有着直接的渊源关系"。这一论述告诉我们，"红船精神"与"井冈山精神""苏区精神""长征精神""延安精神""西柏坡精神"等是一脉相承、有机统一的，共同构成了中国革命精神的宝库。"红船精神"体现了早期共产党人的价值追求，是其他革命精神的思想源泉和基础。我们在弘扬"红船精神"、开展革命传统教育时，要将重点放在宣传早期中国共产党人的首创精神、奋斗精神、奉献精神上，以充分展现他们为理想信念而不懈奋斗的政治品质和人格风范。

记者：2015年5月，中央党校建立了“红船展览室”，宣传“红船精神”，开展“不忘初心”教育。这产生了怎样的影响？

何毅亭：2015年，是习近平总书记提出“红船精神”10周年，浙江省嘉兴市委市政府按相同比例仿制了一艘“红船”赠予中央党校。中央党校校委认为红船体现了中国共产党人的初心和使命，对党校学员具有党性教育的作用，于是决定将这艘仿制的“红船”放置在中央党校掠燕湖上，并建立了“红船展览室”。不久又将一大代表群雕像放置在旁边，还在“红船”旁边的凉亭上题写了“不忘初心”匾额。这样，就在中央党校校园内打造了一个以“红船”为中心的党性教育基地。党校新学员进校，学校都要组织他们到这个教育基地进行不忘初心和使命的教育。从两年多的实际效果看，“红船”党性教育基地对提升学员的党性修养发挥了十分重要的作用，中央党校学员不仅深入了解了党的创建历史，而且对“红船精神”有了更深刻的理解。在潜移默化中，学员的责任感和使命感增强了，理想信念坚定了。“红船”已成为中央党校党性教育的一大亮点，不仅每天有很多学员前来瞻仰参观，许多外单位党组织和党员干部也慕名前来瞻仰参观。总之，“红船精神”是中国共产主义的先驱者留给我们的宝贵精神财富，我们应该按照习近平总书记的要求，结合时代特点，把这一精神财富发扬光大。中央党校拥有“红船”党性教育基地，在弘扬传承“红船精神”方面，一定要走在前面。

（作者为《光明日报》记者，原载《光明日报》2017年11月22日）

“红船精神”与新时代中国共产党的历史使命

曲青山

一、上海一大会址和南湖红船是中国共产党的“产床”，是中国共产党人的精神家园，走得再远都不能忘记从哪里出发、为什么出发

98 年前，党的一大正式宣告中国共产党的诞生。从此，中国的工人阶级有了战斗的指挥部，中国的劳苦大众有了翻身解放的领路人，中国革命的面貌焕然一新。饱经沧桑的石库门建筑和南湖红船由此成为中国革命源头的象征，成为走在时代前列的象征。

中国共产党一经成立，就把为共产主义而奋斗确立为自己的纲领，义无反顾肩负起为中国人民谋幸福、为中华民族谋复兴的历史使命；就旗帜鲜明地用科学的理论——马克思主义来观察和分析中国的问题，为中国人民指明斗争的目标和走向胜利的道路；就摆脱以往一切政治力量追求自身特殊利益的局限，到占中国人口最大多数的劳苦大众中去做群众工作，使自己逐步而又牢固地在中国的大地扎下根来；就建立起严密的组织，确立起严明的纪律，使全党团结得像钢铁一样。这些鲜明的特点，是中国共产党所具有的、中国以往任何政党不曾有过的建党初心、立党根本、兴党精神，是中国共产党在近代中国的政党纷争中能够脱颖而出的根本原因，也是激励中国共产党人不断前进的根本动力。正是在一以贯之的全心全意为人民服务的根本宗旨和为人民谋幸福、为民族谋复兴的历史使命指引下，我们党领导人民展开了轰轰烈烈的革命、建设和改革实践，攻克了一个又一个看似不可攻克的难关，创造了一个又一个彪炳史册的人间奇迹。

不忘初心，方得始终。初心易得，始终难守。古今中外，许多帝国的灭亡和王朝的衰败，许多长期执政的大党、老党的衰落和垮台，关键的问题就是没有坚持始终如一，没有做到善始善终。历史深刻地告诉我

们，党的先进性和党的执政地位都不是一劳永逸、一成不变的，过去先进不等于现在先进，现在先进不等于永远先进；过去拥有不等于现在拥有，现在拥有不等于永远拥有。正是在这个意义上，党的十八大以来，习近平总书记一再强调，我们从哪里来，要到哪里去；一切向前走，都不能忘记走过的路；走得再远、走到再光辉的未来，也不能忘记走过的过去，不能忘记为什么出发。这是中国共产党立党、执政的大本大源问题，也是党的十九大“不忘初心，牢记使命”主题的意义所在。

二、学习贯彻党的十九大精神，不断带领人民创造更加幸福美好的生活，一步一个脚印向着美好未来和最高理想前进，就是对“红船精神”的最好继承和弘扬

中国共产党历经磨难，久经考验，是一个敢于斗争、敢于胜利的伟大政党。98 年来，一代又一代中国共产党人为实现民族独立、人民解放和国家富强、人民幸福，流血牺牲，接续奋斗，靠的就是对马克思主义的信仰，为的就是实现社会主义、共产主义理想。正因其初心不改、信念坚定，所以在挫折和逆境时不消沉不动摇，在胜利和顺境时不骄傲不急躁，坚贞不渝，百炼成钢。

现在，夺取新时代中国特色社会主义伟大胜利、实现中华民族伟大复兴中国梦的奋斗号角又吹响了。我们比历史上任何时候都更接近中华民族伟大复兴的目标，比历史上任何时候都更有能力、有信心实现这一目标。行百里者半九十。越是在这个时候，我们越不能懈怠，越不能自满。这犹如我们在攀登喜马拉雅山，向它的最高峰珠穆朗玛峰冲刺，越是向上攀爬，山峰越陡峭，空气越稀薄，每迈出一步都要付出巨大代价。中华民族伟大复兴，绝不是轻轻松松、敲锣打鼓就能实现的。新的征程，全党全国人民必须准备付出更为艰巨、更为艰苦的努力。

习近平总书记强调：唯有不忘初心，方可告慰历史、告慰先辈，方可赢得民心、赢得时代，方可善作善成、一往无前。全党同志一定要牢记习近平总书记的谆谆教导，勇于创新，敢为人先，始终保持共产党人的首创精神，夺取新征程上的更大胜利；坚定理想、百折不挠，始终保持共产党人的奋斗精神，以永不懈怠的精神状态和一往无前的奋斗姿态，展现出我

们这个党的“大的样子”；立党为公、忠诚为民，始终保持共产党人的奉献精神，永远把人民对美好生活的向往作为奋斗目标；高举中国特色社会主义伟大旗帜，不断发展中国特色社会主义道路、理论、制度、文化，让科学社会主义在21世纪的中国焕发出强大生机活力，不断拓展发展中国家走向现代化的途径，为世界上那些既希望加快发展又希望保持自身独立性的国家和民族提供全新选择，为解决人类问题贡献中国智慧和中国方案。这是今天我们对“红船精神”最好的继承和弘扬。

“其作始也简，其将毕也必巨。”98年前，小小红船承载千钧，播下了中国革命的火种，开启了中国共产党的跨世纪航程。我们即将迎来建党100周年，千秋伟业，百年恰是风华正茂，继续奋斗正当其时。“红船精神”将永远映照我们前进的道路，“红船精神”永放光芒。

（作者时任中共中央党史研究室主任，现任中央党史和文献研究院院长，原载《浙江日报》2017年12月11日）

大力弘扬“红船精神” 奋力走在新时代前列

车 俊

一、“红船精神”承载着中国共产党人的初心和使命，凝结着习近平总书记治国理政的智慧和经验，具有超越时空的恒久价值和旺盛生命力

“红船精神”是中国革命精神之源、党的先进性之源，是中国共产党的建党精神。2005年6月，时任浙江省委书记的习近平同志在《光明日报》发表署名文章，首次提出“红船精神”，并概括为“开天辟地、敢为人先的首创精神，坚定理想、百折不挠的奋斗精神，立党为公、忠诚为民的奉献精神”，深刻阐述了“红船精神”的丰富内涵、历史地位和时代价值，精准标注了中国革命精神的源头坐标，使中国共产党人的精神谱系更加完整，这充分展现了习近平同志作为马克思主义政治家的远见卓识和历史担当。秀水泱泱、红船依旧，时代变迁、精神永恒。伴随着我们党98年的光辉历程，“红船精神”感召着一代又一代共产党人不忘初心、牢记使命、永远奋斗，也必将在新时代不断丰富内涵、绽放出更加耀眼的光芒，为我们党永远年轻提供更加丰厚的精神滋养。

二、浙江省委一直高度重视传承和弘扬“红船精神”，推动全省党员干部自觉把“红船精神”融入血脉、化作基因，不断从中汲取真理的力量、创新的力量、实干的力量、道德的力量

红船起航于浙江，这是浙江的光荣，也是推动浙江发展的精神力量所在。浙江省第十四次党代会明确提出要大力弘扬“红船精神”。2017年6月19日，浙江省党代会闭幕后的第一个工作日，新一届省委常委就集体到南湖瞻仰红船，重温入党誓词，并在南湖革命纪念馆召开第一次省委常委会议，研究制定了省委常委会加强自身建设的意见。习近平总书记在南湖发表重要讲话后，省委连夜召开常委扩大会议传达学习，在省委十四届二

次全会上作出专门部署，召开省委理论学习中心组学习会专题研究，把学习贯彻十九大精神和习近平总书记南湖重要讲话精神结合起来，不断凝聚起劈波斩浪、奋勇前进的磅礴力量。我们自觉把弘扬“红船精神”化作忠诚核心、维护核心、看齐核心的实际行动，传承好对党绝对忠诚的红色基因，坚决维护以习近平同志为核心的党中央权威和集中统一领导。我们切实把弘扬“红船精神”化作高水平全面建成小康社会、高水平推进社会主义现代化建设的强大动力，坚定不移沿着习近平总书记指引的路子走下去，认真续写“八八战略”这篇大文章，突出改革强省、创新强省、开放强省、人才强省的工作导向，努力当好学懂弄通、深学笃用习近平新时代中国特色社会主义思想的排头兵。我们着力把弘扬“红船精神”化作改革创新的坚毅决心，与践行社会主义核心价值观结合起来，不断激发全省干部群众敢为人先的魄力和创业创新的活力，从“以人民为中心”的发展思想出发，以“最多跑一次”改革撬动各领域改革，再创浙江体制机制新优势。我们努力把弘扬“红船精神”化作党要管党、全面从严治党的责任使命，把实干作为座右铭，发扬理性担当、求真务实的工作作风，以钉钉子精神推动中央八项规定精神落实落细、成风化俗，全面营造风清气正的良好政治生态。

三、浙江作为中国革命红船起航地、习近平新时代中国特色社会主义思想重要萌发地，一定当好“红船精神”的忠实守护者、坚定传承者和自觉践行者

习近平总书记在南湖重要讲话中强调，要结合时代特点，大力弘扬“红船精神”。浙江省委认真贯彻习近平总书记的指示要求，主动担起新时代大力弘扬“红船精神”的政治责任和光荣使命，专门研究出台《关于进一步弘扬“红船精神”　提升南湖革命教育基地功能的意见》，着力深化“红船精神”理论研究，着力推进“红船精神”弘扬传播，着力发挥南湖革命教育基地在党员干部教育培训中的重要作用。在阵地建设方面，我们正在抓紧筹建“红船精神”展示厅，筹划建设建党纪念广场，继续开展看一次展览、听一次党课、学一次党章、观一次专题片、瞻仰一次红船、重温一次入党誓词的“六个一”党性教育活动，进一步打造革命精神高地。

在理论研究方面，我们已经建立“红船精神”研究中心，形成了一批研究成果，编写了“红船精神”党员干部读本，并面向海外翻译出版了“红船精神”著作。在此基础上，将进一步建立常态性理论研讨机制，筹建“红船精神”研究院，努力打造“红船精神”研究高地。在干部教育培训方面，我们正在组建浙江红船干部学院，推动南湖红船成为全国党员不忘初心、牢记使命、永远奋斗思想教育的重要场所。在宣传传播方面，我们正在组织开展形式多样的宣传活动，组织“七个一”红船系列文艺精品创作，建设网上“红船精神”展示馆，高水平打造以南湖红船为中心的一批红色旅游线路，推动“红船精神”家喻户晓、深入人心。

（作者为中共浙江省委书记，原载《光明日报》2017 年 12 月 11 日）

大力弘扬“红船精神”

葛慧君

党的十九大闭幕仅一周，习近平总书记就带领中央政治局常委瞻仰上海中共一大会址和嘉兴南湖红船，回顾建党历史，宣示了新一届党中央领导集体的坚定政治信念，为全党上了一堂生动深刻、直抵灵魂的党课。总书记在瞻仰红船时指出，小小红船承载千钧，播下了中国革命的火种，开启了中国共产党的跨世纪航程，我们要结合时代特点大力弘扬“红船精神”。

2005 年 6 月，时任浙江省委书记的习近平同志首次提出“红船精神”，并将其概括为开天辟地、敢为人先的首创精神，坚定理想、百折不挠的奋斗精神，立党为公、忠诚为民的奉献精神。10 多年来，“红船精神”丰富的思想价值被不断发掘，南湖红船成为全国人民尤其是党员干部心向神往的革命圣地。今天，作为党的精神财富的重要组成部分，“红船精神”越发彰显出超越时空的恒久价值和旺盛生命力。

大力弘扬“红船精神”，就要深入把握“红船精神”的丰富内涵，牢记这一永恒思想丰碑。习近平总书记曾指出，伟大的革命实践产生伟大的革命精神，“红船精神”正是中国革命精神之源。以党的诞生地嘉兴南湖红船命名的“红船精神”，是中国共产党人在创建党的伟大实践中所形成的一种革命精神，即伟大的建党精神。这一精神内涵深刻、思想深邃、历久弥新，是我们共产党人薪火相传的精神源泉、红色基因。开天辟地、敢为人先的首创精神是“红船精神”的灵魂，是动力之源，体现的是中国共产党创建时期的社会历史条件以及早期共产党人的追求，和他们改变近代中国社会命运的迫切愿望。坚定理想、百折不挠的奋斗精神是“红船精神”的支柱，是胜利之本，体现的是中国共产党特有的政党品质，以及广大共产党人的理想追求。立党为公、忠诚为民的奉献精神是“红船精神”的本质，是政德之基，体现的是共产党人的社会理想、价值取向和根本宗旨、道德要求。“红船精神”点燃了中国革命的星星之火，感召着一代又一代共产党人为党的事业不惧风吹雨打、穿越惊涛骇浪、甘洒热血为人民，成为指引我们不断前进的强大思想武器。

正是以“红船精神”为内在源头，中国共产党培育形成了一系列彰显马克思主义政党性质、反映民族精神、体现时代要求、凝聚各方力量的伟大革命精神。我们党历来高度重视对自身精神价值系统的构建。正因为秉承了党的这一优良传统，在数次瞻仰南湖红船、深刻把握党的精神创建史，特别是在倾听基层干部群众关于“红船精神”大讨论情况的基础上，习近平同志提出了“红船精神”，并对其科学内涵和时代价值作了精辟阐述。史学研究强调时间的沉淀。回溯我们党革命精神研究的历程，“红船精神”的提出，完善了中国革命精神链条的起始性环节，表明我们党的精神创建史与发展奋斗史在时间序列上是高度统一的、组织立党与思想立党是同步同行的。在我们党已经走过的98年伟大历程中，“红船精神”同井冈山精神、长征精神、延安精神、西柏坡精神等一道，共同筑成了我们党不忘历史、映照现实、折射未来的永恒精神和思想丰碑。

大力弘扬“红船精神”，就要深入梳理“红船精神”的精神力量，讲好中国共产党的故事、中国故事。任何一个政党都需要精神的滋养。作为伟大的建党精神，“红船精神”贯穿于中国革命、建设和改革的伟大历程。革命年代，中国共产党开辟了中国特色的民主革命道路，创造了令人瞩目的革命奇迹。和平年代，中国共产党开辟了中国特色社会主义道路，创造了发展的世界奇迹。特别是党的十八大以来，党和国家事业取得的历史性成就、发生的历史性变革，塑造了新时代中国特色社会主义的崭新面貌，向世界展现了一幅更加强大、自信的中国未来图景。习近平总书记在南湖发表重要讲话时指出，98年来，我们党团结带领全国人民取得了举世瞩目的伟大成就，这值得我们骄傲和自豪。中国共产党团结领导中国人民从站起来到富起来再到强起来的生动故事启示我们：中国共产党之所以能历经磨难而信念愈坚、饱尝艰辛而斗志更强、千锤百炼而愈加刚毅，由小变

浙江嘉兴南湖革命纪念馆新馆一楼陈列的红船

大、由弱变强，带领人民不断从胜利走向胜利，根本原因就是始终有强大的精神力量支撑。

“一船红天下，万众跟党走。”中国共产党的故事、中国故事肇始于20世纪上半叶，在中国共产党领导中国革命、建设和改革的伟大运动中逐渐生成，在以实现社会主义现代化和中华民族伟大复兴为目标的历史性实践中走向辉煌。今天，我们讲好中国共产党的故事，让世界知道真实的中国、真实的中国共产党，最根本的是要生动诠释好中国共产党的精神魅力和精神风貌，特别是要让世界了解"红船精神"是我们党奋斗的初心和不变的底色，作为带领人民开创中华民族美好未来、保证中国稳定发展不可替代的精神力量。共产党人将始终高举中国特色社会主义伟大旗帜，沿着南湖红船开辟的革命航道奋勇前进。这些年来，浙江始终高度重视"红船精神"的学习宣传研究。在党的重大纪念、主题教育活动期间，到南湖红船缅怀革命先辈，看一次展览、听一次党课、学一次党章、观一次专题片、瞻仰一次红船、重温一次入党誓词，已成为各级党组织和党员干部的优良传统。全省建立了"红船精神"研究中心，形成了《"红船精神"：历史地位、当代意义及永恒价值》等一批国家级研究成果，创作了《红船驶进中国梦》等一批优秀视觉传播作品，《"红船精神"：启航的梦想》（中、英文版）[①] 在海外发行，对讲好中国故事和中国共产党故事产生了积极影响。

大力弘扬"红船精神"，就要深入挖掘"红船精神"的时代价值，在新时代彰显巨大引领力量。习近平总书记在南湖发表重要讲话时指出，事业的发展永无止境，共产党人的初心永远不能改变。唯有不忘初心，方可告慰历史、告慰先辈，方可赢得民心、赢得时代，方可善作善成、一往无前。秀水泱泱，红船依旧；时代变迁，精神永恒。"红船精神"是开放发展的理论架构和表述体系，其所包含的首创、奋斗、奉献精神，在不同的发展阶段和时代背景下必将被注入新的内涵、得到新的阐释。自觉的当代意识是理解历史价值的钥匙。今天，首创精神昭示我们：创新是事业兴旺发达的不竭动力之源，只有坚持用时代发展要求审视自己、以改革精神创新发展理念，才能焕发蓬勃生机和无限活力。奋斗精神昭示我们：只有坚定理想信念，才能意志坚强、品节刚毅；只有脚踏实地，一步一个脚印，遭遇任何挫折都不动摇、不退缩、不屈服，才能始终走在前列。奉献精神昭示我们：

---

① 外文出版社 2017 年 6 月出版。此后陆续出版了德语、俄语、阿拉伯语、韩语等多个语种的版本。

只有坚持“以人民为中心”，始终保持同人民群众的血肉联系，我们党才能保持根本性质、恪守根本宗旨、牢记根本使命、巩固执政地位。

“红船劈波行，精神聚人心。”中国共产党近百年的奋斗史告诉我们，无论过去还是未来，“红船精神”都永不过时，仍将是中国共产党引领中国人民决胜全面建成小康社会、实现中华民族伟大复兴中国梦的强大动力。党的十九大作出了中国特色社会主义进入了新时代的重大论断，回答了举什么旗、走什么路、以什么样的精神状态、担负什么样的历史使命、实现什么样的奋斗目标的重大问题，明确了习近平新时代中国特色社会主义思想是我们党迈进新时代、开启新征程、续写新篇章的行动指南。浙江是中国革命红船的起航地，是习近平新时代中国特色社会主义思想的重要萌发地。要以习近平总书记带领中央政治局常委集体到南湖瞻仰红船为动力，迅速掀起一场大学习，通过全面兴起学习教育、主题报道、理论阐释、集中宣讲、社会宣传等热潮，深入学习把握党的十九大精神，深刻学习领会习近平新时代中国特色社会主义思想的丰富内涵、精神实质、核心要义，更好地用这一当代中国最鲜活的马克思主义武装头脑、指导实践、推动工作，当好学懂弄通、深学笃用习近平新时代中国特色社会主义思想的排头兵，坚定不移沿着习近平总书记指引的路子走下去，加快高水平全面建成小康社会，高水平推进社会主义现代化建设，奋力谱写新时代中国特色社会主义浙江篇章。

（作者时任中共浙江省委常委、宣传部部长，现任浙江省政协主席、党组书记，原载《光明日报》2017年11月2日）

弘扬“红船精神” 凝聚时代力量

陈 晋

一、弘扬“红船精神”，激发担当创新的时代力量

说中国共产党的成立，体现了开天辟地、敢为人先的首创精神，是因为在此之前，为改变中国，各种各样的主义、方案和道路，都尝试过了，也都失败了，只有一艘小船承载的先进政党，在起航的时候，矗立时代潮头，在乱云飞渡、暗夜无边的局面中，把马克思主义的科学真理和中国工人运动的实践结合起来，把“改变中国和世界”的历史使命和扎实有效的革命道路结合起来，走出一条中国历史上从未有过的救国、兴国和强国的道路。建党先驱们做出这样的选择，体现出何其深刻的远见，何其勇敢的担当，何其巨大的创新。正是靠了这样的精神，中国共产党一路走来，始终把握时代、引领时代，担当进取，创新发展，开创、坚持和发展了中国特色社会主义。

如今，中国特色社会主义进入了新时代，新时代中国共产党肩负着新的历史使命，新使命要求有新担当、新作为。为此，党的十九大报告强调，新时代党的建设要“以调动全党积极性、主动性、创造性为着力点”。结合新时代特点大力弘扬“红船精神”，就是要跟上时代潮流，凝聚时代力量，保持锐意进取，增强创新能力，不断认识规律，不断推进理论创新、实践创新、制度创新、文化创新以及其他各方面创新。

二、弘扬“红船精神”，汲取不忘初心的前进定力

将近一个世纪以前，当一群平均年龄 28 岁的年轻人，在那艘红船上描绘出远大理想和奋斗目标的时候，也为新生的即将远航的中国共产党奠定了初心和使命。在风风雨雨跨越世纪的行程中，确实有人上了“船”又跳了“船”，但从不影响这艘红船朝向目标前进的定力。我们党在长期艰苦卓绝的奋斗中，历经曲折而不畏艰险，屡受考验而不变初衷，由小到大，由弱变

强，靠的就是坚定的理想信念和百折不挠的革命精神，靠的就是为人民谋幸福，为民族谋复兴的初心和使命，靠的就是真理的力量和人格的力量。

如今，在新时代长征路上前行的中国共产党人，依然会遭遇各种各样的“娄山关”“大渡河”和“腊子口”，依然面临着许多方面的重大困难、重大挑战、重大风险、重大考验。我们党要经得起风浪，不懈怠精神，做到百折不挠地前进，要不忘初心，牢记使命，时刻牢记为什么出发；要坚持用习近平新时代中国特色社会主义思想武装头脑，在真懂真信的基础上，牢固树立道路自信、理论自信、制度自信、文化自信；要在进行具有许多新的历史特点的伟大斗争中，保持政治定力、道德定力、战略定力、前进定力，有一张蓝图绘到底干到底的决心。这些，正是“红船精神”给我们的启发，也是“红船精神”在新的历史条件下的继承和发展。

三、弘扬“红船精神”，坚持以人民为中心的基本方略

中国共产党从诞生的那天起，就没有自己的私利。如果有私利，为自己谋前程，那些家境和社会地位都还不错的知识分子完全没有必要登上红船。在红船上通过的第一个党纲，拥有鲜明人民立场，代表工人农民最广大群众的根本利益。早在革命年代，毛泽东同志在思考和回答我们党为什么能够取得胜利的时候，曾经说过：“站在最大多数劳动人民一面”；“拜人民为师，这就灵了”。这两句话，讲清了中国共产党成功的秘诀，这就是一切为了人民，一切依靠人民。革命如此，建设如此，改革也是如此。正如习近平同志所说，“依水行舟，忠诚为民，成为贯穿中国革命和建设全过程的一条红线，也是‘红船精神’的本质所在”。

在新时代弘扬“红船精神”，就是要坚持好、贯彻好、落实好“以人民为中心”这个新时代中国特色社会主义基本方略。人民是历史的创造者，是决定党和国家前途命运的根本力量，只有依靠人民才能创造历史伟业。我们必须坚持人民主体地位，践行全心全意为人民服务的根本宗旨，把党的群众路线贯彻到治国理政全部活动之中，更好满足人民在经济、政治、文化、社会、生态等方面日益增长的需要，永远把人民对美好生活的向往作为我们的奋斗目标。

（作者为中央党史和文献研究院副院长，原载《光明日报》2017年12月11日）

专家观点

继往圣开来学的鸿篇巨制

李春林

习近平总书记的《弘扬“红船精神” 走在时代前列》，在理论和实践的双重形态上，准确凝练并深刻阐释我们党的源头精神，第一次完整建构了我们党的精神谱系，是一篇继往圣开来学的鸿篇巨制。弘扬“红船精神”，走在时代前列，对于共产党人不忘初心、牢记使命、永远奋斗，具有十分重要而深远的意义。

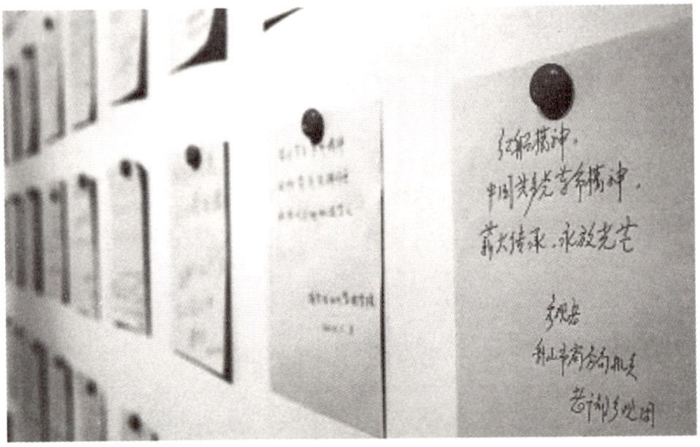

南湖革命纪念馆内游客留言

关于《弘扬“红船精神” 走在时代前列》，我已学过多次。2005 年 6 月 21 日在《光明日报》上首发时学习过；2015 年和 2016 年，《光明日报》两次参与主办“红船精神”研讨会时又学习过；今年 11 月 30 日，新华社重新播发后再次重温。每次学习，心灵都得到一次净化，境界都得到一次提升。学习《弘扬“红船精神” 走在时代前列》，已成为我们加强党性修养的重要内容。

几天前，我在江苏省江阴市华西村开会，有机会深入了解这个“中华第一村”。随后，我还走访了与华西村相距不远的两个村，即张家港市的永联村和善港村。这三个村，都是全国的先进单位，充满了活力、充满了希望、充满了正能量。三个村之所以方方面面都走在前列，就是因为有一个强大的党委，有一个优秀的党委书记，有一批先进的共产党员，他们一直在忠实践行首创精神、奋斗精神、奉献精神。华西村、永联村、善港村都是弘扬“红船精神”、走在时代前列的生动样板，他们的成功经验，充分证明了“秀水泱泱，红船依旧；时代变迁，精神永恒”。

学习有体味，走访有收获。弘扬“红船精神”，走在时代前列，必须知行合一，既要做好“念头功夫”，坚定理想信念，牢记“为人民谋幸福、为民族谋复兴”的初心和使命，又要坚持“事上磨炼”，以真心实意、真才实学、真抓实干，把首创精神、奋斗精神、奉献精神落实在做好自己的本职工作上。

《弘扬“红船精神”　走在时代前列》首发于《光明日报》，这是我们的荣光。荣光同时是责任。作为一张以思想文化为特色的报纸，《光明日报》理应在弘扬“红船精神”方面做得更多、做得更深、做得更好。我们要多发表高水平的理论文章，把习近平总书记重要文章的精神阐释好研究好；我们要多报道各地区各行业弘扬“红船精神”的鲜活事例，推动习近平总书记重要文章的精神落地生根、开花结果；我们还要用习近平总书记重要文章的精神指导报社工作，守正出新，把媒体办好、把队伍带好，为党的新闻事业作出应有的贡献。

红船，一种伟大而美好的意象。我们党领导的新时代中国特色社会主义事业，就是一条大船，我们每个共产党员，既是这条大船的搭乘者，更是这条大船的划桨人。在习近平新时代中国特色社会主义思想的指引下，我们同心同德同努力，这条大船一定能够劈波斩浪、行稳致远，抵达胜利的彼岸，实现宏伟的目标。

（作者为《光明日报》副总编辑，原载《光明日报》2017 年 12 月 6 日）

弘扬“红船精神” 坚守以人民为中心的“初心”

——“不忘初心、牢记使命”主题教育系列解读之十

洪向华　张　杨

“红船精神”其中一个重要内涵是立党为公、忠诚为民的奉献精神，新时代弘扬“红船精神”就要牢记我们党立党为公、执政为民的本质要求和全心全意为人民服务的根本宗旨，在坚守以人民为中心的“初心”中担当作为。

一、弘扬立党为公、忠诚为民的“红船精神”有利于筑牢党长期执政最可靠的阶级基础和群众根基

习近平总书记在“不忘初心、牢记使命”主题教育工作会议上指出，“着力解决群众最关心最现实的利益问题，不断增强人民群众对党的信任和信心，筑牢党长期执政最可靠的阶级基础和群众根基”，充分说明了党要继续长期执政必须筑牢阶级基础和群众根基。历史证明，“执政为谁”或“为谁执政”是一个阶级立场和政治立场问题，中国共产党提出并坚持“立党为公、执政为民”的执政理念和“立党为公、忠诚为民”的“红船精神”非常契合。

“立党为公、执政为民”、“立党为公、忠诚为民”就是要坚守马克思主义政党的阶级立场和政治立场。中国共产党是中国工人阶级的先锋队，同时是中国人民和中华民族的先锋队，是全心全意为人民服务的党，我们党始终强调每一个共产党人必须始终不渝地坚持“立党为公、执政为民”的阶级立场和政治立场。邓小平同志指出，“忠诚就是将全部真情率直而老实地向党坦白出来，就是要忠实于党的事业，忠实于人民的事业。”忠诚不是抽象的口号，而是具体地体现在为人民服务的行动中。坚持“立党为公、执政为民”“立党为公、忠诚为民”，就是要求每一个党员干部自觉

以人民的利益为重，认真解决好对待人民群众的根本态度问题，正确认识和处理个人利益和集体利益、局部利益和整体利益、当前利益和长远利益的关系，以高度的责任感和使命感，担负起为人民群众谋利益的重大责任，自觉做最广大人民的忠实代表、真心诚意地为人民谋利益。只有这样，党才能得到人民群众的衷心拥护和爱戴，党长期执政的阶级基础和群众根基才会越来越牢固。

二、弘扬立党为公、忠诚为民的“红船精神”必须坚守以人民为中心的“初心”

建设社会主义现代化强国，实现中华民族伟大复兴的中国梦必须回答好“为了谁”、“依靠谁”、“谁来共享发展成果”这三个根本性问题。弘扬立党为公、忠诚为民的“红船精神”就必须牢牢坚守以人民为中心的初心，尊重人民群众的主体地位、确保人民群众当家作主、不断满足人民群众的需要，真正实现立党为公、忠诚为民。

坚守以人民为中心的“初心”必须尊重人民主体地位。习近平总书记在庆祝改革开放40周年大会上的讲话中指出，“尊重人民主体地位，尊重人民群众在实践活动中所表达的意愿、所创造的经验、所拥有的权利、所发挥的作用，充分激发蕴藏在人民群众中的创造伟力”。只有承认人民群众的主体地位，才能找到发展的主体目标，使人民群众参与国家治理的历史伟业之中。全面深化改革的总目标是“完善和发展中国特色社会主义制度，推进国家治理体系和治理能力现代化”，尊重人民群众的主体地位有利于更好地释放群众力量、积聚群众智慧，为实现国家治理的现代化以及社会主义现代化强国的建设奠定坚实的群众基础。因此，把群众力量纳入到治国理政的顶层设计层面，既是党在社会多元化趋势下积极推进中国特色社会主义伟大事业的现实需要，又是党对人民群众主体力量理解的不断深化，需要与时俱进扩大人民主体地位的广度与深度。

坚守以人民为中心的“初心”必须彰显中国特色社会主义的制度优势。坚守以人民为中心的根本立场，需要健全民主制度、拓宽民主渠道、丰富民主形式、完善法治保障，确保人民依法享有广泛充分、真实具体、有效管用的民主权利。社会主义民主是各个层面的民主，不仅体现在社会生活中保障人民群众的物质福利，更体现在政治生活中保障人民群众参与国家治理。以人民代表大会为代表的政治制度是人民有效实现国家治理、体现人民民主的政治机制和制度安排，中国共产党代表中国最广大人民的根本利益，这就要求我们要实行最广泛的民主。选择人民代表大会制度是党为实现满足人民群众当家作主的根本要求，新中国成立70年来，我国所取得的巨大成就更验证了我国制度安排的优势所在，因此，弘扬立党为公、忠诚为民的"红船精神"必须牢牢坚持以人民为中心的发展思想，必须不断深化政治体制改革以适应人民群众对政治参与的需求，更好地实现人民群众当家作主，彰显中国特色社会主义制度优势。

坚守以人民为中心的"初心"必须着力解决人民群众所需所急所盼。坚守以人民为中心要让人民共享经济、政治、文化、社会、生态文明等各方面的发展成果，让人民有更多更实在的获得感、幸福感、安全感。坚守以人民为中心根本立场的最终指向是为了满足人民群众的现实需要，回答"发展成果由人民享有"的根本性问题。新时代我国社会主要矛盾是人民日益增长的美好生活需要和不平衡不充分的发展之间的矛盾，为当前和今后很长一段时间内的发展指明了方向。党的十八大以来，顶层设计中以人民为中心的根本立场直接显现于国内经济建设、政治建设、文化建设、社会建设、生态文明建设等事业的巨大发展，实现了民生事业的发展与党的全面深化改革同步进行，个人发展与经济事业的总体发展相互协调。因此，在新时代坚守以人民为中心的根本立场，满足人民群众的现实需求，最直接最现实的是要抓好民生建设，积极回应民生事业的多层次性和多需求性，把检验以人民为中心的发展思想的实践成效放在人民现实需求是否满足、以及满足程度上，并在此基础上实现人的自由全面发展与社会的全面进步。

三、在不断实现人民对美好生活的向往中担当作为，把立党为公、忠诚为民的"红船精神"落到实处

新中国成立70年以来，人民群众的生活水平有了很大的提高。人们不再单纯地希望吃饱穿暖，而是期盼有更好的教育、更稳定的工作、更满意的收入、更可靠的社会保障、更高水平的医疗卫生服务、更舒适的居住条

件、更优美的环境、更丰富的精神文化生活。

“人民对美好生活的向往，就是我们的奋斗目标。”习近平当选总书记后的首次公开讲话，鲜明宣示了他带领中国共产党执政为民的坚定决心。党的十八大以来，我们党始终坚持“立党为公、忠诚为民”，立足于人民对美好生活的向往，先后出台了一系列惠民政策，推出了全面深化改革的诸多措施，人民群众取得了满满的获得感、安全感、幸福感。

随着一系列有力有效举措在广袤的中国大地上落地生根，一个又一个翻天覆地的变化令人惊叹，人民对美好生活的向往这一奋斗目标迸发出磅礴伟力。中国共产党将进一步采取有效措施，弘扬立党为公、忠诚为民的“红船精神”，在实现人民对美好生活的向往中担当作为，带领人民创造美好生活，让改革发展成果更多更公平惠及全体人民，使人民获得感、幸福感、安全感更加充实、更有保障、更可持续，朝着实现全体人民共同富裕不断迈进。

［作者洪向华为中共中央党校（国家行政学院）督学组督学、教授、博士生导师，作者张杨为中共中央党校（国家行政学院）博士，原载人民网－理论频道2019年8月8日］

弘扬“红船精神”矢志开拓进取

罗宗毅

2017 年 10 月 31 日，习近平总书记在瞻仰上海中共一大会址和浙江嘉兴南湖红船时强调，上海党的一大会址、嘉兴南湖红船是我们党梦想起航的地方。我们党从这里诞生，从这里出征，从这里走向全国执政。这里是我们党的根脉。

今天，我们党已由建党初期的几十名党员发展成为拥有 8900 多万名党员的大党，从南湖出发的小小红船已经发展壮大为中国号巍巍巨轮。站在“两个一百年”的历史交汇期，决胜全面建成小康社会、进而全面建设社会主义现代化强国、实现中华民族伟大复兴的新时代，又赋予中国共产党的历史使命以全新内涵，提出了新的要求，这就是紧紧围绕实现伟大梦想来进行伟大斗争、建设伟大工程、推进伟大事业。

面对新征程新挑战，中国号巨轮能不能乘风破浪、继续前行，胜利驶向光辉的彼岸，关键还在于中国共产党人，特别是各级领导干部能否不忘初心，继续保持和发扬“红船精神”，即“开天辟地、敢为人先的首创精神，坚定理想、百折不挠的奋斗精神，立党为公、忠诚为民的奉献精神”。

一、中国号巨轮驶入改革深水区

进入新时代，中国号巨轮驶入了改革的深水区，改革的艰巨性进一步凸显。为什么这么说呢?

随着改革开放不断深化，改革推进的难度和风险越来越大。今天的改革是要解决政府“管得过多统得过死”的弊病，解决权力运转中的官僚主义问题。深化改革的“破与立”与政府权力的“加与减”有关。政府权力做“减法”，市场活力才能做“加法”和“乘法”。从某种意义上说，这是一场“自我革命”的改革，是一场“权力入笼”的改革，是一场“自找麻烦”的改革。在这场改革中，政府部门和领导干部不仅是改革的主体，还变成了改革对象的一部分。除了要肩负改革的引领者、推动者角色外，还要成为改革中的自我革命者。在这种情况下，部分领导干部主动改革的愿望减弱，推动改革的动力不足，在一些亟须深化改革的领域、行业，改革措施难以有效落地。

停顿和倒退没有出路，改革必须进行到底。当前的改革，必然是一场“狭路相逢勇者胜”的攻坚战。一方面，为加强干部队伍建设，这些年我们集中开展了纠正“四风”和高压反腐，给腐败分子以震慑，让广大党员干部受教育；另一方面，以新发展理念指导经济社会发展和推进国家治理现代化，要求改变过去那种粗放式的发展方式和实现执政方式由“管理”向“治理”转变。这意味着领导干部必须尽快转变工作思维、工作习惯和工作方法，学会运用新的方式方法来深化改革、推动发展、维护稳定。在新形势新要求面前，能不能自觉加强党性锻炼、提高能力素质，做到“政治过硬、本领高强”，对党员干部特别是领导干部是一场大考。

当前，改革发展稳定任务之重、矛盾风险挑战之多、治国理政考验之大都是前所未有的。有人因为收入待遇与别人有差距，心里感觉不平衡；有人经过长途跋涉，感到身心疲惫，过去那种热情和干劲逐渐消失，懒政怠政有所抬头；有的人认为好不容易船到码头车到站了，干了一辈子，该享受享受了……总而言之，改革初期那种利益增量式的普惠性改革，大都已经完成，剩下的是难啃的“硬骨头”。改革动了利益奶酪，不再人人击掌叫好；改革触及固有“藩篱”，难免遭受责难非议。党的十八大以后，中央要求在法治的轨道上推进改革，各项重大改革要有法有据，推进改革的规范性条件多了，要求高了，难度大了。在这种情况下，有的同志开始权衡利弊，考虑起自己的进退荣辱，担心“湿手沾面粉”，陷进去了甩也甩不掉，因而动摇改革的信心和决心。

二、警惕“懒政怠政”和“为官不为”

回顾建党97年来的历史，可以清楚地看到，正是不忘初心，中国共产党一经成立，就把实现共产主义作为党的最高理想和最终目标，义无反顾肩负起实现中华民族伟大复兴的历史使命，团结带领人民攻克一个个大难关，实现一个个大转折，创造彪炳史册的大事业，使中华民族迎来了从站起来、富起来到强起来的伟大飞跃。正是不忘初心，我们党才始终不渝地同人民想在一起、干在一起，永远与人民同呼吸、共命运、心连心，永远把人民对美好生活的向往作为奋斗目标。不忘初心，是我们党战胜一切困难和风险的根本保证，是我们党由小变大、由大向强的强大精神动力。

党的十八大以来，我们党以巨大的政治勇气和强烈的责任担当，提出一系列新理念新思想新战略，出台一系列重大方针政策，推出一系列重大举措，推进一系列重大工作，解决了许多长期想解决而没有解决的难题，办成了许多过去想办而没有办成的大事，推动党和国家事业发生历史性变革。

同时，必须清醒看到，我们的工作还存在许多不足，也面临不少困难和挑战。种种懒政怠政和为官不为现象时有发生，致使一些改革部署和重大政策措施难以落实，主要表现为三种情况：

一是担当不足“不敢为”。一些党员干部认为工作“风险大、易出事”，觉得多一事不如少一事，为了不出事宁肯不干事。于是对存在的问题不愿管、不敢管，对出现的问题不是积极想办法、找对策，而是遇到问题绕道走，不敢担责、行事推诿。

二是动力不足“不想为”。当改革由过去“改别人”转到现在“改自己”时，一些人的改革热情锐减。“算盘珠子”不推不动，工作标准上只求过得去，不求过得硬。“在其位不谋其政”，考虑自己的私事多，工作上用心少，出勤不出力，出力不尽力，消极倦怠、不思进取。

三是能力不足“不能为”。在发展方式转换和由“管理”到“治理”转型升级过程中，部分领导干部由于不适应工作要求的转变，出现了“本领恐慌”、能力不足的情况，遇到问题思路不清，办法不多，工作无所适从，陷于“老办法不能用，新办法不会用，硬办法不敢用，软办法不顶用”的尴尬境地。

“懒政怠政”和“为官不为”，直接影响党中央大政方针的贯彻落实，直接影响深化改革、加快发展、如期实现党和国家宏伟蓝图的工作进程，严重损害党和政府的公信力和党员干部形象。必须从多方面入手来加以整治，其中一个重要方面就是要结合新时代特点大力弘扬“红船精神”，用“红船精神”教育激励广大党员干部不忘初心、牢记使命，焕发革命意志，凝聚奋进的力量，矢志艰苦奋斗。在中国号巨轮破浪前行中遇到种种艰难险阻和挑战的情况下，广大党员干部更要紧密团结在以习近平同志为核心的党中央周围，同心同德，开拓进取，埋头苦干，为实现中华民族伟大复兴而不懈努力。

三、“红船精神”是中国共产党人的初心所在

雄关漫道真如铁，而今迈步从头越。新时代正是中华民族伟大复兴的关键时期，是一个呼唤知难而进、迎难而上、革故鼎新、建功立业的时代。继续保持和发扬“红船精神”，不仅是因为它铭刻着中国共产党的历史，更是因为其中蕴含的革命基因昭示着中国共产党的未来。

红船初心是教科书。“红船精神”是中国革命的精神之源，是中国共产党人的初心所在。“红船精神”所承载的首创精神、奋斗精神、奉献精神，是激励中国共产党顽强奋斗、不断发展壮大的精神动力，是中国共产党立党兴党、执政兴国的宝贵精神财富，也是新时代坚持和发展中国特色社会主义的坚强精神支撑。唯有在我们党的光荣历史中汲取力量，唯有在革命传统中汲取力量，唯有在革命先辈的言行和事迹中汲取力量，才能克服懒政怠政，永远保持永不懈怠的精神状态和一往无前的奋斗姿态。

红船初心是创新源。开天辟地、敢为人先的首创精神是“红船精神”的灵魂，体现了中国共产党勇立时代潮头、善开风气之先、敢于争创一流的锐气和魄力，是党和人民事业发展的强大动力。习近平总书记强调，中华民族伟大复兴，绝不是轻轻松松、敲锣打鼓就能实现的。全党必须准备付出更为艰巨、更为艰苦的努力。不忘红船初心，就是要求广大党员干部在责任担当上要有“新状态”，面对改革和发展中的各种风险和挑战，各级党员干部特别是领导干部要进一步增强担当意识，提升担当境界，落实担当责任，敢于创新、善于创新，自觉干在实处、走在前列、勇立潮头。

红船初心是导航仪。它昭示我们党“从哪里出发，要到哪里去”，为广大党员干部提供领航坐标，指引前进方向。理想信念是共产党人的命脉和灵魂。坚定理想、百折不挠的奋斗精神是“红船精神”的支柱。在革命

战争年代，无数革命先烈用自己坚定不移的理想信念、矢志不渝的信仰、生与死的考验，书写了对党和人民事业的无限忠诚。今天，在和平时期，特别是改革开放条件下，当我们面对得与失、名与利、权与欲的时候，同样需要一种为党和人民的事业无私奉献的伟大情怀和崇高精神。在当前价值观日益多元的社会背景之下，少数党员干部理想信念动摇，这是最大的“内源性风险”，懒政怠政、为官不为正是理念信念动摇的突出表现。广大党员干部只有坚定理想信念，才能在政治上不迷茫、思想上不偏向、意志上不消沉、精神上不懈怠。

红船初心是推动力。它昭示我们党“要干什么、该怎样干”。立党为公、忠诚为民的奉献精神是“红船精神”的本质，是中国共产党的性质和宗旨的集中体现，也是我们党区别于其他任何一个政党的显著标志。中国共产党从诞生的那天起以全心全意为人民服务为根本宗旨。当下存在的“懒政怠政”“为官不为”现象归根结底是少数共产党员全心全意为人民服务的宗旨意识淡漠的表现。“克服懒政怠政”“为官不为”，需要传承“立党为公、忠诚为民”的红色基因，解决好世界观、人生观、价值观这个总开关问题，强化宗旨观念和使命意识。唯其如此，才能永远保持建党时中国共产党人的奋斗精神，以对党忠诚、为党分忧、为党尽职、为民造福的政治担当，满怀激情地投入新时代中国特色社会主义伟大实践。

事业发展永无止境，共产党人的初心永远不能改变。唯有不忘初心，方可告慰历史、告慰先辈，方可赢得民心、赢得时代，方可善作善成、一往无前。

（作者为第十三届全国政协委员、中共中央党校原教育长，原载《光明日报》2018年10月30日）

坚持和弘扬“红船精神”

仲　帅

浙江是中国革命红船的起航地。“红船精神”作为中国革命精神之源，始终激励着我们党走在时代的前列，勇当舵手、引领航向，劈波斩浪、踔厉风发，夺取了革命、建设和改革开放的一个又一个胜利。

习近平同志曾指出：“开天辟地、敢为人先的首创精神，坚定理想、百折不挠的奋斗精神，立党为公、忠诚为民的奉献精神，是‘红船精神’的深刻内涵。”这句话准确而又概括地回答了什么是“红船精神”。浙江作为“红船精神”的发源地，要继承和弘扬“红船精神”，确保各项工作始终干在实处、走在前列、勇立潮头。

浙江是中国革命红船的起航地。96年前，我们党在嘉兴南湖的红船上诞生。这一开天辟地的大事变，深刻改变了近代以来中华民族发展的方向和进程，深刻改变了中国人民和中华民族的前途和命运，深刻改变了世界发展的趋势和格局。“红船精神”作为中国革命精神之源，始终激励着我们党走在时代的前列，勇当舵手、引领航向，劈波斩浪、踔厉风发，夺取了革命、建设和改革开放的一个又一个胜利。

创新精神是“红船精神”的首要内涵。中国共产党是马克思列宁主义同中国工人运动相结合的产物，她的诞生是“开天辟地的大事变”，从此，“中国革命的面貌焕然一新了”。这里的“新”更深刻地表现为在半殖民地半封建的社会里，年轻的中国共产党人自觉地将马克思列宁主义同中国革命的具体实际相结合，创造性地走出了一条符合中国国情、具有中国特点的革命之路。此后，中国共产党人始终秉持创新精神，创造性地进行了社会主义改造和建设，成功开辟了中国特色社会主义道路，彻底改变了古老中国和中华民族的前途和命运。

奋斗精神是“红船精神”的核心内涵。在近代中国，革命所面临的形势之严峻、敌人之凶残、困难之严重世所罕见，中国共产党自诞生之日起，就坚定了崇高理想，以“为有牺牲多壮志，敢教日月换新天”的革命气概，进行了前赴后继、不屈不挠的艰苦斗争。中共一大的代表们，正是在白色恐怖的危难时刻，从上海的望志路来到了嘉兴南湖的一条游船上，完成了党的一大的历史使命。此后，中国共产党人坚定理想，迎难而上，持续奋斗，战胜了一个又一个困难，取得了一次又一次胜利，把中国革命和建设事业不断推向新的历史阶段。

奉献精神是“红船精神”的本质内涵。中国共产党自诞生之日起，就将全心全意为人民服务作为自己的根本宗旨。无论是革命战争年代，还是社会主义建设和改革开放新时期，我们党始终与人民在一起，同甘苦、共命运、心连心，忧患着人民的忧患，欢乐着人民的欢乐，始终代表最广大人民的根本利益，没有自己的任何私利，从而获得了广大人民群众的衷心拥护。这是我们党从嘉兴南湖的一叶扁舟上乘风破浪、扬帆远航，直至取得全国性胜利的奥秘所在，也是我们党不断发展壮大、事业不断取得新成就的奥秘所在。

走在前列是“红船精神”的充分体现。习近平同志就曾指出，红船是走在时代前列的象征，“红船精神”充分体现了走在时代前列的精神。我们要在实现“两个高水平”奋斗目标中继承和弘扬“红船精神”，在“红船精神”的激励和鼓舞下，不断强化前列意识，切实把“干在实处、走在前列、勇立潮头”的要求体现到精神状态上，贯彻到衡量标准上，落实到各项工作上，再接再厉、乘势而上，努力为全国大局作出积极的贡献。

（作者为浙江省中国特色社会主义理论研究中心浙江工业大学基地研究人员，原载《浙江日报》2017 年 7 月 19 日）

“红船精神”：新时代的伟大精神支撑

董根洪

新时代大力弘扬“红船精神”，不仅在于“红船精神”是中国共产党的精神家园，是新时代加强党的建设的重要“建党精神”，而且它还具有多方面多层面的时代价值，我们必须全面把握“红船精神”的内涵和意义。

“红船精神”是中华民族精神的升华。习近平总书记在党的十九大报告中强调，中国共产党是“中华优秀传统文化的忠实传承者和弘扬者”，“红船精神”集中体现了对中华优秀传统文化的忠实传承弘扬。习近平总书记多次高度肯定中华民族具有光辉灿烂的文化文明，高度褒扬“中华民族有着不屈不挠、生生不息的顽强奋斗精神”，有着“‘人生自古谁无死，留取丹心照汗青’‘鞠躬尽瘁，死而后已’的献身精神”，多次提及“民为邦本”“为政以民为本”等民本思想。毫无疑问，“红船精神”继承发扬了中华民族优秀民族精神，并将它升华到一个崭新的高度。“为公”“为民”的核心灵魂，使得“红船精神”成为中华民族五千年来优秀的民族精神，中国共产党成为中华民族的优秀先锋队，中国共产党人成为开创中华文明新纪元、实现中华民族伟大复兴的中华优秀儿女的杰出代表。

“红船精神”是系列红色精神的摇篮。“红船精神”作为中国共产党的“根”“魂”和“基因”，使它成为中国共产党奋斗征程上不竭精神的源头活水，从“红船精神”始，在中国共产党领导下的革命、建设和改革征程上，前后涌现出了系列红色精神，如：井冈山精神、长征精神、延安精神、西柏坡精神、抗洪精神、“两弹一星”精神、载人航天精神等，这一系列红色精神都无一例外是在“红船精神”的基础上成长起来的，具有一脉相承又与时俱进的关系，“红船精神”始终构成系列红色精神的底色和根基。“红船精神”是一种建党精神，是纯粹的“党魂”，弥足珍贵。

“红船精神”是当代中国精神的灵魂。党从“红船精神”起航，驶向了今天新时代的“中国精神”，当代中国精神就是“红船精神”的最新版本和最佳载体。什么是中国精神？就是以爱国主义为核心的民族精神和以改革创新为核心的时代精神。习近平总书记认为“这种精神是凝心聚力的兴国之魂、强国之魂”。伟大的爱国主义精神，本质上就是立党为公、忠诚为民的奉献精神，中国共产党“立党为公”的“公”，其伟大责任使命就是“为中国人民谋幸福，为中华民族谋复兴”。而改革创新的时代精神，就是首创精神的时代体现。开天辟地搞改革，敢为人先求创新，这就有了改革开放以来中国特色社会主义建设的一系列伟大成就，就有了中国人富起来强起来的强烈自信。

“红船精神”是实现中国梦的强大精神支撑。实现伟大梦想，须有伟大精神，“红船精神”就是推动实现中国梦的强大精神动力。“红船精神”提供了实现中国梦必需的弘扬中国精神和打造中国力量的红色火种。在新时代，无论是决胜全面建成小康社会、基本实现现代化，还是到本世纪中叶建成社会主义现代化强国，都始终需要“红船精神”提供精神支撑。只有始终坚持立党为公、忠诚为民的奉献精神，才能真正落实以人民为中心的发展思想，才能真正践行为中国人民谋幸福、为中华民族谋复兴的“初心”。只有坚持首创精神和奋斗精神，我们才能在建设中国特色社会主义现代化强国的道路上，下定决心，不怕困难，艰苦奋斗，开创前人没有开创的伟大事业，完成前人没有完成的辉煌使命。

（作者为中共浙江省委党校教授，原载《浙江日报》2017 年 12 月 19 日）

结合新时代特点大力弘扬“红船精神”

肖纯柏

“红船精神”是不忘初心的精神，承载了建党初心、革命初心和赤子之心，反映了党的来源、本源和根源，是习近平新时代中国特色社会主义思想的政治底色。习近平总书记在嘉兴南湖革命纪念馆指出：上海党的一大会址、嘉兴南湖红船是我们党梦想起航的地方。我们党从这里诞生，从这里出征，从这里走向全国执政。这里是我们党的根脉。这些重要论述赋予了“红船精神”不忘初心的时代内涵，既是对党的历史起点的深情回顾，更是对新时代的豪情展望。我们要结合新时代的特点，大力弘扬“红船精神”，肩负起历史使命。

一、弘扬开天辟地、敢为人先的首创精神，增强党的创造力

中国共产党是走在时代前列、勇于创新的先进政党。“红船精神”是党的先进性之源和中国革命精神之源，在党史、革命史和中华民族发展史上具有开创性意义。与过去的农民运动、洋务运动、维新运动、辛亥革命以及其他政党不同，中国共产党作为先进的政治力量，在继承优秀传统文化的基础上，赋予了中华民族崭新的思维方式和精神状态，中国人民从精神上由被动转为主动。中国共产党首次把民族复兴建立在无产阶级政党的领导基础上、建立在科学的指导思想基础上、建立在紧紧依靠群众的新基点上，南湖起航由此成为党的领导的政治起点和民族复兴的历史起点。

进入新时代，党擘画了新的开天辟地伟业，我们要继续弘扬开天辟地、敢为人先的首创精神，不断增强党的创造力。坚持长期执政、保持长治久安，既靠深厚的使命担当，也靠党的创新创造。党的十九大提出了新时代党的建设总要求，强调“以调动全党积极性、主动性、创造性为着力

点”，体现了党的建设的新时代方位。过去五年我们取得了全方位、开创性的成就，关键在于坚持党的领导这个最大优势。今后我们要继续增强创造力，民主与集中相结合、纠错与容错相统一，马克思主义中国化与传统文化现代化相融合，以新发展理念破除影响创新的不合时宜的观念和束缚创造的体制机制，以思维方式创新推动理论创新、制度创新和治理方式创新，以包容性文化助推创新性发展，营造民主平等的和谐氛围，推动大众创业、万众创新，形成朝气蓬勃、生动活泼的繁荣局面。

二、弘扬坚定理想、百折不挠的奋斗精神，走好新时代的长征路

中国共产党是为崇高理想顽强奋斗的伟大政党。党的一大在上海召开期间，代表们遭遇法租界巡捕搜查，冒着生命危险转到嘉兴南湖开会，中国共产党在小船上艰难诞生，这在世界政党史上是独一无二的。同时期的许多政党先后退出历史舞台，而中国共产党经受各种风浪考验，脱颖而出、逐渐胜出，根本在于占据了崇高理想的理论制高点和不怕困难、不怕牺牲的道义制高点。回望嘉兴，不忘初心；南湖红船，代代相传。“红船精神”犹如过去与现在的对话、历史与现实的回响。党的建立孕育了“红船精神”，党的建设需要“红船精神”。

党的十九大报告指出：“中华民族伟大复兴，绝不是轻轻松松、敲锣打鼓就能实现的。全党必须准备付出更为艰巨、更为艰苦的努力。”面对新时代的长征路，要继续弘扬坚定理想、百折不挠的奋斗精神。一要处理好最高理想与共同理想的关系。共产党人是追求共产主义的人，不为最高理想而奋斗不是合格的共产党员。同时，我们仍然处于社会主义初级阶段，还要为中国特色社会主义共同理想而奋斗。二要处理好理想与现实的关系。奋斗的力量来自崇高理想，也来自科学理性。理想源于现实又高于现实，共产党人要正确看待理想与现实的差距，保持定力，把理想变为现实。三要处理好个人与组织的关系。中国共产党是信仰的共同体，也是行动的共同体。进行伟大斗争，应对矛盾风险，靠个人更靠组织，要增强“四个意识”。四要处理好真理力量与人格力量的关系。实现“两个一百年”的奋斗目标，靠真理力量，也靠人格力量，要让群众感受到身边共产党人的人格力量，并通过人格力量增强真理力量。

三、弘扬立党为公、忠诚为民的奉献精神，坚持以人民为中心

中国共产党是为人民利益无私奉献的光荣政党。红船起航的前夜，中国已经产生了很多政党和政治团体，但没有找到实现民族复兴的核心领导力量。在中国向何处去的重大关头，中国共产党的第一个党纲站在人民立场，代表群众利益，号召党员到群众中去。由此，中华民族第一次实现了党的领导力量与依靠人民力量的完美结合、民族复兴与社会主义复兴的高度融合、国家独立与人民解放的紧密结合，这是民族复兴的转折点，也是中国共产党的政治制高点。

今天，我们比以往任何时候都更接近民族复兴的目标，我们要继续弘扬立党为公、忠诚为民的奉献精神，以人民为中心，满足人民对美好生活的需求。以人民为中心，就要以百姓心为心。与群众心连心是党员的义务职责，只有心连心，才能更好地手拉手。群众路线是党的生命线，但群众路线不能仅限于党员活动中，还要贯彻到治国理政的全部活动中。乐于服务群众，又善于领导群众，反对官僚主义、命令主义和尾巴主义，着力增强党的政治领导力、思想引领力、群众组织力和社会号召力。面对群众的多样化需求，要把目标导向与问题导向结合起来，健全动力机制与平衡机制，严管和厚爱结合，激励和约束并重，党内监督与群众监督并举。解决新时代人民日益增长的美好生活需要和不平衡不充分的发展之间的矛盾，关键在党。党的十九大明确提出了加强党的长期执政能力建设、坚决防止党内形成利益集团、跳出历史周期律等重大命题，强调让人民监督权力，让权力在阳光下运行，以刀刃向内、自我净化的自我革命精神消除损害党的先进性和纯洁性因素，推动全面从严治党向纵深发展。这种自我革命精神是对“红船精神”的继承和发展，是党的航船依水行舟、风雨同舟、防范覆舟的关键所在，也是保持初心、肩负使命，不负人民重托的力量所在。

（作者时任中国延安干部学院教授，现任嘉兴学院红船精神研究中心教授，原载《光明日报》2017 年 11 月 21 日）

弘扬“红船精神”，始终走在时代前列

严红枫等

编者按：湖水轻柔微漾，嘉兴烟雨楼前，一条普通的小小游船静静泊岸，而从这里起航的中国共产党这艘“红船”，把中国革命和建设中国特色社会主义的伟大事业载向胜利的彼岸。95载风雨，共产党人无私无畏、追求真理、敢于创新和变革的精神风貌凝聚在了这条红船上，成为中华民族的宝贵精神遗产，璀璨夺目。今天，中国共产党人继续以开天辟地、敢为人先的首创精神，坚定理想、百折不挠的奋斗精神，立党为公、忠诚为民的奉献精神，推动中国这艘巨轮劈波向前。

“红船精神”填补了建党到大革命之间中国革命精神史的空白

主持人：2005年6月21日，在庆祝建党84周年前夕，习近平同志在《光明日报》发表了《弘扬“红船精神” 走在时代前列》一文，第一次提出并阐述“红船精神”。习近平同志对“红船精神”的论述饱含了对84年来中国共产党革命精神发展的深刻总结。在历史的视角下，“红船精神”的意义在哪里呢？

陈越强：“南湖红船”逐渐成为党诞生的重要标识是历史沉淀的结果。中共一大最后一天会议从上海转移到嘉兴召开，在南湖红船上，通过了党的第一个纲领和第一个决议案，选举产生了党的中央领导机构，庄严宣告了党的诞生，完成了建党的历史使命。

习近平同志在《弘扬“红船精神” 走在时代前列》一文中，用“一个大党诞生于一条小船”这一极具想象力和美感的语言，阐释了“红船精神”是中国革命精神之源和党的先进性之源，给人一种扬帆起航、劈波斩浪以济沧海的革命浪漫主义感受，形象地凸显了中国共产党这艘历史航船在革命、建设和改革这90多年的历史大潮中，执着于实现共产主义和中华民族伟大复兴的理想信念，以及不畏恶浪险滩、迎难而上、勇往直前的奋斗精神。“红船精神”表述又富含深刻的哲理。用“我们党的‘母亲船’——红船”命名建党精神是最恰当的。

胡承槐：鸦片战争之后，中国一步步沦为半封建半殖民地国家。为挽救国家和民族的危亡，中华民族被迫着发出阵阵呐喊，以陈独秀、李大钊、毛泽东为代表的中国共产党人，回应人民和历史的召唤，从“红船精神”中发出中华民族在历史危急时刻最强劲的呐喊：埋葬旧世界，建立社会主义新世界。这一声呐喊是中国共产党人创造性地依据马克思主义理论分析了中国国情和世界历史发展趋势，看清了中国的危局和出路，找到了中国变革的道路和革命的物质力量，明晰了中国人民、中华民族走向社会主义光明前景的历史自觉。同时，中国共产党的成立，“红船精神”的诞生，还标志着民族脊梁的历史性、时代性再造。

陈水林：在习近平同志提出“红船精神”之前，中国共产党革命精神是从“井冈山精神”开始讲起，缺少了从建党到井冈山时期这一段历史的空白，造成中国共产党革命精神史与中国共产党历史在时间序列上的不一致。习近平同志在文中指出：“开天辟地、敢为人先的首创精神；坚定理想、百折不挠的奋斗精神；立党为公、忠诚为民的奉献精神，是中国革命精神之源，也是‘红船精神’的深刻内涵。”学习这段话，有两层含义是明确的：首先，习近平同志指出，“红船精神”是中国革命精神之源，中国革命精神之源，对于共产党来说是从其建党精神开始的。因此，习近平同志概括的首创、奋斗、奉献这三种精神就是中国共产党的建党精神；然后，才说它“也是‘红船精神’的深刻内涵”，习近平同志在文中把红船称之为党的“母亲船”，要“永远铭记我们党的‘母亲船’，重温红船的历史沧桑”，这个“历史沧桑”显然不仅仅是指一天的南湖会议，而是整个建党的历史。因此，用我们党的“母亲船”——“红船”来命名中国共产党的建党精神是最恰当的概括。把“红船精神”确立为中国共产党的建党精神，在中国共产党革命精神史的建构上填补了中国共产党创建到大革命之间的中国革命精神史的空白，使得中国共产党的革命精神史与中国共产党的历史在时间序列上实现了一致。

郭维平：“红船精神”凝聚了党的核心价值观，是党的先进性之源。“红船精神”是与中国共产党相伴相生的，在整个建党时期以其走在时代前列开创新社会的价值目标发挥了精神凝聚作用，推进了建党伟业。它是酝酿建立中国共产党的重要思想来源和精神动力，其内核就是党的价值目标、价值信念与追求。在这种精神推动下建立起来的中国共产党与以往任何政党不同，它以马克思主义理论为指导，具有改天换地的彻底革命精神，是中国历史上最先进的政党。可见“红船精神”是党的先进性之源。

“红船精神”导引了新的时代精神，是中国革命精神之源。虽然党领导下的革命精神在不同时期具有不同的表现形式，但它们是一个整体，各种精神之间具有同质性。其中“红船精神”从时间来说最早，它以一种先进的政治思潮发端，逐渐演进为我党的精神文化，以其蕴含的共产主义价值信念，促进了早期党的建设；它从内涵上来说，是党诞生时期价值目标的体现，导引着新的时代精神，这就是无产阶级政党首登历史舞台创造新世界的革命精神，从此使中国革命历史翻开了崭新一页。所以它是中国革命精神之开篇和源头。

“红船精神”体现了党的价值思想，从精神上引导共产党人取得一个又一个胜利

主持人：“红船精神”是中国共产党人代表中华民族在危急时刻发出的最强历史呐喊，是中国人民及其先进分子的历史自觉，是民族脊梁的历史再造。95年来，党在前进的道路上遇到过无数的艰难困苦，“红船精神”是共产党人的精神之钙和取得一个又一个胜利的精神保障。那么，应该怎样理解和把握“红船精神”的深刻内涵，进一步弘扬践行“红船精神”呢？

陈越强：“红船精神”是中国共产党革命精神的历史起点，同时“红船精神”是中国共产党革命精神的逻辑起点。“红船精神”集中展现了中国共产党人坚定的政治品格、崇高的理想信念和无私的奋斗奉献，是其他革命精神价值追求的基础，它们的共同特点都可以从“红船精神”的核心

内涵中追根溯源。“红船精神”犹如一条红线，贯穿于党的全部历史进程中。

胡承槐：“红船精神”可以这样理解。以开天辟地、敢为人先的首创精神克服和解决了前进道路上的一个又一个困难和险阻；以坚定理想、百折不挠的奋斗精神，始终不曾在困难和挫折面前低下高贵的头颅，始终坚定自己的理想信念；以压倒一切敌人、战胜一切困难的大无畏英雄气概，推动中国革命和建设事业的大船劈波斩浪不断奋进；以立党为公、忠诚为民的奉献精神，用毫不利己专门利人、全心全意为人民服务的道德情操感染和召唤广大人民群众，进而带领广大人民用28年的时间推翻了三座大山，完成了新民主主义革命，建立起人民民主政权和社会主义基本制度；又在一穷二白的基础上，用67年的时间将满目疮痍的旧中国建设成为日益走向繁荣富强、人民生活基本小康的新中国。

陈水林：“红船精神”的深刻内涵是中国共产党革命精神的核心内容。我认为，中国共产党革命精神的基本内涵应该是贯穿于党的全部历史进程的主线，也是不同历史时期所形成的各个革命精神的实质。从这个要求来看，中国共产党90多年来所形成的精神文化可以提炼出以下四种基本精神：开天辟地、敢为人先的首创精神；实事求是、与时俱进的求实精神；坚定理想、百折不挠的奋斗精神；立党为公、忠诚为民的奉献精神。在这四种精神中，首创精神是核心，是动力之源；求实精神是生命线，是立党之魂；奋斗精神是支柱，是胜利之本；奉献精神是本质，是执政之基。

郭维平：“红船精神”具有丰富的价值意蕴。首创精神蕴含着党始终走在时代前列开创新社会的价值目标。“开天辟地、敢为人先”，就是党在中华民族生死存亡的紧要关头，勇敢地登上历史舞台，建立起新中国，承担起实现中华民族伟大复兴的历史使命。

奋斗精神蕴含着党对社会主义事业高度自信的价值信念。早期共产党人根据马克思主义理论和中国社会变革的历史教训，得出了只有社会主义能够救中国的价值信念。所以，中国共产党自成立之日起，就把实现共产主义作为自己的价值理想，并为此百折不挠地奋斗。这种“坚定理想与百折不挠的奋斗精神”，来自于对共产主义的深刻认识，来自于对人类社会发展规律的坚信不疑，来自于对革命事业的高度自信，体现了党的价值信念。

奉献精神蕴含着党全心全意为人民谋利益的最高价值追求。全心全意为人民谋幸福不仅是党的历史起点和生命要素，是“红船精神”的本质所在，也是党最根本的价值追求和终极目标，蕴含着一心为民的社会主义道德，这是党确定价值取向的基本准则。正是有了全心全意为人民谋幸福的价值追求，才有了党和人民的血肉联系，有了一代代共产党人崇高的革命气节和为国为民无私奉献的伟大情怀。

以“红船精神”为价值和精神指向，谱写社会主义现代化建设新篇章

主持人：“红船精神”的深刻内涵构成了中国共产党革命精神的核心内容，也是当代中国精神的核心内容。在新的历史条件下，怎样继续以“红船精神”为价值和精神指向，谱写出社会主义现代化建设新篇章，进而荣耀和光大“红船精神”？

陈越强：我们党之所以始终走在时代前列，根本在于其指导思想的先进性。我们党始终坚持把马克思主义与中国革命、建设、改革的具体实践相结合，不断推进实践创新、理论创新、制度创新，与时俱进地开创马克思主义中国化的新境界，关键在于其坚定的理想信念。党的十八大以来，习近平总书记一再强调：理想信念是共产党人精神上的“钙”，是共产党人安身立命的根本；归根结底在于我们党始终恪守和践行全心全意为人民服务的宗旨。正如习近平同志在文章中所指出的，这“是马克思主义政党与生俱来的政治品质和最高从政道德，是衡量党的先进性的根本标尺”。

我们党之所以始终走在时代前列，就在于继承和弘扬“红船精神”。“红船精神”是我们党发展壮大的原动力，首创精神、奋斗精神和奉献精神，都充分展现了勇于担当这一共产党人的鲜明品格，这也是检验共产党人先进性和纯洁性的重要标尺。

胡承槐：弘扬“红船精神”，应该从以下几个方面着力。首先，不断内化立党为公、忠诚为民的“红船精神”。立党为公、忠诚为民就是要不断地培植奉献精神，努力维护好、实现好、发展好人民群众的根本利益，

始终抱着全心全意为人民谋福利的根本宗旨，始终把人民群众的根本利益放在第一位，作为各项工作的出发点和工作目标，推进社会主义各项事业；立党为公、忠诚为民就是要廉洁自律、清白为人、干净做事，自觉敬畏人民、敬畏法纪、敬畏组织，树立正确的人生观、地位观、权力观，做到思想纯正、品行端正做一个品德高尚的人。

其次，不断增强敢为人先、勇于创新的"红船精神"。确立创新意识，敢于思维创新、制度创新、方式方法创新和技术创新，以创新来推动工作，用创新来解决问题，用创新来保障、落实和完成全面建成小康社会、全面深化改革、全面依法治国、全面从严治党的战略部署，进而推进中华民族的伟大复兴。

再次，不断增强坚定理想、百折不挠、勇于奋斗的"红船精神"。我们必须看到在前进的道路上充满着许多不确定因素，会有困难、挫折和失败，必须丢掉前进路上一帆风顺的幻想，克服害怕遭遇困难、挫折和失败的软弱气质，坚定理想信念，增强百折不挠长期奋斗的精神品格，不怕曲折和反复，勇于与各种困难斗争，勇于与错误思想和行为斗争，勇于与敌对势力斗争，不达目标，决不言退。

陈水林："红船精神"中的立党为公、忠诚为民的奉献精神是爱国主义为核心的民族精神在当代的升华。90 多年来，我们党历经革命、建设和改革，从领导人民为夺取全国政权而奋斗的党成为领导人民掌握全国政权并长期执政的党。虽然党的历史地位有所变化，但我们党始终承载着红船的意愿，依水行舟，与人民风雨同舟，努力践行立党为公、忠诚为民的奉献精神。

"红船精神"中的开天辟地、敢为人先的首创精神已经发展为改革创新的时代精神。中国共产党的诞生本身就是"开天辟地的大事变"，充分体现了"敢为人先的首创精神"。90 多年来，中国革命和发展的道路异常的艰难曲折。面对困难挫折，革命的敌人认为我们必败无疑，帝国主义以为他们会"不战而胜"，内部的意志薄弱者或放弃理想半途而废，或背叛革命与敌人同流合污。但中国共产党却能每每攻坚克难，起死回生，开创出革命和建设的新道路，靠的就是改革创新的时代精神。

“红船精神”中的坚定理想、百折不挠的奋斗精神是慎终追远的忧患意识和艰苦奋斗精神在当代的升华，由过去少数仁人志士的英雄行为成为许许多多普通共产党人的集体的革命英雄主义，成为整个党、整个军队的光荣行为。正如习近平同志在文章中所说：“我们党在长期艰苦卓绝的奋斗中，历经曲折而不畏艰险，屡受考验而不变初衷，由小到大，由弱变强，靠的还是坚定的理想信念和百折不挠的革命精神。”

郭维平：“红船精神”的当代价值，可以这样理解。首先，具有理想信念价值，为确立社会主义共同理想实现中国梦提供精神支柱。“红船精神”与中国梦在理想信念与价值目标上完全一致。“红船精神”蕴含的理想信念是中国梦的精神本源，以“红船精神”来影响与引领民众的精神世界，能帮助民众看清我们共同经历的非凡奋斗和美好未来，激发革命精神、坚定共同理想。

其次，具有共识凝聚价值，为培育社会主义核心价值观发挥驱动促进作用。社会主义核心价值观与“红船精神”具有内涵一致性、精神延续性：它们具有共同的社会主义价值目标，就是实现国家的富强民主文明和谐与中华民族的伟大复兴，本质上同质同源；它们具有共同的思想文化基础，就是马克思主义与中华优秀传统文化，因而同宗同根；它们具有共同的道德情操与价值标准，就是以国家和民族的整体利益为重，并实现个人与国家、与社会的共同发展。由于它们具有极大的同一性与连续性，所以“红船精神”能天然地为核心价值观的培育提供精神本源和实践支撑。

最后，具有先进文化价值，为全面深化改革、加强党的建设构筑先进文化根基。文化是一种价值现象，“红船精神”代表了先进文化，起着社会导向作用。它具有示范价值，具有开创性、科学性、民族性等先进文化的特性，回答了当下应“追求什么、坚持什么、摒弃什么”的问题，为全面深化改革、加强党的建设构筑了先进文化根基。

（作者为《光明日报》记者，原载《光明日报》2016 年 6 月 28 日）

弘扬“红船精神”　凝聚时代力量

李文平

98年前，党的一大在浙江嘉兴南湖的游船上胜利闭幕，这条船因而有了永载中国革命史册的名字——红船。时代变迁，精神永恒。回顾我们党走过的风雨历程，展望“两个一百年”奋斗目标，我们应更加自觉地把“红船精神”作为前行的精神动力，把学习“红船精神”同学习贯彻党的十九大精神、学习习主席在瞻仰中共一大会址时重要讲话和习主席的《弘扬“红船精神”　走在时代前列》文章结合起来，让“红船精神”在新时代绽放更加耀眼的光芒。

（一）

小小红船承载千钧，由此播下革命火种。党的十九大闭幕不久，习主席带领中央政治局常委，专程前往上海和浙江嘉兴，瞻仰上海中共一大会址和嘉兴南湖红船，在我党梦想开始的地方，回顾建党历史、重温入党誓词，昭示着我们党不忘初心，开启新征程的坚定决心。

“红船精神”是中国革命精神的起点。20世纪初的旧中国，是一个半封建半殖民地的中国。十月革命一声炮响，给我们送来了马克思列宁主义。中国共产党人担当起求民族独立、谋人民解放的历史使命，运用马克思主义分析中国国情和世界历史发展趋势，找到了中国变革的道路和革命的依靠力量，领导人民进行武装斗争和建设、改革。也正是以“红船精神”为开端，培育并形成了一系列彰显马克思主义政党性质、反映民族精神、体现时代要求、凝聚各方力量的伟大革命精神。“红船精神”是红色精神链条的起点，实现了我们党精神创建史与发展奋斗史在时间序列上的一致性，使党的精神思想史与发展奋斗史更加系统完整。

“红船精神”是我们党先进性之源。我们党之所以始终走在时代前列，根本在于其指导思想的先进性。“红船精神”凝聚了党的核心价值，是党的先进性之源。“红船精神”以先进的政治思想发端，逐渐演进为党的先进文化，以其蕴含的共产主义价值信念，推动了早期党的建设。“红船精神”是我们党重要的思想来源和精神动力，其内核就是党的价值目标、价值信念与追求。在这种精神推动下建立起来的党，与以往任何政党不同，它以科学理论为指导，具有改天换地的彻底革命精神，是人民最值得依靠的政党。

“红船精神”体现共产党人崇高的政治信念。“红船精神”集中展现了中国共产党人坚定的政治品格、崇高的理想信念和百折不挠的精神。当初，党的一大在白色恐怖中召开，由上海转至嘉兴，在南湖红船上完成缔造中国共产党的使命，靠的就是坚定的理想信念和百折不挠的革命精神。之后，我们党在长期艰苦卓绝的奋斗中，历经曲折而不畏艰险，屡受考验而不变初衷，由小到大，由弱变强，矢志推动中国这艘巨轮劈波向前。

（二）

习主席把“红船精神”概括为开天辟地、敢为人先的首创精神，坚定理想、百折不挠的奋斗精神，立党为公、忠诚为民的奉献精神。这既是对“红船精神”的科学概括，也是对践行“红船精神”的明确要求。弘扬“红船精神”，就是要把握好“红船精神”中蕴含的思想内涵和深刻寓意，在新征程中续写荣光。

首创精神蕴含着党奋力走在时代前列的价值追求。开天辟地、敢为人先的首创精神，就是党在中华民族生死存亡的紧要关头，勇敢地登上历史舞台，义无反顾地肩负起民族解放、矢志复兴的使命任务。无论在国家战乱频仍、内忧外患的建党初期，还是在改革开放初期，我们弘扬首创精神，取得了非凡成就。进入中国特色社会主义新时代，我们更要以敢于面对困难的勇气和敢于推进改革的魄力，破解前进中的难题。当今世界综合国力竞争日趋激烈，我国全面建成小康社会进入决胜阶段，要实现奋斗目标，就必须弘扬首创精神，不能因循守旧、刻舟求剑，始终保持和弘扬马克思主义政党与时俱进的理论品格和实践品格，用创新思维谋划工作，蹄疾步稳，踏实前行，不断夺取新时代中国特色社会主义伟大胜利。

奋斗精神蕴含着党对社会主义事业的高度自信。坚定理想、百折不挠的奋斗精神，就是始终朝着既定目标不懈奋进的志向和毅力。早期共产党人根据马克思主义理论和中国社会变革的历史教训，得出了只有社会主义能够救中国的信念。98 年来，我们党靠奋斗起家，靠奋斗发展，靠奋斗成就伟业，脚步从未停止，攀登从未退缩。社会主义运动即使遭遇挫折和低潮，也依然坚守初心，高扬理想旗帜，牢牢占据推动人类社会进步、实现人类美好理想的道义制高点。党的十九大标注了未来新的奋斗目标，我们唯有以永不懈怠的精神状态和一往无前的奋斗姿态，越激流、涉险滩，勇毅奋进，才能将理想目标化为现实。

奉献精神蕴含着党为人民谋利益的最高价值。立党为公、忠诚为民的奉献精神不仅是我们党的建党初衷，也是终极目标。98 年来，我们党从领导人民为夺取国家政权而奋斗的党成为领导人民建设社会主义事业的执政党，始终秉承着“红船精神”，与人民风雨同舟，努力践行立党为公、忠诚为民的奉献精神。历史经验反复证明，什么时候党的群众路线执行得好，党的事业就顺利发展；反之，党的事业就遭受挫折。党的十八大以来，我们始终坚持正风反腐，推动经济建设，不断改善民生，进一步保持了党同人民群众的血肉联系，不断厚植党执政的群众基础，进一步赢得群众，凝聚起同心筑梦的磅礴力量。

（三）

“其作始也简，其将毕也必巨。”事业发展永无止境，我们任何时候都要不忘初心、牢记使命，沿着红船开辟的精神航道破浪前行。

坚定风雨如磐不动摇的政治信仰。在新时代大力弘扬“红船精神”，必须赓续坚定理想、百折不挠的奋斗精神，始终高举马克思主义伟大旗帜，坚定不移走中国特色社会主义道路，坚决维护以习近平总书记在党中央和全党的核心地位，坚持维护以习近平同志为核心的党中央权威和集中统一领导，自觉用习近平新时代中国特色社会主义思想补足精神之钙、筑牢思想之基，通过大力弘扬“红船精神”，做到“不忘初心，牢记使命”，铭记自己的第一身份是共产党员、第一职责是为党工作，做到在党爱党、在党言党、在党忧党、在党为党，永远跟党走。

保持逆水行舟用力撑的使命担当。当前，我们正处于全面建成小康社会的决胜阶段，军队改革大规模减“脂肪”、大强度壮“筋骨”、大气力强“内功”。面对叠加交织的诸多“痛”与“难”，必须保持逆水行舟用力撑的使命担当，敢作敢为、善作善成，扛起使命责任，争当时代先锋，通过深化改革切实提升战斗力，做到召之即来、来之能战、战之必胜。

树牢全心全意为人民服务的宗旨意识。在新时代发扬“红船精神”，就是要真正做到权为民用、情为民系、利为民谋。真心倾听民声，努力使各项工作更加符合基层实际，更加符合人民群众意愿，把为群众办实事、做好事、解难事作为一切工作的立足点和出发点。坚持用真诚之心为群众谋利益、聚民力，切实让群众共享改革发展的成果。

（作者为西藏军区政治工作部主任，原载《解放军报》2017 年 12 月 22 日）

实现中国梦的强大精神动力和思想武器

韩喜平

1921 年，中国共产党在浙江嘉兴南湖红船上宣告诞生。2005 年 6 月 21 日，时任浙江省委书记的习近平同志在《光明日报》发表文章《弘扬“红船精神”　走在时代前列》，首次提出并阐释了中国共产党的源头精神——“红船精神”。历史证明，“红船精神”昭示着中国共产党人不忘初心、砥砺前行的优秀品质，鼓舞着一代又一代共产党人为了“站起来、富起来、强起来”的伟大目标接续奋斗，是实现中国梦的强大精神动力和思想武器。

一、“红船精神”昭示着共产党人不忘初心、砥砺前行的优秀品质

自鸦片战争开始，中华民族进入了“三千年未有之大变局”。在民族的生死存亡之际，无数的志士仁人抛头颅洒热血为之奋斗，但一次次地失败了。虽然 1911 年的辛亥革命推翻了清王朝的统治，结束了 2000 多年的封建帝制，但没有使中国摆脱半殖民地半封建的社会性质，没有改变人民的悲惨历史命运。

直到 1921 年，在嘉兴南湖的小船上，中国共产党宣告诞生。习近平总书记强调，上海党的一大会址、嘉兴南湖红船是我们党梦想起航的地方。我们党从这里诞生，从这里出征，从这里走向全国执政。这里是我们党的根脉。中国共产党的诞生，为我们这个国家找到了前进方向。这是前所未有开天辟地的大事件。共产党人开天辟地、敢为人先的首创精神，至今仍然是我们砥砺前行的力量。

从中国共产党成立的那一天起，我们就面对着“三座大山”，国内革命时期如此，抗战时期也是如此，解放战争时期更是如此。反“围剿”，长征，八路军、新四军，敌后抗日根据地的顽强抗争，北海银行的创造性金融尝试，南泥湾精神指引下的自给自足。中华民族伟大复兴，绝不是轻

轻松松、敲锣打鼓就能实现的。党领导新民主主义革命的28年，革命先辈们在极端恶劣的环境下，百折不挠、勇往直前，艰苦卓绝、成就斐然，同样离不开坚定理想、百折不挠的奋斗精神。

立党为公、忠诚为民的奉献精神是“红船精神”的重要内涵。国内革命时期，中国共产党人经历了无数的磨难，做出了巨大牺牲，帝国主义、封建主义、官僚资本主义“三座大山”的屠刀从来都没有停止过向共产党人挥舞，但在日本侵略者咄咄紧逼，中华民族危急存亡之际，共产党人在民族大义面前，为组建抗日民族统一战线积极奔走。在中华民族站起来的过程中，在每一个民族存亡的关键节点上，都有共产党人，都有“红船精神”，“红船精神”是指导中华民族站起来的精神支柱。

二、中国梦是共产党人为民初心的历史承载和未来目标

中国共产党是从群众中来的政党，人民群众是我们的力量源泉，越是伟大的梦想，越是伟大的事业，越能激发人民群众的伟大力量。正如习近平总书记所强调的，中国梦是民族的梦，也是每个中国人的梦。只要我们紧密团结，万众一心，为实现共同梦想而奋斗，实现梦想的力量就无比强大，我们每个人为实现自己梦想的努力就拥有广阔的空间。生活在我们伟大祖国和伟大时代的中国人民，共同享有人生出彩的机会，共同享有梦想成真的机会，共同享有同祖国和时代一起成长与进步的机会。有梦想，有机会，有奋斗，一切美好的东西都能够创造出来。

实现中华民族伟大复兴是近代以来中华民族最伟大的梦想，这个梦想，凝结了几代中国人的夙愿，昭示了中国人民对美好生活的向往。但是到了近代，腐朽的统治者越来越沉浸在“天朝上国的迷梦”之中，在懵懂中被动挨打，中国遭受殖民侵略，被迫打开国门。自近代以来，中华民族就面对着两大历史任务：争取民族独立和人民解放与实现国家富强和人民富裕。中国共产党自成立以来，自觉肩负起这两大历史重任，实现中华民族伟大复兴的中国梦。中国梦的基本要义是“国家富强、民族振兴、人民幸福”，不仅表征着千百年来中华民族的价值追求，更意味着中国人民最广泛的价值体认。

中国的现代化从发端就与中华民族和中国人民的命运紧密联系，尤其是中国共产党的成立和领导，社会主义制度在中国的确立与发展，更加突

出了中国现代化的民族性和人民性，走出了一条不同于西方工业化的现代化道路，经与中华优秀传统文化的创造性结合，正逐渐形成一种新的可供人类借鉴的发展方案和文明形态，带领人民创造富强民主文明和谐美丽的美好生活。习近平总书记强调，近代以来我国历史告诉我们，只有社会主义才能救中国，只有中国特色社会主义才能发展中国，才能实现中华民族伟大复兴。坚持好、发展好中国特色社会主义，把我国建设成为社会主义现代化强国，是一项长期任务，需要一代又一代人接续奋斗。

从历史来看，这一价值内容蕴含在近代以来中华儿女追求中华民族伟大复兴的历史征程中，形成于中国共产党领导人民争取民族独立、人民解放和国家富强的伟大实践中。2013 年 3 月 17 日，习近平总书记在第十二届全国人民代表大会第一次会议上强调，实现全面建成小康社会、建成富强民主文明和谐的社会主义现代化国家的奋斗目标，实现中华民族伟大复兴的中国梦，就是要实现国家富强、民族振兴、人民幸福，既体现了今天中国人的理想，也继承了革命先烈不懈追求进步的光荣传统。人们对美好生活的向往是共产党人的奋斗目标，这是共产党人的革命逻辑，也是执政逻辑，更是中国梦实现的逻辑。

“红船精神”彰显了中国革命的精神源头、源头精神。这种精神源于历史、跨越时空，贯穿了中国革命、建设、改革全过程，彰显了中国共产党的人民性特质，在新时代的治国理政思想与实践中必将体现巨大时代价值。

三、继承和发扬“红船精神”，推动实现中华民族伟大复兴的中国梦

“红船精神”是激励我们把握发展这一时代主题和党执政兴国第一要务，大胆探索、创新创业的强大思想武器。中国人民从“站起来”到“富起来”需要精神的支撑，新时代，实现“强起来”的目标任务，更需要强大的精神力量。没有精神凝聚力的民族是没有前途的，精神是凝聚起实践能力和不懈干劲儿的根本动力，“红船精神”是推动中国走向富强的行动指南。

要继承和发扬开天辟地、敢为人先的首创精神。全球化时代，人们已经不可能去过“鸡犬之声相闻，民至老死不相往来”的生活了，我们每个人都深深地嵌在全球化构建的人类共同体之中。党的十九大报告指出，中国人民的梦想同各国人民的梦想息息相通，实现中国梦离不开和平的国际

环境和稳定的国际秩序。我们必须站在人类文明的高度来审视国家的发展问题。唯有如此，才能够为整个人类命运共同体贡献中国力量，为世界的和平稳定发展贡献中国智慧。

要继承和发扬坚定理想、百折不挠的奋斗精神。党的十九大报告指出，行百里者半九十。中华民族伟大复兴，绝不是轻轻松松、敲锣打鼓就能实现的。全党必须准备付出更为艰巨、更为艰苦的努力。我们要时刻提醒自己，要不断攻坚克难，艰苦奋斗，坚定理想、百折不挠，用“红船精神”鼓舞和激励我们奋斗。逢山开路，遇水搭桥，像我们的前辈那样不畏艰险，拼搏进取，怀揣着当年红船上的那颗为国为民的初心，中华民族的伟大复兴，我们仍然在路上。

要继承和发扬立党为公、忠诚为民的奉献精神。为中国人民谋幸福，为中华民族谋复兴，是中国共产党人的初心和使命。中国特色社会主义进入新时代，满足人民对美好生活的需要是我们的奋斗目标，这就更需要我们落实以人民为中心的发展思想，需要我们的奉献精神，为了党和人民的事业，奉献自己的力量，忠诚可靠。时代在变化，但共产党人的奉献精神没有变，立党为公、执政为民的宗旨没有变。战争时期的英雄们吃着草根树皮，推翻了“三座大山”的压迫。刚刚解放，为了挺直腰杆，喝盐水战风沙的两弹元勋接过了先辈的担子，到如今黄大年同志是如此、钟扬同也是如此，廖俊波同志更是如此。中华民族就是靠着这样的精神绵延至今，屹立不倒。“红船精神”是我们的革命精神，“红船精神”就是我们敢于前进，能够前进，必将前进的信心和动力。

党的十九大报告指出：“实践没有止境，理论创新也没有止境。世界每时每刻都在发生变化，中国也每时每刻都在发生变化，我们必须在理论上跟上时代，不断认识规律，不断推进理论创新、实践创新、制度创新、文化创新以及其他各方面创新。”我们要像当年红船刚刚起航时那样，怀揣梦想，勇于创新，艰苦奋斗，我们会像当年红船上刚刚起航时那样，开拓创新，迎难而上，永葆赤诚。

（作者为吉林大学中国特色社会主义理论体系研究中心常务副主任，原载《光明日报》2018年11月13日）

媒体聚焦

人民日报：以首创精神走好新征程

——让"红船精神"绽放时代光芒

白　龙

今日中国，正如中流击水，前方有无限风光，脚下亦有激流暗礁。激流勇进、乘势而上，尤需发扬开天辟地、敢为人先的首创精神

"黄浦江畔，码头工人弯腰弓背的姿势，凝固成一个时代被压迫者的雕像，而13个平均年龄28岁的书生，悄悄走进法租界的一条里弄，兴奋地聆听遥远的北方炮声的轰鸣……"近日，上海的一场诗歌朗诵会上，一首饱含深情的《从石库门到天安门》，感染了在场的听众。回望1921年，那场从上海石库门到浙江嘉兴南湖的紧急转移，成就了"开天辟地的大事变"。沿着红船的精神航向，人们再次重温中国共产党的首创精神。

2005年，习近平同志首次提出并阐释"红船精神"，将"开天辟地、敢为人先的首创精神"置于三个深刻内涵的首位。为何首创精神如此重要？这是因为，马克思主义的生命力在于创造力，我们党就是在不断创造历史的过程中，完成了马克思主义的中国化、时代化、大众化。回望九十六载历史烟云，从"唤起工农千百万"的革命斗争，到"诸公努力救神州"的抗战伟业；从"青山着意化为桥"的建设时期，到"尘埃与曙光升腾"的改革年月，我们党正是凭着这股敢为人先的首创精神，沿着历史的河床击水千里，不断开辟新的征程。从站起来到富起来再到强起来，以穿越百年的首创精神，我们党不仅回答了中华民族往哪里去的历史之问，也以自身的伟大实践丰富了人类社会追求美好生活的制度方案。

今天，我们重温首创精神，就是要激活这一精神所蕴含的丰富宝藏，赋予其新的时代内涵。党的十八大以来，我们党凭着一股子气与劲，以首创精神啃硬骨头、涉险滩，将当代中国推进到一个新的历史方位。十八大以来，无论是坚持“老虎苍蝇一起打”，还是简政放权、转变政府职能，无论是坚决淘汰落后产能，还是确保“绿水青山就是金山银山”，无不展现出敢为人先的首创精神，无不展现出破釜沉舟的决心、狭路相逢勇者胜的气概。改革发展的实践表明，不论时代环境如何变化，干事创业、改革创新，都呼唤逢山开路、遇水架桥的进取精神，都离不开敢于开拓新局面的信心和勇气。

时至今日，开天辟地、敢为人先的首创精神，已经融入共产党人的精神气质，成为中国共产党的“成功密码”之一。不久前，美国《时代》杂志亚洲版推出“中国赢了”封面报道。中国之所以能“赢”，就在于一以贯之的首创精神，催动中国改革取得了一系列骄人成就，让世界为之惊叹。从作出关于我国社会主要矛盾变化的重大论断，到全面深化改革重要领域和关键环节取得突破性进展；从深化国家监察体制改革，到推动新一轮科技和产业革命……靠着敢为天下先的精神气质，一系列实践创新、理论创新、制度创新以及其他各方面创新不断涌现。这些创新，见证着新时代的首创精神，标注着“红船精神”与时代相结合的印记。

弘扬“红船精神”，以首创精神走好新的长征路，必须同学习贯彻党的十九大精神紧密结合。今日中国，正如中流击水，前方有无限风光，脚下亦有激流暗礁。激流勇进、乘势而上，尤需发扬开天辟地、敢为人先的首创精神。未来，在全面深化改革的各个重要领域和关键环节，我们还会遭遇难以预料的挑战，面临稍纵即逝的机遇，没有现成的经验可资借鉴。敢于突破前人，摒弃安于现状、不思进取的思想观念，坚持用首创精神开疆拓土、开拓创新，才能不断开辟共产党人的新天地。

“南湖红船点燃的星星之火，形成了中国革命的燎原之势，使四海翻腾，五岳震荡。”从南湖出发的伟大航船，已经驶入了中国特色社会主义新时代。却顾所来径，苍苍横翠微。沿着红船航向大力弘扬首创精神，进一步提振全党全国人民的精气神，我们就一定能让“红船精神”凝聚起更为磅礴的复兴伟力。

（作者为《人民日报》评论员，原载《人民日报》2017 年 12 月 6 日）

人民日报：以奋斗精神赢得新胜利

——让“红船精神”绽放时代光芒

吕晓勋

奋斗精神的可贵之处在于，越是面对困难和矛盾，越能激发出意想不到的力量

一个13人的团队开始创业，资本金接近于零，能干成什么？不久前，一部回顾中国共产党“创业史”的动画短片，在网络热传。不惧艰险，想尽一切办法克服困难；不怕失败，96年来一直奋斗不止……有网友在看过动画后留言：这么“拼”的团队、这么“燃”的奋斗，没理由不成功！

创业者无不渴望成功，但历史只青睐奋进者。回溯既往，正是坚定理想、百折不挠的奋斗精神，让南湖红船变为巍巍巨轮，不断驶向新的广阔水域。枪林弹雨的革命年代，平均年龄不到25岁、每百人不到80杆枪的红军队伍，最终赢得长征的胜利；一穷二白的建设时期，张爱萍将军在“人无一个、船无一艘”的情况下，不到两年便筹建起新中国海军；只争朝夕的改革岁月，廖俊波、黄大年等一大批优秀党员干部，扑下身子埋头奋斗，书写了不凡的业绩。创业维艰，奋斗以成。正如一位外国记者在参观上海中共一大会址后的感慨，一种“能够战胜一切”的意志力，“引领中国走到了今天的地位”。

“红船精神”蕴含坚定理想、百折不挠的奋斗精神，中国共产党从一诞生起就具备的这一精神基因，形塑了这个政党的风貌，引领中国不断成就新气象。一位外国政要去年特意到近30年前访华时去过的四川、浙江故地重游，由衷赞叹“所到之处，满目清新，不能不让人对中国的巨大成就肃然起敬”。十八大以来极不平凡的5年，中国以奋斗跟时间赛跑：贫困发生率由

10.2%下降到4%以下，平均每3秒就有1人跨过贫困线；科技创新成果“井喷”，全球创新指数排名跻身前25位。各行各业所展现的强大奋斗精神，生动诠释着什么是中国速度、中国力量。当年，夏衍在《野草》发刊词中写道：“有韧性，不达目的不止”，正可为这个世界最大政党的写照。

“伟大的事业之所以伟大，不仅因为这种事业是正义的、宏大的，而且因为这种事业不是一帆风顺的。”奋斗精神的可贵之处还在于，越是面对困难和矛盾，越能激发出意想不到的力量。这也是为什么习近平总书记一再强调“努力奋斗才能梦想成真”，必须“不忘初心、牢记使命、永远奋斗”。在民族复兴的词典里，从来没有“容易”一词。肩负新使命、踏上新征程，面对发展质量和效益不够高、创新能力不够强、民生领域存在短板等薄弱环节，也需赓续奋斗精神，如十九大报告所强调的那样，“保持艰苦奋斗、戒骄戒躁的作风”，“以时不我待、只争朝夕的精神”更好担负起时代赋予我们的使命。

一位十九大代表曾说，“瞭望前方，虽然看得见彼岸，但不击楫勇进，就不会抵达”。高擎理想的旗帜，才能坚定前行的脚步；燃旺信念的火炬，才能永葆奋斗的激情。奋斗不仅仅是行动，更是一种状态。中国女排主教练郎平，曾撰文分享她当年打球的心得，认为“奋斗精神永不过时，她是到达梦想彼岸的诺亚方舟”。中国女排曾以奋发图强、敢于胜利的坚毅，振奋了整个国家。今天，我们同样需要弘扬奋斗精神，蓄积干事创业、改革创新的激情。顽强拼搏、奋勇争先，不让每一天每一刻虚度，那么“一切美好的东西都能够创造出来”，十九大部署的各项任务目标就一定能顺利实现。

“真正的成功者不是不会懈怠麻痹，而是从未停止与之战斗。”红军在长征途中攻克腊子口之后，人们看到两侧尽是斧劈刀削般的悬崖绝壁，而一段50米的崖路上手榴弹弹片铺满一层。随着时间的推移，奋斗的形式有了变化，但奋斗的意义依然鲜明。始终保持永不懈怠的精神状态和一往无前的奋斗姿态，从“红船精神”中汲取前行的动力，我们必能在为人民谋幸福、为民族谋复兴的伟大征程上不断夺取新胜利、书写新光荣。

（作者为《人民日报》评论员，原载《人民日报》2017年12月7日）

人民日报：以奉献精神收获新光荣

——让“红船精神”绽放时代光芒

李洪兴

弘扬立党为公、忠诚为民的奉献精神，我们党就能凝聚起同心筑梦的磅礴伟力，让通往人民美好生活的道路四通八达

“作为中国第三十四次南极科考队的一员，‘红船精神’激励我奋战在科研一线，多次克服恶劣环境，参与大洋科考与极地科考。”“红船精神”座谈会召开后，一位“80后”女地质学家从“雪龙”号上传回学习感悟。精神的力量是无穷的。源自近百年前浙江嘉兴南湖的精神之光，为无数人照亮了前行之路，正激励着年轻一代公而忘私、执着奉献。

“立党为公、忠诚为民的奉献精神”，“红船精神”的这一深刻内涵，既包含着中华民族的优良传统，更闪耀着中国共产党人的政治品格。“为有牺牲多壮志，敢教日月换新天。”中国共产党的历史，就是为民族解放、国家富强、人民幸福而英勇牺牲、无私奉献的历史。“随时准备为党和人民牺牲一切”，始终是中国共产党人不变的誓言。无论是立志“生也沙丘，死也沙丘，父老生死系”的焦裕禄，还是誓言“不把人民拯救出苦难，共产党来干什么”的谷文昌；无论是积劳成疾猝逝在工作一线的沈浩，还是为带领群众脱贫耗尽最后一份心力的“羊书记”姜仕坤……正是有了千千万万党员的无私奉献，我们开创并倾情为之奋斗的事业，才得以爬坡过坎、蒸蒸日上，不断开辟新的境界。

有媒体统计，党的十八大以来，习近平总书记多次批示全党向优秀先进典型学习。从司法的“燃灯者”邹碧华，到太行山的新愚公李保国，从扑下身子苦干实干的廖俊波，到秉持科技报国理想的黄大年，他们的先进事迹不同，但有一点是共同的，这就是他们都具有一种为党和人民的事业无私奉献的伟大情怀和崇高精神。正如习近平总书记指出的，“我们共产党人讲奉献，就要有一颗为党为人民矢志奋斗的心”。党的十八大以来历史性成就和变革的背后，正是这种“计利当计天下利”的奉献精神。可以说，无数党员干部的默默担当与付出，不仅形成了推动中国前进的强大动力，也带动着全社会良好风气的形成和发展。

今天的中国，奉献无所不在，无时不有。人民警察用生命守护万家灯火，让中国被外媒评价为最有安全感的国度，这是奉献；一位位大国工匠日夜攻关、奋战一线，使“中国创造”一次次惊艳世界，这是奉献；无数快递小哥们穿梭于广袤的城乡，用汗水浇灌着数字经济的参天大树，这也是奉献。对于党员干部来说，奉献集中体现了中国共产党人的不变初心；对于社会成员而言，奉献不是痛苦和丧失，而是善意和美德的升华。党员干部带头讲奉献，就能高扬“信仰的力量”，激励更多人在奋斗中体味快乐，在付出中收获甘甜，并由此远离精神困顿、道德焦虑和价值迷失。

肩负新使命、踏上新征程，亟待我们激荡新气象、奉献新作为。立党为公、忠诚为民的奉献精神，从来都不是空泛的、抽象的。“如果你是一滴水，你是否滋润了一寸土地？如果你是一线阳光，你是否照亮了一分黑暗？如果你是一粒粮食，你是否哺育了有用的生命？如果你是一颗最小的螺丝钉，你是否永远地坚守着你生活的岗位？”实现“富强民主文明和谐美丽”的现代化强国目标，解决发展不平衡不充分的问题，需要豪情万丈的干劲，更离不开点点滴滴的付出。

20 世纪 50 年代，建成后的川藏公路被称为“世界公路灾害的百科全书”，建设者中有个传奇人物叫张福林，在检查爆破炮眼时被巨石砸中后不幸去世。人们在他的挎包里发现一本日记和五包菜籽，“我要把幸福的种子撒在西藏高原，让它生根、开花、结果”。凭着一股奉献精神，“天路”不断向远处延伸，花开四季。今天，站立在 960 万平方公里的广袤土地上，弘扬立党为公、忠诚为民的奉献精神，我们党就能凝聚起同心筑梦的磅礴伟力，让通往人民美好生活的道路四通八达。

（作者为《人民日报》评论员，原载《人民日报》2017 年 12 月 8 日）

不忘初心　牢记使命　永远奋斗

《求是》评论员

习近平总书记在党的十九大报告中，开宗明义地昭告了这次大会的主题："不忘初心，牢记使命，高举中国特色社会主义伟大旗帜，决胜全面建成小康社会，夺取新时代中国特色社会主义伟大胜利，为实现中华民族伟大复兴的中国梦不懈奋斗。"这一主题，鲜明地向世人宣示了我们党在新时代举什么旗、走什么路、以什么样的精神状态、担负什么样的历史使命、实现什么样的奋斗目标的重大问题，是对当前和今后一个时期党和国家工作提出的总要求，是向全党全国各族人民吹响的前进号角。学习贯彻党的十九大精神，必须深刻理解、牢牢把握这个主题。

在新中国成立特别是改革开放以来我国发展取得的重大成就基础上，党的十八大以来党和国家事业发生历史性变革，我国发展站到了新的历史起点上，中国特色社会主义进入新时代。越是在这样的情况下，我们越是要不忘初心、牢记使命。正如习近平总书记所指出的："走得再远、走到再光辉的未来，也不能忘记走过的过去，不能忘记为什么出发。"为中国人民谋幸福，为中华民族谋复兴，就是中国共产党人的初心和使命，成为激励中国共产党人不断前进的根本动力。从中国共产党成立之日起，就把实现共产主义作为党的最高理想和最终目标，义无反顾肩负起实现中华民族伟大复兴的历史使命，团结带领人民进行了艰苦卓绝的斗争，谱写了气吞山河的壮丽史诗。在98年波澜壮阔的历史进程中，我们党团结带领人民找到了一条以农村包围城市、武装夺取政权的正确革命道路，完成了新民主主义革命，建立了中华人民共和国，实现了中国从几千年封建专制政治向人民民主的伟大飞跃；我们党团结带领人民完成社会主义革命，确立社会主义基本制度，推进社会主义建设，完成了中华民族有史以来最为广泛而深刻的社会变革，为当代中国一切发展进步奠定了根本政治前提和制度基础，实现了中华民族由近代不断衰落到根本扭转命运、持续走向繁荣富强的伟大飞跃；我们党团结带领人民进行改革开放新的伟大革命，破除阻碍国家和民族发展的一切思想和体制障碍，开辟了中国特色社会主义道路，使中国大踏步赶上时代，创造了人类社会发展史上惊天动地的发展奇迹，迎来了中华民族从站起来、富起来到强起来的伟大飞跃，迎来了实现中华民族伟大复兴的光明前景。

不忘初心，方得始终。为什么中国共产党会始终成为领导中国革命、建设、改革事业的核心力量，能够完成近代以来各种政治力量不可能完成的艰巨任务？究其原因，就在于我们党始终保持建党时中国共产党人的奋斗精神，始终保持对人民的赤子之心。正如习近平总书记所说，只有不忘初心、牢记使命、永远奋斗，才能让中国共产党永远年轻。唯有不忘初心，方可告慰历史、告慰先烈，方可赢得民心、赢得时代，方可善作善成、一往无前。98 年来，我们党始终不忘初心、牢记使命、永远奋斗，坚定理想信念宗旨，坚定人民立场，与人民风雨同舟、生死与共，始终保持同人民群众的血肉联系，始终保持艰苦奋斗的作风。正是由于我们党在长期的实践中确立了全心全意为人民服务的根本宗旨，坚持群众路线，坚持以人民为中心的发展理念，着力实现好、维护好、发展好最广大人民根本利益，始终保持了同人民群众的血肉联系，我们党才经受住各种艰难困苦和风险挑战的考验，创造出革命、建设和改革的恢宏业绩，使具有 5000 多年悠久文明史的中华民族告别贫穷和落后，全面迈向现代化，中华文明在现代化进程中焕发出新的蓬勃生机与活力；使具有 500 年历史的社会主义思想在世界上人口最多的国家成功开辟出具有高度现实性和可行性的正确道路，让科学社会主义在 21 世纪焕发出新的蓬勃生机；使具有近 70 年历史的新中国建设取得举世瞩目的成就，在短短 30 多年里摆脱贫困并跃升为世界第二大经济体，一个充满生机与活力的社会主义新中国巍然屹立于世界的东方。正如习近平总书记指出：“九十六年来，为了实现中华民族伟大复兴的历史使命，无论是弱小还是强大，无论是顺境还是逆境，我们党都初心不改、矢志不渝，团结带领人民历经千难万险，付出巨大牺牲，敢于面对曲折，勇于修正错误，攻克了一个又一个看似不可攻克的难关，创造了一个又一个彪炳史册的人间奇迹。”因此，全党同志一定要永远与人民同呼吸、共命运、心连心，永远把人民对美好生活的向往作为奋斗目标，以永不懈怠的精神状态和一往无前的奋斗姿态，继续朝着实现中华民族伟大复兴的宏伟目标奋勇前进。

铭记党的奋斗历程时刻不忘初心，担当党的崇高使命矢志永远奋斗。今天，我们比历史上任何时期都更接近、更有信心和能力实现中华民族伟大复兴的目标。同时，行百里者半九十。中华民族伟大复兴，绝不是轻轻松松、敲锣打鼓就能实现的。党的十九大从党和国家事业发展全局高度和长远角度，确定了决胜全面建成小康社会、开启全面建设社会主义现代化国家新征程的目标，描绘了夺取新时代中国特色社会主义伟大胜利的宏伟蓝图，进一步指明了党和国家事业的前进方向。2020 年，将全面建成小康社会，实现第一个百年奋斗目标。2035 年，将基本实现社会主义现代化，我们党原来提出的“三步走”战略的第三步将提前 15 年实现。本世纪中叶，将把我国建设成富强民主文明和谐美丽的社会主义强国。中华民族伟大复兴的无比光明的前景展现在我们面前，中国特色社会主义道路无比广阔的时代舞台在我们脚下铺就。我们必须登高望远、居安思危，勇于变革、勇于创新，永不僵化、永不停滞，排除万难去争取胜利。要从最坏处着眼，做最充分的准备，朝好的方向努力，争取最好的结果。当前全面建成小康社会已进入决胜期。决胜就是冲锋号，就是总动员。不管任务多么繁重艰巨，我们都要举全党全国之力，如期实现全面建成小康社会。要坚持创新、协调、绿色、开放、共享的发展理念，紧扣我国社会主要矛盾变化，统筹推进“五位一体”总体布局，协调推进“四个全面”战略布局，坚定实施科教兴国战略、人才强国战略、创新驱动发展战略、乡村振兴战略、区域协调发展战略、可持续发展战略、军民融合发展战略，突出抓重点、补短板、强弱项，特别是要打好防范化解重大风险、精准脱贫、污染防治的攻坚战，确保全面建成小康社会得到人民认可、经得起历史检验，为新时代党和国家事业开启新征程、续写新篇章奠定坚实基础。

“只有不忘初心、牢记使命、永远奋斗，才能让中国共产党永远年轻。”党的十九大闭幕仅一周，习近平总书记带领中央政治局常委专程瞻仰上海中共一大会址和浙江嘉兴南湖红船，回顾建党历史，再望奋斗历程，重温入党誓词，阐明“红船精神”，这一系列活动宣示了新一届中央领导集体的坚定政治信念，凝聚起全党担当使命、矢志奋斗的磅礴力量。我们坚信，有以习近平同志为核心的党中央坚强领导，有习近平新时代中国特色社会主义思想指引，有全党全国各族人民团结一心、苦干实干，中华民族伟大复兴的巨轮就一定能够乘风破浪、胜利驶向光辉的彼岸。

（原载《求是》2017 年 11 月 30 日）

大力弘扬“红船精神”　永不懈怠一往无前

何苏鸣　金春华　丁谨之等

秀水泱泱，红船依旧；时代变迁，精神永恒。

党的十九大闭幕仅一周，中共中央总书记、国家主席、中央军委主席习近平带领中共中央政治局常委李克强、栗战书、汪洋、王沪宁、赵乐际、韩正，于2017年10月31日专程从北京前往上海和嘉兴，瞻仰上海中共一大会址和南湖红船，回顾建党历史，重温入党誓词，宣示新一届党中央领导集体的坚定政治信念。

小小红船承载千钧，播下了中国革命的火种，开启了中国共产党的跨世纪航程。回望96年波澜壮阔的光辉历程，学习贯彻习近平南湖重要讲话精神，浙江广大党员干部热血沸腾、备受鼓舞。

大家纷纷表示，习近平总书记带领中央政治局常委集体瞻仰中共一大会址和南湖红船，为全党上了一堂生动深刻、直抵灵魂的党课。“红船精神”凝结着我们党的初心，体现着我们共产党人的价值追求，在新时代的伟大征程上，我们要大力弘扬“红船精神”，不断从中汲取前进的动力，认真开展“不忘初心、牢记使命”主题教育，始终保持谦虚谨慎、不骄不躁的作风，不断激发创新创业活力、不断增强迎难而上勇气、不断凝聚敢做善成伟力，切实把“红船精神”体现到永不懈怠的精神状态和一往无前的奋斗姿态上，落实到各项工作上。

开天辟地、敢为人先的首创精神，坚定理想、百折不挠的奋斗精神，立党为公、忠诚为民的奉献精神。红船边，浙江儿女阔步走进新时代，奋力开启新征程，昂扬续写新篇章。

不忘初心　坚定信念：“红船精神”是中国革命精神之源，是党的先进性之源，具有超越时空的恒久价值和旺盛生命力

南湖上静静停泊的红船，寄托着共产党人的初心，承载着共产党人的使命，是共产党人的精神家园。

“现场聆听了习近平总书记的重要讲话，对我而言，是一堂终生难忘的党课，提醒我永远不能忘记共产党人的初心和使命。”回忆一天前的点滴，负责全程现场讲解的南湖革命纪念馆讲解员袁晶依旧心潮澎湃。

红船见证了中国共产党人初心凝结、升华的历史一刻，也见证了中国共产党人今天的进取与坚守。袁晶记得，2006 年 6 月 28 日，南湖革命纪念馆就是由习近平同志亲自奠基，并在 2011 年纪念建党 90 周年前夕落成开放的。

“一直以来，习近平总书记对南湖红船十分关注。在这次重要讲话中，他又指出，我们党从这里诞生，从这里出征，从这里走向全国执政，这里是我们党的根脉。”在袁晶看来，习近平总书记此行是一次初心之旅，昭示着中国共产党人为人民谋幸福、为民族谋复兴的初心坚如磐石、历久弥新。

“瞻仰不仅是为了纪念，更是告诉我们，不管走多远都不能忘了为什么而出发。”有着 23 年党龄的杭州西湖风景名胜区资产经营集团有限公司党委副书记应满红，一字一句地学完了习近平总书记南湖重要讲话。

从上海到嘉兴，应满红发现，习近平总书记多次提到“初心”二字。“中国共产党人的初心和使命，就是为中国人民谋幸福，为中华民族谋复兴。这个初心和使命是激励中国共产党人不断前进的根本动力。只有不忘初心、牢记使命，才能让我们的党长盛不衰、枝繁叶茂。”应满红说。

在浙江工作期间，习近平同志曾高度凝练了“红船精神”，十九大刚刚闭幕，他再次在南湖边深情阐释“红船精神”，这一幕给嘉兴市中级人民法院助理审判员沈羽石留下了深刻印象：“结合时代特点大力弘扬‘红船精神’，让‘红船精神’永放光芒，这是习近平总书记对我们全体党员提出的新要求。”

“红船精神”凝结着中国共产党人的初心，体现共产党人的价值追求，在革命、建设、改革的不同历史时期始终发挥着精神明灯的重要作用，成为中国共产党劈波斩浪、奋勇前进的强大精神支柱。“新征程上，我将从‘红船精神’中汲取更多精神力量，为人民守护公平正义。”沈羽石说。

望着习近平总书记带领其他中共中央政治局常委同志面对党旗重温入党誓言的电视画面，诸暨市陶朱街道三都二村选调生村官蒋晓雯，既备受鼓舞，又深感责任重大：“正如习近平总书记所说，入党誓词字数不多，记住并不难，难的是终身坚守。”

参加乡镇工作刚满一年，尽管任务重、难度大，但蒋晓雯信心十足。“作为青年党员，我会把入党誓言刻在心中，时时对照，不断锤炼党性，始终坚定理想信念，秉持全心全意为人民服务的根本宗旨，多听、多看、多学、多做，主动走到群众中去，了解他们的所思所想所盼，发挥年轻干部优势，积极投身乡村振兴战略的生动实践，努力让老百姓的日子越过越好。”

“只有不忘初心、牢记使命、永远奋斗，才能让中国共产党永远年轻。这一系列活动宣示了新一届中央领导集体的坚定政治信念，为全体党员树立了榜样，凝聚起全党担当使命、矢志奋斗的磅礴力量，同时也让我备受教育。”从事党务工作满 30 年的省质量技术监督局机关党委专职副书记陈锦寿说。

党的十九大，吹响了新时代推进中国特色社会主义伟大事业的嘹亮号角。事业发展永无止境，共产党人的初心永远不能改变。陈锦寿表示：“下一步，我将按照十九大报告的要求，把坚定理想信念作为党的思想建设的首要任务，教育引导机关党员牢记党的宗旨，挺起共产党人的精神脊梁，解决好世界观、人生观、价值观这个‘总开关’问题，自觉做共产主义远大理想和中国特色社会主义共同理想的坚定信仰者和忠实实践者。”

赓续精神　汲取动力：当好学懂弄通、深学笃用习近平新时代中国特色社会主义思想的排头兵

从南湖红船上寻找光明的摆渡人，到烽火硝烟中挺立脊梁的主心骨，

再到驾驭世界第二大经济体的领航员，在这条前后相续的道路上，“红船精神”始终凝聚着我们党的初心，在不同时期始终发挥着精神明灯的重要作用，成为我们党劈波斩浪、奋勇前进的强大精神支柱。不忘初心、牢记使命，就要赓续精神力量，从党的光辉历史中汲取源源不断的前进动力。

人间万事出艰辛，一切美好梦想的实现，都需要强大的精神激励。仙居县委书记林虹说，回望峥嵘岁月，正是在“红船精神”的丰碑指引、激励下，我们党带领亿万人民群众实现了从站起来、富起来到强起来的一次次历史性飞跃。“从‘红船精神’到长征精神，从大庆精神到载人航天精神……一脉相承的精神谱系，我们党在百年激荡中凝聚起砥砺奋进的强大精神力量。”仙居是一片有着光荣革命传统的热土，“红船精神”传承至今。赓续精神力量，汲取前进动力，近年来，仙居积极践行绿水青山就是金山银山的理念，将“红色基因”融入绿色发展，不断创造出新业绩。

青年兴则国家兴，青年强则国家强，习近平总书记在十九大报告中对青年提出殷切期许。理想指引人生方向，信念决定事业成败，精神力量对青年成长成才尤为重要。“遥想南湖当年，也正是一群意气风发的青年，中流击水，挥斥方遒，为黑暗中的中国找寻到光明。”反复品读习近平总书记在南湖的重要讲话，共青团宁波市北仑区委书记吴盈盈表示，中国特色社会主义进入新时代，当代青年是实现“两个一百年”宏伟奋斗目标的见证者、建设者、主力军，“对青年而言，赓续精神力量最有力的方式，就是咬定青山、一以贯之地跟党走，把无悔的奋斗嵌入成长当中，用年轻的臂膀将‘红船精神’的火炬举得更高、更稳，让青春的气息使‘红船精神’的火焰燃得更旺、更久。”

伟大时代呼唤伟大精神，伟大精神激励伟大事业。义乌市委常委、公安局局长詹肖冰说，十九大报告为我们指明了新时代前进的方向，习近平总书记南湖重要讲话，振奋了党心民心，催人奋进，“在新时代的伟大征程上，我们大力弘扬‘红船精神’，不断从中汲取前进的动力。”

今年，义乌市公安局首次获得“全国优秀公安局”称号，这份荣誉的背后，是压力也是动力。“义乌公安更需要拉高标杆、更高站位谋思路，更踏实地干工作，以此为新起点，坚持问题导向、民本导向，推动各项公安事业跨越式发展。”詹肖冰说。

省委统战部副巡视员杨卫敏说，习近平总书记发表的南湖重要讲话，向全党全军全国各族人民作出了不忘初心、牢记使命的郑重宣示，必将推动全国上下把智慧和力量凝聚到落实党的十九大确定的目标任务上来，夺取新时代中国特色社会主义伟大胜利。

杨卫敏表示，当前和今后一个时期，全省统一战线要把学习贯彻习近平南湖重要讲话精神与学习贯彻党的十九大精神紧密结合起来，始终坚持以习近平新时代中国特色社会主义思想为指导，大力弘扬“红船精神”，发挥统一战线优势和作用，凝聚共识、凝聚智慧、凝聚力量，为推动我省“两个高水平”建设作出新贡献。

在新征程上，结合时代特点大力弘扬“红船精神”等宝贵精神财富，浙江的党员干部充满信心与力量，奋力谱写新时代中国特色社会主义浙江篇章。

砥砺前行　善作善成：保持永不懈怠的精神状态和一往无前的奋斗姿态，不断把党和人民事业推向前进

事业发展永无止境，奋进脚步永不停歇。习近平总书记南湖重要讲话，让湖州市吴兴区委副书记、区长陈江深受鼓舞，“中央政治局常委同志集体瞻仰中共一大会址和南湖红船，是一种激励、一种鞭策。我们要结合时代要求，大力弘扬‘红船精神’，奋力走好新时代的长征路。”

“党的十九大擘画了党和国家事业发展的宏伟蓝图。我们要永远把人民对美好生活的向往作为奋斗目标，以永不懈怠的精神状态和一往无前的奋斗姿态，继续朝着实现中华民族伟大复兴的宏伟目标奋勇前进。”陈江说。吴兴区地处长江三角洲中心位置，地理位置优越，陈江表示，“我们要紧抓要素、创新、人才，紧扣改革、稳定、民生大事，提升群众获得感、幸福感、安全感，以扎扎实实的工作业绩，来体现学习贯彻党的十九大精神成果。”

改革开放永无止境没有完成时。十九大报告指出，只有改革开放才能发展中国、发展社会主义、发展马克思主义。

"习近平总书记发表的南湖重要讲话，向全党全军全国各族人民作出了不忘初心、牢记使命、永远奋斗的郑重宣示。我们要大力弘扬'红船精神'，不断从中汲取前进的动力。"省"最多跑一次"改革办公室、省编办主任鞠建林说，"'最多跑一次'改革，就是以人民为中心发展思想的浙江探索和实践。目前，改革已取得初步成效，从相关第三方评估报告和群众满意度调查来看，企业和群众的获得感有了明显提升。同时，改革也进入了攻坚阶段，剩下的都是难啃的硬骨头。我们要有翻篇归零、扬帆起航的心态，以党的十九大精神为指引，进一步深化'最多跑一次'改革，在群众最渴望解决、最难办的事情上寻找突破，以'最多跑一次'改革撬动各方面各领域改革，开创浙江全面深化改革新局面。"

"我们一定要牢记使命，坚持全心全意为人民服务的根本宗旨。"绍兴上虞区东关街道南阳社区党总支书记韩伟强说，社区是党和政府传递、落实政策和了解民情的最基层，是服务群众的最前沿，"十九大报告指出，要抓住人民最关心最直接最现实的利益问题，一件事情接着一件事情办，一年接着一年干。作为一名基层党员干部，我们更要时刻保持奋斗姿态，大兴实干之风，更好为社区居民服务。"

韩伟强说："服务群众无止境。基层党组织要得人心，得民心。党始终同人民想在一起，干在一起。这是我们基层党组织工作的标杆，也是我们今后开展工作要遵循的准则。今后，我们将继续努力，着力营造一个服务全面、环境优美、秩序优良、人际关系融洽的和谐新社区，促使社区工作质量和工作效率再上新台阶。"

"习近平总书记带领中共中央政治局常委瞻仰中共一大会址和南湖红船，让我深受教育、深感振奋。中国共产党为什么能够赢得民心？为什么能够善作善成、一往无前？答案就在于不忘初心、牢记使命、不懈奋斗。"丽水市城市管理行政执法局开发区分局副局长姚银刚深有感触地说。

姚银刚说，我们要不断完善工作理念和方式方法，不断提高服务群众的能力和水平，在全面建设社会主义现代化国家新征程上，牢记自己的使命和职责，千方百计解决好群众关心的身边事。

忠诚核心　紧跟领袖：坚定不移维护习近平总书记核心地位，是我们从胜利走向胜利最根本的保证

万山磅礴必有主峰，龙衮九章但挈一领。确立和维护全党核心，关乎旗帜道路方向，关乎党运国脉军魂。

习近平总书记发表的南湖重要讲话，向全党全军全国各族人民作出了不忘初心、牢记使命的郑重宣示。浙江党员干部纷纷表示，中国共产党的领导地位是历史的选择、人民的选择，习近平总书记在全党的核心地位也是历史的选择、人民的选择。我们必须把忠诚核心、拥戴核心、维护核心作为最大的政治，牢固树立"四个意识"，坚定自觉地维护以习近平同志为核心的党中央权威和集中统一领导，坚定自觉地同以习近平同志为核心的党中央保持高度一致。

"走得再远都不能忘记来时的路。党的目标是实现中华民族伟大复兴的中国梦，我们必须认真学习习近平新时代中国特色社会主义思想，坚定不移沿着领袖和核心指引的光辉道路走下去。"省政协机关党委专职副书记叶良说，我们要把学习贯彻习近平南湖重要讲话精神与学习贯彻党的十九大精神紧密结合起来，要把讲忠诚、守忠诚、践忠诚作为最大的政治，真正在思想上紧跟核心、情感上紧贴核心、行动上紧随核心，严守政治纪律、政治规矩，维护党中央权威和集中统一领导，要切实做到以习近平新时代中国特色社会主义思想武装头脑、指导实践、推动工作，服务助力政协事业创新发展，以实际工作成果来检验学习贯彻十九大精神的成效。

浙江是中国革命红船的起航地，是中国改革开放的先行地，也是习近平新时代中国特色社会主义思想的重要萌发地。

省人大常委会办公厅综合处处长肖鹏青说："以习近平同志为核心的党中央领导党和全国各族人民取得了历史性成就。坚定不移维护习近平总书记核心地位，是我们从胜利走向胜利最根本的保证。我们一定要以更深的感情维护核心，以更努力的工作推动发展，以更优良的作风干事创业，努力在学习贯彻十九大精神上干在实处、走在前列、勇立潮头，坚持和完善人民代表大会制度，坚持党的领导、人民当家作主、依法治国有机统

一，把十九大精神贯彻落实到人大各项工作中，使人大工作紧扣新时代新使命新任务，当好坚定不移维护习近平总书记核心地位的排头兵。"

10 月 31 日，武警金华支队官兵学习党的十九大精神，阔步迈向改革强军新时代。

学习贯彻党的十九大精神，最关键一条就是要忠诚核心拥戴领袖。"我们要从党的建设和组织工作实际出发，把习近平新时代中国特色社会主义思想作为最高指引，全面对表对标，全方位贯彻到选干部、打基础、聚人才各项工作中去，教育党员干部真正树起忠诚领袖和核心的精神丰碑。"省委党建办副主任、省委组织部办公室副主任杨州说，"要忠贞维护领袖权威，把维护以习近平同志为核心的党中央权威和集中统一领导作为最高原则，通过强化教育功能、管理功能、导向功能，引导广大党员干部筑牢'四个意识'。要大力弘扬'红船精神'和浙江精神，高水平谋划开展十九大精神集中轮训、推进'两学一做'学习教育常态化制度化和'不忘初心，牢记使命'主题教育，着力提高党的建设质量，努力交出新时代组织工作的优异答卷。"

2017 年 11 月 1 日下午，省纪委宣传部党支部和网络中心党支部联合开展主题党日活动，专门学习了习近平南湖重要讲话精神，面对着鲜红的党旗，重温入党誓词。"习近平总书记带领中央政治局常委集体瞻仰中共一大会址和南湖红船，对中国共产党始终坚持进行伟大的自我革命，具有十分重要的历史性意义。这再次证明，核心至关紧要。”省纪委网络中心主任张丽雁说。

张丽雁表示，“我们必须把忠诚核心、拥戴核心、维护核心作为最大的政治，不断增强‘四个意识’，特别是核心意识、看齐意识，深刻学习领会习近平新时代中国特色社会主义思想的精髓与内涵，更好地用这一当代中国最鲜活的马克思主义武装头脑、指导实践、推动工作，为清廉浙江建设营造良好舆论氛围。”

“只要我们团结一心、苦干实干，就一定能乘风破浪……从小船一直划到巨轮上，驶向光辉的彼岸。”听，南湖边，习近平总书记的谆谆教诲，正迎来5600万浙江儿女的铿锵回答——不忘初心、牢记使命、永远奋斗！

（作者为《浙江日报》记者，原载《浙江日报》2017年11月2日）

弘扬伟大精神　推动伟大实践

核心要义

一、“红船精神”的时代价值和实践意义

精神是一种主观形态，传承与弘扬“红船精神”，不仅在于要将“红船精神”内化于心，更要外化于行。当代的实践就是中国特色社会主义伟大实践，就是中华民族伟大复兴中国梦的追求，就是新时期党的建设的伟大事业。21世纪以来，浙江的中国特色社会主义伟大实践以及浙江党的建设伟大事业都取得了显著的成就，其中充满着“红船精神”的传承与弘扬。在新的实践中，继续传承和弘扬“红船精神”，就是要把浙江的中国特色社会主义实践以及浙江党的建设伟大事业继续推向前进，始终干在实处、走在前列，在全国率先并高水平全面建成小康社会。

伟大的实践产生伟大的精神，伟大的精神引领伟大的实践。“红船精神”的产生源于当时的革命实践，“红船精神”的当代价值和现实意义也只能到实践中去寻找。这个实践在当代就是中国特色社会主义现代化建设的伟大事业，就是中华民族伟大复兴的中国梦，就是新时期党的建设新的伟大工程。

（一）“红船精神”的当代实现形式是中国特色社会主义伟大实践

马克思主义理论首要的基本的观点就在于实践。坚持和发展马克思主义，不在于本本主义，不在于坐而论道，而在于勇于实践。“红船精神”之所以在20世纪20年代初形成，根本原因就在于当时中国的先进知识分子为了寻找实现民族独立、国家富强的道路所开展的革命实践。因此，“红船精神”自诞生之日起，就是民族独立、国家富强道路的探索和革命实践。中国共产党人通过长期不屈的创造与探索、奋斗与奉献，终于领导中国人民实现了新民主主义革命的胜利，完成了新中国的建立和社会主义制度的确立，为探索中国特色社会主义道路奠定了基础。可以说，“红船精神”存在的第一种形态即历史形态已经完成了使命。今天，中国共产党

正领导中国人民深入开展改革开放，推进中国特色社会主义现代化建设的新的伟大实践，在新的实践中传承与弘扬“红船精神”，就是要坚定不移地把中国特色社会主义伟大实践推向前进，将“红船精神”融入新实践中去。换言之，“红船精神”第二种形态即当代形态就是中国特色社会主义理论及其伟大实践。推进中国特色社会主义伟大实践是“红船精神”最重要的时代价值。

中国特色社会主义伟大实践作为“红船精神”的当代形态有多方面的表现。首先，中国特色社会主义伟大实践是开天辟地、敢为人先的首创精神的当代形态表现。纵观世界各国，其发展道路，最具代表性的是英美国家所走过的资本主义发展道路，但这条道路实际上是以殖民主义和资本原始积累为代价的道路，对于社会主义的中国来说不可取；再就是苏联的道路，虽然能快速实现工业化，但不可持续，已经被历史所证明是一条走不通的道路。中国特色社会主义道路的开创，就是以一种首创精神走出一条人类历史上从未走过的崭新发展道路。其次，中国特色社会主义伟大实践是坚定理想、百折不挠的奋斗精神的当代形态表现。中国特色社会主义事业自开创以来，取得的巨大成就，不是靠坐等，更不是靠恩赐，而是靠中国共产党和中国人民30多年来的艰苦奋斗。在这个过程中，我们形成了载人航天精神、抗震救灾精神、北京奥运精神，这都是“红船精神”的当代形态的具体体现。再次，中国特色社会主义伟大实践是立党为公、忠诚为民的奉献精神的当代形态表现。中国共产党带领人民开创中国特色社会主义伟大事业的过程中，其所为之奋斗的一切，都没有自己的私利，党所做的一切，都是为了尽快让人民富裕起来，让国家富强起来。从孔繁森、郑培民、牛玉儒，到杨善洲、沈浩，这些党的好干部都是把自己的一切奉献给中国特色社会主义事业，奉献给人民，鞠躬尽瘁死而后已，他们身上所体现的都是“红船精神”的当代形态。坚持“红船精神”，就是要正确认识到这种精神在当代的新的形态，也就是要坚定中国特色社会主义道路，投身于中国特色社会主义伟大实践当中去。

在中国特色社会主义理论体系的伟大创新和中国特色社会主义伟大实践的奋斗中弘扬“红船精神”，具有极其重要的实践意义。首先，“红船精神”有助于进一步坚定前进道路。推进中国特色社会主义伟大事业，就必须坚持走中国特色社会主义道路，而这条道路的开辟，追根溯源正是来自于“红船精神”。在红船开启的航程上，中国共产党人找到了适合中国国情的革命道路，找到了适合中国国情的改革发展之路。90余年奋斗的历程证明，只有社会主义才能救中国，只有中国特色社会主义才能发展中国。面对国际共产主义运动处于低谷的现状，面对对外开放所带来的西方思潮的干扰，面对国内各种复杂的形势，都必须更加坚定信念，破除一切干扰，既不走封闭僵化的老路，也不走改旗易帜的邪路，始终沿着中国特色社会主义道路前进。其次，“红船精神”有助于进一步凝聚各方力量。中国共产党从最初的五十几个人，到后来的几十万人、几百万人再到今天的八千余万名党员，一直都是靠着马克思主义及其中国化的理论成果来凝聚党心、凝聚人心的，“红船精神”是共产党人在寻找马克思主义过程中所体现出来的精神，作为革命精神之源，理所应当地成了凝聚中国共产党人的精神支柱。在利益结构分化、思想结构多元的新形势新情况下，必须继续以开拓创新的精神去赢得各个社会阶层群众的信任，以艰苦奋斗的精神去赢得广大人民的信服，以无私奉献的精神去赢得各族人民的敬佩。再次，“红船精神”有助于进一步提供精神动力。悉数中国共产党90余年奋斗的精神历程，这所有的精神，追根溯源都有着一个共同的源头，就是“红船精神”。“红船精神”集中体现了党的先进性，正是靠着这种先进性，才会在伟大的实践中凝聚起爱国的精神，汇聚成充满时代气息的精神；正是靠这种先进性，精神才能得到不断延续，一脉相承下去。“问渠哪得清如许，为有源头活水来”，在实现“两个一百年”目标的新征程中，只有依靠“红船精神”所提供的强大精神动力，才能推动我们不断开创中国特色社会主义事业新局面。“红船精神”是新民主主义革命开始阶段所形成的革命精神，它作为一种革命精神，为中国共产党开创开天辟地的大事业提供了精神支撑作用，今天，我们传承与弘扬这种革命精神，仍然需要把它作为一种精神支撑，以此投身到中国特色社会主义伟大实践当中去。在加快推进经济转型升级、在社会主义民主政治发展、在社会主义先进文化建设、在社会主义和谐社会建设、在社会主义生态文明建设过程中，无论出现再大的困难，我们都没有任何理由因为问题的出现或意志消退，或裹足不前，而是要通过弘扬“红船精神”，通过首创、奋斗和奉献来不断解决这些问题，从而推动中国特色社会主义事业不断从胜利走向胜利。

（二）“红船精神”的当代价值取向是推进中华民族伟大复兴中国梦的实现

中华民族伟大复兴是近代以来中国人民最伟大的梦想。中华民族在几千年的历史长河中，创造了光辉灿烂的古代文明，曾长期走在世界前列。但自 19 世纪以来，没落腐朽的封建王朝，没能适应快速工业化的近代世界，开始迅速落后于西方资本主义国家，并逐渐沦为一个半殖民地半封建社会。中华民族经历了前所未有的屈辱，祖先所创造的荣光在西方的坚船利炮下黯然失色。面对千年以来民族所从未有过之危机，一批又一批仁人志士在“睁眼看世界”的呐喊声中开始探求救亡图存、民族振兴的道路。自 1840 年以来，为实现民族独立和民族复兴，无数人为之奋斗。但奋斗自会有艰辛，救亡必会有牺牲。在漫长的奋斗过程中，有的人沉沦了，有的人迷失了，有的人放弃了，没有能够为实现民族独立之梦而坚定地走下去。地主革新派发出了呼喊，但他们没有为自己的呼喊而舍身奋斗；太平天国的领袖们有过奋斗，但他们的奋斗才刚刚开始，就沉迷于权力的自我陶醉中；洋务运动派在“师夷长技以制夷”的口号声中开启了所谓的奋斗，但是奋斗在封建势力的反对下、西方列强的压制中归于失败；维新派也曾为梦想而奋斗，但鲜血无情地击碎了他们的梦想；革命党人在黄花岗起义、武昌起义的隆隆炮声中浴血奋斗，但辛亥革命后袁世凯窃国、北洋军阀的黑暗统治，让他们对自身的奋斗之路也充满了迷茫。五四时期，中国人在反思，条条道路皆不通，中国究竟向何处去？如何寻找到一条能够实现民族复兴梦的正确道路，成为 20 世纪初中国人最大的困惑，早日实现民族伟大复兴，成为 20 世纪初中国人最大的期待。中国共产党带给中国人民实现民族复兴伟大梦想的希望，通过领导中国革命建立新中国，中国人民从此站立起来了；通过领导社会主义建设和改革，中国人民从此富裕起来了。历史的发展不断地证明，中国人民从未像今天这样接近中华民族复兴梦想的实现。

分析中华民族的伟大复兴中国梦，我们可以看到其中根本的价值追求体现在三个方面。一是在道路问题上，以什么样的道路实现民族复兴；二是在奋斗问题上，就是以什么样的精神状态去实现民族复兴；三是目的问题上，实现中华民族的伟大复兴最终目的是增进人民福祉。

实现中华民族的伟大复兴，首先要解决道路问题。中国近代的历史证明，道路和方向问题至关重要，否则，即使付出再多的努力和牺牲，也注定一事无成。因此，越是接近民族复兴的目标，越是要抬头看清楚道路，切不可浑浑噩噩，偏离了方向。中国人民用100多年的时间，在反复的失败和挫折中才找寻到了中国特色社会主义道路。我们必须坚持道路自信，任何时候都不能动摇，特别是在全球化高度发展的今天，绝不能被国内外一些人鼓吹的所谓西方模式、西方道路冲昏头脑，西方道路过去解决不了中国的问题，今天更加不能实现中国人的民族梦想，只会让我们误入歧途。其次，实现民族复兴，必须要坚持不懈地奋斗。中华民族之所以在历史上能够在相当长的时间里面昂首于世界民族之林，靠的就是中华民族特有的勤劳与智慧。今天，在中华民族奋起直追的进程中，奋斗也是我们不二的选择。通过奋斗，我们用世界7%的土地，养活了21%的人口，粮食自给率维持在95%以上。通过奋斗，我们从一个落后的国家，只用了短短60多年，成为一个步入工业化中期阶段和GDP世界第二位的国家。我们相信，只要通过不懈奋斗，中华民族一定能够实现民族复兴的伟大梦想。再次，实现民族复兴，必须要把握好发展的目的。中华民族的伟大复兴，绝不是要像世界上曾经某些强大起来的国家，国强必霸。中华民族复兴的目的，是让中国人民过上安定富足的生活，同时以自己的发展，对世界的发展做出力所能及的贡献，绝不会为了一己自私而强迫别国做己所不欲的事情。同时，中华民族复兴的目的，是要实现我们几千年来所向往的大同社会，实现人民的共同富裕、社会和谐，而绝不是两极分化、社会分裂与对立。

“红船精神”的价值取向正符合中华民族伟大复兴中国梦的价值要求。“红船精神”中的首创精神，反映的正是民族复兴走中国特色社会主义道路的坚定信念，体现了中国梦追求中马克思主义理想信念这一核心要求；“红船精神”中的奋斗精神，反映的正是中国共产党领导中国人民实现中华民族伟大复兴的坚强意志，体现了中国梦追求中爱国主义精神以及改革开放时代精神的重要特征；“红船精神”中的奉献精神，反映的正是中国共产党领导中国人民实现中华民族伟大复兴的最终目的和价值归宿，体现了中国共产党的先进性以及遵循执政规律这一根本立足点。

首先，实现中国梦需要开天辟地、敢为人先的首创精神。实现中国梦，就是要在一个13亿人口的大国全面建成小康社会进而实现现代化，这没有现成的路子可供选择，需要摸着石头过河。伴随着改革步入深水区，中国的发展面临着一系列的新情况新问题，只有转变发展方式，推进各方面体制改革，才能确保中国这艘巨轮继续稳步前行。中国共产党人没有任何理由可以躺在功劳簿上睡大觉，没有任何理由可以为取得的成绩而沾沾自喜，甚至故步自封、不思进取。僵化守旧没有出路，要勇于思考和分析经济社会发展当中出现的、人民群众所关心的诸多问题，以创造性的思维和手段去解决问题。只有保持创新的精神，党才能始终走在时代前列，带领13亿中国人去实现中国梦。

其次，实现中国梦需要坚定理想、百折不挠的奋斗精神。在实现中国梦的伟大历史征程中，我们既要看到已经取得的骄人成绩，但更要看到问题。传统粗放型的经济发展方式仍没能有效调整，高耗能、高污染的产业仍然在国民经济中占相当比重，环境问题、资源问题对经济发展的制约性越来越突出。从全国来看，虽然整体达到小康，但是按照联合国的标准，仍然有2亿人口处于贫困状态。这些问题都警示我们，全面建成小康社会乃至实现现代化的目标虽然美好，但现状和目标之间的差距依然较大，中国共产党和广大人民仍然需要付出极大的努力，没有任何理由去追求所谓的享受。全党必须继续保持艰苦奋斗的作风，特别是切实杜绝党内一些人出现的骄奢慵懒等现象，以艰苦奋斗的姿态和精神去实现中国梦。

最后，实现中国梦需要立党为公、忠诚为民的奉献精神。中国梦归根到底是人民的梦。中国共产党自建党之日起，就把一切献给了人民。在实现民族复兴的中国梦的今天，只有继续坚守我们党的这种奉献精神，才能打破既得利益格局的束缚，打消担心摔破坛坛罐罐的顾虑，才能真正破除一切阻碍改革和发展的障碍，才能真正做到发展为了人民，发展依靠人民，发展成果让人民共享。倘若没有奉献精神，固守既得利益，必然会丧失改革的动力和勇气，中国梦就会变得遥不可及；倘若没有奉献精神，执政党就会把人民赋予的权力变为工具，谋取私利，甚至把发展的成果窃为己有，必然失掉广大民心，中国梦就会蜕变为某些个人的私欲梦。

坚持和弘扬“红船精神”，从内涵上讲，是要发扬首创、奋斗和奉献精神；从价值取向上看，就是要实现中华民族伟大复兴的中国梦，当前弘扬“红船精神”就是要推进中华民族伟大复兴中国梦的实现，其中体现的就是“红船精神”的价值取向与中华民族伟大复兴中国梦内在要求的根本一致性。

（三）“红船精神”的当代内涵要求是实现全面从严治党

搞好中国的事情关键在中国共产党，这是历史的结论。中国革命的胜利关键在于中国共产党，中国的发展和改革的关键同样在于中国共产党。在一个十几亿人口的大国，从全面解决温饱问题到全面建成小康社会，这一历史重任，世所罕见、前所未有。中国的问题关键在党，这就要求中国共产党必须保持自身的先进性和纯洁性，不断提高党的执政能力，不断推进党的建设新的伟大工程，进一步全面从严治党，才能始终带领人民去实现民族复兴的伟大中国梦。因此，“红船精神”当代内涵要求的具体化正是新时期党的建设的伟大工程。

首先，推进党的建设新的伟大工程，实现全面从严治党，需要“红船精神”中所蕴含的忧患意识。“红船精神”的丰富内涵中鲜明体现了一种忧患意识。“红船精神”的形成，本身就是20世纪20年代前后中国早期共产主义分子所具有的一种对国家、对民族的强烈的忧患意识的产物。当时的中国，面对着的是千年以来民族所从未有过之危机，面对着的是一批批仁人志士前赴后继探求救亡图存、民族振兴的道路，但种种努力或归于失败，或半途而废的惨痛事实。诸路皆不通的后果，使1910年代的中国，已经近乎陷入了一种令国人绝望的境地中。中国最早的共产主义信仰者们，正是以一种强烈的忧患意识，在众人的绝望中做出了他们的选择。站在当时的历史环境下，他们所选择的道路并不为多数人所了解和接受。但他们之所以能够义无反顾地做出选择，靠的就是一种忧患意识。“红船精神”所蕴含的这种忧患意识，在当下，推进党的建设新的伟大工程的历史进程中具有十分重要的时代价值。中国共产党历经90余年的奋斗，取得了领导社会主义事业建设的巨大成绩，自身的建设同样成就斐然。从南湖畔成立时只有58人的小党，变成了今天拥有8000多万名党员的世界第一大党。但是，如果说在党的建设问题上是一味地躺在功劳簿和成绩单上睡大觉，就会重蹈苏联共产党的覆辙。必须要以一种忧患意识来看待当前党的建设所面临的诸多问题，特别是党所面临的长期执政的考验、改革开放的考验、市场经济的考验、外部环境的考验，党自身所存在的精神懈怠的危险、能力不足的危险、脱离群众的危险、消极腐败的危险。如果没有忧患意识，不能正视这些考验和危险，只是一味地看成绩，甚至纵容问题的出现，那么问题会愈加严重，甚至发展到不可收拾的地步。因此，推进党的建设新的伟大工程，首先就是要秉持一种忧患意识，常怀忧党之心，才能使党永葆生命力。

其次，推进党的建设新的伟大工程，实现全面从严治党，需要“红船精神”中所蕴含的使命意识。“红船精神”的丰富内涵中突出体现了一种使命意识。在中国共产党人之前，所有在中国的近现代政治舞台上粉墨登场的各个政治集团，之所以只能昙花一现，究其原因，很重要的一点就是他们缺乏一种为国家为民族奋斗的使命意识。他们的奋斗，或者维护的只是某个没落阶级的利益，或者蜕变为谋取个人和小集团私利，没有一种真正为人民担当的使命感，很快就会遭到人民抛弃。建党时的中国共产党人，以他们的学识、能力和家庭出身，完全能够在那个时代取得上流社会的身份，能够光耀门楣，能够富贵显达。但是他们为了民族的梦，为了大家的梦，抛弃自己家庭和私人的梦。他们之所以具有这样一种舍弃自我为国家的精神，正是因为他们面对民族和国家危亡有一种舍我其谁的使命意识，清楚地意识到这种使命的历史厚重。“红船精神”所彰显的这样一种使命意识，同样是今天推进党的建设新的伟大工程所必须具备的。推动党的建设，关键点和前提就是要解决好党的宗旨问题，入党为了什么，做党的领导干部又是为了什么。当前，党的建设中所暴露出来的一个很严重的问题，就是党内一部分人宗旨意识不强，缺乏使命意识，缺乏担当精神，出现了做人不实、谋事不实、创业不实的现象。做工作不是为人民群众，而是搞些花拳绣腿给上级看，敷衍百姓，甚至在党内搞团伙、拉帮结派，开展工作就是为了小集团利益，彼此之间搞利益交换。如果党内任由这种不实之风蔓延，各级党委、各级干部都缺乏对党和人民的事业负责的使命意识，而是敷衍塞责，遇到困难就击鼓传花，则党的事业就会陷入“假大空”的恶性循环中。因此，当前推进党的建设，就是要着力解决好宗旨问题，树立好使命意识，才能够在工作中干在实处，取得实效。

再次，推进党的建设新的伟大工程，实现全面从严治党，需要“红船精神”中所蕴含的开拓意识。“红船精神”的丰富内涵集中体现了一种开拓意识。新文化运动期间，各种西方思潮在知识分子当中传播，都试图登上中国的历史舞台，实用主义、新村主义、基尔特社会主义、无政府主义等都鼓噪一时。在这各种西方思潮粉墨登场的喧嚣背后，以李大钊为代表的一批先进知识分子，没有人云亦云，而是冷静地分析和思考，科学地论证和研究，最终把目光投向了遥远的莫斯科，走俄式道路，接受马克思主义，成为他们最终的抉择。这集中体现了一种走在时代前列、勇于开拓进取的意识。90余年前的这种开拓意识，开启了中国共产党的历史征程，新的历史条件下推进党的建设新的伟大工程同样离不开这种开拓意识。推进党的建设新的伟大工程，是在新的历史条件下党的自身建设的必然要求。中国共产党历经90余年的发展，党情、国情和世情都已经发生了重大变化，党的建设必须认真对待和分析这些变化。如果不能够与时俱进地做出新判断，提出新思路，做出新部署，而是一味地困守传统手段，拘泥于传统思路，则党的建设必将与时代脱节。因此，在党的建设中能够始终秉持开拓意识，以创新的精神不断赋予党建新思路、构建新体制、引入新方法，关乎党的建设能否有效运转。尤其要注意的是，伴随着市场经济的深入发展，党员的结构与思想状况，党组织的建构模式，党员与组织的关系模式必然与过去计划经济体制下有很大不同，如果不能勇于开拓，构建起新的体制机制，则党的基层组织运转有可能陷入空转，基础不牢地动山摇，则必将危及党的执政地位。因此，新常态下推进党的建设，党建的传统法宝要继承和发扬，但如何以开拓进取的精气神来创新方式方法，创新党内治理模式，是必须要下大力气思考和解决的问题。

二、“红船精神”是推进中国特色社会主义伟大实践的精神动力

“红船精神”之所以在20世纪20年代初形成，根本原因就在于，当时中国的先进知识分子正在为了寻找实现民族独立、国家富强的道路开展革命实践。作为一种革命精神，它为中国共产党开创开天辟地的大事业提供了精神支撑。今天，我们传承与弘扬这种革命精神，仍然需要把它作为一种精神动力，将“红船精神”融入推进中国特色社会主义的伟大实践中去。

开天辟地、敢为人先的首创精神是“红船精神”的核心。“红船精神”体现了勇立时代潮头、善开风气之先、敢于争创一流的锐气和魄力，其实质是面对世界发展潮流而展现出的前所未有的勇于担当和变革创新的精神。90多年来，中国共产党之所以能够始终站在历史和时代发展的潮头，就在于掌握了马克思主义立场、观点和方法，敢于担起历史和时代的责任，不断推进实践创新和理论创新，不断开创马克思主义中国化的新境界。“‘红船精神’，一直激励和鼓舞着我们党坚持站在历史的高度，走在时代的前列，勇当舵手，引领航向，不断取得革命、建设和改革的一个又一个胜利。”①

摆在中国共产党面前的时代课题是：作为社会主义制度下的马克思主义执政党，如何治国理政，走出一条优越于资本主义的发展道路，实现中华民族伟大复兴的中国梦。党的十八大以来，以习近平同志为核心的党中央顺应时代要求，勇敢承担起时代赋予的历史使命，“始终把改革创新精

① 习近平：《弘扬“红船精神”　走在时代前列》，《光明日报》2005年6月21日。

神贯彻到治国理政各个环节”[1]。“四个全面”战略思想和“五大发展理念”，体现了对新的发展阶段基本特征的深刻洞悉，对社会主义本质要求和发展方向的科学把握，是我们党关于发展理论的新提升，是马克思主义与中国实践相结合的新飞跃，是中国特色社会主义理论体系的新发展。习近平指出：“实现梦想、应对挑战、创造未来，动力从哪里来？只能从发展中来、从改革中来、从创造中来。”[2]“在激烈的国际竞争中，惟创新者进，惟创新者强，惟创新者胜。”[3]在全面推进党的建设伟大工程和党领导的伟大事业中，我们仍然需要大力弘扬开天辟地、敢为人先的首创精神，切实担当起新的历史使命，不断推进实践创新和理论创新，开创马克思主义中国化的新境界。

坚定理想、百折不挠的奋斗精神是“红船精神”的支柱。“红船精神”体现了党始终站在历史和时代发展的前列，保持先进性和纯洁性，其实质是为了实现共产主义理想不断实践、不断奋斗、脚踏实地的实干精神。中国共产党从诞生之日起，就以坚定理想、百折不挠的奋斗精神，肩负起推动中国革命和建设事业的历史重任，使中华民族伟大复兴的中国梦有了一个新的历史起点。习近平指出：“坚定理想信念，坚守共产党人精神追求，始终是共产党人安身立命的根本。对马克思主义的信仰，对社会主义和共产主义的信念，是共产党人的政治灵魂，是共产党人经受住任何考验的精神支柱。”[4] 90多年来，正是无数中国共产党人为了中华民族的救亡图强和共产主义理想艰苦奋斗、无私奉献，才完成和推进了三件大事：一是完成了新民主主义革命，实现了民族独立、人民解放；二是完成了社会主义革命，确立了社会主义基本制度；三是进行了改革开放新的伟大革命，开

---

① 胡锦涛：《坚定不移沿着中国特色社会主义道路前进　为全面建成小康社会而奋斗》，《人民日报》2012年11月18日。

② 习近平：《让工程科技造福人类、创造未来——在2014年国际工程科技大会上的主旨演讲》，《人民日报》2014年6月4日。

③ 习近平：《在欧美同学会成立100周年庆祝大会上的讲话》，《人民日报》2013年10月22日。

④ 习近平：《紧紧围绕坚持和发展中国特色社会主义　学习宣传贯彻党的十八大精神》，《人民日报》2012年11月19日。

创、坚持、发展了中国特色社会主义。这三件大事，从根本上改变了中国人民和中华民族的前途命运，开启了中华民族伟大复兴的光明前景。党的十八大以来，面对新的世情、国情、党情，面对“四大考验”和“四大危险”，大力弘扬“红船精神”，对我们在社会主义市场经济体制下坚定理想信念，坚定共产主义政治信仰，坚定马克思主义和中国特色社会主义的理想信念，真正做到道路自信、理论自信、制度自信和文化自信，具有十分重要的意义。针对当下“告别革命”“告别理想”“告别崇高”等历史虚无主义论调，习近平提出“革命理想大于天”的重要论断，既是对于党在理想信仰问题上的重要回应，也是坚定理想、百折不挠奋斗精神的传承和弘扬。

坚定理想信念，坚守共产党人的精神追求，始终是共产党人安身立命的根本。“红船精神”时刻昭示我们“不忘初心，方得始终”。党的十八大以来，习近平多次强调要解决好世界观、人生观、价值观这个“总开关”问题。他指出，“理想信念坚定，骨头就硬，没有理想信念，或理想信念不坚定，精神上就会‘缺钙’，就会得‘软骨病’”①，“就可能导致政治上变质、经济上贪婪、道德上堕落、生活上腐化”②。习近平系列讲话中始终贯穿着“革命理想高于天”“永不动摇信仰”的思想红线，充满着对马克思主义、共产主义的坚定信仰，对中国特色社会主义的坚定信念，对党和人民事业必定胜利的坚定信心。

党的十八大以来先后开展的党的群众路线教育实践活动、“三严三实”专题教育、“两学一做”学习教育活动，目的就是使广大党员干部坚定理想信念，增强政治意识、大局意识、核心意识、看齐意识，其精神价值同“红船精神”的思想内核一脉相承。

立党为公、忠诚为民的奉献精神是“红船精神”的本质。“红船精神”彰显了马克思主义政党的性质和宗旨，是中国共产党同一切剥削阶级政党的根本区别所在，其实质是为共产主义崇高事业和最广大人民群众的根本

① 《习近平谈治国理政》，外文出版社 2014 年版，第 414 页。

② 中共中央宣传部编：《习近平总书记系列重要讲话读本》，学习出版社、人民出版社 2016 年版，第 106—107 页。

利益而不懈努力、敢于牺牲、为民服务的精神。“红船精神”第一次把中国共产党的核心价值观建立在忠诚为民的基础之上。中国共产党从成立之日起，就把为人民服务作为自己的最高原则，把代表工人阶级和全国各族人民的利益作为党的一切活动的出发点和落脚点，引领全国各族人民和衷共济、英勇奋斗。90 多年来，中国共产党始终载着红船的意愿，在推进中国革命、建设和改革的进程中，维护好、发展好、实现好最广大人民的根本利益。纵观人类社会发展史，世界上没有任何一个政党像中国共产党这样，始终把人民群众摆得最高、看得最重，始终与人民群众同甘共苦、鱼水情深，始终为人民群众披肝沥胆、鞠躬尽瘁。“红船精神”蕴含着我们党全心全意为人民谋利益的最高价值追求，也是我们党生存、发展和壮大的思想基础。

“坚持立党为公、执政为民，始终保持党同人民群众的血肉联系，是马克思主义政党与生俱来的政治品质和最高从政道德，是衡量党的先进性的根本标尺。”① 实现全人类的解放是马克思主义的价值旨归，立党为公、忠诚为民是马克思主义政党的价值逻辑，为民奉献是共产党人的价值追求，使人民过上幸福快乐的生活是中国共产党执政的价值逻辑。政党和政权的前途与命运最终取决于自身的建设，取决于人心向背。所以，党的一切工作必须以最广大人民的根本利益为最高标准，在任何时候、任何情况下，都必须坚持党的群众路线，与人民群众同呼吸、共命运的立场不能变，全心全意为人民服务的宗旨不能变，坚信群众是真正英雄的历史唯物主义观点不能丢。在推进党的建设伟大工程和推进党领导的伟大事业中，“不忘初心，方得始终。全国广大共产党员要始终在党爱党、在党为党，心系人民、情系人民，忠诚一辈子，奉献一辈子，以自己的实际行动，团结带领亿万人民为实现‘两个一百年’奋斗目标、实现中华民族伟大复兴的中国梦而共同奋斗”②。而“这也就集中体现了党的先进性，是党的先进性之源”③。

---

① 习近平：《弘扬“红船精神” 走在时代前列》，《光明日报》2005 年 6 月 21 日。
② 习近平：《在党爱党在党为党 忠诚一辈子奉献一辈子》，《人民日报》2015 年 7 月 2 日。
③ 习近平：《弘扬“红船精神” 走在时代前列》，《光明日报》2005 年 6 月 21 日。

三、“红船精神”是推进新时代党的建设新的伟大工程的重要法宝

中国革命的胜利关键在于中国共产党。这是历史的结论。中国的发展和改革的关键同样在于中国共产党，如何提高党的领导水平和执政水平，巩固党的执政地位，使党承担起实现中华民族伟大复兴的使命责任，是新时期党建的重要课题。这就要求中国共产党必须始终走在时代前列，保持自身的先进性和纯洁性，才能始终带领人民实现民族复兴的伟大中国梦。而“红船精神”正体现了其价值取向与党的建设新的伟大工程内在要求的一致性。

推进党的建设新的伟大工程需要“红船精神”中所蕴含的忧患意识。“红船精神”本身就是20世纪20年代前后中国早期共产主义分子对国家、对民族的强烈的忧患意识的产物。当时的中国，面对着的是几千年以来中华民族所从未有过的危机，面对着的是一批批仁人志士前仆后继探求救亡图存、民族振兴的道路，但种种努力，或归于失败，或半途而废。诸路皆不通的现实，使20世纪初的中国近乎陷入令国人绝望的境地。中国最早的共产主义者们，正是以一种强烈的忧患意识，在绝地中做出了他们的选择。其实，站在当时的历史环境下，他们所选择的道路并不为多数人所了解和接受，甚至一开始就面临着白色恐怖，就面临着清贫，就面临着满路荆棘。但他们之所以能义无反顾地做出选择，靠的就是一种深刻的忧患意识。

“红船精神”所蕴含的这种忧患意识，在当下推进党的建设新的伟大工程的历史进程中，具有十分重要的时代价值。中国共产党历经90余年的奋斗，取得了领导社会主义事业的巨大成绩，自身的建设同样成就斐然。从南湖畔成立时只有50多人的小党，变成了今天拥有8900多万名党员的世界第一大党。但是，在党的建设问题上，如果只是一味地躺在功劳簿和成绩单上睡大觉，就会重蹈苏联共产党的覆辙。必须以一种忧患意识来看

待当前党的建设所面临的诸多问题。习近平在十八届中共中央政治局第十六次集体学习时指出，我们共产党人的忧患意识，就是忧党、忧国、忧民意识，这是一种责任，更是一种担当。我们要切实增强忧患意识，深刻认识党面临的执政考验、改革开放考验、市场经济考验、外部环境考验的长期性和复杂性，深刻认识党面临的精神懈怠危险、能力不足危险、脱离群众危险、消极腐败危险的尖锐性和严峻性，全面推进党的建设新的伟大工程，主动把握发展机遇，积极应对各种挑战，切实巩固执政地位，在新的历史起点上坚持和发展中国特色社会主义。

推进党的建设新的伟大工程需要“红船精神”中所蕴含的使命意识。在中国共产党人之前，所有在中国的近现代政治舞台上粉墨登场的各个政治集团，之所以只能昙花一现，究其原因，很重要的一点就是他们缺乏一种为国家、为民族的使命意识，他们的奋斗，或者维护的只是某个没落阶级的利益，或者蜕变为谋取个人和小集团私利。没有一种真正为人民担当的使命感，很快就会遭到人民的抛弃。建党时的中国共产党人，以他们的学识、能力和家庭出身，完全能够在那个时代取得所谓上流社会的身份，能够光耀门楣，能够富贵显达。但是，为了民族的梦，为了大家的梦，他们敢于抛弃自己家庭和私人的梦。他们之所以具有这样一种舍弃自我为国家的精神，就是因为他们面对民族和国家危亡有一种舍我其谁的使命意识，他们清楚地意识到这种使命的历史厚重，清楚地认识到如果他们不肩负起这样的使命、不扛起走俄国道路的大旗，中国就有可能还要在黑暗中沉沦。

“红船精神”中所彰显的这样一种使命意识，同样是今天推进党的建设新的伟大工程所必须具备的。推动党的建设，关键点和前提就是要解决好党的宗旨问题，解决好“我是谁”“为了谁”“依靠谁”的问题。当前，党的建设中所暴露出来的一个严重问题，就是党内一部分人宗旨意识不强，缺乏使命意识，缺乏担当精神，出现了做人不实、谋事不实、创业不实的现象。少数党员干部理想信念动摇，是非观念淡薄，个人利益至上，物质欲望膨胀，为了个人和小团体利益不惜与民争利、违纪违法、贪污腐败，使党在人民群众中的形象受到极大损害，使党与人民群众的关系受到极大影响。当前推进党的建设，就是要竭力解决好宗旨问题，树立好使命意识，把对党的绝对忠诚作为根本政治要求和最重要的政治纪律，讲大局、守规矩、敢担当、勇作为，始终把人民放在心中的最高位置，永葆共产党人的政治本色，矢志不移地为党和人民的事业而奋斗。

推进党的建设新的伟大工程需要“红船精神”中所蕴含的开拓意识。新文化运动期间，各种西方思潮在知识分子当中广泛传播，都曾试图登上中国的历史舞台，实用主义、新村主义、基尔特社会主义、无政府主义等都鼓噪一时。就在这各种西方思潮粉墨登场的喧嚣背后，以李大钊为代表的一批先进知识分子，没有人云亦云，而是冷静分析和思考，科学论证和研究，最终把目光投向了遥远的莫斯科，接受马克思列宁主义，走俄式道路，成为他们最终的抉择，这集中体现了一种走在时代前列、勇于开拓进取的意识。

90多年前的这种开拓意识，开启了中国共产党的历史征程。新的历史条件下推进党的建设新的伟大工程，同样离不开这种开拓意识。推进党的建设新的伟大工程，是在新的历史条件下党的自身建设的必然要求。中国共产党历经90余年的发展，党情、国情和世情都已经发生了重大变化，党的建设必须认真对待和分析这些变化。如果不能够与时俱进地做出新判断、提出新思路、做出新部署，而是一味地困守传统手段、拘泥传统思路，则党的建设必将与时代脱节。因此，在党的建设中，始终秉持一种开拓意识，以创新精神不断赋予新思路、构建新体制、引入新方法，关乎党的建设能否有效运转。尤其要注意的是，伴随着市场经济的深入发展，党员的结构与思想状况、党组织的建构模式、党员与组织的关系模式必然与过去计划经济体制下有很大不同。如果不能勇于开拓，构建起新的体制机制，党的基层组织有可能陷入空转，必将危及党的执政地位。因此，在新常态下推进党的建设，既要继承和发扬党的优良传统和作风，也要以开拓进取的精神创新方式方法，创新党内治理模式。

习近平强调：“保持党的先进性和纯洁性，是我们党在改革开放和社会主义现代化建设进程中应对和经受住各种考验、化解和战胜各种危险的重要法宝。”[①] 我们党90多年的历史，是党领导中国人民不断赢得革命、建设、改革胜利的历史，也是党不断实现、保持、发展自己先进性和纯洁性的历史。历史经验表明，保持、发展先进性和纯洁性始终是马克思主义政党根本的思想政治任务，关系党的生死存亡和前途命运。“红船精神”作为党的先进性之源，是党的建设新的伟大工程的重要法宝。

四、实现中国梦必须弘扬“红船精神”

习近平顺应时代发展要求，提出了中国梦的战略思想，这既是对人民的庄严承诺，也是中华民族百年追梦理想的集中体现。作为中国共产党的建党精神，“红船精神”的产生，为实现中国梦注入了新的精神力量，孕育了新的希望，指明了新的方向。

（一）走好新时代的长征路需要永葆首创精神

人无精神则不立，国无精神则不强。精神是一个民族赖以生存的灵魂，唯有精神上达到一定的高度，这个民族才能在历史的洪流中屹立不倒、奋勇向前。

早在新中国成立前夕，毛泽东就告诫我们：“夺取全国胜利，这只是万里长征走完了第一步。”新中国成立后，经过艰苦摸索和曲折实践，我们开启了改革开放新时代，迈上了建设中国特色社会主义新长征之路。

历史是不断向前的，要达到理想的彼岸，就要沿着我们确定的道路不断前进。每一代人有每一代人的长征路，每一代人都要走好自己的长征路。今天，我们这一代人的长征，就是要实现“两个一百年”奋斗目标、实现中华民族伟大复兴的中国梦。

“红船精神”是中国早期马克思主义者在建党实践中形成的伟大革命精神，集中体现了中国共产党的建党精神，是中国革命精神之源，昭示着中国共产党人的初心。“红船精神”是激励我们党顽强奋斗、不断发展壮大的精神动力，是我们党立党兴党、执政兴国的宝贵精神财富，要在走好

① 习近平：《扎实做好保持党的纯洁性各项工作》，《求是》2012年第6期。

新时代的长征路上，不断赋予其新的时代内涵、绽放新的时代光芒。

今天的长征同当年的红军长征相比，同改革开放以来我们已经走过的新长征之路相比，虽然在环境、条件、任务、力量等方面有一些差异甚至有很大不同，但都是具有开创性、艰巨性、复杂性的事业。弘扬“红船精神”，走好新时代的长征路，需要永葆开天辟地、敢为人先的首创精神。

1. 永葆首创精神决胜全面建成小康社会

改革开放之初，邓小平首先用小康来诠释中国式现代化，明确提出到20世纪末“在中国建立一个小康社会”的奋斗目标。在全党全国各族人民共同努力下，这个目标在20世纪末如期实现，人民生活总体上达到小康水平。在这个基础上，党的十六大提出21世纪头20年全面建设惠及十几亿人口的更高水平的小康社会的奋斗目标。到2020年国内生产总值和城乡居民人均收入比2010年翻一番，全面建成惠及十几亿人口的小康社会。

实现这个目标是实现中华民族伟大复兴中国梦的关键一步。全面小康，覆盖的领域要全面，是“五位一体”、全面进步。全面小康社会要求经济更加发展、民主更加健全、科教更加进步、文化更加繁荣、社会更加和谐、人民生活更加殷实。要在坚持以经济建设为中心的同时，全面推进经济建设、政治建设、文化建设、社会建设、生态文明建设，促进现代化建设各个环节、各个方面协调发展，不能长的很长、短的很短。要按照十六大、十七大、十八大提出的全面建成小康社会各项要求，紧扣我国社会主要矛盾变化，统筹推进经济建设、政治建设、文化建设、社会建设、生态文明建设，坚定实施科教兴国战略、人才强国战略、创新驱动发展战略、乡村振兴战略、区域协调发展战略、可持续发展战略、军民融合发展战略，突出抓重点、补短板、强弱项，特别是要坚决打好防范化解重大风险、精准脱贫、污染防治的攻坚战，使全面建成小康社会得到人民认可、经得起历史检验。

我们必须清醒看到，如期全面建成小康社会，既具有充分条件，也面临艰巨任务，前进道路并不平坦，诸多矛盾叠加、风险隐患增多的挑战依然严峻复杂。如果应对不好，或者发生系统性风险、犯颠覆性错误，就会延误甚至中断全面建成小康社会进程。对此，全党同志必须做好充分的思想准备和工作准备，认清形势，坚定信心，继续顽强奋斗。

“知其事而不度其时则败。”尽管国际国内环境发生了深刻复杂变化，但我国发展重要战略机遇期的重大判断没有改变。从国际看，世界政治经济形势总体上有利于维护世界和平与发展大局，世界经济在深度调整中曲折复苏，全球治理体系深刻变革，国际力量对比趋向平衡，我国发展具有相对稳定的外部环境。从国内看，我国物质基础雄厚、人力资源丰富、市场空间广阔、发展潜力巨大，经济长期向好基本面没有改变。经济发展进入新常态，在增长速度不可避免换挡的同时，经济发展方式加快转变，经济结构不断优化，发展动力持续转换，改革开放释放出新的发展活力，良好发展态势可以保持。

《中共中央关于制定国民经济和社会发展第十三个五年规划的建议》在党的十六大以来确定的全面建成小康社会目标要求的基础上，根据新形势新情况，提出了今后5年全面建成小康社会新的目标要求。这些新的目标要求，连同党的十六大、十七大、十八大提出的目标要求，是我们对人民立下的军令状，必须全力以赴去实现。其中重点难点问题必须依靠我们充分发扬开天辟地、敢为人先的首创精神来予以解决。

第一，转方式，着力解决好发展质量和效益问题。特别要强调的是，进入全面建成小康社会决胜阶段，不是新一轮“大干快上”，不能靠粗放型发展方式、靠强力刺激抬高速度实现“两个翻番”，否则势必走到老路上去，那将会带来新的矛盾和问题。我们不仅要全面建成小康社会，而且要考虑更长远时期的发展要求，加快形成适应经济发展新常态的经济发展方式。这样，才能建成高质量的小康社会，才能为实现第二个百年奋斗目标奠定更为牢靠的基础。转方式调结构的基础动力在创新，要推动新技术、新产业、新业态蓬勃发展，瞄准世界科技前沿，形成一批重大创新成果，推进科技成果产业化，使创新成果变成实实在在的经济活动，形成新的产品群、产业群。

第二，补短板，着力解决好发展不平衡问题。全面小康，覆盖的领域要全面，是“五位一体”全面进步。比如，生态文明建设就是突出短板。

在30多年持续快速发展中，我国农产品、工业品、服务产品的生产能力迅速扩大，但提供优质生态产品的能力却在减弱，一些地方生态环境还在恶化。这就要求我们尽力补上生态文明建设这块短板，切实把生态文明的理念、原则、目标融入经济社会发展各方面，贯彻落实到各级各类规划和各项工作中。

让贫困人口和贫困地区同全国一道进入全面小康社会是我们党的庄严承诺。要动员全党全国全社会力量，坚持精准扶贫、精准脱贫，坚持中央统筹、省负总责、市县抓落实的工作机制，强化党政一把手负总责的责任制，坚持大扶贫格局，注重扶贫同扶志、扶智相结合，深入实施东西部扶贫协作，重点攻克深度贫困地区脱贫任务，确保到2020年我国现行标准下农村贫困人口实现脱贫，贫困县全部摘帽，解决区域性整体贫困，做到脱真贫、真脱贫。

第三，防风险，着力增强风险防控意识和能力。我们面临的重大风险，既包括国内的经济、政治、意识形态、社会风险以及来自自然界的风险，也包括国际经济、政治、军事风险等。我们必须把防风险摆在突出位置，"图之于未萌，虑之于未有"，力争不出现重大风险或在出现重大风险时扛得住、过得去。

需要注意的是，各种风险往往不是孤立出现的，很可能是相互交织并形成一个风险综合体。对可能发生的各种风险，各级党委和政府要增强责任感和自觉性，把自己职责范围内的风险防控好，不能把防风险的责任都推给上面，也不能把防风险的责任都留给后面，更不能在工作中不负责任地制造风险。要加强对各种风险源的调查研判，提高动态监测、实时预警能力，推进风险防控工作科学化、精细化，对各种可能的风险及其原因都要心中有数、对症下药、综合施策，出手及时有力，力争把风险化解在源头，不让小风险演化为大风险，不让个别风险演化为综合风险，不让局部风险演化为区域性或系统性风险，不让经济风险演化为社会政治风险，不让国际风险演化为国内风险。

2. 永葆首创精神夺取新时代中国特色社会主义伟大胜利

经过长期努力，中国特色社会主义进入了新时代，这是我国发展新的历史方位。中国特色社会主义进入新时代，意味着近代以来久经磨难的中华民族迎来了从站起来、富起来到强起来的伟大飞跃，迎来了实现中华民族伟大复兴的光明前景；意味着科学社会主义在21世纪的中国焕发出强大生机活力，在世界上高高举起了中国特色社会主义伟大旗帜；意味着中国特色社会主义道路、理论、制度、文化不断发展，拓展了发展中国家走向现代化的途径，给世界上那些既希望加快发展又希望保持自身独立性的国家和民族提供了全新选择，为解决人类问题贡献了中国智慧和中国方案。

中国特色社会主义进入新时代要求我们必须从理论和实践结合上系统回答并认真领会新时代坚持和发展什么样的中国特色社会主义、怎样坚持和发展中国特色社会主义。

第一，全党思想必须统一到习近平新时代中国特色社会主义思想上来。实践没有止境，理论创新也没有止境。习近平新时代中国特色社会主义思想是我们党坚持以马克思列宁主义、毛泽东思想、邓小平理论、“三个代表”重要思想、科学发展观为指导，坚持解放思想、实事求是、与时俱进、求真务实，坚持辩证唯物主义和历史唯物主义，紧密结合新的时代条件和实践要求，以全新的视野深化对共产党执政规律、社会主义建设规律、人类社会发展规律的认识，进行艰辛理论探索，取得的重大理论创新成果。

习近平新时代中国特色社会主义思想，是对马克思列宁主义、毛泽东思想、邓小平理论、“三个代表”重要思想、科学发展观的继承和发展，是马克思主义中国化最新成果，是党和人民实践经验和集体智慧的结晶，是中国特色社会主义理论体系的重要组成部分，是全党全国人民为实现中华民族伟大复兴而奋斗的行动指南，必须长期坚持并不断发展。

习近平新时代中国特色社会主义思想，明确坚持和发展中国特色社会主义，总任务是实现社会主义现代化和中华民族伟大复兴，在全面建成小康社会的基础上，分两步走在21世纪中叶建成富强民主文明和谐美丽的社会主义现代化强国；明确新时代我国社会主要矛盾是人民日益增长的美好生活需要和不平衡不充分的发展之间的矛盾，必须坚持以人民为中心的发展思想，不断促进人的全面发展、全体人民共同富裕；明确中国特色社会会主义事业总体布局是“五位一体”、战略布局是“四个全面”，强调坚定道路自信、理论自信、制度自信、文化自信；明确全面深化改革总目标是完善和发展中国特色社会主义制度、推进国家治理体系和治理能力现代化；明确全面推进依法治国总目标是建设中国特色社会主义法治体系、建设社会主义法治国家；明确党在新时代的强军目标是建设一支听党指挥、能打胜仗、作风优良的人民军队，把人民军队建设成为世界一流军队；明确中国特色大国外交要推动构建新型国际关系，推动构建人类命运共同体；明确中国特色社会主义最本质的特征是中国共产党的领导，中国特色社会主义制度的最大优势是中国共产党的领导，党是最高政治领导力量，提出新时代党的建设总要求，突出政治建设在党的建设中的重要地位。

世界每时每刻都在发生变化，中国也每时每刻都在发生变化，我们必须在理论上跟上时代，不断认识规律，不断推进理论创新、实践创新、制度创新、文化创新以及其他各方面创新。

第二，全党在各项工作中必须全面准确贯彻落实新时代坚持和发展中国特色社会主义的基本方略。坚持党对一切工作的领导。党政军民学，东西南北中，党是领导一切的。坚持以人民为中心。人民是历史的创造者，是决定党和国家前途命运的根本力量。坚持全面深化改革。只有社会主义才能救中国，只有改革开放才能发展中国、发展社会主义、发展马克思主义。坚持新发展理念。发展是解决我国一切问题的基础和关键，发展必须是科学发展，必须坚定不移贯彻创新、协调、绿色、开放、共享的发展理念。坚持人民当家作主。坚持党的领导、人民当家作主、依法治国有机统一是社会主义政治发展的必然要求。坚持全面依法治国。全面依法治国是中国特色社会主义的本质要求和重要保障。坚持社会主义核心价值体系。文化自信是一个国家、一个民族发展中更基本、更深沉、更持久的力量。坚持在发展中保障和改善民生。增进民生福祉是发展的根本目的。坚持人与自然和谐共生。建设生态文明是中华民族永续发展的千年大计。坚持总体国家安全观。统筹发展和安全，增强忧患意识，做到居安思危，是我们党治国理政的一个重大原则。坚持党对人民军队的绝对领导。建设一支听党指挥、能打胜仗、作风优良的人民军队，是实现“两个一百年”奋斗目标、实现中华民族伟大复兴的战略支撑。坚持“一国两制”和推进祖国统一。保持香港、澳门长期繁荣稳定，实现祖国完全统一，是实现中华民族伟大复兴的必然要求。坚持推动构建人类命运共同体。中国人民的梦想同各国人民的梦想息息相通，实现中国梦离不开和平的国际环境和稳定的国际秩序。坚持全面从严治党。勇于自我革命，从严管党治党，是我们党最鲜明的品格。

3. 永葆首创精神实现中华民族伟大复兴的中国梦

2012 年 11 月 29 日，习近平总书记在参观《复兴之路》展览时深情指出：“现在，大家都在讨论中国梦，我以为，实现中华民族伟大复兴，就是中华民族近代以来最伟大的梦想。”“中国梦的本质是国家富强、民族振兴、人民幸福。”

第一，实现中国梦必须坚持中国道路、弘扬中国精神、凝聚中国力量。“三个必须”是我们党团结带领人民实现中华民族伟大复兴中国梦的基本遵循。道路决定命运。实现中国梦必须走中国道路，这就是中国特色社会主义道路。习近平总书记指出：“中国特色社会主义这条道路来之不易，他是在改革开放 30 多年的伟大实践中走出来的，是在中华人民共和国成立 60 多年的持续探索中走出来的，是在对近代以来 170 多年中华民族发展历程的深刻总结中走出来的，是在对中华民族 5000 多年悠久文明的传承中走出来的，具有深厚的历史渊源和广泛的现实基础。”新时代，我们要增强对中国特色社会主义的道路自信、理论自信、制度自信、文化自信，坚定不移沿着正确的中国道路奋勇前进。

伟大梦想离不开伟大精神的支撑。实现中国梦必须弘扬中国精神，这就是以爱国主义为核心的民族精神和以改革创新为核心的时代精神。民族精神是把中华民族坚强团结在一起的精神力量，时代精神是激励我们在新时代与时俱进的精神力量，实现伟大梦想要求我们必须弘扬这种伟大的民族精神和时代精神，不断增强全民族心往一处想、劲往一处使的凝聚力，不断振奋全民族的精气神。

团结就是力量。实现中国梦必须凝聚中国力量，这就是全国各族人民大团结的力量。承载着人们希望的小小红船，如今已经变成承载着 13 亿多中国人民希望的巨轮。只要全党全国各族人民，团结一心，苦干实干，中华民族伟大复兴的巨轮就一定能够乘风破浪、奋勇前行。

第二，实现中国梦必须坚持和平发展合作共赢。习近平总书记指出："中国梦要实现国家富强、民族复兴、人们幸福，是和平、发展、合作、共赢的梦。""中国梦与中国人民追求美好生活的梦想是相连的，也是与各国人民追求和平与发展的美好梦想相通的。"实现中国梦必须有和平国际环境。没有和平，中国和世界不可能实现发展；没有发展，中国和世界也不可能长久和平。实现中国梦必须坚持合作共赢。经过改革开放40年的发展，中国综合国力显著提升，正如习近平总书记指出："中国这头狮子已经醒了，但这是一只和平的、可亲的、文明的狮子。"中国维护世界和平的决心不会改变；中国促进共同发展的决心不会改变；中国打造伙伴关系的决心不会改变；中国支持多边主义的决心不会改变。我们将始终坚持合作共赢。

第三，实现中国梦必须创造性地真抓实干。"真抓才能攻坚克难，实干才能梦想成真。"党的十九大综合分析国际国内形势和我国发展条件，提出了第二个百年奋斗目标的时间表和路线图。即在全面建成小康社会的基础上，分为两个阶段实现第二个百年奋斗目标。

第一个阶段，从2020年到2035年，在全面建成小康社会的基础上，再奋斗15年，基本实现社会主义现代化。到那时，我国经济实力、科技实力将大幅跃升，跻身创新型国家前列；人民平等参与、平等发展权利得到充分保障，法治国家、法治政府、法治社会基本建成，各方面制度更加完善，国家治理体系和治理能力现代化基本实现；社会文明程度达到新的高度，国家文化软实力显著增强，中华文化影响更加广泛深入；人民生活更为宽裕，中等收入群体比例明显提高，城乡区域发展差距和居民生活水平差距显著缩小，基本公共服务均等化基本实现，全体人民共同富裕迈出坚实步伐；现代社会治理格局基本形成，社会充满活力又和谐有序；生态环境根本好转，美丽中国目标基本实现。

第二个阶段，从2035年到21世纪中叶，在基本实现现代化的基础上，再奋斗15年，把我国建成富强民主文明和谐美丽的社会主义现代化强国。

到那时，我国物质文明、政治文明、精神文明、社会文明、生态文明将全面提升，实现国家治理体系和治理能力现代化，成为综合国力和国际影响力领先的国家，全体人民共同富裕基本实现，我国人民将享有更加幸福安康的生活，中华民族将以更加昂扬的姿态屹立于世界民族之林。

我们的愿景十分美好，但实现过程不可能一帆风顺、不可能一蹴而就。“宝剑锋从磨砺出，梅花香自苦寒来。”实现中国梦必须依靠我们真抓实干，依靠我们创造性地应对新情况、解决新问题。

（二）走好新时代的长征路需要永葆奋斗精神

不论是顺境还是逆境，中国共产党不断坚持真理，修正错误，从不动摇对马克思主义的信仰、对共产主义的信念，生动诠释了“坚定理想、百折不挠的奋斗精神”。走好新时代的长征路需要全党以坚定理想信念宗旨为根基，牢记共产主义远大理想，坚定中国特色社会主义共同理想，为实现“两个一百年”的奋斗目标，实现中华民族伟大复兴的中国梦永远奋斗。

1. 坚定理想信念

马克思主义是我们立党立国的根本指导思想。坚定理想信念，坚守共产党人精神追求，始终是共产党人安身立命的根本。对马克思主义的信仰，对社会主义和共产主义的信念，是共产党人的政治灵魂，是共产党人经受住任何考验的精神支柱。

长征胜利启示我们：心中有信仰，脚下有力量；没有牢不可破的理想信念，没有崇高理想信念的有力支撑，要取得长征胜利是不可想象的。走好新时代的长征路同样需要坚定理想信念。

第一，造就具有铁一般信仰的干部队伍。党的干部是党和国家事业的中坚力量。实现中华民族伟大复兴的中国梦，关键在于培养造就一支具有铁一般信仰、铁一般信念、铁一般纪律、铁一般担当的干部队伍。说到底就是要求共产党人坚定信仰，立根固本。我们共产党人的根本，就是对马克思主义的信仰，对共产主义和社会主义的信念，对党和人民的忠诚。立根固本，就是要坚定这份信仰、坚定这份信念、坚定这份忠诚，只有在立根固本上下足了功夫，才会有强大的免疫力和抵抗力。我们党面临的执政环境是复杂的，影响党的先进性、弱化党的纯洁性的因素也是复杂的，党内存在的思想不纯、组织不纯、作风不纯等突出问题尚未得到根本解决。党面临的执政考验、改革开放考验、市场经济考验、外部环境考验仍然具有长期性和复杂性，党面临的精神懈怠危险、能力不足危险、脱离群众危险、消极腐败危险仍然具有尖锐性和严峻性，要解决这些问题，就要求共产党人把牢世界观、人生观、价值观的“总开关”，坚定马克思主义的信仰、共产主义和社会主义的信念。

第二，人民有信仰，民族有希望，国家有力量。实现中华民族伟大复兴的中国梦，物质财富要极大丰富，精神财富也要极大丰富。我们要继续锲而不舍、一以贯之抓好社会主义精神文明建设，为全国各族人民不断前进提供坚强的思想保证、强大的精神力量、丰润的道德滋养。

一个国家、一个民族，要同心同德迈向前进，必须有共同的理想信念作支撑。必须坚持马克思主义，牢固树立共产主义远大理想和中国特色社会主义共同理想，培育和践行社会主义核心价值观，不断增强意识形态领域主导权和话语权，推动中华优秀传统文化创造性转化、创新性发展，继承革命文化，发展社会主义先进文化，不忘本来、吸收外来、面向未来，更好构筑中国精神、中国价值、中国力量，为人民提供精神指引。

第三，不忘初心，牢记使命，永远奋斗。事业的发展永无止境，共产党人的初心永远不能改变。

坚持不忘初心，就要坚持马克思主义的指导地位，不断推进马克思主义中国化；就要坚定共产主义远大理想和中国特色社会主义共同理想；就要坚信党的根基在人民、党的力量在人民，坚持一切为了群众，一切依靠群众，从群众中来，到群众中去，把党的正确主张变为群众的自觉行动。

坚持牢记使命，就要致力于为中国人民谋幸福、为中华民族谋复兴；就要坚持党的基本路线不动摇，不断把新时代中国特色社会主义伟大事业推向前进；就要以习近平新时代中国特色社会主义思想武装头脑，贯彻落实新时代坚持和发展中国特色社会主义的基本方略，不断把实现“两个一百年”奋斗目标推向前进。

坚持永远奋斗，就要杜绝产生一切贪图安逸、不愿继续艰苦奋斗的想法，就要杜绝产生一切骄傲自满、不愿继续开拓前进的想法，就要准备进行具有许多新的历史特点的伟大斗争，就要弘扬“红船精神”，在新的长征路上继续攻坚克难、奋勇前进。

唯有不忘初心，方可告慰历史、告慰前辈，方可赢得民心、赢得时代，方可善作善成、一往向前。只要全党全国各族人民，团结一心，苦干实干，中华民族伟大复兴的巨轮，就一定能够乘风破浪，胜利驶向光辉的彼岸！

2. 全面增强执政本领

政治路线确定之后，干部就是决定的因素。领导13亿多人的社会主义大国，我们党既要政治过硬，也要本领高强。

第一，增强学习本领。党的十八大提出了建设学习型、服务型、创新型马克思主义执政党的重大任务。把学习型放在第一位，是因为学习是前提，学习好才能服务好，学习好才有可能进行创新。党的十九大提出了在全党营造善于学习、勇于实践的浓厚氛围，建设马克思主义学习型政党，推动建设学习大国。从学习型政党到学习大国的提出，体现了新时代我们党高度的学习自觉。

“学者非必为仕，而仕者必为学。”新时代，党员干部要带头加强学习。我们的学习应该是全面的、系统的、富有探索精神的，既要抓住学习重点，也要注意拓展学习领域；既要向书本学习，也要向实践学习；既要向人民群众学习、向专家学者学习，也要向国外有益经验学习。学习有理论知识的学习，也有实践知识的学习。

第二，增强政治领导本领。中国共产党的领导是中国特色社会主义最本质的特征。党政军民学，东西南北中，党是领导一切的。党中央制定的理论和路线方针政策，是全党全国各族人民统一思想、统一意志、统一行动的依据和基础。

全党要坚持战略思维、创新思维、辩证思维、法治思维、底线思维，科学制定和坚决执行党的路线方针政策，把党总揽全局、协调各方落到实处。

第三，增强改革创新本领。改革是我们进行具有新的历史特点的伟大斗争的重要方面。创新是引领发展的第一动力，是建设现代化经济体系的战略支撑。改革创新本领是新时代党员干部必须具备的能力和素质。

全党要保持锐意进取的精神风貌，善于结合实际创造性推动工作，善于运用互联网技术和信息化手段开展工作。

第四，增强科学发展本领。实现“两个一百年”奋斗目标、实现中华民族伟大复兴的中国梦，不断提高人民生活水平，必须坚定不移把发展作为党执政兴国的第一要务，坚持解放和发展社会生产力，坚持社会主义市场经济改革方向，推动经济持续健康发展。党的十八届五中全会提出，实现“十三五”时期发展目标，破解发展难题，厚植发展优势，必须牢固树立并切实贯彻创新、协调、绿色、开放、共享的发展理念。党的十九大报告，更把“坚持新发展理念”作为新时代坚持和发展中国特色社会主义的基本方略之一，并强调要善于贯彻新发展理念，不断开创发展新局面。

第五，增强依法执政本领。“天下大事，不难于立法，而难于法之必行。”能不能做到依法治国，关键在于党能不能坚持依法执政，各级政府能不能依法行政。我们要增强依法执政意识，坚持以法治的理念、法治的体制、法治的程序开展工作，改进党的领导方式和执政方式，推进依法执政制度化、规范化、程序化。

党员干部要自觉提升法治观念、培养法治思维、提高法治能力、形成法治自觉，带头遵法学法守法用法。

第六，增强群众工作本领。改革开放40年的发展，人民群众的需求呈现日益多样化多层次多方面的特点，人民群众期盼有更好的教育、更稳定的工作、更满意的收入、更可靠的社会保障、更高水平的医疗卫生服务、更舒适的居住条件、更优美的环境、更丰富的精神文化生活。这一变化要求新时代服务群众的方式方法手段必须与时俱进，需要创新群众工作体制机制和方式方法，推动工会、共青团、妇联等群团组织增强政治性、先进性、群众性，发挥联系群众的桥梁纽带作用，组织动员广大人民群众坚定不移跟党走。

第七，增强狠抓落实本领。“空谈误国，实干兴邦。”有多大的担当才能干多大的事业，尽多大的责任才会有多大的成就。敢于担当、马上就办是党员干部的重要责任，要继承发扬“钉钉子”精神，要坚持说实话、谋实事、出实招、求实效，把雷厉风行和久久为功有机结合起来，勇于攻坚克难，以钉钉子精神做实做细做好各项工作。

第八，增强驾驭风险本领。社会是在矛盾运动中发展的，有矛盾就会有风险，有风险就要懂得驾驭。我们党要带领人民有效应对重大挑战、抵御重大风险，就必须健全各方面风险防控机制，善于处理各种复杂矛盾，勇于战胜前进道路上的各种艰难险阻，牢牢把握工作主动权。

3. 充分发挥党员的先锋模范作用

打铁必须自身硬。中国共产党是中国工人阶级的先锋队，同时是中国人民和中华民族的先锋队，是中国特色社会主义事业的领导核心，代表中国先进生产力的发展要求，代表中国先进文化的前进方向，代表中国最广大人民的根本利益。中国共产党党员是中国工人阶级的有共产主义觉悟的先锋战士，我们要用共产党员的标准严格要求自己。

第一，搞好自身建设。中国特色社会主义进入新时代，我们身负推进现代化建设、完成祖国统一、维护世界和平与促进共同发展三大历史任务，肩负全面建成小康、夺取新时代中国特色社会主义伟大胜利、实现中华民族伟大复兴的中国梦及实现人民对美好生活的向往的重任，这就要求党员必须锐意进取、埋头苦干，各项工作务必做好、务必严谨、务必成功、尽职尽责，出色地完成好应该完成的任务。

第二，做一个脱离低级趣味的人、高尚的人。新时期，对干部“德”的要求是，努力学习马克思列宁主义、毛泽东思想、邓小平理论、“三个代表”重要思想、科学发展观、习近平新时代中国特色社会主义思想，具有较高的理论水平、远大的共产主义理想和坚定的社会主义信念；坚决贯彻执行党的基本理论、基本路线、基本方略和各项方针政策，立志改革开放，献身现代化建设事业；努力实践党的全心全意为人民服务的宗旨，贯彻执行党的群众路线，密切联系群众，坚决维护人民群众的利益，清正廉洁，公道正派等。做一个高尚的人，榜样是谁呢？张思德、白求恩、焦裕禄、麦贤得，有历史的楷模，也有时代的楷模。这些人都是在普通的岗位上，但他们有一颗金子般发光的心。

第三，相信群众、相信党、相信组织。1954 年仲春，陈毅写了一首《七古·手莫伸》，其中强调："第一想到不忘本，来自人民莫作恶。第二想到党培养，无党岂能有所作？第三想到衣食住，若无人民岂能活？第四想到虽有功，岂无过失应惭怍。"陈毅的诗句带给我们无尽的思考，更警醒我们要积极投身到伟大事业中来，在新时代"两个一百年"奋斗目标中无私奉献，在各自工作岗位上作出的贡献也一定不比其他任何岗位上作出的贡献小，同样光荣、伟大。

（三）走好新时代的长征路需要永葆奉献精神

党的最高理想和最终目标是实现共产主义。中国共产党党员必须全心全意为人民服务，不惜牺牲个人的一切，为实现共产主义奋斗终身。全心全意为人民服务是党唯一的、根本的宗旨。首先，全心全意为人民服务是党同一切剥削阶级政党的根本区别。我们党从成立之初，就把全心全意为人民服务作为党一切工作的根本出发点。其次，全心全意为人民服务是马克思主义政党的本质属性。中国共产党 90 多年来进行的一切奋斗，归根到底都是为了最广大人民的利益。最后，全心全意为人民服务是中国共产党的全部理论和实践的真实写照。我们党历来坚持把全心全意为人民服务的宗旨作为加强党的建设的一项根本要求。中国共产党的发展史就是一部立党为公、忠诚为民的奉献史。走好新时代的长征路同样需要永葆立党为公、忠诚为民的奉献精神。

1. 增强"四个意识"，做到"两个维护"

2016 年 7 月 1 日，在庆祝中国共产党成立 95 周年大会上，习近平总书记在以往论述的基础上，再次强调："全党同志要增强政治意识、大局意识、核心意识、看齐意识，切实做到对党忠诚、为党分忧、为党担责、为党尽责。"

第一，旗帜鲜明讲政治。旗帜鲜明讲政治是我们党作为马克思主义政党的根本要求。党的政治建设是党的根本性建设，决定党的建设方向和效果，必须把党的政治建设摆在首位。全党同志特别是高级干部要加强党性锻炼，不断提高政治觉悟和政治能力，把对党忠诚、为党分忧、为党尽职、为民造福作为根本政治担当，永葆共产党人政治本色。一要增强政治意识。坚定正确的政治立场和政治方向；坚定崇高的理想信念；严守铁的政治纪律和政治规矩。二要注重提高政治能力。牢固树立政治理想，正确把握政治方向，坚定站稳政治立场，严格遵守政治纪律。

第二，增强大局意识。不谋万世者不足谋一时，不谋全局者不足谋一域。讲大局、顾大局是中国共产党的优良传统和政治优势。毛泽东曾指出：“共产党员必须懂得以局部需要服从全局需要这个道理。如果某项意见在局部的情形看来是可行的，而在全局的情形看来是不可行的，就应以局部服从全局。反之也是一样，在局部的情形看来是不可行的，而在全局的情形看来是可行的，也应以局部服从全局。这就是照顾大局的观念。”全党必须牢固树立高度自觉的全局意识，自觉从大局看问题，把工作放到大局中去思考、定位、摆布，做到正确认识大局、自觉服从大局、坚决维护大局。

第三，牢固树立核心意识。习近平总书记指出：“党是我们各项事业的领导核心，古人讲‘六合同风，九州共贯’，在当代中国，没有党的领导，这是做不到的。中央委员会，中央政治局，中央政治局常委会，这是党的领导决策核心。”广大党员要时刻在思想上政治上行动上同以习近平同志为核心的党中央保持高度一致，做到党中央提倡的坚决响应，党中央决定的坚决照办，党中央禁止的坚决杜绝。

第四，自觉践行看齐意识。1945 年，毛泽东在党的七大预备会议上强调指出：“我们要向中央基准看齐，向大会基准看齐。”毛主席很形象地以部队“喊看齐”为比喻，提出要向党中央看齐，向七大精神看齐。习近平总书记根据我党的历史经验，从当今的实际情况出发，提出了看齐意识。增强看齐意识，关键是政治上同向，思想上同心，行动上同步。政治上同向要求广大党员必须遵循党的政治路线，坚持以党的旗帜为旗帜、以党的意志为意志、以党的使命为使命，严守党的政治纪律和政治规矩，坚持在党爱党、在党言党、在党忧党、在党为党。思想上同心必须不断加强党的思想建设，不断夯实坚固的思想基础，特别要用习近平新时代中国特色社会主义思想武装全党，坚决与各种错误思潮做斗争。行动上同步要求全党在行动上高度一致，在贯彻党的路线方针政策的过程中，在执行党的决议、党章党规党纪、落实中央重大决策部署上，做到严肃认真，不搞变通，不打折扣。

第五，坚决做到“两个维护”。坚决维护习近平总书记党中央的核心、全党的核心地位，坚决维护党中央权威和集中统一领导，是每一个党组织、每一名党员的政治责任。“两个维护”是保证全党团结统一、步调一致，带领全国各族人民决胜全面建成小康社会、奋力夺取新时代中国特色社会主义伟大胜利的根本政治保证。新时代的党员干部想要在全面深化改革开放浪潮中有所作为，就必须坚决做到“两个维护”，始终保持对党忠诚、干净担当、迎难而上、扎实工作的良好作风，才能在新时代改革开放大潮中站稳脚跟，为党和国家事业贡献自身的全部力量。无论是哪个行业、哪个单位、哪个层级的党员干部都必须始终在政治立场、政治原则上同党中央保持高度一致，时刻以党的十九大决策部署和习近平总书记对本地区、部门和领域的要求检视自身行为是否符合新时代党员干部的要求，切实把“两个维护”落实到每一个党组织、每一名党员的一言一行和方方面面。新时代党员干部要坚决做到“两个维护”，必须毫不动摇地将“两个维护”层层传下去、层层提权威，牢固树立“四个意识”，坚定“四个自信”，自觉在思想上政治上行动上同以习近平同志为核心的党中央保持高度一致，为实现党的十九大描绘的宏伟蓝图，全面建成小康社会，全面建成社会主义现代化强国，不断实现人民对美好生活的向往而努力奋斗！

2. 坚定“四个自信”

有信心才有干劲。中国特色社会主义道路是实现途径，中国特色社会主义理论体系是行动指南，中国特色社会主义制度是根本保障，中国特色社会主义文化是力量之源，四者统一于中国特色社会主义伟大实践，是党领导人民在建设社会主义长期实践中形成的最鲜明特色。习近平总书记在庆祝中国共产党成立95周年大会上明确提出：“坚持不忘初心、继续前进，就要坚持中国特色社会主义道路自信、理论自信、制度自信、文化自信，坚持党的基本路线不动摇，不断把中国特色社会主义伟大事业推向前进。”

第一，坚定道路自信。中国特色社会主义道路，就是在中国共产党领导下，立足基本国情，以经济建设为中心，坚持四项基本原则，坚持改革开放，解放和发展社会生产力，建设社会主义市场经济、社会主义民主政治、社会主义先进文化、社会主义和谐社会、社会主义生态文明，促进人的全面发展，逐步实现全体人民共同富裕，建设富强民主文明和谐美丽的社会主义现代化国家。广大党员要坚信，中国特色社会主义道路是实现社会主义现代化的必由之路，是创造人民美好生活的必由之路。

第二，坚定理论自信。中国特色社会主义理论体系，就是包括邓小平理论、“三个代表”重要思想、科学发展观、习近平新时代中国特色社会主义思想在内的科学理论体系。中国特色社会主义理论体系，坚持和发展了马克思列宁主义、毛泽东思想，凝结了几代中国共产党人带领人民不懈探索实践的智慧和心血，是指导党和人民实现中华民族伟大复兴的正确理论。广大党员要坚信，中国特色社会主义理论体系是指导党和人民沿着中国特色社会主义道路实现中华民族伟大复兴的正确理论，是立于时代前沿、与时俱进的科学理论。

第三，坚定制度自信。中国特色社会主义制度，就是人民代表大会制度的根本政治制度，中国共产党领导的多党合作和政治协商制度、民族区域自治制度以及基层群众自治制度等基本政治制度，中国特色社会主义法律体系，公有制为主体、多种所有制经济共同发展的基本经济制度，以及建立在这些制度基础上的经济体制、政治体制、文化体制、社会体制等各项具体制度。广大党员要坚信，中国特色社会主义制度是当代中国发展进步的根本制度保障，是具有鲜明中国特色、明显制度优势、强大自我完善能力的先进制度。

第四，坚定文化自信。中国特色社会主义文化，源自于中华民族5000多年文明历史所孕育的中华优秀传统文化，熔铸于党领导人民在革命、建设、改革中创造的革命文化和社会主义先进文化，植根于中国特色社会主义伟大实践。文化自信，是更基础、更广泛、更深厚的自信。广大党员要弘扬社会主义核心价值观，弘扬以爱国主义为核心的民族精神和以改革创新为核心的时代精神，不断增强全党全国各族人民的精神力量。要引导干部群众从“红船精神”中汲取思想营养、寻求奋进力量，从自己做起、从现在做起，撸起袖子加油干。

3. 统揽“四个伟大”

事业的发展永无止境，共产党人的初心永远不能改变。90 多年来，共产党人的初心和使命从来没有改变过，即为中国人民谋幸福、为中华民族谋复兴。今天，我们比历史上任何时期都更接近、更有信心和能力实现中华民族伟大复兴的目标。但中华民族伟大复兴，绝不是轻轻松松、敲锣打鼓就能实现的。全党必须准备付出更为艰巨、更为艰苦的努力。在新的时代条件下，我们回应历史使命，作出进行伟大斗争、建设伟大工程、推进伟大事业、实现伟大梦想的最伟大的顶层设计。

第一，伟大梦想是立党为公、忠诚为民的充分体现。实现中华民族伟大复兴是近代以来中华民族最伟大的梦想。中国共产党一经成立，就把实现共产主义作为党的最高理想和最终目标，义无反顾肩负起实现中华民族伟大复兴的历史使命，团结带领人民进行了艰苦卓绝的斗争，谱写了气吞山河的壮丽史诗。从 28 年浴血奋战到建立中华人民共和国，中国共产党带领人民实现民族独立、人民解放、国家统一、社会稳定；从完成社会主义改造，确立社会主义基本制度到推进社会主义建设，中国共产党带领人民实现中华民族由近代不断衰落到根本扭转命运、持续走向繁荣富强的伟大飞跃；从勇于改革开放，开辟中国特色社会主义道路到今天的新时代，中国共产党带领人民锐意进取，使中国大踏步赶上时代。中国共产党 90 多年的发展史就是一部为伟大梦想不懈奋斗的奉献史。

第二，实现伟大梦想，必须进行伟大斗争。社会是在矛盾运动中前进的，有矛盾就会有斗争。全党要更加自觉地坚持党的领导和我国社会主义制度，坚决反对一切削弱、歪曲、否定党的领导和我国社会主义制度的言行；更加自觉地维护人民利益，坚决反对一切损害人民利益、脱离群众的行为；更加自觉地投身改革创新时代潮流，坚决破除一切顽瘴痼疾；更加自觉地维护我国主权、安全、发展利益，坚决反对一切分裂祖国、破坏民族团结和社会和谐稳定的行为；更加自觉地防范各种风险，坚决战胜一切在政治、经济、文化、社会等领域和自然界出现的困难和挑战。

第三，实现伟大梦想，必须建设伟大工程。历史和现实已经充分证明，没有共产党，就没有新中国；没有共产党，就没有中国特色社会主义和当代中国的发展进步。历史和人民选择中国共产党领导中华民族伟大复兴的事业是正确的，必须长期坚持、永不动摇。我们党正在深入推进党的建设新的伟大工程，伟大工程是实现伟大梦想的根本保证。新时代，党的建设给我们提出了明确要求：一是把党的政治建设摆在首位；二是用习近平新时代中国特色社会主义思想武装全党；三是建设高素质专业化干部队伍；四是加强基层组织建设；五是持之以恒正风肃纪；六是夺取反腐败斗争压倒性胜利；七是健全党和国家监督体系；八是全面增强执政本领。全党要更加自觉地坚定党性原则，勇于直面问题，敢于刮骨疗毒，消除一切损害党的先进性和纯洁性的因素，清除一切侵蚀党的健康肌体的病毒，不断增强党的政治领导力、思想引领力、群众组织力、社会号召力，确保我们党永葆旺盛生命力和强大战斗力。

第四，实现伟大梦想，必须推进伟大事业。实现伟大梦想，既不能走封闭僵化的老路，也不能走改旗易帜的邪路。伟大梦想只能依靠推进中国特色社会主义的伟大事业来实现。中国特色社会主义道路是实现社会主义现代化、创造人民美好生活的必由之路，中国特色社会主义理论体系是指导党和人民实现中华民族伟大复兴的正确理论，中国特色社会主义制度是当代中国发展进步的根本制度保障，中国特色社会主义文化是激励全党全国各族人民奋勇前进的强大精神力量。全党要更加自觉地增强道路自信、理论自信、制度自信、文化自信，保持政治定力，坚持实干兴邦，始终坚持和发展中国特色社会主义。理念是行动的先导。推进伟大事业必然要求全党将创新、协调、绿色、开放、共享的新发展理念落到实处。首先，广大党员要深刻感受新发展理念的真理力量；其次，对贯彻落实新发展理念进行科学设计和施工；再次，善于通过改革和法治推动贯彻落实新发展理念；最后，在贯彻落实新发展理念中及时化解矛盾风险。

五、坚定不移地用习近平新时代中国特色社会主义思想武装全党

党的十九大把习近平新时代中国特色社会主义思想确立为党的指导思想，具有划时代的重大意义。习近平总书记所作的党的十九大报告明确指出，要用新时代中国特色社会主义思想武装全党。我们要认真贯彻落实这一重大政治任务，大力加强思想建设和党员干部学习教育，迅速兴起学习贯彻习近平新时代中国特色社会主义思想的新高潮，推动全党深刻理解把握这一光辉思想的科学体系、精神实质、实践要求，更加自觉地同以习近平同志为核心的党中央保持高度一致，更加自觉地为实现党的历史使命而不懈奋斗。

（一）充分认识用习近平新时代中国特色社会主义思想武装全党的重大意义

思想建设是党的基础性建设。坚持以科学理论引领、用科学理论武装，是我们党永葆先进性、纯洁性的根本保证。习近平新时代中国特色社会主义思想，是马克思主义中国化最新成果，是党和人民实践经验和集体智慧的结晶，是中国特色社会主义理论体系的重要组成部分，是全党全国人民为实现中华民族伟大复兴而奋斗的行动指南，必须长期坚持并不断发展。深入学习贯彻这一光辉思想，对于统一思想认识、凝聚奋进力量、明确前进方向，更好地进行伟大斗争、建设伟大工程、推进伟大事业、实现伟大梦想，意义重大而深远。

（1）用习近平新时代中国特色社会主义思想武装全党，是坚持和发展中国特色社会主义的必然要求。中国特色社会主义是改革开放以来党的全部理论和实践的主题。习近平新时代中国特色社会主义思想，从理论和实践结合上系统回答了新时代坚持和发展什么样的中国特色社会主义、怎样坚持和发展中国特色社会主义这个重大时代课题，把我们党对中国特色社会主义本质和规律的认识提高到一个前所未有的高度，为我们坚持和发展

中国特色社会主义提供了基本遵循。现在，中国特色社会主义进入了新时代，党所处的历史方位和实践基础发生了深刻变化，面临许多新任务、新挑战。我们要深入学习贯彻习近平新时代中国特色社会主义思想，深刻理解、准确把握坚持和发展中国特色社会主义的总目标、总任务、总体布局、战略布局和发展方向、发展方式、发展动力、战略步骤、外部条件、政治保证，增强"四个意识"，坚定"四个自信"，以永不懈怠的精神状态和一往无前的奋斗姿态把中国特色社会主义不断推向前进。

(2) 用习近平新时代中国特色社会主义思想武装全党，是实现"两个一百年"奋斗目标、实现中华民族伟大复兴中国梦的必然要求。当前，我们正处在即将实现第一个百年奋斗目标并向第二个百年奋斗目标迈进的关键节点，比历史上任何时期都更接近实现中华民族伟大复兴的目标。同时也要看到，前进道路并不平坦，还需要时刻准备应对重大挑战、抵御重大风险、克服重大阻力、解决重大矛盾。科学理论是坚持正确方向、战胜艰难险阻的强大思想武器。只有加强学习，用习近平新时代中国特色社会主义思想武装起来，才能更加坚定实现宏伟蓝图的信心，不断增强克服困难的勇气，努力把理论学习成果转化为推动经济社会发展的科学决策和有效举措，不忘初心、继续前进，创造无愧于时代、无愧于人民、无愧于历史的新业绩。

(3) 用习近平新时代中国特色社会主义思想武装全党，是推动全面从严治党向纵深发展的必然要求。管党治党不仅关系党的前途命运，而且关系国家和民族的前途命运。党的十八大以来，以习近平同志为核心的党中央全面加强党的领导，推进全面从严治党，党的建设取得历史性成就，赢得了党心民心。但也要清醒地看到，解决党内存在的各种问题绝不是一朝一夕之功，党面临的"四大考验"和"四种危险"是长期的、复杂的、严峻的，全面从严治党永远在路上。习近平新时代中国特色社会主义思想，丰富和发展了马克思主义党建学说，为实现管党有方、治党有力、建党有效提供了科学指南。我们必须深入学习贯彻这一光辉思想，不断增强党要管党、从严治党的坚定性和自觉性，把管党治党的思路举措搞得更加科学、更加严密、更加有效，确保党始终成为中国特色社会主义事业的坚强领导核心。

（4）用习近平新时代中国特色社会主义思想武装全党，是建设高素质专业化干部队伍的必然要求。党的干部是推进党和国家事业的中坚力量。我们干部队伍的状况总体是好的，但信仰迷失、精神缺钙的问题，群众观念淡薄、思想作风不正的问题，眼界视野不宽、发展思路不清的问题，处理复杂情况能力不强、化解矛盾办法不多的问题等，在一些干部中还很突出。习近平新时代中国特色社会主义思想，是广大党员干部提升理论素养、增长工作本领的思想宝库，是改造主观世界和客观世界的锐利武器。学深悟透这一光辉思想，掌握蕴含其中的坚定信仰信念、鲜明人民立场、强烈历史担当、求真务实作风、勇于创新精神和科学思想方法，将会极大地帮助党员干部提升马克思主义思想觉悟和理论水平，挺直共产党人的精神脊梁，增强干事创业的专业化能力。

（二）坚持不懈用习近平新时代中国特色社会主义思想教育党员干部

革命理想高于天。共产主义远大理想和中国特色社会主义共同理想是共产党人的精神支柱和政治灵魂。坚定理想信念是党的思想建设的首要任务。用习近平新时代中国特色社会主义思想武装全党，是党员干部补钙壮骨、固本培元的基础工程。我们要切实增强政治责任感和历史使命感，采取有力措施，扎实抓好党员干部学习教育培训。

（1）坚持集中教育和经常性教育相结合，持续抓好全党习近平新时代中国特色社会主义思想学习教育。着眼于用习近平新时代中国特色社会主义思想武装头脑，按照中央统一部署，以县处级以上领导干部为重点，在全党开展“不忘初心、牢记使命”主题教育。要精心谋划、精心组织，聚焦主题、创新方式，通过专题学习、研讨交流、主题党课等形式，组织广大党员干部深入学习领会习近平新时代中国特色社会主义思想，进一步筑牢同以习近平同志为核心的党中央保持高度一致的思想根基，推动广大党员干部把忠诚核心、拥戴核心、维护核心的要求转化为思想自觉、党性观念、纪律要求、行为规范。要持之以恒抓好经常性学习教育，组织编写习近平新时代中国特色社会主义思想学习读本，把学习贯彻习近平新时代中国特色社会主义思想作为“两学一做”学习教育常态化制度化的主要内容，抓在经常、融入日常，推动党员干部真正学有所思、学有所悟、学有所获。

（2）坚持将习近平新时代中国特色社会主义思想作为中心内容，大力加强各类各级干部教育培训。紧跟党的理论创新步伐，抓好党的理论创新成果的学习，始终是干部教育培训第一位的任务。要把学习贯彻习近平新时代中国特色社会主义思想作为干部教育培训重中之重，作为各级党校、行政学院、干部学院主课，纳入培训计划和教学布局，办好重点班次，分类分级抓好干部理论武装。坚持读原著、学原文、悟原理，紧密联系党的十八大以来我们党实践探索和理论创新的光辉历程，把学习党的十九大精神同学习习近平总书记系列重要讲话结合起来，既从总体上把握习近平新时代中国特色社会主义思想的科学体系和思想精髓，又从各个领域深入理解其基本内涵和基本要求，增强学习贯彻的理论深度、实践力度和情感温度。加强理论教学骨干师资培养，组织开发精品课程教材，搭建理论学习网络平台，推动习近平新时代中国特色社会主义思想进课堂进教材进头脑。深入研究理论教育的特点和规律，探索新路径新办法，不断增强理论教育的吸引力感染力说服力。

（3）坚持抓好“关键少数”，充分发挥领导干部在学习贯彻习近平新时代中国特色社会主义思想中的示范引领作用。领导干部岗位重要、责任重大，在学习贯彻习近平新时代中国特色社会主义思想上要有更高的标准、更严的要求。要重点抓好集中轮训，分期分批把县处级以上领导干部培训一遍，确保全员覆盖、扎实有效。要发挥各级党委（党组）中心组理论学习的龙头作用，坚持理论性、突出针对性、讲求实效性，努力打造学习习近平新时代中国特色社会主义思想的“示范班”。各级领导干部要提高政治站位，以身作则、率先垂范，带着深厚的感情学、带着执着的信念学、带着实践的要求学，自觉做习近平新时代中国特色社会主义思想的坚定信仰者、忠实实践者。要切实承担起学习贯彻的领导责任，精心组织、加强指导，同党员干部一起学习交流、一起调查研究、一起谋划工作，帮助大家深刻理解习近平新时代中国特色社会主义思想的政治意义、理论意义、实践意义和方法论意义，准确把握基本观点、精神实质、核心要义，做到学而信、学而用、学而行。

（4）坚持建立健全教育培训制度，形成学习贯彻习近平新时代中国特色社会主义思想长效机制。习近平新时代中国特色社会主义思想是我们党必须长期坚持的指导思想。学习贯彻这一光辉思想是一个持续推进、不断深化的过程，既要靠政治自觉，也要靠制度保障。要坚持和完善干部脱产进修制度，制订新一轮领导干部5年脱产进修计划，精心组织选调干部参加党校、行政学院、干部学院脱产培训，全面系统学习习近平新时代中国特色社会主义思想。建立健全干部在职自学制度，鼓励和支持干部加强习近平新时代中国特色社会主义思想的学习。完善理论学习考核激励机制，强化述学、评学、考学措施，把学习贯彻习近平新时代中国特色社会主义思想情况作为考核领导班子和衡量领导干部思想政治素质的重要内容。

（三）把学习习近平新时代中国特色社会主义思想的成果体现在推动各方面工作中

理论的价值在于指导实践，学习的目的在于运用。要把学习成果体现在对习近平新时代中国特色社会主义思想的高度政治认同、思想认同上。广大党员干部要自觉用习近平新时代中国特色社会主义思想指导改造自己的主观世界，对照检视思想言行，解决好世界观人生观价值观这个“总开关”问题，坚定理想信念，牢记党的宗旨，提高政治能力，做到忠诚干净担当，自觉为实现共产主义远大理想和中国特色社会主义共同理想而努力奋斗。要把学习成果体现在决胜全面小康、夺取新时代中国特色社会主义伟大胜利的生动实践上。深刻理解和把握习近平新时代中国特色社会主义思想关于决胜全面小康、实现中国梦的新部署新要求，深刻理解和把握我们党所处的历史方位、我国社会主要矛盾和我国发展的阶段性特征，紧紧围绕统筹推进“五位一体”总体布局和协调推进“四个全面”战略布局，坚持以人民为中心的发展思想，以新发展理念为引领，推动经济社会持续健康发展，让人民群众有更多的获得感和幸福感。要把学习成果体现在全面深化改革、奋力攻坚克难的工作实绩上。以习近平新时代中国特色社会主义思想为指引，保持战略定力，树立问题导向，坚定必胜信心，敢于啃硬骨头、敢于涉险滩，坚决冲破不符合时代进步要求的思想观念束缚，坚决破除利益固化藩篱，坚决清除各方面体制机制障碍，努力在解决改革发展稳定的重大问题、人民群众反映强烈的突出问题上不断取得新突破。要把学习成果体现在全面从严治党、不断提高党的执政能力和领导水平上。深刻理解和把握习近平新时代中国特色社会主义思想对全面从严治党提出的总要求、作出的新部署、推出的新举措，以党的政治建设为统领，全面加强党的政治建设、思想建设、组织建设、作风建设、纪律建设，把制度建设贯穿其中，深入开展反腐败斗争，不断提高党的建设质量，把党建设得更加朝气蓬勃、坚强有力。

六、坚定不移地用习近平新时代中国特色社会主义思想武装全军

把习近平新时代中国特色社会主义思想确立为党必须长期坚持的指导思想，实现了党的指导思想的又一次与时俱进。这是党的十九大的一个重大历史贡献。用习近平新时代中国特色社会主义思想武装全军，是当前军队思想政治建设的首要任务，对于从新的历史起点出发，勠力同心实现中国梦强军梦具有重大意义。

（一）用习近平新时代中国特色社会主义思想武装全军教育官兵，是明确前进方向、凝聚磅礴力量，实现中国梦强军梦的根本思想保证

紧跟党的理论创新步伐的时代召唤。重视理论武装，把党的意志和主张贯注于军队，是党从思想上政治上建设和掌握军队的宝贵历史经验和重要建军原则。习近平新时代中国特色社会主义思想，是对马克思列宁主义、毛泽东思想、邓小平理论、“三个代表”重要思想、科学发展观的继承和发展，是马克思主义中国化最新成果，是党和人民实践经验和集体智慧的结晶，是中国特色社会主义理论体系的重要组成部分，是全党全国人民为实现中华民族伟大复兴而奋斗的行动指南。用习近平新时代中国特色社会主义思想武装全军，是紧跟党的理论创新步伐、把广大官兵的思想和意志聚合到党的旗帜下的必然要求，充分体现了人民军队矢志不渝听党话、跟党走的信仰信念，

筑就的是在新征程上有方向、有灵魂、有力量的根基。

党的指导思想与时俱进的真理召唤。我们党勇于推进实践基础上的理论创新，在回答重大时代课题中坚持真理、发展真理。党的十八大以来，习主席以马克思主义政治家的深刻洞察力、敏锐判断力和战略定力，把握时代大趋势，系统回答了新的历史条件下坚持和发展中国特色社会主义的一系列重大理论和实践问题，以全新视野深化了对共产党执政规律、社会主义建设规律、人类社会发展规律的认识。用习近平新时代中国特色社会主义思想武装全军，是深刻领悟党的创新理论的真理魅力和实践威力、让真理之光照亮强军兴军新征程的必然要求，从而凝聚起强军兴军的强大精神动力。

夺取复兴伟业新胜利的实践召唤。一个政党、一支军队要开拓未来，就一刻不能没有先进思想导航领向。党的十八大以来，以习近平同志为核心的党中央，紧紧围绕实现“两个一百年”的奋斗目标和中华民族伟大复兴的中国梦，提出一系列新理念新思想新战略，出台一系列重大方针政策，推动党、国家和军队各项事业取得了全方位、开创性的成就。习近平新时代中国特色社会主义思想，是中华民族复兴伟业的历史逻辑、理论逻辑和实践逻辑的贯通结合，是中国特色社会主义实践经验和发展规律的科学总结。用习近平新时代中国特色社会主义思想武装全军，是充分发挥党的理论创新指导和推动实践创新的巨大作用、努力建设创新型人民军队的必然要求，是我们提振创新精神，经受新考验、迎接新挑战，奋力实现新的宏伟目标的思想引领。

（二）要高度的政治自觉和政治担当，必须坚持用习近平新时代中国特色社会主义思想武装全军并自觉用于实践

坚定政治信仰这个根本。理论武装的根本是坚定对马克思主义的信仰。必须把坚定对习近平新时代中国特色社会主义思想的政治信仰作为理论武装的根本，带着对科学真理的执着追求学、对先进思想的真诚渴望学，以理论认同增进政治认同，更加坚定中国特色社会主义的道路自信、理论自信、制度自信、文化自信，始终在思想上政治上行动上同以习近平同志为核心的党中央保持高度一致；以理论清醒确保政治坚定，毫不动摇坚持党对人民军队的绝对领导的根本原则和制度，坚决维护权威、维护核心、维护和贯彻军委

主席负责制，一切行动听从党中央、中央军委和习主席指挥。

掌握理论体系这个核心。习近平新时代中国特色社会主义思想，是一个内涵丰富、思想深邃、逻辑严密的科学理论体系，包括新时代坚持和发展中国特色社会主义的总目标、总任务、总体布局、战略布局和发展方向、发展方式、发展动力、战略步骤、外部条件、政治保证等基本问题，涵盖了经济、政治、法治、科技、文化、教育、民生、民族、宗教、社会、生态文明、国家安全、国防和军队建设、“一国两制”和祖国统一、统一战线、外交、党的建设等各方面。其中最重要、最核心的内容就是十九大报告概括的“八个明确”。必须完整把握这一理论体系，全面地而不是片面地、系统地而不是零碎地理解把握其内在逻辑和思想精髓。联系党的十八大以来强国强军的非凡历程，深入领会掌握贯穿其中的马克思主义立场观点方法；联系习主席治党治国治军的生动实践，着力学习领悟蕴含其中的坚定信仰信念、强烈历史担当、真挚为民情怀、崇严尚实作风、开拓创新精神和科学思维方式，进一步开辟深化理论武装的新境界。

突出强军思想这个重点。习近平强军思想是习近平新时代中国特色社会主义思想的“军事篇”，鲜明回答了在世情国情军情深刻变化的时代条件下，建设一支听党指挥、能打胜仗、作风优良的人民军队、为实现中国梦提供坚强力量保证的时代课题，为全面推进国防和军队现代化、全面建成世界一流军队提供了行动指南。必须牢固确立习近平强军思想在国防和军队建设中的指导地位，把习近平强军思想贯彻到国防和军队现代化建设的全过程、全领域和各方面；准确把握坚持走中国特色强军之路、全面推进国防和军队现代化作出的战略部署，以强烈的责任担当全面推进军事理论现代化、军队组织形态现代化、军事人员现代化、武器装备现代化，为全面建成世界一流军队贡献智慧和力量。

抓住转化运用这个关键。知是行之始，行是知之成。学习贯彻习近平新时代中国特色社会主义思想重在实践、贵在落实。必须抓住坚持理论联系实际、强化转化运用这个关键，确保在进入头脑、进入工作、提升素质、推动实践上见成效。强化思想导向，坚持学而信、学而思、学而行，增强锤炼党性、修为品德、净化灵魂的内生动力，把学习成果转化为新时代革命军人的坚定理想信念、绝对忠诚品格和崇高价值追求。强化问题导向，坚持用科学理论之“箭”射部队建设之“的”，着力研究破解制约强军打赢的重点、难点和瓶颈问题，把学习成果转化为推进战斗力建设的先进理念、正确思路和有力举措。

（三）面对强国强军的时代要求和艰巨任务，必须把用习近平新时代中国特色社会主义思想武装全军官兵作为铸魂强基的首要工程

进一步强化理论武装的政治责任。各级党委要坚持把用习近平新时代中国特色社会主义思想武装官兵作为当前和今后一个时期部队思想政治建设的头等大事、核心任务来抓，加强组织领导，周密部署安排，指导政治工作机关和基层部队制定好学习贯彻具体方案，确保形成浓厚氛围、深入扎实推进。领导干部要切实把抓好自身的理论武装摆在突出位置，以更高标准发挥好带学促学的作用，运用自身学习成果搞好宣讲辅导，有针对性地回答和解决官兵关注的热点难点疑点问题，掀起深入学习贯彻的热潮。

进一步拓展理论武装的思路举措。充分运用锐利思想理论武器，旗帜鲜明地把先进正确的思想观念立起来，针锋相对地批驳各种错误思潮和思想观点，形成坚持真理、正本清源的强大正能量。搞好结合渗透，充分发挥理论武装的强基固本作用，把学习贯彻贯穿到建设学习型党组织、建设创新型军队，深化主题教育、创新战法训法、抓好干部培训等各项建设和活动中，形成理论引领、思想先行、武装落地的推进态势。加强典型引路，发现和用好学理论、用理论的先进典型，善于用典型引路，活泼学习形式，推动学习走向深入。

进一步完善理论武装的制度机制。以加强党委中心组学习和党员干部学习教育为重点，健全完善领导责任、计划管理、指导督查、述学评学、考核评价等各项制度。围绕提高理论武装工作的质量和成效，积极探索创新制度机制。在决策重大问题、筹划重点建设项目、执行重大任务等时节，坚持运用创新理论统一思想、搞好把关定向；对习主席的重要讲话和指示，确保第一时间传达学习、第一时间进入工作；结合部队担负的使命任务和重点工作、攻关课题，有针对性地深化创新理论的专题研究，让理论指导实践有的放矢、落地见效。

高层论坛

牢记嘱托　勇担使命　建设和守护好中国共产党人的精神家园

——深入学习贯彻习近平总书记瞻仰中共一大会址时的重要讲话精神

李　强

上海中共一大会址和浙江嘉兴南湖红船是我们党梦想起航的地方。党的十九大闭幕仅一周，习近平总书记就带领新一届中央政治局常委专程瞻仰这两个具有重要标志意义的中国革命圣地，回顾建党历史，重温入党誓词，宣示新一届党中央领导集体的坚定政治信念，向全党发出“不忘初心、牢记使命、永远奋斗”的伟大号召。对上海的全体党员和广大人民群众来说，这是一堂生动深刻的党课教育，是一场震撼振奋的精神洗礼，给予了我们强大的勇气和力量，激励着我们全面贯彻落实党的十九大精神，始终以习近平新时代中国特色社会主义思想为指引，时刻不忘初心，矢志永远奋斗，走好新时代的长征路。

一、始终牢记习近平总书记殷切嘱托，永葆共产党人的本色和初心

上海是中国共产党的诞生地，是中国共产党历史的伟大起点，也是中国共产党人确立初心的地方。习近平总书记告诫全党不忘初心、牢记使命，就是要求我们牢记中国共产党人的初心和使命，矢志不渝为中国人民谋幸福、为中华民族谋复兴。我们要深刻领悟习近平总书记嘱托的重要政治内涵，深刻领会习近平总书记重要讲话精神，始终坚守共产党人的精神家园。

不忘初心、牢记使命，必须深刻认识习近平总书记率领中央政治局常委瞻仰中共一大会址和南湖红船的重大历史意义。习近平总书记强调，事

业发展永无止境，共产党人的初心永远不能改变。走得再远，都不能忘记来时的路，不能忘记为什么出发。当前，中国特色社会主义进入新时代，站在“两个一百年”历史交汇的时点上，新一届中央政治局常委回到中国革命历史的原点，追寻革命的火种，赓续红色的血脉，亮明执政的宗旨，宣示担负的使命，体现了以习近平同志为核心的党中央强烈的历史担当和坚毅的革命品质。习近平总书记率先垂范、以身作则，为全党树立了表率和示范，必将激励和凝聚全党全军全国各族人民向习近平总书记看齐、向党中央看齐，沿着革命先辈开创的道路，以永不懈怠的精神状态和一往无前的奋斗姿态，朝着实现中华民族伟大复兴的中国梦奋勇前进，开创更加辉煌的崭新时代。

不忘初心、牢记使命，必须深刻领会习近平总书记发表的重要讲话精神。习近平总书记回顾96年来党的光辉历程，展望“两个一百年”奋斗目标实现，深刻阐述了中国共产党“开天辟地、敢为人先，坚定理想、百折不挠，立党为公、忠诚为民”的建党精神，指明了中国共产党人“不断带领全国人民创造更加美好幸福生活”的宗旨信念，揭示了“只有不忘初心、牢记使命、永远奋斗，才能让中国共产党永远年轻”的根本秘诀，坚定了中华民族伟大复兴“一定能够乘风破浪，胜利驶向光辉的彼岸”的信心和决心。习近平总书记重要讲话是新时代的宣言书、动员令，激荡人心，催人奋进。学习领会讲话精神，必须大力弘扬优良传统，始终牢记历史使命，保持谦虚谨慎、不骄不躁的作风，不畏艰难、不怕牺牲，善作善成、一往无前，在党的十九大擘画的新征程上夺取更大胜利。

不忘初心、牢记使命，必须共同坚守中国共产党人的精神家园。习近平总书记指出，中共一大会址是中国共产党人的精神家园。这里是中国共产党梦想起航的地方，是中国共产党文化基因、精神灵魂、历史记忆的所在，是中国共产党人接续奋斗、攻坚克难、开拓进取的支柱。正是因为精神家园的滋养、引领，我们党才能带领中国人民实现中华民族从站起来、富起来到强起来的伟大飞跃。建设和守护好中国共产党人的精神家园，是我们党加强自身建设的永恒课题，对于维系中国共产党人历史、现在和未来的精神血脉，对于推动中国共产党永葆活力、党和人民事业永续发展，影响重大、意义深远。我们一定要按照习近平总书记指示要求，高举理想之旗，把牢思想之舵，自觉做共产主义远大理想和中国特色社会主义共同理想的坚定信仰者和忠实实践者，坚定不移，终生不渝。

二、传承和弘扬红色基因，建设和守护好中国共产党人的精神家园

全面贯彻习近平总书记的伟大号召，深刻铭记习近平总书记的殷切嘱托，建设好、守护好中国共产党人的精神家园，是上海这座有着光荣革命传统城市的神圣使命。我们必须把上海打造成为彰显建党初心、弘扬建党精神的红色高地，使之与革命摇篮井冈山、伟大历史转折之城遵义、革命圣地延安、创建新中国的指挥中心西柏坡一起，共同组成中国红色文化的主脉，教育引导广大党员干部从正确认知历史中走向未来，从延续建党精神中开拓前进，在新的历史起点上凝心聚力进行伟大斗争、建设伟大工程、推进伟大事业、实现伟大梦想。

全力打造建党历史资源高地。上海作为党的诞生地，拥有丰厚的建党历史资源，全市保存完好的革命遗迹多达440处，其中中央早期在上海的各类机关重要旧址24处，仅一大会址纪念馆的藏品就多达10万余件。我们将实施好“开天辟地——党的诞生地发掘宣传工程”，深入发掘保护革命文化、红色文化、先进文化资源，积极推动整合红色资源，着力为红色文化立根铸魂。打造全面展示建党初心、集中反映建党历程、大力弘扬建党精神的纪念场馆和教育基地，切实发挥好教育全党、引导社会、激励人民的重要作用。

全力打造建党精神研究高地。立足我们党百年发展的历史进程和伟大实践，深入开展建党历史研究，阐明我们党的诞生是历史、人民、实践的选择，阐明中国共产党为什么能，中国特色社会主义制度为什么管用。深入开展党的创建时期的思想理论、组织发展和制度形成研究，阐明为中国人民谋幸福、为中华民族谋复兴，是我们党的初心所在、发展所托、执政所依、生命所系。深入开展建党精神研究，阐明伟大建党精神作为中国革命精神链条的起点，永远是我们党不断从胜利走向胜利的强大精神力量。

全力打造建党故事传播高地。抓住新中国成立70周年、中国共产党建党100周年等重大时间节点，把建党精神与城市精神结合起来，把红色血

脉与城市文脉结合起来，全面推进各个艺术门类文艺精品的创作生产，精心组织全媒体、全方位、立体化的集中宣传。精心打造一批在全国有影响力的节庆赛事、论坛讲坛、群文活动、大型展览和红色旅游品牌，着力讲好酝酿、筹备、建立中国共产党艰难历程的生动故事，讲好革命先烈、仁人志士为中华民族独立和人民解放顽强奋斗的生动故事，讲好我们党带领全国各族人民奋力实现中华民族伟大复兴中国梦的生动故事，推动伟大建党精神入耳入脑、深入人心。

三、自觉担当起历史使命，当好新时代全国改革开放排头兵、创新发展先行者

党的十九大对新时代推进中国特色社会主义伟大事业和党的建设伟大工程作出了全面部署。站在新的历史关口、面对新的时代要求，上海必须自觉传承中国共产党人的光荣和梦想，深入贯彻党的十九大精神，高举习近平新时代中国特色社会主义思想伟大旗帜，时刻铭记习近平总书记对上海工作的指示要求，瞄准党的十九大确定的目标任务，以坚毅永葆初心、以奋进诠释信念、以实干创造未来，努力当好新时代全国改革开放排头兵、创新发展先行者，为决胜全面建成小康社会、夺取新时代中国特色社会主义伟大胜利作出上海新的更大贡献。

着力在深化自由贸易试验区改革上有新作为。按照中央批复的新一轮上海自贸试验区全面深化改革方案，聚焦党的十九大提出的“赋予自由贸易试验区更大改革自主权，探索建设自由贸易港”要求，继续解放思想、勇于突破、当好标杆，瞄准国际最高标准、最好水平，特别是围绕制度创新这个核心，加强改革开放系统集成，率先建立同国际投资和贸易通行规则相衔接的制度体系，努力把上海自贸区建设成为开放和创新融为一体的综合改革试验区、开放型经济体系的风险压力测试区、提升政府治理能力的先行区、服务国家“一带一路”建设和推动市场主体走出去的桥头堡，为全国提供更多可复制可推广的经验。

着力在推进科技创新中心建设上有新作为。牢牢把握科技进步大方向、产业革命大趋势、集聚人才大举措，努力在基础科技领域作出大的创新，在关键核心技术领域取得大的突破，在实施创新驱动发展战略方面走

在全国前头、走到世界前列，加快向具有全球影响力的科技创新中心进军。以科技创新引领经济转型升级，推动经济发展质量变革、效率变革、动力变革，着力增强经济创新力和竞争力，努力实现更高质量、更有效率、更加公平、更可持续的发展。

着力在推进社会治理创新上有新作为。坚持以人民为中心的发展思想，牢牢把握核心是人、重心在城乡社区、关键是体制机制创新，深化社会治理创新，下绣花功夫加强城市精细化管理，不断提高社会治理社会化、法治化、智能化、专业化水平，率先走出一条符合超大城市特点和规律的社会治理新路子。从人民群众最关心最直接最现实的利益问题入手，着力补短板、强管理、促公平、提质量，不断满足日益增长的美好生活需要，让广大市民有更多获得感、幸福感和安全感。

着力在全面从严治党上有新作为。全面推进党的政治建设、思想建设、组织建设、作风建设、纪律建设，把制度建设贯穿始终，压实压紧管党治党主体责任和监督责任，推动全面从严治党走在前列，不断向纵深发展。坚持把党的政治建设摆在首位，牢固树立“四个意识”，更加坚定“四个自信”，始终在思想上政治上行动上同以习近平同志为核心的党中央保持高度一致，坚决维护党中央权威和集中统一领导，坚定自觉地忠诚核心、维护核心、看齐核心，坚定自觉用习近平新时代中国特色社会主义思想武装头脑、指导实践、推动工作，使上海各项工作在新时代取得更加辉煌的成绩。

（作者为中共中央政治局委员、上海市委书记，原载《人民日报》2017 年 12 月 4 日）

新时代我们怎样弘扬"红船精神"

——从嘉兴实践谈起

李君如

关于"红船精神"的讨论，已经发表了大量的文章，对于学习和弘扬"红船精神"起到了积极的作用。在嘉兴的多次实地考察中，我感到只有进一步联系新时代中国特色社会主义的伟大事业，来深化"红船精神"的学习和实践，才能真正有效地弘扬"红船精神"。

一、以"红船精神"学习"红船精神"

2005 年，时任浙江省委书记的习近平同志首次提出"红船精神"，并将之凝练为"开天辟地、敢为人先的首创精神，坚定理想、百折不挠的奋斗精神，立党为公、忠诚为民的奉献精神"。浙江省特别是嘉兴市的同志不仅十分珍惜"红船精神"，而且十分自觉地身体力行"红船精神"。

认识从来都来自实践，党的理论工作者更要自觉深入实践，从群众实践中深化对理论的认识。这五六年来，我多次到嘉兴进行实地考察，获益匪浅。给我印象最深的是，嘉兴人对于弘扬"红船精神"十分上心、十分自觉。他们不仅很早提出"把建党圣地打造成为党建高地"这样的党建目标，而且将"红船精神"内化于心、外化于行，牢牢把握全面从严治党这条主线，创造了"96345 党员志愿服务""红船党建云平台""重走一大路·再现 1921 嘉兴故事""青春党建""党员先锋站"建设、"人才改革试验区"建设、"五强"领导班子建设等一大批党建工作品牌。

比如，2014 年我到一些县和县级市重点考察基层党建问题时，嘉兴市桐乡市的"百千万工程"给我留下了深刻印象。所谓"百千万工程"，就是指青年干部进百村、住千家、连万户工程。桐乡是县级市，当年全市 3100 名基层干部中，14% 没有基层工作经验。到村里面当干部，也是白天上班，晚上就走。为了解决这个问题，桐乡市让没有基层工作经验的机关干部到农村住一年，在那里协助村干部工作。到我去考察的时候，这一举措已实行三年。三批机关干部去了全县的168个村。他们住在农村，了解了农村是怎么一回事，学会了怎么和农民交谈、怎么解决农村的实际问题，从而使机关和乡村、干部和农民真正连接了起来。

又比如，2015年，我在嘉兴市考察“96345党员志愿服务”。他们大力弘扬“红船精神”，唱响“党在我心中、我在群众中”的主旋律，积极推进党员志愿服务工作。全市当时有5.3万名党员志愿者，建立了86个党员志愿服务分站、212支专业队伍。在南湖区，借助互联网技术开发的“96345”网络系统刚刚运行，就存入647名孤寡老人、残疾人的具体信息，以及结对志愿者的联系方式。只要老人来电，系统立即会显示其地址、电话以及平时身体状况等信息，党员志愿者就能及时为他们提供服务，平台服务员还会在服务结束后就服务质量进行回访。这密切了党群关系，同时也强化了党员的党性意识。

这样的实践，这样的举措，践履的不就是“红船精神”所强调的“首创精神”“奋斗精神”“奉献精神”吗？这叫什么？这就叫作“以‘红船精神’学习‘红船精神’”。这样的学习，才是真学习；这样的实践，才是真实践。

二、以新时代的精神状态解决新时代的问题

党的十九大报告指出，经过长期努力，中国特色社会主义进入了新时代，这是我国发展新的历史方位。新时代是希望，也是机遇。在新时代弘扬“红船精神”，就能够在破解新时代面临的问题和挑战中，把希望和机遇变为光明的现实。

比如，在新时代治国理政实践中，我们遇到一个非常棘手的问题。前些年，一些地方反映他们那里的干部，从过去的“乱作为”走向另一极端“不作为”。企业家非常着急，他们说：“现在的干部请他吃饭他不来，送他礼物他不收，我们急着要他办的事他也不办。”同干部谈心，他们说：“不是我们不作为，是现在难作为。”针对这种情况，习近平总书记提出新型的政商关系，应该是一“亲”二“清”，既亲近又清白。

2016年，我在浙江嘉兴调研时，我们调研组同嘉兴市领导一起参加了

设在嘉兴南湖边上的“嘉兴市‘红船服务’总联盟”的活动。值得注意的是，这个“红船服务”总联盟，是由嘉兴市委组织部出面组织的，由25个政府职能部门、企业家、律师事务所等中介组织、专家学者四个方面参加的，一个为企业家创新创业服务的平台。他们高扬“红船精神”的旗帜，用“红船”这个神圣的名义来表达要继承中国共产党的创新创业传统。总联盟下还根据行业的区分设有7个子联盟。这个服务联盟，既是一个企业家交流创新创业思路、向政府建言献策的思想平台，也是一个政府部门和中介组织、专家学者为企业家把脉、解决创新创业发展中问题的咨询平台，同时也是企业之间相互学习、相互帮助的自我服务平台。这个服务联盟是2016年5月3日创办的，到我们去的那天之前已经举办了19次活动。比如，5月26日是金融服务联盟投融资对接专场活动，出席的双方为科技企业和市政府方面的金融办。6月2日是10多家企业和市教育局就人才招聘、人才培训、技术合作等内容进行沟通。7月21日由市外侨办、科技局为科技型企业解答知识产权保护、科技项目申报、海外人才引进等问题。同时，还有一些开拓企业发展思路的报告会，比如6月29日，由一位企业家就“创业与守业”这个主题作了专场讲演并同在场的企业家和创客展开讨论。此外，还有其他各种丰富多样的活动形式，让人有别开生面、耳目一新的感觉。出席并观摩了嘉兴“红船”服务总联盟的活动，我感到豁然开朗。多年来，我们在治国理政研究过程中，对于怎么解决既“搞活”又“治乱”的问题、干部和企业家之间建立既“亲”又“清”的关系，也想了很多办法，但都没有我在嘉兴实地调研中看到的管用。

嘉兴创办的“红船”服务总联盟，告诉了我们一条重要的道理：高扬“红船精神”的旗帜，寓“治理”于“服务”之中，就能形成有机的有效的国家治理体系及其运行机制。我们知道，党委、政府、企业、社会各有自己的职责，并且有党纪、政纪、法律和道德约束住他们的活动，但他们在整个国家治理体系中又都是其中有机的组成部分，而不能分割甚至对立。怎么使他们真正成为一个充满生机活力的有机整体？嘉兴的经验，一是突出“红船精神”既讲党性又讲规矩；二是建立“联盟”或“总联盟”即一个由党委部门出面组织，政府部门和企业家等坐在一起研究和解决问题的平台；三是形成一个“服务”链而不是行贿受贿链。嘉兴人探索的，是党委、政府和企业、社会之间怎么更好地协调，干部和企业家之间怎么有效而又健康地合作，这一实践中迫切需要解决的重大问题。

以小见大，从中我们可以看到，只要以新时代的精神状态来解决新时代的问题，在“红船精神”的旗帜下，在党的全面领导下，构建一个符合社会主义国家治理原则的、有机的而且可以良性运行的治理体系及其运行机制，是有希望有前途的。

三、在创新、奋斗、奉献中继承、学习、实践

理论来自于经验的总结。从嘉兴践履“红船精神”的经验中，我们可以思考很多实践中遇到的问题，可以获得很多带有规律性的认识。

嘉兴践履“红船精神”的经验，始终是围绕着“党”展开的。了解这一点，非常重要。如果要问：“红船精神”的实质是什么？就是中国共产党的创党精神。“红船精神”强调的“开天辟地、敢为人先的首创精神”，既讲了我们的前辈为什么要创建中国共产党，又指出今天必须牢记我们的革命前辈创建中国共产党的初心，以创新的精神去完成我们党肩负的神圣使命；“红船精神”强调的“坚定理想、百折不挠的奋斗精神”，既讲了中国共产党是怎么创立和成长壮大起来的，又指出今天必须像我们的革命前辈那样以坚定的理想信念去搏击前进道路上的种种困难，使得我们党在新时代有新作为；“红船精神”强调的“立党为公、忠诚为民的奉献精神”，既讲了中国共产党创建时的根本宗旨和我们力量的来源，又指出今天必须清醒认识到党面临的挑战和危险，在同人民群众的血肉联系中永葆党的先进性和纯洁性。因此，在今天建设中国特色社会主义的新时代，学习和实践“红船精神”，归根到底，就是要继承和弘扬中国共产党的创党精神，“不忘初心，牢记使命”，为中国人民谋幸福，为中华民族谋复兴。

嘉兴广大党员干部践履“红船精神”的经验，深刻而又生动地告诉我们，要弘扬中国共产党的创党精神，“不忘初心，牢记使命”，最重要的，就是要像中国共产党的创立者那样，在创新中继承，在奋斗中学习，在奉献中实践。

继承“红船精神”，最好的继承就是在创新中继承。中国共产党人历来认为，历史、现实、未来是相通的，而联结历史、现实、未来的纽带，

一是“继承”，二是“创新”。对于中国共产党人来讲，从“红船精神”，到井冈山精神、延安精神，以及其后的其他革命精神，离开了“继承”就不会有革命精神的延续，离开了“创新”就不会有革命精神的发展。在中国特色社会主义新时代继承“红船精神”，也应该把中国共产党人的创党精神应用到今天新的历史条件新的实践中，用创新的精神去破解党的领导和党的建设中的各种难题，增强党的执政基础，巩固党的领导地位。

学习“红船精神”，最好的学习就是在奋斗中学习。中国共产党作为一个学习型的马克思主义政党，最重视学习。我们知道，习近平新时代中国特色社会主义思想是在学习马克思主义，学习中国和世界历史，学习国内外现代化经验中，深入研究共产党执政规律、社会主义建设规律、人类社会发展规律的基础上形成的。我们同样知道，习近平新时代中国特色社会主义思想是在党和人民的奋斗中形成的。习近平总书记最强调“学习”，也最强调“奋斗”。学习“红船精神”，最好的学习同样是在奋斗中学习，在“决胜全面建成小康社会”和“开启全面建设社会主义现代化国家新征程”的奋斗中学习。

实践“红船精神”，最好的实践就是在奉献中实践。在奋斗中学习“红船精神”，就是要通过实践来应用“红船精神”。而中国共产党人强调的实践，始终贯穿着中国共产党人的根本价值观，这就是“全心全意为人民服务”。即使在发展社会主义市场经济的时候，我们党也强调要坚持用“为人民服务”来规范市场经济的价值导向。嘉兴的经验告诉我们，大力弘扬“红船精神”，必须唱响“党在我心中、我在群众中”的主旋律，通过党员为人民群众服务、党组织为企业和社会服务，来贯彻落实党的根本宗旨，保持党的先进性和纯洁性。所以，我们说实践“红船精神”，最好的实践就是在奉献中实践，在为人民服务中实践。

综上所述，就是一句话：在建设中国特色社会主义的新时代弘扬“红船精神”，就是要在创新、奋斗、奉献中继承、学习、实践中国共产党的创党精神。

［作者为中共中央党校（国家行政学院）原副校长、研究员，原载《光明日报》2018年6月8日］

把“红船精神”融入创新发展

慎海雄

面对新征程，我们必须准备付出更为艰巨、更为艰苦的努力，久久为功、永远奋斗

党的十九大闭幕仅一周，习近平总书记就带领新一届中央政治局常委同志，在上海中共一大会址重温入党誓词，在嘉兴南湖红船旁阐释“红船精神”，宣示新一届党中央领导集体的坚定政治信念。总书记用深刻话语和实际行动，为广大党员干部作出表率，对广大党员干部提出要求，有力地指引着我们从党的光辉历史中汲取奋进的力量，奋力书写好新时代中国特色社会主义的新篇章。

习近平总书记教导我们，“唯有不忘初心，方可告慰历史、告慰先辈，方可赢得民心、赢得时代，方可善作善成、一往无前”。事业发展永无止境，进入新时代、开启新征程，面向未来，面对挑战，我们一定要不忘初心、牢记使命。要经常对照入党誓词，坚定不移，终身不渝，并转化为一种自觉、一种素养，在日常具体工作潜移默化地加以体现。要牢固树立“四个意识”，在党爱党、在党言党、在党忧党、在党为党，在思想上政治上行动上自觉同以习近平同志为核心的党中央保持高度一致，自觉忠诚核心、拥戴核心、维护核心、捍卫核心，确保党中央的决策部署在广东得到不折不扣的贯彻落实。

中国特色社会主义进入新时代，对广东而言，同样要在新时代担当历史使命、谋划历史新篇。我们的历史使命，就是在新的历史起点上，抓住机遇，谱写新篇章，把广东建设成为向世界展示习近平新时代中国特色社会主义思想的重要“窗口”和“示范区”，让广东的发展和实践探索成为新时代中国特色社会主义道路优越性的最生动、最有力的证明。

就广东的宣传思想文化工作而言，要始终坚持以人民为中心的发展思想，把“红船精神”自觉融入宣传思想文化队伍建设和事业发展之中，用宣传思想文化工作切实有力的行动，告慰历史、告慰先辈，赢得民心、赢得时代，善作善成，一往无前。在实践中全面增强学习本领、政治领导本领、改革创新本领、科学发展本领、依法执政本领、群众工作本领、狠抓落实本领和驾驭风险本领。要细化全面建成小康社会的各项目标任务，深入推动全省公共文化服务体系建设，全力加强文化小康建设；创新体制机制，推进文化事业和文化产业比翼齐飞，努力打造岭南文化新高地，以广东的生动实践验证我们的文化自信，推动社会主义文化繁荣兴盛。

社会主义是干出来的。习近平总书记在十九大报告中指出：行百里者半九十。中华民族伟大复兴，绝不是轻轻松松、敲锣打鼓就能实现的。面对新征程，我们必须准备付出更为艰巨、更为艰苦的努力，久久为功、永远奋斗。回望过去，中华民族从站起来、富起来到强起来，靠的就是一代又一代人的顽强拼搏，靠的就是中华民族自强不息的奋斗精神。今天，我们越是接近中华民族伟大复兴的目标，越要加倍努力、接力奋斗，用苦干实干托起中国梦。

在机遇和挑战面前，我们尤其要夙夜在公、埋头苦干，把雷厉风行与久久为功紧密结合起来。坚持勤勤恳恳为民、兢兢业业干事、清清白白做人，将习近平新时代中国特色社会主义思想内化于心、外化于行，落实到一件件事情、一项项工作中。牢牢掌握意识形态工作的领导权，让主旋律弘扬、让正能量高昂，用实实在在的工作推动党的十九大精神在广东落地生根，开花结果，让习近平新时代中国特色社会主义思想的旗帜在南粤大地高高飘扬。

（作者时任中共广东省委常委、宣传部部长，现任中共中央宣传部副部长，中央广播电视总台台长、党组书记，原载《人民日报》2017年11月23日）

此时潮平岸阔　且看风正帆悬

张　政

编者按： 2005年6月21日，时任浙江省委书记的习近平同志在《光明日报》发表文章《弘扬“红船精神” 走在时代前列》，首次提出并阐释了“红船精神”的深刻内涵和时代意义；2017年10月31日，习近平总书记在带领十九届中央政治局常委瞻仰嘉兴南湖红船时，再次强调要结合时代特点大力弘扬“红船精神”，让“红船精神”永放光芒。2017年11月30日，新华社配编者按重新播发这篇重要文章，次日《人民日报》《光明日报》等全国及各地主要媒体纷纷在显著位置刊发，文章的重新发表在全国引发强烈反响和深刻思考。

作为《弘扬“红船精神” 走在时代前列》重要文章的首发媒体，光明日报员工理应在学习弘扬“红船精神”上走在前列，带头深入学习和宣传、深化研究和阐释、大力弘扬和践行“红船精神”，这既是光明日报的政治任务与责任，也是每一位光明日报社员工的巨大光荣与使命。

连日来，光明日报社以组织学习“红船精神”全社员工大会、座谈会、专题研讨会、内部笔会、深入实践调研、十九大代表宣讲等多种形式和活动，推动“红船精神”和十九大精神学习宣传贯彻往实里走、往深里走、往心里走。从12月6日开始，光明日报在《红船初心》特刊开辟《光明日报学习弘扬“红船精神”大家谈》专栏，陆续刊登本报编委会成员、各部门负责人、编辑记者代表的体会文章、学习感言、践行心得等，与各界读者分享，敬请关注。

报纸是新闻纸，也是文献纸，常常能记录下影响时代的“事件”与“思想”。2005 年 6 月 21 日，发表在《光明日报》的一篇文章《弘扬“红船精神”　走在时代前列》，正是记录在本报中的又一座思想路标。

这篇重要理论文章，作者是时任浙江省委书记习近平同志。文章首次提出并阐释了“红船精神”的深刻内涵和时代价值，提炼了中国革命的源头精神、完善了中国共产党革命精神史的建构。2017 年 11 月 30 日，党的十九大胜利召开一个月之后，新华社配发编者按重新播发了这篇重要文章，包括本报在内的主要媒体纷纷刊载。一大建党时的初心与使命，与十九大“不忘初心，牢记使命”形成了历史的呼应；“红船精神”所承载的首创精神、奋斗精神、奉献精神，正成为新时代坚持和发展中国特色社会主义的坚强精神支撑。

旭日下扬帆，鲸波中起航——因为有了红船的意象，中国革命历程形成了一幅动态的历史长卷。以水载舟、依水行舟，成为了我们党“来自人民”“为了人民”的写照；乘风破浪、劈波前行，成为了我们党百折不挠、砥砺前行的比喻；高扬风帆、校准航向，成为了我们党坚定信仰、矢志不渝的象征。一只红船在历史中前行，从南湖起航到奋楫金沙江、从四渡赤水到饮马长江，将红旗插在了井冈峰顶、遵义城头、延安宝塔、西柏坡上，把中国革命、建设、改革的历史串联成一幅动人心魄的大潮行舟图。

“红船精神”呈现在建党伟业中。近代中国无数志士的不懈追求和远大理想，浓缩于这条小船；一个民族开天辟地的大事件，发生于这条小船；中国革命的崭新一页，肇始于这条小船。“红船精神”集中体现了中国共产党的建党精神，是中国革命精神之源，昭示着中国共产党人的初心。

“红船精神”呈现在建国大业中。在中国共产党领导下，社会主义制度落地具有数千年文明史的东方大国，人民民主专政、人民当家作主彻底改变了“帝王将相家谱”的中国政治文明。从一个积贫积弱、山河破碎的旧中国，到巍然屹立于世界民族之林的新中国，建国大业淋漓尽致地展现出中国共产党人的首创精神、奋斗精神和奉献精神。

“红船精神”呈现在改革开放的历史抉择中。由“大锅饭”到“大包干”，由单一公有制到以公有制为主体、多种所有制共同发展，由“按劳分配”到“多种分配方式并行”，改革开放再显首创精神；市场化改革破困前行、经济特区建设筚路蓝缕，改革开放再证奋斗精神；“贫穷不是社会主义”“共同富裕是社会主义制度不能动摇的原则”，再次体现了中国共产党人立党为公、忠诚为民的奉献精神。

“红船精神”呈现在新时代的气象中。在黑云压顶的民族危亡关头开出大道，党的一大有开天辟地之功；面向建党百年，面向两个一百年目标的历史交汇期，党的十九大同样是在进行新的开天辟地。当中国特色社会主义进入了新时代，当久经磨难的中华民族迎来了从站起来、富起来到强起来的伟大飞跃，不忘“红船初心”、阐扬“红船精神”，有了新的时代内涵和现实指向。

2017年10月31日，党的十九大闭幕仅一周，习近平总书记就带领中共中央政治局常委专程从北京前往上海和浙江嘉兴，瞻仰上海中共一大会址和浙江嘉兴南湖红船，宣示新一届党中央领导集体的坚定政治信念。2017年12月4日，弘扬“红船精神”座谈会在浙江嘉兴召开，中共中央政治局常委、中央书记处书记王沪宁在讲话中指出，要认真贯彻习近平总书记关于弘扬“红船精神”等革命精神的重要指示，推动把学习贯彻党的十九大精神和习近平新时代中国特色社会主义思想引向深入，激励和鼓舞广大干部群众用伟大精神推动伟大实践，不忘初心、牢记使命、永远奋斗，为实现党的十九大提出的任务不懈努力。这些，让“红船精神”成为了今天万千党员团结奋进的思想基础，为结合时代特点弘扬“红船精神”，提供了指针。

此时潮平岸阔，且看风正帆悬。被我们党伟大历程印证了的“红船精神”，必将继续推动新时代的磅礴伟业！

（作者为光明日报总编辑，原载《光明日报》2017年12月6日）

专家观点

不忘初心　牢记使命
结合时代特点大力弘扬“红船精神”

胡金波

党的十九大闭幕仅一周，中共中央总书记、国家主席、中央军委主席习近平就带领中共中央政治局常委集体瞻仰上海中共一大会址、嘉兴南湖红船。习近平总书记在南湖革命纪念馆发表重要讲话强调，只有不忘初心、牢记使命、永远奋斗，才能让中国共产党永远年轻。嘉兴，是红船起航的地方，是“红船精神”的发源地。习近平总书记指出，我们要结合时代特点大力弘扬“红船精神”，让“红船精神”永放光芒。

习近平总书记南湖重要讲话在嘉兴大地引起强烈反响。一股学习习近平总书记南湖重要讲话精神、大力弘扬“红船精神”、争当红船“护旗手”的热潮在党的诞生地迅速兴起。2017 年 11 月 13 日召开的市委八届二次全体（扩大）会议上，中共嘉兴市委作出深入学习贯彻党的十九大和习近平总书记南湖重要讲话精神，加快建设富强民主文明和谐美丽的社会主义现代化强市的决定。市四套班子领导率先垂范，在学懂、弄通、做实党的十九大和习近平总书记南湖重要讲话精神上下功夫，奋力把“红船精神”发源地的自豪感转化为推动嘉兴发展的坚实行动。

学深悟透“红船精神”

贯彻习近平总书记南湖重要讲话精神，首先要学深悟透“红船精神”。2017 年 10 月 31 日，习近平总书记南湖重要讲话强调，要结合时代特点，大力弘扬以“开天辟地、敢为人先的首创精神，坚定理想、百折不挠的奋斗精神，立党为公、忠诚为民的奉献精神”为深刻内涵的“红船精神”。省委十四届二次全会《决定》，也把大力弘扬“红船精神”写进了总体要求。

嘉兴市委书记鲁俊指出，开天辟地、敢为人先的首创精神是中国共产党人的灵魂，是动力之源，是中国共产党勇立潮头的磅礴精神力量，集中体现为与时俱进的创新品质。坚定理想、百折不挠的奋斗精神是中国共产党人的支柱，是胜利之本，是中国共产党奋发前行的坚毅精神支撑，集中体现在为实现共产主义而奋斗。立党为公、忠诚为民的奉献精神是中国共产党人的本质，是政德之基，是中国共产党一心为民的崇高道德信念，集中体现为无论是在革命战争年代、和平建设时期还是改革开放新时期，都始终坚持人民利益高于一切，全心全意为人民服务。

鲁俊表示，“红船精神”是中国革命精神之源、党的先进性之源，是中国梦践行起点的标志。

“红船精神”是中国革命精神之源。江河万里总有源，树高千尺也有根。南湖红船是我们党梦想起航的地方，是我们党的根脉，在“母亲船”上“起航、凝练、升华”的“红船精神”凝结着党的初心，承载起党的使命。沿着“红船精神”指引的航向，我们党走向井冈山，走进延安，走过西柏坡，走到中南海，走向全国执政。“红船精神”始终照耀着中国革命的光辉历程，一直引领着我们党在前进道路上战胜各种困难和风险，不断夺取新胜利。

“红船精神”是党的先进性之源。党在南湖红船上通过的党纲第一条就明确：“我们的党定名为中国共产党。”我们党与生俱来就把马克思主义作为指导思想，把实现社会主义、共产主义作为奋斗目标和政治信仰，把自己作为工人阶级和中华民族的先锋队，把自己的初心和使命定格在为中国人民谋幸福、为中华民族谋复兴上，这些都集中体现了党的先进性，表明我们党一开始就走在了时代前列。

“红船精神”是中国梦践行起点的标志。近代以来，鸦片战争一声炮响，敲碎了中国人的“天朝大国之梦”，也激发了中国人的“民族复兴之梦”。但在很长一个时期，无论是救国图存的“变法梦”，还是单纯学习西方技术的“洋务梦”，抑或是资本主义的“宪政梦”，最终都失败了。在民族蒙受深重苦难、探索光明屡受挫折的逆境中，中国共产党在南湖红船应运而生。中华民族从此就有了主心骨，中国人民就从精神上由被动转为主动，由此开启了实现中华民族伟大复兴中国梦的光明前景。

市委副书记、市长胡海峰表示，“红船精神”是我们党的精神瑰宝，凝结着中国共产党人的初心，体现的是一种敢作敢为、敢为天下先的非常气魄，一种做大事、成大事的坚定态度，一种不为困所累、不为难压倒的高远境界。“红船精神”与井冈山精神、长征精神、延安精神、西柏坡精神一道，铸就了中国革命精神之源，铸就了党的先进性之源。

紧握住时代的脉搏

红船劈波行。新时代赋予了“红船精神”新的意蕴。

鲁俊指出，“红船精神”是习近平新时代中国特色社会主义思想的重要组成部分，与中国梦在价值追求和目标指向上是一脉相承的。

胡海峰说，一个新时代的到来，总是以新思想、新理论为标志的。党的十九大的一个重要历史性贡献，就是在总结十八大以来我国发展取得历史性成就和实践经验的基础上，鲜明提出了习近平新时代中国特色社会主义思想，系统回答了新时代坚持和发展什么样的中国特色社会主义、怎样坚持和发展中国特色社会主义。无论是“八个明确”的鲜活内容，还是“十四个坚持”的基本方略，都深化了对中国特色社会主义规律的认识，顺应了世情国情党情的新变化，适应了当代中国科学发展的要求，彰显了我们党的伟大创造力。习近平新时代中国特色社会主义思想，是中国特色社会主义理论体系的重要组成部分，实现了马克思主义基本原理同中国具体实际相结合的又一次重大历史性飞跃，开辟了马克思主义新境界，开辟了中国特色社会主义新境界，开辟了党治国理政、管党治党新境界。

胡海峰指出，当前和今后一个时期，深入学习贯彻党的十九大精神和习近平总书记南湖重要讲话精神，是压倒一切的头等大事，是首要政治任务。深入学习贯彻十九大精神和习近平总书记南湖重要讲话精神，首要的就是坚定对习近平新时代中国特色社会主义思想的政治信仰，深刻领会、全面理解和把握其丰富内涵、精神实质、核心要义，牢固确立习近平新时代中国特色社会主义思想的指导地位，更好地运用这一当代中国最鲜活的马克思主义武装头脑、指导实践、推动工作，成为学思践悟的“排头兵”。

市人大常委会主任刘冬生说，“红船精神”是我们党的精神瑰宝、是我们共产党人奋斗的初心，具有超越时空的恒久价值和旺盛生命力。习近平总书记在南湖重要讲话中，再次深刻阐述了“红船精神”的丰富内涵，并对“小小红船”赋予了“巨轮”大大的希冀。

市政协主席高玲慧表示，习近平总书记南湖重要讲话，对“红船精神”的时代价值和科学内涵有了新的肯定与拓展。讲话中，习近平总书记全面阐述了“红船精神”的丰富内涵，并发出了结合时代特点大力弘扬“红船精神”的号召。这是习近平总书记面向全党全军全国各族人民，进一步肯定了“红船精神”的时代价值，拓展了“红船精神”的科学内涵。

市委副书记孙贤龙表示，不忘初心、牢记使命、永远奋斗，关键是要高举习近平新时代中国特色社会主义思想伟大旗帜。习近平新时代中国特色社会主义思想是对马克思列宁主义、毛泽东思想、邓小平理论、“三个代表”重要思想、科学发展观的继承和发展，是马克思主义中国化最新成果，是党和人民实践经验和集体智慧的结晶，是中国特色社会主义理论体系的重要组成部分，是全党全国人民为实现中华民族伟大复兴而奋斗的行动指南，必须长期坚持并不断发展。

在新时代大力弘扬“红船精神”

鲁俊强调指出，作为习近平新时代中国特色社会主义思想的重要组成部分的“红船精神”，需要我们在新时代大力弘扬。

新时代弘扬“红船精神”，必须坚定不移紧跟习近平总书记这个伟大核心。党的十八大以来取得的历史性成就、根本性变革，最根本的就在于有中国共产党的领导，有习近平总书记这个坚强领导核心。习近平总书记是全党全军全国各族人民衷心拥戴的伟大领袖。我们要把忠诚核心、维护核心、看齐核心作为最大的政治，始终在政治立场、政治方向、政治原则、政治道路上同以习近平同志为核心的党中央保持高度一致，始终坚定不移地维护以习近平同志为核心的党中央权威和集中统一领导。

新时代弘扬“红船精神”，必须始终高举习近平新时代中国特色社会主义思想这面光辉旗帜。马克思主义与中国工人运动相结合，最早的精神结晶就是“红船精神”。“红船精神”赋予我们党与时俱进的理论品质，见证了我们党各个时期的理论创新，推动了习近平新时代中国特色社会主义思想的萌发。“八八战略”和“两山”“两鸟”等重要思想在浙江的生动实践，充分证明了习近平新时代中国特色社会主义思想具有深厚的实践根基，闪耀着真理的光芒，也彰显了“红船精神”首创、奋斗、奉献的力量。我们要高举习近平新时代中国特色社会主义思想这一伟大旗帜，入心入脑、学思践悟，切实做到真学真懂、真信真用。

新时代弘扬“红船精神”，必须为决胜全面建成小康社会、全面建设社会主义现代化强国贡献力量。习近平总书记在南湖重要讲话中强调，事业的发展永无止境，共产党人的初心永远不能改变。共产党人从红船出征走到今天，“为人民谋幸福、为民族谋复兴”的初心从来没有改变。党的十九大对新时代中国特色社会主义发展作出了“新三步走”的重大战略部署，从而使“两个一百年”的发展目标更加清晰。我们要遵循这一战略安排的指引，在践行“五大发展理念”上干在实处，在协调推进“四个全面”战略布局上走在前列，在建设社会主义现代化强国上勇立潮头。

新时代弘扬“红船精神”，必须把解决发展中存在的不平衡不充分问题作为工作的着力点。一代人有一代人的长征路，一代人有一代人需要攻克的难题、面对的矛盾。党的十九大报告指出，中国特色社会主义进入新时代，我国社会主要矛盾已经转化为人民日益增长的美好生活需要和不平衡不充分的发展之间的矛盾。我们要深刻把握这一主要矛盾的变化是关系全局的历史性变化，始终把人民对美好生活的向往作为我们的不懈追求，以首创精神抓重点、补短板、强弱项，以奋斗精神打好防范化解重大风险、低收入群体增收、污染防治的三大攻坚战，以奉献精神服务人民群众，更好地满足社会个性化、多元化需求，让人民群众有更多的获得感、幸福感、安全感。

新时代弘扬“红船精神”，必须毫不动摇地坚持党要管党、全面从严治党。南湖红船是我们党最早立规矩的地方，“一大”党纲中对财经纪律、保密纪律、政策监督等作了明确规定，可见我们党与生俱来就拥有从严治党的优良基因。十九大报告强调，全面从严治党永远在路上，打铁必须自身硬。我们要深刻认识“四大考验”的长期性、复杂性，“四种危险”的尖锐性、严峻性，保持正视问题的自觉、刀刃向内的勇气，以党的政治建设统领党的建设，不断提高自我净化、自我完善、自我革新、自我提高的能力，确保党始终成为时代先锋、民族脊梁。

把“红船精神”发源地的自豪感转化为行动

作为党的诞生地、“红船精神”发源地，要把作为一名嘉兴党员的自豪感转化为大力学习、研究、宣传、践行“红船精神”的实际行动，不断从“红船精神”中汲取信仰的力量、真理的力量、奋斗的力量、创新的力量。

胡海峰表示，在工作中，要敢为人先勇做改革的“弄潮儿”，让改革的红利在嘉兴充分释放。过去，改革为嘉兴的发展带来了实实在在的红利，在未来也必将为嘉兴实现“两个高水平”奋斗目标提供更加有力的制度保障，释放更加强劲的体制机制活力。但要清醒看到，当前改革工作进入攻坚期和深水区，场场都是硬仗，必须敢于动真碰硬，必须敢于亮剑出招。越是如此，我们更应责无旁贷，担当起自己应该担当的责任。要始终保持敢为人先、勇立潮头的改革锐气，始终聚焦难题、瞄准堵点，把问题意识转化为问题导向，在解决问题中将一项项的改革向纵深推进。

要主动有为牢筑全面接轨上海的“桥头堡”，将区位优势真正转化为发展动能。接轨上海，以往我们有经验、有基础、有优势；当前我们有胸怀、有态度、有底气。嘉兴就是要坚定不移沿着习近平总书记指引的路子走下去，一以贯之深入实施“八八战略”，乘势而上、脚踏实地，不断创新体制机制，以更大力度全面接轨上海，打造创新政策率先接轨地、高端产业协同发展地、科创资源重点辐射地、一体化交通体系枢纽地和公共服务融合共享地。

要抢抓机遇争当创新“领跑者”，以超常规力度建设创新型城市。党的十九大明确提出要加快建设创新型国家，省十四次党代会提出“创新强省”工作导向，省委十四届二次全会提出要以超常规力度建设创新型省份。“超常规”就是要以更前沿的视角布局领先技术、先导产业，以更大的手笔实施一批重大科技项目、打造一批“双创”大平台，以更解放的思想推动科技体制改革，以更优化的环境激发人才创业创新热情。嘉兴作为省区域创新体系副中心，在这方面有很好的基础，更加要按照省委赋予嘉兴“争当创新‘领跑者’”的新定位，把握机遇，加快走出一条具有嘉兴鲜明特色的从人才强、科技强到产业强、经济强的发展路子。

刘冬生说，作为党的梦想起航地、“红船精神”发源地的共产党员，我们一定要更加自觉加强党性锻炼，对党忠诚、为党分忧、为党担责、为党尽责，在以习近平同志为核心的党中央坚强领导下，以时不我待、只争朝夕的精神，奋力走好新时代的长征路。

高玲慧表示，学习贯彻习近平总书记南湖重要讲话精神，关键是要把“红船精神”这一党的初心之源研究好、挖掘好、宣传好、弘扬好，并以此为动力，加快把嘉兴这一党的初心之地建设好，让嘉兴在新时代新征程中展现新气象、体现新作为、取得新突破。

孙贤龙说，不忘初心、牢记使命、永远奋斗，就是要把学习习近平总书记南湖重要讲话精神的强大动力转化为建设嘉兴社会主义现代化强市的磅礴力量。习近平总书记在党的十九大报告中指出：“行百里者半九十。中华民族伟大复兴，绝不是轻轻松松、敲锣打鼓就能实现的。全党必须准备付出更为艰巨、更为艰苦的努力。”

鲁俊总结指出，作为我们党梦想起航的地方，嘉兴要结合时代特点大力弘扬“红船精神”，当好红船的“护旗手”、勇做改革的“弄潮儿”、牢筑全面接轨上海的“桥头堡”、争当创新“领跑者”，全力打造具有国际化品质的现代化网络型田园城市，为率先建成富强民主文明和谐美丽的社会主义现代化强市而努力奋斗。

（作者为《嘉兴日报》记者，原载《嘉兴日报》2017 年 11 月 16 日）

新时代要大力弘扬“红船精神”

胡　军

2017年12月1日，《人民日报》刊发2005年6月21日时任浙江省委书记的习近平同志，在《光明日报》发表的《弘扬“红船精神” 走在时代前列》文章，为读者认真学习和深刻领会“红船精神”提供重要教材，对指导全党全国人民大力弘扬“红船精神”、实现中华民族伟大复兴的中国梦具有十分重要的现实指导意义。

在弘扬“红船精神”中改革创新。中国共产党成立96年来，始终坚持把马克思主义同中国实际相结合，闯出了一条具有中国特色的革命、建设、改革之路，充分展示了中国共产党人“开天辟地、敢为人先的首创精神”。当前，推进新时代中国特色社会主义是一项前无古人、世所罕见的伟大事业，绝不是轻轻松松、敲锣打鼓就能实现的，按部就班不行，循规蹈矩也不行。邓小平曾经说过：“没有一点闯的精神，没有一点‘冒’的精神，没有一股子气呀、劲呀，就走不出一条好路，走不出一条新路，就干不出新的事业。”站在新时代的历史方位，面对新时代的历史使命，面临更多的矛盾和更大的困难，更需要大力弘扬“红船精神”，保持一种勇于探索不怕失败、敢于攻坚不怕风险、善于突破不怕挫折的状态，以更大的决心冲破一切不合时宜的思想观念和体制机制弊端，以更大的勇气突破利益固化的藩篱，以更加奋发有为的劲头啃硬骨头、涉险滩，着力进行伟大斗争、建设伟大工程、推进伟大事业、实现伟大梦想。

在弘扬“红船精神”中坚忍不拔。回顾96年的光辉历程，中国共产党团结带领人民历经千难万险，付出巨大牺牲，敢于面对曲折，勇于修正错误，攻克了一个又一个看似不可攻克的难关，展示了“坚定理想、百折不挠的奋斗精神”。新时代开启新征程，但前行的道路并不平坦、不会一帆风顺，面临许多困难和问题。应对重大挑战、抵御重大风险、克服重大阻力、解决重大矛盾，只有攻坚克难，才能实现既定目标。当前，全面深化改革已进入深水区和攻坚期，面临的发展机遇前所未有，面对的挑战也前所未有。一些长期积累的矛盾和风险进一步显现，经济增速换挡、结构调整阵痛、新旧动能转换相互交织，经济下行压力加大。在这些困难和挑战面前，我们要大力弘扬“红船精神”，不能怕苦畏难，不能打退堂鼓，而要敢于直面困难、正视矛盾，采取措施，下大决心，花大力气，善于在排解难题中深化改革、在化解矛盾中推动发展，做到不管困难再大、任务再重、矛盾再多，都要坚定必胜信心和决心，知难而进不言难，迎难而上不畏难，勇于探索不怕失败，敢于攻坚不怕风险，善于突破不怕挫折。

在弘扬“红船精神”中执政为民。96年来，中国共产党之所以从小到大、从弱到强，创造一个又一个彪炳史册的人间奇迹，从根本上来看是秉持全心全意为人民服务的宗旨，弘扬“立党为公、忠诚为民的奉献精神”，得到了广大人民的衷心拥护。进入新时代，我们党坚持把人民对美好生活的向往作为奋斗目标，始终把实现好、维护好、发展好最广大人民的利益作为一切工作的出发点和落脚点。新时代新矛盾，面对人民群众对美好生活的需求，更要把大力弘扬“红船精神”贯穿到服务人民的各项工作中去，想群众之所想、急群众之所急，切实做到民有所呼、我有所应，民有所求、我有所为。通过坚持以人民为中心的发展理念，帮助群众解决好工作、学习、生活上面临的实际问题和困难，解决好在民主、法治、公平、正义、安全、环境等方面的热点和难点问题，切实为广大群众多做实事、多办好事、多解难事，实现幼有所育、学有所教、劳有所得、病有所医、老有所养、住有所居、弱有所扶的目标。

时代发展总向前，“红船精神”永不变。面对新时代新征程新使命，只有弘扬“红船精神”，传承“红色基因”，不忘初心、牢记使命、继续前行，才能使我们党始终保持创造力、凝聚力、战斗力，始终走在时代前列，团结和带领人民谱写新时代中国特色社会主义伟大胜利的辉煌篇章。

（作者为中共江西省上饶市委组织部干部，原载中国共产党新闻网2017年12月4日）

“红船精神”是不断夺取新胜利的强大精神力量

胡晓军　马荣瑞

2017年11月30日，新华社播发了习近平总书记2005年6月21日在《光明日报》发表的《弘扬“红船精神”　走在时代前列》通稿，12月1日，《人民日报》《光明日报》等全国各主要媒体均在显著位置刊发该文，这在江西干部群众中产生了强烈反响。大家表示，要从“红船精神”中汲取接续奋斗、续写荣光的无穷力量，更加紧密地团结在以习近平同志为核心的党中央周围，以习近平新时代中国特色社会主义思想为行动指南，埋头苦干、锐意进取，努力开创江西经济社会发展新局面。

2017年12月1日，江西省委理论学习中心组召开学习会，省委书记鹿心社领学了《弘扬“红船精神”　走在时代前列》一文后表示，红船劈波行，精神聚人心。“红船精神”是中国革命精神之源，是我们党的源头精神。今天我们学习“红船精神”，就是要不忘初心、牢记使命，坚定理想信念，进一步把学习宣传贯彻党的十九大精神引向深入，为实现党的十九大提出的奋斗目标、实现中华民族伟大复兴的中国梦提供强大精神动力。鹿心社说，江西广大干部群众要深入学习领会习近平新时代中国特色社会主义思想，深入领会“红船精神”所蕴含的“开天辟地、敢为人先的首创精神，坚定理想、百折不挠的奋斗精神，立党为公、忠诚为民的奉献精神”的丰富内涵，充分认识“红船精神”对党的建设的重要意义，努力把江西的事办得更好。

“任何一项伟大事业的成功，都需要精神力量的支撑和推动。回望过去，中国共产党之所以能从无到有、由小变大、由弱变强，永葆生机与活力，靠的就是中国共产党人的初心和使命所赋予的无穷力量。”江西省社科院院长梁勇说，《弘扬“红船精神”　走在时代前列》昭示着，当代中国共产党人将不忘初心、牢记使命，以永不懈怠的精神状态和一往无前的奋斗姿态，把新时代中国特色社会主义推向前进，使中华民族走向更加灿烂美好的未来。

南昌市委常委、宣传部长龙和南说，“红船精神”凝结着我们党的初心，体现着我们共产党人的价值追求，这就是坚持以人民为中心的发展思想，永远把人民对美好生活的向往作为奋斗目标。“我们将坚持革命火种薪火相传，充分发挥好红色资源的巨大作用，把它们作为践行社会主义核心价值观的重要载体、市民思想道德建设的丰富滋养和城市经济社会发展的重要动力，让党的宝贵精神财富彰显出新的时代价值。”

（作者为《光明日报》记者，原载《光明日报》2017 年 12 月 3 日）

“红船精神”与中国共产党的道路观

肖纯柏

红船起航与三个关键词紧密相关：道路、舵手与旗帜。这是“红船精神”的关键词，也是立党兴党、执政兴国的关键词。中国共产党的道路观，核心是举什么旗，走什么路，以什么样的精神状态实现什么样的目标。“红船精神”开启了革命道路、复兴之路和社会主义新路，在中华文明的长河中奔流不息。“红船精神”的源头性、民族性和时代性，昭示党的初心，贯通过去与现在，启迪当下与未来。

把握“红船精神”的“道”与“路”。道路是道与路的统一，关乎民族命运。道一而路多，殊途而同归。在中华传统文化中，道相同，路可以不同；路相同，道不一定相同。“道生一，一生二，二生三，三生万物。”红船起航的大道是公道、正道和政道。政道优势是中华文化的特点，也是中国共产党的特色。大道之行，天下为公。人间正道是沧桑，筚路蓝缕启山林。中国共产党的创建之路是曲折的，发展之路是独特的，不仅分为上海开幕的前半程和嘉兴闭幕的后半程，而且从一开始就舟水相依，走群众路线，走自己的路，打下了中国独特的文化烙印和历史印记。

中国共产党的发展道路不仅不同于西方各大政党，而且也不同于当时中国各种政党。己所不欲、勿施于人的历史文化传统和特殊的国情决定了中国共产党要发挥政道优势。中国传统文化注重为人之道、用人之道、治国之道、天下大道，这是“红船精神”的文化基因，是中国道路的精神源泉。流长必溯其源，中国共产党在南湖红船上诞生后，奋力航行于探索小康大同的大道，有主流，也有支流，有短暂的徘徊，更有调整后的再出发、再启程，继而越走越宽广。

把握“红船精神”的“志”与“向”。志向是志与向的统一，有崇高之志，还要有正确的方向和科学的向度。党的红船稳健远航，前进力量由无数个力的平行四边形汇聚而成，力度和向度关系到崇高之志的实现进度和扩展幅度。中国共产党人志存高远、登高望远，把共产主义远大志向、民族复兴之志同正确的奋斗航向、强大的向心力和恰当的力量向度有机结合起来。走好新时代的长征路，要不忘走过的路，不走僵化封闭的老路，更不走改旗易帜的邪路，而要走中国特色社会主义新路。弘扬“红船精神”，重在不忘初心，要在肩负使命，贵在保持定力、矢志不渝。我们党怀着初心诞生，心系民心壮大，依靠恒心前行。

把握“红船精神”的“标”与“杆”。标杆是标与杆的统一。如果把“红船”比作中国共产党的红色标识和文化图腾，那么“精神”好比中国道路的旗杆和腰杆脊梁。标识与路标在文化层面体现为人格力量和真理力量，旗杆和腰杆在精神层面体现为气节气度和党性风骨。无论是建党的筹备时期还是党成立后的各个时期，共产党人都顺应潮流，勇立潮头，高扬旗帜航标，挺起精神腰杆。

旗帜是方向，也是形象。大义凛然的精神状态和一往无前的奋斗姿态，构成了共产党人的奋斗美和意境美。在革命、建设和改革征程中，中国共产党人走在时代前列，马克思主义中国化的新成果成为中国共产党的风向标，也是中国道路的鲜明路标和精神之旗。共产党人以先进航标引领和凝聚群众，挺起腰杆子，不但成为中华民族的时代先锋，而且成为民族脊梁和人民公仆。正是有了科学的航标和挺直的腰杆，我们才“任凭风浪起，稳坐小红船”。

（作者时任中国延安干部学院教授，现任嘉兴学院红船精神研究中心教授，原载《浙江日报》2017 年 12 月 19 日）

把“红船精神”贯穿到实现中华民族伟大复兴中国梦全过程

北京市习近平新时代中国特色社会主义思想研究中心

2017年10月31日，习近平总书记带领中共中央政治局常委专程从北京前往上海和浙江嘉兴，瞻仰上海中共一大会址和浙江嘉兴南湖红船。他强调，要结合时代特点大力弘扬“红船精神”。习近平总书记关于“红船精神”的重要论述，宣示了新时代中国共产党人不忘初心、牢记使命的坚定政治信念，表达了以习近平同志为核心的党中央决心继承“红船精神”、始终走在时代前列的崇高历史担当和时代责任。

一、深刻理解“红船精神”的科学内涵

早在2005年6月21日，时任浙江省委书记的习近平同志就在光明日报发表《弘扬“红船精神”走在时代前列》的重要文章，明确提出“红船精神”的概念并系统阐释了“红船精神”的深刻内涵和时代价值。习近平总书记指出，开天辟地、敢为人先的首创精神，坚定理想、百折不挠的奋斗精神，立党为公、忠诚为民的奉献精神，是中国革命精神之源，也是“红船精神”的深刻内涵。“红船精神”内涵深刻、思想深邃、历久弥新，是中国共产党人薪火相传的精神源泉、红色基因。

开天辟地、敢为人先的首创精神，体现的是中国共产党创建时期共产党人立志改变旧世界、建设新中国的坚强决心和崇高追求；坚定理想、百折不挠的奋斗精神，体现的是中国共产党人始终如一的坚定信仰和理想追求；立党为公、忠诚为民的奉献精神，体现的是中国共产党人的政治立场、价值取向和根本宗旨。

从本质上来说，“红船精神”体现和昭示了中国共产党的初心和使命。不忘初心，方得始终。中国共产党人的初心和使命，就是为中国人民谋幸

福，为中华民族谋复兴。“红船”是体现共产党“初心”的“母亲船”，产生于这条“母亲船”的“红船精神”是我们党的“初心”之根、是党的先进性之源。习近平总书记指出：“‘红船精神’正是中国革命精神之源：中国共产党历史上形成的优良传统和革命精神，无不与之有着直接的渊源关系。”小小红船承载千钧，播下了中国革命的火种，开启了中国共产党的跨世纪航程，由此开始“中国共产党引领革命的航船，劈波斩浪，开天辟地，使中国革命的面貌焕然一新”。

习近平总书记指出，建党时的每件文物都十分珍贵、每个情景都耐人寻味，我们要经常回忆、深入思索，从中解读我们党的初心。他还强调：“事业发展永无止境，共产党人的初心永远不能改变”“只有不忘初心、牢记使命、永远奋斗，才能让中国共产党永远年轻”“唯有不忘初心，方可告慰历史、告慰先辈，方可赢得民心、赢得时代，方可善作善成、一往无前”。

二、准确把握“红船精神”的历史地位

“红船精神”是中国共产党的精神原点，在引领中国革命、建设和改革伟大事业的历程中，发挥了无与伦比的重大作用，具有十分重要的历史地位。

“红船精神”是重要精神丰碑。“红船劈波行，精神聚人心。”习近平总书记指出，“红船所代表和昭示的是时代高度，是发展方向，是奋进明灯，是铸就在中华儿女心中的永不褪色的精神丰碑。”把“红船精神”比喻为“精神丰碑”是对“红船精神”历史地位的形象概括。习近平总书记指出：“红船，见证了中国历史上开天辟地的大事变，成为中国革命源头的象征”“南湖红船点燃的星星之火，形成了中国革命的燎原之势，使四海翻腾，五岳震荡”。

正因为有了“红船精神”这座精神丰碑，党的事业才有了“引航灯”，有了前进方向。“红船精神”同我们党后来形成的井冈山精神、长征精神、延安精神、西柏坡精神等一道，“共同构成我们党在前进道路上战胜各种困难和风险、不断夺取新胜利的强大精神力量和宝贵精神财富”。

“红船精神”是强大思想武器。发展是解决我国一切问题的基础和关

键。实现“两个一百年”奋斗目标、实现中华民族伟大复兴中国梦，必须始终把发展作为党执政兴国的第一要务。习近平总书记指出：“‘红船精神’是激励我们把握发展这一时代主题和党执政兴国第一要务，大胆探索、创新创业的强大思想武器。”

当今世界正处于深刻变化之中，综合国力的竞争日趋激烈，我国决胜全面建成小康社会的进程中也出现了许多前所未有的新情况、新问题。“红船精神”昭示我们，在全面建成小康社会、推进新时代中国特色社会主义的过程中，我们不能因循守旧，僵化保守，而必须敢为人先、开拓进取，以改革创新精神永葆党的生机和活力。中国特色社会主义进入新时代，我们要继续坚持和发扬“红船精神”，自觉克服安于现状、不思进取的思想观念，用创新的思想观念谋划工作，解放思想，实事求是，与时俱进，开拓创新，不断推进新时代中国特色社会主义伟大事业。

“红船精神”是强大精神支柱。坚定共产主义理想信念是“红船精神”所蕴含的远大奋斗目标和崇高价值取向。习近平总书记指出：“‘红船精神’是鼓舞我们坚定共产主义理想和中国特色社会主义信念，不畏艰险、艰苦奋斗的强大精神支柱。”

决胜全面建成小康社会、实现中华民族伟大复兴中国梦是一项前无古人的创新性事业，也是一项空前艰巨的宏图伟业。面对前进道路上可能遇到的重重困难和各种风险，我们必须继续发扬“红船精神”，坚定理想信念，增强忧患意识，既要树立远大理想又要制定近期目标，既要保持志存高远又要做到脚踏实地，在推进事业发展过程中不断谱写全面建成小康社会、加快推进新时代中国特色社会主义事业新篇章。

“红船精神”是强大道德力量。中国共产党作为马克思主义政党，自诞生之日起就以践行全心全意为人民服务为根本宗旨。坚持立党为公、执政为民，始终保持党同人民群众的血肉联系，是马克思主义政党与生俱来的政治品质和价值追求，是衡量党的先进性的根本标尺，也是“红船精神”的本质要求。习近平总书记指出：“‘红船精神’是鞭策我们牢记立党为公、执政为民本质要求和全心全意为人民服务的根本宗旨，求真务实、一心为民的强大道德力量。”

中国特色社会主义进入新时代，党的先进性和纯洁性能否始终保持，党的执政地位能否不断巩固，根本在于人民群众对党的信赖和拥护，而这又取决于我们党能否始终践行立党为公、执政为民的本质要求，取决于党能否始终团结带领人民群众求真务实、真抓实干。为此，我们必须继续发扬“红船精神”，始终坚持人民利益高于一切的价值要求，真正干出有利于党和人民事业的政绩。

三、大力弘扬“红船精神”的时代价值

弘扬首创精神，推进党的事业不断创新。中国共产党是具有开天辟地、敢为人先首创精神的党。“红船精神”既是早期中国共产党人靠着开天辟地、敢为人先精神在中国大地创立无产阶级政党的必然结果，也是中国共产党人决心以开天辟地、敢为人先首创精神始终站在历史和时代发展潮头的历史宣言。党正是顺应历史发展和时代进步潮流、勇立社会历史发展的潮头，在南湖红船上宣告成立，从此使中国革命历史翻开了崭新的一页。南湖红船点燃的星星之火，形成了中国革命的燎原之势。自此开始，开天辟地、敢为人先的首创精神便成为我们党推进不同时期革命、建设和改革事业不断发展的强大精神动力。

弘扬奋斗精神，推进党的事业破浪前进。中国共产党是具有坚定理想、百折不挠奋斗精神的党。革命理想高于天。中国共产党的诞生，使中国革命从此有了坚定的理想信念和强大的精神支柱。当初，党的“一大”会议在白色恐怖中召开，由上海转至浙江嘉兴，在南湖红船上完成缔造中国共产党的使命，靠的是坚定的理想信念和百折不挠的革命精神；其后，我们党在长期艰苦卓绝的奋斗中，“不管风吹浪打，不怕急流险滩，始终坚定自己的理想和信念，以压倒一切敌人、战胜一切困难的大无畏英雄气概，矢志推动中国革命和建设事业的大船劈波斩浪、不断奋进”。

弘扬奉献精神，始终牢记党的根本宗旨。中国共产党是具有立党为公、忠诚为民奉献精神的党。从党成立的那一天起，“中国共产党载着红船的意愿，以立党为公、忠诚为民的奉献精神，努力维护好、实现好、发展好最广大人民的根本利益”。

密切联系群众是我们党区别于其他任何政党的显著标志，正如习近平

总书记所指出的：“依水行舟，忠诚为民，成为贯穿中国革命和建设全过程的一条红线，也是‘红船精神’的本质所在。”我们党最大的政治优势就是密切联系群众，党执政后最大的危险就是脱离群众。在推进中国革命、建设和改革过程中，我们党始终肩负为人民谋利益的神圣职责和崇高使命，发扬立党为公、忠诚为民的奉献精神，不断维护好、发展好、实现好最广大人民的根本利益，使党成为始终走在时代前列、领导全国人民不断前进的坚强领导核心。

弘扬“红船精神”，引领实现中华民族伟大复兴。“红船精神”既贯穿了中国共产党始终坚持的为民初心和崇高使命，同时又体现了马克思主义必须随着时代和社会不断与时俱进的理论品质。习近平总书记指出：“‘红船精神’”是我们党创立时期坚持和实践自身先进性的一个历史明证。正如党的先进性不是与生俱来、一劳永逸的，‘红船精神’也是具体的、历史的。”

中国特色社会主义进入新时代，我们必须把“红船精神”贯穿到全面建成小康社会、实现“两个一百年”奋斗目标和实现中华民族伟大复兴中国梦的全过程。正如习近平总书记所强调的那样：全党同志必须坚持全心全意为人民服务的根本宗旨，不断带领人民创造更加幸福美好的生活；牢记共产主义远大理想，坚定中国特色社会主义共同理想，一步一个脚印向着美好未来和最高理想前进；始终保持谦虚谨慎、不骄不躁的作风，不畏艰难、不怕牺牲，为实现“两个一百年”奋斗目标、实现中华民族伟大复兴的中国梦而不懈奋斗。

（作者为北京市习近平新时代中国特色社会主义思想研究中心 执笔：韩振峰，原载《光明日报》2018 年 7 月 26 日）

“红船精神”与新时代基层党建创新

北京市习近平新时代中国特色社会主义思想研究中心

习近平总书记指出：“一切向前走，都不能忘记走过的路；走得再远、走到再光辉的未来，也不能忘记走过的过去，不能忘记为什么出发。面向未来，面对挑战，全党同志一定要不忘初心、继续前进。”实现人民幸福、国家富强、民族复兴，需要我们党继续弘扬“红船精神”，在伟大社会革命的斗争中，铸就铁的意志、强化铁的纪律，披荆斩棘、一往无前，团结带领人民群众奋力走好新时代的长征路。

党的基层组织是党的全部工作和战斗力的基础，是宣传党的主张、贯彻党的决定、领导基层治理、团结动员群众、推动改革发展的坚强战斗堡垒。党的基层组织是党的肌体的“神经末梢”，是党联系服务群众的重要纽带，是践行党的宗旨的阵地，是提高党性修养的熔炉，是展现党的形象和作风的旗帜。截至2018年12月31日，我们党现有基层党组织461.0万个。基础不牢，地动山摇。任何时候任何情况下，抓党的基层组织建设都不可放松。抓好党的基层党组织建设，推进基层党建工作创新，是不断夯实根基的基础工作。

一、不忘初心、牢记使命：“红船精神”是新时代基层党建创新实践的精神之源

为中国人民谋幸福，为中华民族谋复兴，是中国共产党人的初心和使命，是激励一代代中国共产党人前赴后继、英勇奋斗的根本动力。近代以来中华民族复兴的探索，中国共产党成立、成长和壮大的历程以及新中国成立70年以来建设的生动实践所积累的宝贵经验，是全党和中国人民弥足珍贵的精神财富，是坚持和发展中国特色社会主义的行动指南，是新时代加强党的建设的思想源泉，我们必须倍加珍惜、长期坚持、丰富发展。

用首创精神鼓足新时代基层党建创新的风帆。自诞生之日起，我们党就以马克思列宁主义的普遍真理和中国革命的具体实践相结合作为自己一切工作的指针，担负起民族解放和民族复兴的重任。这一开天辟地的大事变，展开了中国革命的新阶段，党团结带领中国人民经过浴血奋战，打败了日本帝国主义，推翻了国民党反动统治，完成新民主主义革命，建立了中华人民共和国，深刻改变了近代以来中华民族发展的方向和进程。

新中国成立以来，党团结带领人民经过70年社会主义革命和建设，深刻改变了中国人民和中华民族的前途命运、改变了世界发展的趋势和格局。

党的十八大以来，以习近平同志为核心的党中央把全面从严治党纳入“四个全面”战略布局，集中整饬党风，严厉惩治腐败，净化党内政治生态，踏石留印、抓铁有痕，全面从严治党成效显著，党的领导更加坚强有力。一段时期以来，存在的管党治党宽松软的状况在短时间内得到了有效改变，基层党建工作呈现出健康向上的新气象。

当然，面对新时代新情况新变化，一些基层党组织还存在着认识不到位、作风不扎实、机制不顺畅、能力不适应等问题，一些基层党组织弱化、虚化、边缘化的问题依旧突出，这都需要党继续发扬首创精神，敢为人先、大胆探索，以开拓进取的精神推进基层党建创新。

用奋斗精神把稳新时代基层党建创新的航向。坚定理想信念，坚守共产党人精神追求，始终是共产党人安身立命的根本。对马克思主义的信仰，对社会主义和共产主义的信念，是共产党人的命脉和灵魂。不论时代如何变化，不论条件如何变化，中国共产党人都要百折不挠、矢志不渝，始终保持理想信念坚定，保持风雨如磐不动摇，永远为了真理和理想做最坚决的斗争。

理想信念的坚定，百折不挠的奋斗，来自思想和理论的先进。习近平总书记指出：“中国共产党之所以能够历经艰难困苦而不断发展壮大，很重要的一个原因就是我们党始终重视思想建党、理论强党，使全党始终保持统一的思想、坚定的意志、协调的行动、强大的战斗力。”

新时代基层党建创新，要坚持思想建党和理论强党的高度统一，党支部要充分发挥直接教育党员、管理党员、监督党员和组织群众、宣传群众、凝聚群众、服务群众的职责，提高政治站位，增强政治定力，坚持马克思主义指导地位不动摇，坚持用习近平新时代中国特色社会主义思想武装头脑，在干中学、在学中干，做到学思用贯通、知信行统一，做到补钙强骨、立根固本，引导广大党员自觉做共产主义远大理想和中国特色社会主义共同理想的坚定信仰者、忠实践行者、坚决捍卫者。

用奉献精神开启新时代基层党建的新航程。中国共产党的根基在人民、血脉在人民、力量在人民。土地革命战争时期，正是由于坚持走群众路线，团结依靠占中国绝大多数的农民打土豪、分田地，党才在白色恐怖的环境下保存并顽强发展起来。抗日战争时期，中国共产党放手发动群众，壮大人民力量，抗日民族统一战线得到巩固，抗日根据地得以不断壮大。解放战争时期，在无数解放区人民“倾家荡产、支援前线”的支持下，人民解放军用小米加步枪打败了国民党800万军队。坚持一切为了群众，一切依靠群众，从群众中来，到群众中去，把党的正确主张变为群众的自觉行动，是党领导和团结中国人民从弱到强，从小到大，克服艰难险阻，取得新民主主义革命和社会主义革命胜利的动力之源。

每一个共产党员，不论职位多高，都是人民的勤务员。习近平总书记指出：“全党同志要时刻牢记，我们的权力是党和人民赋予的，是用来为党和人民做事的，只能用来为党分忧、为国干事、为民谋利。”应该看到，改革开放以来，尽管我国经济社会发生了巨大变化，人民生活水平有了很大提高，但是，许多贫困人口的脱贫问题仍未从根本上得到解决，人民群众在教育、医疗、住房、环境等实际生活中仍然面临着许多困难。

金杯银杯不如老百姓的口碑，民心是最大的政治。党的工作最坚实的力量支撑在基层，经济社会发展和民生最突出的矛盾和问题也在基层，必须把抓基层打基础作为长远之计和固本之策。要坚守人民立场，始终保持同人民群众的血肉联系，把为人民谋幸福作为根本职责，做到凡是群众反映强烈的问题都要严肃认真对待，凡是损害群众利益的行为都要坚决纠正，从人民群众关心的事情做起，从让人民群众满意的事情做起，带领人民不断创造美好生活。

二、政治建党、善作善成：在新时代基层党建创新实践中继承弘扬“红船精神”

新时代基层党建创新实践要始终坚持以习近平新时代中国特色社会主义思想为指引，始终坚持思想建党、组织建党、制度治党，始终坚持以人民为中心的发展理念，不断增强执政本领，让每一个基层党组织充满生机活力，让每一位党员的先锋模范作用得到彰显，让党的旗帜在每一个阵地上高高飘扬。

坚持党的领导，加强党的政治建设做到落实落细。党政军民学、东西南北中，党是领导一切的，是最高政治领导力量。新时代基层党建创新就是要以提升组织力为重点，突出政治功能，发挥政治优势，提高做好群众工作的能力，把党的全面领导有效落实到各级基层党组织贯彻落实党中央的各项决策部署上来，不断提高基层党组织的政治引领力、思想引导力和群众组织力，把基层党组织建设成为凝聚人心和团结群众的“主心骨”。

“红墙意识”是北京市西城区党员干部群众从所处的特殊区位出发，结合时代特征总结提炼出的共同思想境界和价值追求。把“政治忠诚、责任担当、首善标准”作为思想行为准则，用行动践行对党和人民的绝对忠诚。始终听党话，永远跟党走，顾全大局心系中央。“红墙意识”突出的政治性、强烈的时代性，成为西城区独有的一种基层政治文化。

坚持以人民为中心，打通便民服务的“最后一公里”。人民对美好生活的向往是我们党的奋斗目标，也是基层党建工作的出发点和落脚点。新时代基层党建创新要突出问题意识、坚持服务导向、靶向精准落实，主动回应人民群众的新期待和新需求，切实解决人民群众最为关心的问题，强化基层党组织统筹协调的功能，丰富服务型党组织建设时代内涵。

浙江嘉兴通过“96345”党员志愿者服务，打通了联系服务群众的“最后一公里”，提升了党的群众组织力，实现了党员与群众的“零距离”。上海浦东新区全力打造“家门口”服务体系建设，通过党建引领，构建部门围绕街镇转，街镇围绕村居转，村居围绕群众转的“三转”服务机制，打造资源整合、机制有效、群众参与的平台，提供党群服务、政务服务、生活服务、法律服务、健康服务、文化服务、社区管理服务等七大类基本服务，达到“生活小事不出村居、教育服务就在身边”的良好效果。

坚持党建机制创新，提高基层党组织的社会治理能力。基层社会治理既是国家治理体系和治理能力现代化的基石，也是党的基层领导体系建设的基础内容。习近平总书记指出：“把加强基层党的建设、巩固党的执政基础作为贯穿社会治理和基层建设的一条红线。”近年来，围绕加强和改善党对基层社会治理的领导，各地主动开展实践创新，推动了党建引领社会治理创新。

北京市针对街乡权责不清、资源不足、条块分割、机制僵化、治理力量分散、联动效应不高的问题，通过“街乡吹哨、部门报到”机制创新，强化街乡党组织在基层治理中的领导核心作用，以“下沉、赋权、增效”为抓手，推动治理力量和资源下沉。

同时，北京市根据各城区治理特点，按照“精简、统一、效能”原则，有序推动街乡“大部制”改革，调整街道党政内设机构，优化工作流程；以执法平台建设为抓手，建立“三协同综合执法链”机制；以“多网融合”为抓手，推动党建制度创新和技术创新相结合机制。“街乡吹哨、部门报到”改革系列新举措实现了基层权力给基层，基层事情基层办、基层事情有人办，不仅让人民群众享有更多获得感、幸福感、安全感，也创造了新时代党领导基层治理的新经验。

坚持共建共治共享，增强基层党组织的凝聚力和战斗力。习近平总书记强调：“要高度关注基层政权组织、经济组织、自治组织、群团组织、社会组织发展变化的特点，加强指导和管理，使各类基层组织按需设置、按职履责、有人办事、有章理事，既种好自留地、管好责任田，又唱好群英会、打好合力牌。”共建共治共享需要基层党组织既要勇于扛起责任、自己带头干，发挥领导核心作用，也要不断提升社会组织自我教育、自我管理、自我服务的能力，把群众积极性、主动性调动起来，做到人人参与、人人负责、人人奉献、人人共享。

江苏如东通过推进村级公共服务中心建设、组建党员志愿服务队、创新“四式四定”服务方式、完善制度统筹激活服务要素，推动了农村基层党组织从“越位”处“退位”，在“缺位”处“补位”，实现了“服务型”

“开放型”“民主型”党支部的转变。

上海市商务楼宇党建坚持“支部建在楼上、党建落到实处”，把先建立楼宇党组织再向楼宇内各单位延伸作为有效路径，推动全市1410幢重点商务楼宇实现组织全覆盖，90%的标志性商务楼宇建立楼宇党委、设置党群服务站并配备专职党群工作者，有效实现了对楼宇经济、楼宇治理、楼宇人群的引领带动，让党员无论在哪里都能找到组织找到家，极大增强了年轻党员的归属感。

“欲筑室者，先治其基。”万丈高楼平地起，离不开建筑师的精心设计，更离不开建设者的辛勤劳动。我们党的基层党组织要不忘初心、牢记使命，践行和弘扬“红船精神”，永葆求真务实、开拓进取、勇于担当的斗争品格，自觉践行新时代党的思想路线、组织路线和群众路线，团结一切可以团结的力量，激发一切创造热情和创新智慧，把我们的党建设得更加坚强有力，把中国特色社会主义大厦建设得更加坚实稳固。

（作者为北京市习近平新时代中国特色社会主义思想研究中心 执笔：杨奎，原载《光明日报》2019年7月30日）

学习“红船精神”，培养时代新人

王 易

2017年12月以来，《人民日报》等多家中央媒体重新刊发了时任浙江省委书记的习近平同志2005年6月在《光明日报》发表的文章《弘扬“红船精神” 走在时代前列》。这一文章首次提出“红船精神”，指出“红船所代表和昭示的是时代高度，是发展方向，是奋进明灯，是铸就在中华儿女心中的永不褪色的精神丰碑”。党的十九大闭幕后，习近平同志带领中央政治局常委几位同志亲临嘉兴瞻仰南湖红船，强调“嘉兴南湖红船，是我们党梦想起航的地方。我们党从这里诞生，从这里出征，从这里走向全国执政。这里是我们党的根脉”。在当前全党集中学习十九大精神的背景下，回顾党的历史，重温“红船精神”，对深入思考如何培养“担当民族复兴大任的时代新人”具有重要意义。

深入学习理解“红船精神”的深刻内涵。“红船精神”一经总结提出和广泛传播，就因其极强的开创性、深刻性和引领性而备受关注。这种精神，有着特殊重要的意义，有着不可替代的作用。红船虽小，却承载千钧，归根结底，它是中国革命精神之源，是我们党的根脉，是共产党人薪火相传的基因源头。几十年来，南湖红船已成为党员干部、甚至全国人民心驰神往的革命圣地。这种精神，诞生于中国伟大的革命实践，不仅与中国共产党历史上形成的优良传统和革命精神有着直接的渊源关系，更是中国共产党人革命精神的起点。正如习近平同志所指出的，“‘红船精神’同井冈山精神、长征精神、延安精神、西柏坡精神等一道，伴随中国革命的光辉历程，共同构成我们党在前进道路上战胜各种困难和风险、不断夺取新胜利的强大精神力量和宝贵精神财富”。这种精神，有着丰富的深刻内涵，它所包含的是“开天辟地、敢为人先的首创精神，坚定理想、百折不挠的奋斗精神，立党为公、忠诚为民的奉献精神”。“红船精神”是建党宣言，一群年轻人勇敢地承担起救国救民的责任，他们迫切渴望通过自己的努力改变中国的命运；他们拥有高尚的理想追求，决心为革命抛头颅、洒热血奉献一生；他们忠诚于信仰，忠诚于中国共产党，把人类的解放和幸福看作最崇高的事业。这种精神，为培养时代新人指明了方向。习近平同志指出，“红船精神”充分体现了走在时代前列的精神，我们要“沿着南湖红船开辟的革命航道奋勇前进”。这种精神实质体现的是中国共产党人的可贵初心使命，宣示的是中国共产党人的坚定政治信念，既是对全体党员的政治要求，也是对全国青年的殷切期望，它与十九大报告对当代青年“有理想、有本领、有担当”责任定位高度一致，核心都是围绕“为谁培养人、培养什么样的人、怎样培养人”这一根本问题展开。

深入学习理解“红船精神”的时代价值。“红船精神”昭示了我们党的初心和使命。寻根溯源，作为马克思主义政党，我们党自诞生之日起就以解放全人类、实现共产主义为己任，以全心全意为人民服务为根本宗旨。十九大报告强调，中国共产党人的初心和使命，就是为中国人民谋幸福，为中华民族谋复兴。这就进一步明确了“我们党是从哪儿来的，要到哪儿去”这一根本命题，进一步明确了激励中国共产党人不断前进的这一根本动力。“红船精神”贯穿于革命、建设、改革事业的始终，是永不过时、永不褪色的精神动力。“红船精神”展现出我们党的创新精神。红船，见证了中国历史上开天辟地的大事变。我们党从小到大、从弱到强的历史进程，就是一部勇立潮头、敢为人先、开拓进取的创新历程。当前，中国特色社会主义进入了新时代，要取得决胜全面建成小康社会、夺取新时代中国特色社会主义的伟大胜利，就必须善于聆听时代声音，勇于坚持真理，不断推进理论创新、实践创新、制度创新、文化创新以及其他各方面创新。“红船精神”彰显了我们党的奋斗精神。一个拥有8900多万名党员的大党诞生于一条小船，谁能想到当时多如牛毛的政党中有这么一支红色政党最终崛起，谁又能想到一支50多人的政党发展到今天这般兴盛的局面。中国的革命、建设和改革开放事业，从来都是在惊涛骇浪中不断历练，从而到达成功的彼岸、取得一个又一个胜利的。新征程路上的“四个伟大”，绝不是轻轻松松、敲锣打鼓就能实现的。十九大报告一开始就号召，全党同志要“以永不懈怠的精神状态和一往无前的奋斗姿态，继续朝着实现中华民族伟大复兴的宏伟目标奋勇前进”。

努力推动“红船精神”深入实际实践。要把学习十九大精神与学习“红船精神”紧密结合起来。学懂弄通做实党的十九大精神与在新时代继承发扬“红船精神”是高度一致的。《人民日报》重新刊发习近平总书记旧文的目的，就是为了重温“红船精神”，坚定理想信念，进一步推动党的十九大精神学习宣传贯彻，凝聚起全党全国人民不记初心、牢记使命，锐意进取、埋头苦干的磅礴精神力量。党的十九大精神是“红船精神”的延续和发展，更是“红船精神”的深化和升华。要把宣传十九大精神与弘扬“红船精神”结合起来。宣传好贯彻好十九大精神是当前和今后一个时期全党的首要政治任务。十九大报告的主题是：“不忘初心，牢记使命，高举中国特色社会主义伟大旗帜，决胜全面建成小康社会，夺取新时代中国特色社会主义伟大胜利，为实现中华民族伟大复兴的中国梦不懈奋斗”。习近平同志带领中央政治局常委同志瞻仰南湖革命纪念馆时深刻指出，“事业发展永无止境，共产党人的初心永远不能改变”。大力学习弘扬“红船精神”与学习贯彻十九大精神是高度一致的，只有紧密结合起来学，才有助于更深刻地理解中国共产党人的初心使命，才能更深入思考中国共产党人当初是从哪里出发的、为什么出发的。要勇立传播十九大精神的潮头。学习贯彻好十九大精神和“红船精神”，关键是学习贯彻好习近平新时代中国特色社会主义思想。作为马克思主义中国化的最新理论成果，习近平新时代中国特色社会主义思想是我们必须长期坚持的指导思想。对我们高校思想政治理论课老师来讲，在学习贯彻党的十九大精神和“红船精神”的过程中，要紧抓习近平新时代中国特色社会主义思想这一党的十九大的最大亮点，在学懂弄通做实上下足功夫。不但要能够内化于心、外化于行，还要积极推动习近平新时代中国特色社会主义思想进课堂、进教材、进头脑，为培养教育中国特色社会主义事业的建设者和接班人作出应有贡献。

大力弘扬“红船精神”培育时代新人。弘扬奋斗精神，让新时代青年更有理想。嘉兴南湖红船孕育了中国共产党，见证了中国历史上开天辟地的大事变。实现中华民族伟大复兴的中国梦，需要一代一代人接力奋斗。

青年兴则国家兴，青年强则国家强。只有弘扬坚定理想、百折不挠的奋斗精神，把党史、国情、校训作为当代青年学生理想信念教育的力量源泉，将宝贵的红色资源转化为翔实的数据、生动的故事、鲜活的历史，才能让“与党和国家同呼吸共命运”的光荣传统在青年心中扎牢筑根，使他们真正成长为新时代中国特色社会主义的坚定者、奋进者和搏击者。弘扬首创精神，让新时代青年更有本领。中国特色社会主义进入新时代，我们既面临前所未有的光明前景，也将遇到许多前所未有的新情况、新挑战。“青年是标志时代的最灵敏的晴雨表”，青年的创新力决定民族的生命力。站在新的历史起点上，只有弘扬开天辟地、敢为人先的首创精神，激发当代青年学生的创新活力，才能立稳“前所未有之大变局”，应对新时代给我们带来的机遇和挑战，以鲜明的问题意识回应时代呼唤，在发现问题、筛选问题、研究问题解决问题的过程中推进理论创新。弘扬奉献精神，让新时代青年更有担当。当代青年的人生黄金期同“两个一百年”奋斗目标的实现完全吻合，将亲自见证和全程参与这一伟大历史进程，这是人生最大的幸运，也是最崇高的使命。只有弘扬立党为公、忠诚为民的奉献精神，展现出当代青年是志存高远、脚踏实地的时代弄潮儿，打通两个课堂，深化实践育人，在奉献青春的过程中增进对人民的感情、对社会的责任、对国家的忠诚，“在实现中国梦的生动实践中放飞青春梦想，在为人民利益的不懈奋斗中书写人生华章”！

（作者为中国人民大学马克思主义学院教授、博士生导师，原载人民论坛网2017年12月5日）

用“红船精神”推进“四个全面”

连小敏

浙江嘉兴南湖红船，因中共一大在此召开而闻名于世，并由此产生了以“开天辟地、敢为人先的首创精神，坚定理想、百折不挠的奋斗精神，立党为公、忠诚为民的奉献精神”为主要内涵的“红船精神”。“红船精神”是中国共产党伟大精神的源泉，是加强干部队伍建设的宝贵精神财富。在新的形势下，引导党员干部继承和弘扬“红船精神”，对于协调推进“四个全面”战略布局具有重大意义。

以开天辟地、敢为人先的首创精神推进“四个全面”。“四个全面”是立足我国发展现实需要、着眼于解决我国面临的突出矛盾和问题而形成的战略布局。解决矛盾和问题，需要发扬“开天辟地、敢为人先的首创精神”，以勇立潮头的决心抢抓发展机遇，以敢为人先的精神全面深化改革，进一步培育与弘扬创新文化，向创新要思路、要办法。嘉兴市面对各种“成长中的烦恼”，引导党员干部根据中央和省委要求，自觉把开天辟地、敢为人先的首创精神融入工作，审时度势创新发展思路，努力把潜在优势转化为现实优势，把分散优势转化为整体优势，把区位优势转化为功能优势，经济社会发展继续保持良好势头。尤其是立足于发展现状与未来需求，从最迫切需要打破的瓶颈制约问题、最影响改革发展的体制机制问题改起，重点聚焦行政审批市县一体化、资源要素市场化配置、对接上海自贸区、政府购买公共服务、法治德治自治“三治”建设等进行改革创新，不断为经济社会发展增添新动力。

以坚定理想、百折不挠的奋斗精神推进“四个全面”。协调推进“四个全面”战略布局，是我们党着眼于坚持和发展中国特色社会主义、实现中华民族伟大复兴中国梦提出来的治国理政新方略。协调推进“四个全面”战略布局，不可能一帆风顺，也不可能一蹴而就，需要进行具有许多新的历史特点的伟大斗争，必须发扬坚定理想、百折不挠的奋斗精神。理想信念是共产党人精神上的“钙”。当前一些党员干部身上存在“四风”问题，归根到底是理想信念动摇所致。只有坚定理想信念，才能百折不挠地朝着“两个一百年”奋斗目标、朝着实现中华民族伟大复兴的中国梦奋勇前进。嘉兴市把继承和弘扬“红船精神”作为党员干部理想信念和党性教育的主课，组织党员干部瞻仰红船、重温党史，进一步坚定理想信念、增强党性修养，努力成为百折不挠敢担当的干部。

以立党为公、忠诚为民的奉献精神推进“四个全面”。立党为公、忠诚为民是我们党区别于其他政党的一个显著标志。协调推进“四个全面”战略布局，最终目的是为了实现好、维护好、发展好最广大人民根本利益，让人民群众过上更美好的生活。这决定了党员干部在协调推进“四个全面”战略布局中必须发扬立党为公、忠诚为民的奉献精神，保持和增强党同人民群众的血肉联系。嘉兴市教育引导党员干部在思想上贴近群众所思、作为上考虑群众所想、措施上解决群众所忧。健全完善党员干部直接联系群众制度，开展“走村不漏户、户户见干部”“联系不漏户、党群心贴心”活动，建立民情民事“收集、研判、交办、督办、评介、反馈”联动处置机制，使党员干部成为群众需要的发展带头人和信赖的办事贴心人。同时，从影响改革发展稳定的突出问题和群众反映强烈的重点问题入手，每年梳理10项左右惠民行动和一批民生实事项目，切实让人民群众得到实惠。

（作者时任中共浙江省嘉兴市委常委、组织部部长，现任浙江省侨联党组书记，原载《人民日报》2015年6月16日）

让“红船精神”照亮强军新征程

李露润

党的十九大闭幕仅一周，习主席就带领新一届中共中央政治局常委，瞻仰中共一大会址和嘉兴南湖红船，追溯党的根脉，解读党的初心，并作出了“结合时代特点大力弘扬‘红船精神’”的殷切嘱托。这对全党全军是一次新时代新征程上的生动党课教育和深刻灵魂洗礼。

“一船红天下，万众跟党走。”一个大党诞生于一条小船。从此，中国共产党引领革命的航船，从南湖起航到奋楫金沙江、从四渡赤水到饮马长江、从引领改革潮到引航中国梦，一路劈波斩浪，深刻改变了近代以后中华民族发展的方向和进程，深刻改变了中国人民和中华民族的前途和命运，深刻改变了世界发展的趋势和格局，为中华民族作出了伟大历史贡献。正如党的一大代表董必武所说：“烟雨楼台革命萌生，此间曾著星星火；风云世界逢春蛰起，到处皆闻殷殷雷。”

秀水泱泱，红船依旧；时代变迁，精神永恒。伟大的革命实践产生伟大的革命精神。习主席曾将“红船精神”概括为：“开天辟地、敢为人先的首创精神；坚定理想、百折不挠的奋斗精神；立党为公、忠诚为民的奉献精神。”我们党历史上形成的优良传统和革命精神，无不与之有着直接的渊源关系。“红船精神”集中体现了中国共产党的建党精神，是中国革命精神之源，昭示着中国共产党人的初心。

“人无精神则不立，国无精神则不强。”精神是一个民族赖以长久生存的灵魂，唯有精神上达到一定的高度，这个民族才能在历史的洪流中屹立不倒、奋勇向前。“红船精神”所承载的首创精神、奋斗精神、奉献精神，是激励我们党顽强奋斗、不断发展壮大的精神动力，是我们党立党兴党、执政兴国的宝贵精神财富，也是新时代坚持和发展中国特色社会主义的坚强精神支撑。其中，首创精神是核心，是动力之源；奋斗精神是支柱，是胜利之本；奉献精神是本质，是政德之基。走好新的长征路，需要不断赋予“红船精神”新的时代内涵，使其绽放新的时代光芒。

伟大的事业呼唤伟大的精神，伟大的精神引领伟大的事业。党的十九大着眼于国家安全和发展战略全局，对国防和军队现代化作出战略安排：到2020年，国防和军队建设要基本实现机械化，信息化建设取得重大进展，战略能力有大的提升。实现这个目标，只有3年时间，任务非常艰巨，时间非常紧迫。到2035年，基本实现国防和军队现代化。这意味着将原来的“三步走”发展战略第三步目标实现时间提前了15年。到本世纪中叶，把人民军队全面建成世界一流军队。到那时，我们将建成与社会主义现代化强国相匹配的强大军事力量。国防和军队现代化进程与国家现代化进程相一致，体现了强国复兴新时代对强军的战略要求，彰显了我们党加快强军步伐的决心气魄。然而，蓝图不可能一蹴而就，梦想也不可能一夜成真。没有强大的精神力量支撑，必然会像邓小平同志说的，“就走不出一条好路，走不出一条新路，就干不出新的事业”。

今天的中国军队，正处在由大向强的“关键一跃”，好比攀行在登顶珠穆朗玛峰的最险峻路段。这是一条走向胜利的光明之路，也是一条布满荆棘的奋进之路、一条强力博弈的竞进之路。李大钊在《艰难的国运与雄健的国民》中写道：“历史的道路，不全是坦平的，有时走到艰难险阻的境界，这是全靠雄健的精神才能冲过去的。”越是百尺竿头，越需要保持清醒头脑，防止精神懈怠，越需要发扬“红船精神”。面对国家安全环境的深刻变化，面对强国强军的时代要求，我们应主动从“红船精神”中汲取奋进的力量，拿出逢山开路、遇水架桥的闯劲，只争朝夕、敢于担当的拼劲，始终保持永不懈怠的精神状态、一往无前的奋斗姿态，勇于变革、勇于创新，永不僵化、永不停滞，以身许党许国、报党报国，勇于担当起党和人民赋予的新时代使命任务。

红船劈波行，精神聚人心。“红船精神”不仅属于历史，而且属于现在、属于未来。阔步行进在新时代的强军征程上，只要我们时刻不忘初心，矢志永远奋斗，永葆本色作风，就一定能让“红船精神”迸发出更加夺目的光彩。

（作者为北部战区陆军后勤部部长、少将，原载《解放军报》2017年12月11日）

媒体聚焦

壮阔航程高扬之帆

陆先高

当星星之火初燃于暗夜，其燎原之势便已被时代所预言。96 年前的那个寻常夏日，一艘画舫，一湖烟雨，13 名党代表参加的中共一大伴着嘉兴南湖的桨影波声举行。波澜不兴之间，却肇端了一场风雷万钧的历史大事变。

开天辟地之功孕育于一艘红船，强国富民之心承载于一艘红船。今天，作为一名中央党校在读学员，每每走过停泊于校园里掠燕湖湖心的那艘 1:1 仿制红船，我总会感受到一种真切的精神洗礼与灵魂触动，总会回想起习近平总书记概括并首发于《光明日报》的“红船精神”。

“红船精神”，彰显了新生的中国共产党对于国家命运的洞察与担当，对于理想信念的忠诚与执守，对于人民群众的深情与尊崇；揭示了它从一支小队伍成长为一个大党，从探索一条道路到引领一个大国的精神密码。

今天，党的十九大擘画出党和国家事业发展的新目标新任务，面向未来，我们必须更加充分地认识“红船精神”的时代价值与现实意义，以这面高扬的旗帜为风帆，引领新航程、夺取新胜利。

首先，“新”就要有新的勇气。从中国发展新的历史方位看，进入新时代、踏上新征程，依然并且更加需要“红船精神”。今天，全面建成小康社会步入决胜阶段、中国特色社会主义进入新时代，我们比历史上任何时期都更接近、更有信心和能力实现中华民族伟大复兴的目标。然而，在决胜关键期迈出的每一步，都可能面临超乎想象的新挑战与新磨砺，都需要付出百倍于平常的艰辛努力。此时，我们需要回到党的伟大精神的源头，武装头脑、振奋精神，在追本溯源之后，积聚起面对全新挑战的磅礴伟力。

其次，“大就要有大的样子”。从我们党面临的历史使命看，推进全面从严治党伟大工程，依然并且更加需要“红船精神”。中国共产党始终是坚持和发展中国特色社会主义的坚强领导核心。今天，当我们正在进行具有许多新的历史特点的伟大斗争、鼎力推进史无前例的伟大事业、同心共筑民族复兴的伟大梦想之时，能否取得最终胜利，党的建设新的伟大工程起到决定性作用。作为世界上最大的政党，必须时刻保持南湖红船上便已形成的初心，持续激荡初创时期便已具备的勇气，直面问题、刮骨疗毒，永葆旺盛生命力和强大战斗力。

最后，“干”就要有干的智慧。从新时代对全党全国干事创业的能力要求看，要想持续提高斗争本领，不断夺取伟大斗争新胜利，依然并且更加需要“红船精神”。首创、拼搏、奉献，习近平总书记对“红船精神”的概括和思考，体现了不忘本来的科学理性、着眼现在的务实精神、面向未来的高瞻远瞩，不论在任何时期、任何阶段，这都是对我们实干苦干、务求实效的鞭策与启发。面对新时代，肩负新使命，夺取新胜利，必须坚定不移赓续“红船精神”，方能不忘初心、不辱使命、不负未来。

（作者为《光明日报》副总编辑，原载《光明日报》2017 年 12 月 6 日）

“红船初心”正由梦想变为现实

张碧涌

几天前，我们报社的同志来到浙江嘉兴调研。在南湖岸边一面鲜红的党旗下，一队又一队的共产党员肃立成行，举起右拳庄严宣誓。看到此情此景，我心中的自豪感、使命感油然而生，不由得停下脚步，和大家一起重温入党誓词。遥望远处，一艘红船静静地停泊在水中，仿佛正在向瞻仰的人群述说当年那一幕永载史册的伟大场景。

红船啊红船！回想百年前的旧中国，人民生活在怎样的水深火热之中。就在那风雨如晦的岁月中，红船上发生了开天辟地的大事变——伟大的中国共产党诞生了！与建党伟业相伴而来的，还有生生不息的“红船精神”。从此，中华民族的前途和命运发生了翻天覆地的变化。经过艰苦卓绝的斗争，中国共产党团结带领中国人民打败了日本帝国主义，推翻了国民党反动统治，建立了新中国；完成了社会主义革命，推进了社会主义建设；进行了改革开放新的伟大革命，开辟了中国特色社会主义道路。96 年波澜壮阔的红船航程，充满苦难与辉煌，彰显开天辟地、敢为人先的首创精神，坚定理想、百折不挠的奋斗精神，立党为公、忠诚为民的奉献精神。

秀水泱泱，沧桑巨变。在南湖周边的调研中，我切身感受到，共产党人的“红船初心”正在由梦想一步步变为现实。现在，嘉兴已经完全实现了城乡统筹发展，农民收入连续 13 年居浙江之首，路网、供水网、信息网等全部从城市延伸到农村，所有行政村通达公交，所有自然村实现了广播电视、宽带网络全覆盖。2004 年提出的“劳有所业、病有所医、失地有补、贫有所济”目标，如今已被“幼有好育、学有优教、劳有厚得、病有良医、老有怡养、住有宜居、贫有众济”的更高目标所替代。

“红船精神”历久弥新。靠着一代代共产党人的创新、奋斗和奉献，我们开辟了中国特色社会主义道路，创建了中国特色社会主义理论体系，确立了中国特色社会主义制度，发展了中国特色社会主义文化。进入新时代，“红船精神”让我们更加坚定“四个自信”。现在，第一个百年奋斗目标即将完成，第二个百年奋斗目标就要启程。只要我们不忘初心，牢记使命，乘着中国特色社会主义的红船劈波斩浪、继续前进，就一定能够抵达中华民族伟大复兴的胜利彼岸。

（作者为《光明日报》编委，原载《光明日报》2017年12月6日）

“红船精神”与时代开新一脉相承

沈卫星

今天重温习近平总书记12年前在本报发表的5000多字长文《弘扬“红船精神”　走在时代前列》，并没有因光阴飞逝而有远去之感，反而因其巨大的历史张力、富含的现实意义、丰厚的精神内涵和坚实的实践品格，散发出新时代的强大生命力。

南湖里我党的“母亲船”，作为中国历史开天辟地大事变的见证者，成为了中国革命精神之源的象征，成为了一代代中国共产党人走在时代前列的指针。习近平总书记将“红船精神”概括为开天辟地、敢为人先的首创精神，坚定理想、百折不挠的奋斗精神，立党为公、忠诚为民的奉献精神；升华为激励我们的强大思想武器、鼓舞我们的强大精神支柱、鞭策我们的强大道德力量，其本意就是提醒我们共产党人要时刻不忘初心、牢记使命，全心全意为人民服务，去夺取革命、建设和改革的一个又一个胜利。

用历史来把握规律，用思想来指导实践，是马克思主义一贯倡导的历史唯物史观和辩证法。时代在变化，实践在发展，需要我们不断与时俱进、开拓创新，但是，“红船精神”与时代开新依然一脉相承。“万物得其本者生，百事得其道者成。”“红船”就是中国共产党之“本”，“红船精神”就是发展中国特色社会主义之“道”。如果我们忘了出发点，偏离来时路，就会迷失方位感。作为共产党人，只有不忘本来、吸收外来、面向未来，才能在社会主义发展规律、执政党建设规律、人类社会发展规律的把握上居高望远，永立不败。

今天，我们进入了中国特色社会主义新时代。为人民谋幸福，为民族谋复兴，是我们党的初心使命，也是新闻工作者的初心使命。党的十九大确立了新目标，开启了新征程，指明了新方向。在这个伟大的时代，我国社会主义新闻事业迎来了前所未有的发展机遇，新闻舆论工作也面临着前所未有的挑战。站在新的历史起点上，新闻舆论工作更加天地广阔，新闻工作者更加任重道远。

新时代要有新作为，作为一名中央媒体的新闻舆论工作者，要像习近平总书记在文章中所指出的那样，“在‘红船精神’的激励和鼓舞下，不断强化前列意识，切实把‘走在前列’的要求体现到精神状态上，贯彻到衡量标准上，落实到各项工作上”。在风起云涌的舆论场上，我们要时刻牢记习近平总书记的嘱托，坚守新闻工作48字职责使命，坚定正确政治方向，牢固树立马克思主义新闻观，自觉承担社会责任，正确把握舆论导向；记录好中国共产党的奋进史，描绘好人民大众的心灵史，书写好社会进步的发展史；唱响主旋律，传播正能量，创造新业绩，纵笔放歌，为党和国家事业发展凝聚起磅礴的力量，为实现中华民族伟大复兴的中国梦作出新的更大贡献。

（作者为《光明日报》副总编辑，原载《光明日报》2017年12月6日）

弘扬“红船精神”　引领伟大征程

新华时评

党的十九大闭幕仅一周，习近平总书记就带领中共中央政治局常委专程前往上海和浙江嘉兴，瞻仰上海中共一大会址和浙江嘉兴南湖红船，向全党发出“不忘初心、牢记使命、永远奋斗”的伟大号召。

进入新时代、面向新征程，重温“红船精神”，追寻革命的火种，赓续红色的血脉，亮明执政的宗旨，宣示担负的使命，体现了以习近平同志为核心的党中央强烈的历史担当和坚毅的革命品质。

一个大党诞生在一条小船上。98年前，南湖红船冲破了旧中国的烟雨迷蒙，成为中国革命源头的象征。中国共产党始终站在历史和时代发展的潮头，扛起民族复兴的大旗，沿着红船的航向，以开天辟地、敢为人先的首创精神，一路劈波斩浪，不断取得革命、建设和改革开放的伟大胜利，推动中国特色社会主义进入新时代。

中国共产党扬起红船的风帆，矢志推动中国革命和建设事业不断前进的，还有蕴藉于其中坚定理想、百折不挠的奋斗精神。

“心中有信仰，脚下有力量”，回顾我党每个重大历史关头，总有精神力量鼓舞、激励全党全国人民。“红船精神”与井冈山精神、长征精神、延安精神、西柏坡精神等一道，共同构成我们党在前进道路上战胜各种困难和风险、不断夺取新胜利的强大精神力量和宝贵精神财富。

建党98年来，无论是弱小还是强大，无论是顺境还是逆境，我们党初心不改、矢志不渝，始终秉持立党为公、忠诚为民的奉献精神，肩负全心全意为人民服务这一神圣职责和崇高使命，为中国人民谋幸福，为中华民族谋复兴。

“红船精神”集中体现了中国共产党的建党精神，是中国革命精神之源，昭示着中国共产党人的初心。它所承载的首创精神、奋斗精神、奉献精神，是激励我们党顽强奋斗、不断发展壮大的精神动力，是我们党立党兴党、执政兴国的宝贵精神财富。

秀水泱泱，红船依旧；时代变迁，精神永恒。

红船驶进新时代，在两个一百年交汇的重要历史时刻，“红船精神”更是新时代坚持和发展中国特色社会主义的坚强精神支撑。广大党员干部必须“不忘初心、牢记使命、永远奋斗”，走好新时代的长征路，不断赋予其新的时代内涵、绽放新的时代光芒。

（原载《新华每日电讯》2017 年 12 月 7 日）

用伟大精神推动伟大实践

《光明日报》社论

2017年12月4日，弘扬"红船精神"座谈会在浙江嘉兴召开，中共中央政治局常委、中央书记处书记王沪宁出席会议并讲话。他表示，我们要认真贯彻习近平总书记关于弘扬"红船精神"等革命精神的重要指示，推动把学习贯彻党的十九大精神和习近平新时代中国特色社会主义思想引向深入，激励和鼓舞广大干部群众用伟大精神推动伟大实践，不忘初心、牢记使命、永远奋斗，为实现党的十九大提出的任务不懈努力。

2005年6月21日，时任浙江省委书记的习近平同志在《光明日报》发表文章《弘扬"红船精神"　走在时代前列》，首次提出并阐释了"红船精神"，提炼了中国革命的源头精神、完善了中国共产党革命精神史的建构、呈现了完整的中国共产党人的精神谱系。2017年10月31日，党的十九大闭幕仅一周，习近平总书记带领新一届中共中央政治局常委瞻仰中共一大会址和嘉兴南湖红船，探寻我们党的精神密码，并强调要结合时代特点大力弘扬"红船精神"。时隔一个月，新华社重新播发了这篇重要文章，包括《光明日报》在内的主要媒体纷纷刊载。

小小红船承载千钧，播下了中国革命的火种，开启了中国共产党的跨世纪航程。"红船精神"源于历史，跨越时空，贯穿中国革命、建设和改革始终。尤其是党的十八大以来，以习近平同志为核心的党中央敢为人先，开拓创新，解决了许多长期想解决而没有解决的难题，办成了许多过去想办而没有办成的大事，推动党和国家事业发生历史性变革，我国发展站到了新的历史起点上，中国特色社会主义进入了新时代；百折不挠、砥砺奋进，统筹推进"五位一体"总体布局、协调推进"四个全面"战略布局，在内政外交国防、治党治国治军等方面都取得了巨大的成就，夯实了

“极不平凡”的基础；立党为公、忠诚为民，始终秉持以人民为中心的改革逻辑，与人民心心相印、风雨同舟，不断丰富共产党的人民哲学内涵。

不畏浮云遮望眼，坚定践行“红船精神”，以习近平同志为核心的党中央不断回答时代命题，引领“中国号”这艘巍巍巨轮驶向更宽阔的水域。波澜壮阔的改革发展实践，是红船所承载的首创精神、奋斗精神和奉献精神的生动体现。风正帆悬的新实践，为弘扬“红船精神”提供了新的时代背景；前所未有的崭新局面，进一步彰显了“红船精神”的巨大引领力量。深入理解并弘扬“红船精神”，是历史的呼唤，也是时代的需要。

“红船精神”，集中体现了中国共产党的建党精神，是中国革命精神之源，昭示着中国共产党人的初心。从南湖起航到奋楫金沙江、从四渡赤水到饮马长江、从引领改革潮到引航中国梦，红船劈波斩浪，改变了一个民族的走向和亿万人的命运。96 年栉风沐雨，不曾消磨共产党人建党时的奋斗精神；96 年沧海桑田，不曾改变共产党人对人民的赤子之心。“不忘初心，牢记使命”的政治宣言，是“红船精神”穿越时空的回响，是“红船之光”穿透历史的映照。大力学习弘扬“红船精神”，要精准把握其实质与核心，在走好新时代的长征路上，不断赋予其新的时代内涵，使其绽放新的时代光芒。

“红船精神”，是激励我们党顽强奋斗、不断发展壮大的精神动力，所昭示的是永不褪色的精神丰碑。它和我们党在中国革命、建设和改革的宏阔实践中所形成的井冈山精神、长征精神、延安精神、雷锋精神、焦裕禄精神、抗洪精神、载人航天精神、抗震救灾精神等一道，共同标定了这个世界第一大党的精神坐标和思想航道，共同塑造了共产党人独特的精神和气质。大力学习弘扬“红船精神”，要将中国共产党的革命精神谱系作为一个整体来看待，在信仰中获得方向、汲取力量，更好地用伟大精神推动伟大实践。

“红船精神”，是我们党立党兴党、执政兴国的宝贵精神财富，是新时代坚持和发展中国特色社会主义的坚强精神支撑。我们要把弘扬“红船精神”同深化党的十九大精神学习宣传贯彻结合起来，牢牢把握习近平新时代中国特色社会主义思想这个主线，在学懂弄通做实上下功夫。深化学习宣传，加强理论研究阐释，加大宣传力度，开展形式多样的教育实践，引导人们积极投身新时代中国特色社会主义伟大实践。

“黄金时代，不在我们背后，乃在我们面前；不在过去，乃在将来。”96年间，秀水泱泱，红船依旧；时代变迁，精神永恒。今天，中国共产党正极目远眺、奋发拼搏；今天，中国正审时度势，呼啸前行。大力弘扬“红船精神”，秉持红船初心，我们必将在新时代的长征中创造更多无愧于时代的业绩，夺取更大的胜利，续写更加辉煌的诗篇。

（原载《光明日报》2017年12月5日）

让红船初心照亮新时代征途

《光明日报》评论员

2005年6月21日，在庆祝建党84周年前夕，时任浙江省委书记的习近平同志在《光明日报》发表文章《弘扬“红船精神” 走在时代前列》，首次提出并阐释了“红船精神”，提炼了中国革命的源头精神、完善了中国共产党革命精神史的建构。2017年11月30日，党的十九大胜利召开一个多月后，新华社重新播发了这篇重要文章，包括《光明日报》在内的主要媒体纷纷刊载。一大建党时的历史呐喊，与“不忘初心、牢记使命”的时代号召，穿越时空、遥相呼应。

1921年夏天，烟雨南湖、风云世界。一个大党诞生于一条小船。从此，一条红船在旭日下高扬风帆、在鲸波中破浪前行的情景，就构成了中国现代史最核心的意象。无数志士的不懈追求和远大理想，浓缩于这条小船；一个民族开天辟地的大事件，发生于这条小船；中国共产党带领中国人民谋幸福、谋复兴的伟大进程，肇始于这条小船。从井冈峰顶到遵义城头，从延安宝塔到西柏坡上，红船写下了壮阔的民族解放史；从南湖起航到奋楫金沙江、从四渡赤水到饮马长江、从引领改革潮到引航中国梦，红船开启了国家富强、民族复兴的航程。

今天，当中国特色社会主义进入了新时代，当久经磨难的中华民族迎来了从站起来、富起来到强起来的伟大飞跃，当科学社会主义在21世纪的中国焕发出强大生机活力，当中国特色社会主义道路、理论、制度、文化不断发展，拓展了发展中国家走向现代化的途径，不忘红船初心、阐扬“红船精神”有了新的时代背景和现实指向。它是“其作始也简，其将毕也必巨”的激励，是永不懈怠、一往无前的鞭策，一个大党永葆活力、永远年轻的指针，需要结合时代特点大力弘扬。

勇于激发“开天辟地、敢为人先的首创精神”

党的十九大提出了新时代党的建设总要求，强调“以调动全党积极性、主动性、创造性为着力点”，体现了党的建设的新时代方位。在全面建成小康社会的决胜阶段，在“改革关头勇者胜，气可鼓而不可泄”的关键时期，我们更要以新发展理念破除影响创新的不合时宜的观念、束缚创造的体制机制，以思维方式创新推动理论创新、制度创新和治理方式创新，以包容性文化助推创新性发展，保有勇立潮头的精神与气魄。

始终保持“坚定理想、百折不挠的奋斗精神”

每一代人有每一代人的长征路，实现中华民族伟大复兴中国梦就是今天的长征路。今天的长征路，没有枪林弹雨，不需爬冰卧雪，但同样是具有开创性、艰巨性、复杂性的伟大征程。全面深化改革、全面依法治国、全面从严治党，同样还有许多“雪山”“草地”需要跨越；抓重点、补短板、强弱项，同样还有许多“娄山关”“腊子口”需要征服。所以，依然要坚持“两个务必”的信条，依然要保持“赶考”的心态，以百折不挠、胜必在我的奋斗精神推进各项事业。

牢牢把握“立党为公、忠诚为民的奉献精神”

水能载舟、亦能覆舟。从红船南湖起航开始，中国共产党人就深知依水行舟的道理，90 多年风雨兼程，我们党对舟水关系的理解更加深刻和成熟。党的十九大报告，200 多次提到“人民”，数次强调“人的全面发展”“以人民为中心”，向世界庄严宣告，“中国共产党人的初心和使命，就是为中国人民谋幸福，为中华民族谋复兴。”牢牢把握我们党的根基与血脉，把握“人民对美好生活的向往”这一奋斗目标，中国特色社会主义事业才能凝聚起磅礴力量。

2017 年 10 月 31 日，十九大闭幕仅一周，习近平总书记带领中共中央政治局常委专程从北京前往上海和浙江嘉兴，瞻仰上海中共一大会址和浙江嘉兴南湖红船，回顾建党历史，重温入党誓词。这次瞻仰，是告慰，也是宣示；是回顾历史、是前瞻未来，更是激励当下。站在新的历史方位上的中国共产党人、迈进新时代的 8900 多万党员，唯有不忘初心，继承发扬“红船精神”，方能赢得时代、一往无前。

（原载《光明日报》2017 年 12 月 2 日）

始终站在历史和时代发展的潮头

《光明日报》评论员

有位驻中国多年的外交大使曾经作出这样的评论：“中国共产党最成功的能力之一，就是创造性，创造新的思想、新的政策、新的战略。”仔细研读党的十九大报告，新论断、新思想、新要求等层出不穷；回望过去极不平凡的五年，从实践到理论再到制度方面的创新更是成果丰硕。一个迄今已成立96年的世界第一大党，缘何能一直勇立发展潮头、走在时代前列，成为世人争相破解之“谜”。

一个大党，竟诞生于一条小船。回望整部党史，就是一部开天辟地，不断自我超越和创新的奋斗史。萌发于嘉兴南湖之上的“红船精神”，在中国革命、建设和发展的宏阔实践中不断淬炼磨砺，最终成就了共产党的独特气质和辉煌成就。

96年拼搏争先，96年峥嵘岁月。开创独特的革命道路，领导推翻“三座大山”，完成新民主主义革命、建立新中国，中国社会变革由此有了主导力量，走向正确方向。开创独特的社会主义革命道路，在领导完成社会主义革命中确立社会主义基本制度，推进社会主义建设，中国历史发展的新纪元由此开启。开辟中国特色社会主义道路，让科学社会主义在21世纪的中国焕发出强大生机活力，中华民族的伟大复兴由此展现出前所未有的光明前景。

大风泱泱，大潮滂滂。历史从来都只垂青那些弄潮儿和实干家。大到一个国家一个民族的兴衰荣辱，小到一项改革的成败进退，但凡得到时间肯定和奖赏的，无一例外都镌刻着“敢为人先”的烙印。12年前，时任浙江省委书记的习近平同志将“开天辟地、敢为人先的首创精神”概括为“红船精神”的精髓之一，并将其列在这一中国革命源头精神的首条进行阐述。就在同一年，习近平在嘉兴南湖百余公里开外的浙北山区安吉余村，提出“绿水青山就是金山银山”的科学论断，这种改革实践中的“敢为人先”在随后的十多年中展现出越来越强大的思想力量。

风雨百年，变的是历史方位和时代的“背景音”，不变的则是如磐的信念和炽热的初心。一个持续向前奔跑的政党，就是要始终保持一往无前的奋斗姿态；一个全力完成“赶考”的政党，就是要永远葆有“咬定青山”后的敢想敢试；一个担当新使命的政党，就是要始终充满披荆斩棘的勇气和敢于冒险的胸襟。尤其是，未来5年，正处于承上启下的关键方位、接续奋斗的关键时期，如何为每一步、每一天标注意义都至关重要。破解发展不平衡不充分的问题、啃下更多的改革“硬骨头”，补齐生态短板等等，都需要我们敢想敢试，寻到爬坡过坎的智慧，也迈出坚毅勇敢的步伐，从而顺利跨过这一发展的关口。

“乔木亭亭倚盖苍，栉风沐雨自担当。”96年前的那一叶红船，承载着中国共产党人的初心和梦想驶向更开阔的水面。站在新的时代潮头，担当起历史的责任，拿出锐意进取的精神和敢为人先的胆识，我们这代人必能续写荡气回肠的中国传奇，“红船精神”之光也必将映照出一个更加璀璨的未来。

（原载《光明日报》2017年12月3日）

漫漫征程中惟理想者胜惟坚韧者胜

《光明日报》评论员

1921年，南湖湖畔的那条红船，还是一条名副其实的“小船”。船上的与会代表屈指可数，船内船外全国的共产党员加起来只有58人。中国共产党诞生了，但在当时许多人士看来，只不过是当时中国社会300多个政治团体又多了一个党派而已。那时的旧中国，每天成立的政治组织和每天解散的政治组织一样多。

历史的魅力就在于无法预测，就是这么一个小小红船上诞生的政党，28年之后代表中国工农力量推翻“三座大山”夺取了全国政权，35年之后基本完成三大改造确立了社会主义基本制度，57年之后以无比的魄力实行改革开放至今创造了一个又一个中国奇迹，今天又带领全国各族人民为了实现“两个一百年”的奋斗目标和中华民族伟大复兴的中国梦而奋勇前进。

漫漫征程，几多风雨。从当年的58人发展到今天的8956.4万人，从当年的300个政治团体之一成长为今天世界上最大的政党，中国共产党之所以“能”，从“红船精神”中开天辟地、敢为人先的首创精神里我们可以找到答案，从“红船精神”中立党为公、忠诚为民的奉献精神里我们可以找到答案，而“红船精神”中坚定理想、百折不挠的奋斗精神，更揭示了我们党历经艰难坎坷而不倒，任凭时间刷洗而不变的精神密码。

事实上，中国共产党诞生之初，就与当时的300多个政治团体性质迥异，原因就是中国共产党是以马克思主义理论武装起来的先进政党。党的一大会议在白色恐怖中召开，由上海转至嘉兴，在南湖红船上完成缔造中国共产党的使命，靠的正是坚定的理想信念和百折不挠的革命精神。之后，我们党在长期艰苦卓绝的奋斗中，历经曲折而不畏艰险，屡受考验而不变初衷，由小到大，由弱变强，靠的还是坚定的理想信念和百折不挠的革命精神。

在惊涛骇浪不断的革命大潮中，红船在升腾，共产党人的信念也在升腾。放眼世界，为什么只有中国共产党如此勇于进行自我革命，以踏石留印、抓铁有痕的决心全面推进从严治党，也正是依靠着源自红船并一脉传承的坚定的理想信念和百折不挠的革命精神。也正因此，党的十九大报告才有足够底气指出，中国特色社会主义进入新时代，“意味着科学社会主义在二十一世纪的中国焕发出强大生机活力，在世界上高高举起了中国特色社会主义伟大旗帜”。

“革命理想高于天”，我们党深知“身之主宰便是心”，“不能胜寸心，安能胜苍穹”，对共产党人来讲，动摇了信仰，背离了党性，丢掉了宗旨，就失去了自己的根本，必然走向失败。“成功，是一场持久战”，我们党就像“千磨万击还坚劲，任尔东西南北风”的韧竹，深知“胜利不会向我走来，我必须自己走向胜利”，不勇于自我革命，不长于不懈奋斗，断不会有自动的成功。

今天，我们抵达了“中国特色社会主义新时代”的历史方位。接下来几年，一个个工作坐标需要实现。从第一个百年目标，到第二个百年目标，更有艰巨的新目标新任务等待攻坚。成绩越往后越难被提高、纪录越往后越难被超越，“行百里者半九十”，我们唯有不忘红船初心，牢记历史使命，坚定共产主义理想和中国特色社会主义信念，不畏艰险、艰苦奋斗，以理想的硬度和坚韧的强度，经住风吹浪打，跨过急流险滩，以压倒一切敌人、战胜一切困难的大无畏英雄气概，矢志推动中国革命和建设事业的大船劈波斩浪、不断奋进。

（原载《光明日报》2017 年 12 月 4 日）

用“红船精神”凝聚奋进力量

肖家宏

从小小红船中汲取精神力量，让“红船精神”激励我们在新时代新征程上奋勇前进

在瞻仰上海中共一大会址和嘉兴南湖红船时，习近平总书记说：“秀水泱泱，红船依旧；时代变迁，精神永恒。”南湖红船是中国革命源头的重要象征，昭示的是发展方向，是奋斗明灯，是矗立在中华儿女心中的精神丰碑。

早在2005年，时任浙江省委书记的习近平同志第一次提出并阐述“红船精神”：开天辟地、敢为人先的首创精神，坚定理想、百折不挠的奋斗精神，立党为公、忠诚为民的奉献精神。“红船精神”不仅属于历史，也属于现在、属于将来。今天，中国特色社会主义进入了新时代，但我们必须谨记，行百里者半九十，中华民族的伟大复兴，绝不是轻轻松松、敲锣打鼓就能实现的。这就需要我们不忘初心，牢记使命，从小小红船中汲取精神力量，让“红船精神”激励我们在新时代新征程上奋勇前进。

中国共产党从小小红船起步，发展成为世界第一大党，取得彪炳史册的丰功伟绩，离不开一代代共产党人开天辟地、敢为人先的精神和魄力。面对建设社会主义现代化强国和全面建成世界一流军队的时代召唤，我们只有从习近平新时代中国特色社会主义思想中汲取营养，不禁锢于惯性思维、不受制于常规套路、不局限于传统方法，永不僵化、永不停滞，敢为人先、追求卓越，开拓创新、奋发图强，才能在党的十九大擘画的新征程上夺取更大胜利。

习总书记在党的十九大报告中指出，历史车轮滚滚向前，时代潮流浩浩荡荡。历史只会眷顾坚定者、奋进者、搏击者，而不会等待犹豫者、懈怠者、畏难者。这要求我们拿出“撸起袖子、甩开膀子”的干劲，“爬坡过坎、滚石上山”的拼劲，踏石留印、抓铁有痕，逢山开路、遇水架桥，该做的事，哪怕困难再多，殚精竭虑也要干；该负的责，哪怕分量再重，咬紧牙关也要扛；该破的障，哪怕风险再大，顶着压力也要闯，在苦干实干中奋力走好新时代的长征路。

“随时准备为党和人民牺牲一切”，是每名共产党员在党旗下的庄严承诺，是中国共产党人矢志不渝的崇高追求。走进新时代，肩负新使命，我们要站稳“以人民为中心”的立场，深深扎根人民、紧紧依靠人民，把人民群众的期待作为我们努力的方向，把人民群众的小事当成自己的大事，始终把人民利益摆在至高无上的地位，永葆我党我军爱人民、为人民，与人民同呼吸、共命运、心连心的初心和本色，以我们的奉献精神和为民情怀，最广泛地凝聚起强国强军的磅礴力量。

（作者为武警荆门支队政委，原载《解放军报》2017 年 12 月 12 日）

用“红船精神”鼓劲爬坡过坎

江　琳

浙江嘉兴市的南湖上，一艘长约 16 米、宽 3 米的画舫，见证历史，启迪未来。

这艘要低头弯腰才能进入的红船，先后迎来 3000 多万人次参观。世上恐怕没有第二条船能像它一样享有如此尊誉。它所承载的是怎样的精神、这样的精神又是如何一代一代传承？

“红船精神”集中体现党的先进性，焕发永恒价值

阴雨绵绵，但挡不住参观者的脚步。“红船是我党革命源头的象征，一直接受着人们、特别是共产党人的瞻仰，我们都是来这里学习‘红船精神’的。”专程从武汉来参观的党员唐潋话很朴实，却很真挚。

红船是中国共产党的“母亲船”。1921 年 8 月初，中国共产党第一次全国代表大会在嘉兴南湖的一条游船上胜利闭幕。这条游船因而获得了一个永载中国革命史册的名字——红船。从此，中国共产党开始革命征程，中国面貌焕然一新。

这艘红船蕴含着怎样的精神？习近平总书记曾对“红船精神”作出高度概括——开天辟地、敢为人先的首创精神；坚定理想、百折不挠的奋斗精神；立党为公、忠诚为民的奉献精神。它是党的精神财富的重要组成部分。

“‘红船精神’集中体现了党的先进性，正是靠着这种先进性，才会在伟大的实践中凝聚起爱国精神，汇聚成时代精神，超越历史时空，焕发出永恒的精神价值。细数中国共产党 95 年奋斗的历程，所有精神，追根溯源都有着一个共同的源头，就是‘红船精神’。”中央党校教授辛鸣表示。

在“红船精神”中探寻答案，汲取动力，应对挑战

当下中国，改革进入攻坚期和深水区，挑战前所未有、责任无比重大。“应对种种挑战，我们得有开天辟地、敢为人先的首创精神。”辛鸣指出，面对前进道路上的重重困难，逆水行舟，不进则退。我们应当继承和弘扬红船承载着的坚定理想、百折不挠的奋斗精神，不畏艰辛、艰苦奋斗、顽强拼搏。

在嘉兴学院“红船精神”研究中心教授黄文秀看来，“水可载舟，亦可覆舟”，红船起航靠的是人民群众的支持，红船远航更离不开人民群众的拥护。共产党人应当自觉将红船里承载的精神像基因一样内化于心，始终与人民心连心、同呼吸、共命运。

继承和弘扬“红船精神”，对浙江来说，有先天优势，更有现实需要。

经济发展新常态下，浙江面临着一些极具挑战的“长态”：过去，经济增长主要靠廉价劳动力，如今，人口红利趋于消失，浙江仅技能人才缺口就达400余万人；“七山一水两分田”，缺油少煤，资源环境约束具有长期性，95%以上能源靠外来输入；浙江以占全国1%的土地，承载了全国5%的人口，许多企业想做大，却苦于没有用地指标，环境容量也已触及“天花板”……

“浙江已步入现代化建设‘下半场’。资源禀赋欠缺的浙江，身体条件平平，像高举高打、长传冲吊那样的做法，体能消耗太大、不可持续，已不适合浙江。”浙江省委常委、宣传部部长葛慧君打了个比方。

如何突破万难？浙江不断从“红船精神”里探寻答案、汲取动力。

布局战略新兴产业，“红船精神”激发干部精气神

杭州西湖区云栖小镇的阿里云公司里，一台台高密机柜在恒温机房里昼夜运行。正是这片“云”，让每年“双11”的淘宝网平稳度过前几秒的点击“洪峰”。

浙江开拓思路，致力于转型升级，突破发展瓶颈。近年来，浙江大力发展“互联网+”为核心的信息经济，2014年5月，浙江率先出台指导意

见，促进电子商务、科技支撑、产业基金、统计标准、互联网金融等发展。仅义乌市里的一个小村庄，青岩刘村，去年线上交易额就达45亿元。正是首创精神，推动着浙江爬坡过坎。

实体经济发展困难、产业不断外移、环境质量堪忧……如何应对？"我们需要'狮子型'的干部，精气神有了，就有了突破困难障碍的勇气，我们的发展才有持久动力。"浙江省委书记夏宝龙掷地有声。以奋斗精神应对各项挑战，浙江以"八八战略"为总纲，不断制定出"两创"战略和"两富浙江""两美浙江"目标。

有了目标，更需奋斗。浙江已经创办12次县委书记"擂台赛"，每次10位书记比拼，每人6分钟。"干得越好，说得越有底气；越是说到，就越要做到。"一位县委书记坦言。如今的浙江，人均生产总值超过1.2万美元；60个县（市），29个进入全国百强县；三产结构也实现了从"二三一"到"三二一"的转变……正是凭借着"红船精神"，浙江不断实现跨越。

如今，浙江农民人均纯收入年年位居全国各省区首位；城镇居民人均可支配收入年年位居全国各省区第一。截至2015年，浙江率先在全国全面消除家庭人均年收入4600元以下的绝对贫困现象，使偏远的乡村，也实现了"三头"——公共交通到村头，硬化路面修到地头，超市开到门头……人们谈论浙江，最常用的词是"藏富于民"。这个评价，从一个侧面诠释着"执政为民"的奉献精神。

【链接】

弘扬传统　砥砺前行

南湖上的红船，因中共一大召开而闻名。红船蕴含的"红船精神"，是我党革命精神之源，是党的先进性之源。"红船精神"不仅源于历史，而且具有超越时空的恒久价值和旺盛生命力。

作为红船的起航地，浙江正是以"红船精神"为烛照，不断克服自身资源短板以及实体经济发展困难、产业不断外移等挑战，实现一个又一个的跨越。

浙江的实践生动诠释着“红船精神”的传承与弘扬。在推进中国特色社会主义事业的征程中，面对各种困难和挑战，我们尤需从“红船精神”中不断汲取力量，坚实地扛起时代的重任，沿着红船开辟的“航道”奋勇前进，为实现中华民族伟大复兴的中国梦不懈奋斗。

（作者为《人民日报》记者，原载《人民日报》2016 年 7 月 18 日）

传承弘扬践行　要点释义答问

1. 党的十九大闭幕不久，习近平总书记带领中央政治局常委赴上海瞻仰中共一大会址、赴浙江嘉兴瞻仰南湖红船，这向外界释放了怎样的信号？

答：党的十八大闭幕后不久，习近平总书记带领中央政治局常委全体成员参观了《复兴之路》展览，提出了“实现中华民族伟大复兴，就是中华民族近代以来最伟大的梦想”。这次党的十九大刚刚闭幕，习近平总书记带领中央政治局常委赴上海瞻仰中共一大会址、赴浙江嘉兴瞻仰南湖红船，回顾建党历史，重温入党誓词。这表明了以习近平同志为核心的党中央不忘初心、牢记使命、敢于担当的责任感和使命感，体现的是一种永不懈怠的精神状态和一往无前的奋斗姿态。正如习近平总书记所说，我们全体中央政治局常委同志这次集体出行，目的是回顾我们党的光辉历程特别是建党时的历史，进行革命传统教育，学习革命先辈的崇高精神，明确肩负的重大责任，增强为实现党的十九大提出的目标任务而奋斗的责任感和使命感。

2. 习近平总书记率领中央政治局常委瞻仰中共一大会址和南湖红船的重大历史意义是什么？

答：习近平总书记强调，事业发展永无止境，共产党人的初心永远不能改变。走得再远，都不能忘记来时的路，不能忘记为什么出发。当前，中国特色社会主义进入新时代，站在“两个一百年”历史交汇的时点上，新一届中央政治局常委回到中国革命历史的原点，追寻革命的火种，赓续红色的血脉，亮明执政的宗旨，宣示担负的使命，体现了以习近平同志为核心的党中央强烈的历史担当和坚毅的革命品质。习近平总书记率先垂范、以身作则，为全党树立了表率和示范，必将激励和凝聚全党全军全国各族人民向习近平总书记看齐、向党中央看齐，沿着革命先辈开创的道路，以永不懈怠的精神状态和一往无前的奋斗姿态，朝着实现中华民族伟大复兴的中国梦奋勇前进，开创更加辉煌的崭新时代。

3. 习近平总书记瞻仰中共一大会址发表的重要讲话精神有哪些？

答：习近平总书记2017年党的十九大后瞻仰中共一大会址，回顾96年来党的光辉历程，展望“两个一百年”奋斗目标实现，深刻阐述了中国共产党“开天辟地、敢为人先，坚定理想、百折不挠，立党为公、忠诚为民”的建党精神，指明了中国共产党人“不断带领全国人民创造更加美好幸福生活”的宗旨信念，揭示了“只有不忘初心、牢记使命、永远奋斗，才能让中国共产党永远年轻”的根本秘诀，坚定了中华民族伟大复兴“一定能够乘风破浪，胜利驶向光辉的彼岸”的信心和决心。习近平总书记重要讲话是新时代的宣言书、动员令，激荡人心，催人奋进。学习领会讲话精神，必须大力弘扬优良传统，始终牢记历史使命，保持谦虚谨慎、不骄不躁的作风，不畏艰难、不怕牺牲，善作善成、一往无前，在党的十九大擘画的新征程上夺取更大胜利。

4. 习近平总书记如何概括“红船精神”？

答：“红船精神”产生于中国共产党创建的历史实践。红船见证了党的诞生，因此，人们通常用“红船精神”来概括反映建党时期共产党人的首创精神、奋斗精神和奉献精神。2005年6月，习近平总书记在浙江工作期间，将“红船精神”概括为“开天辟地、敢为人先的首创精神，坚定理想、百折不挠的奋斗精神，立党为公、忠诚为民的奉献精神”。这是对“红船精神”本质和内涵的科学总结，高度凝练地概括和表达了共产党人“为中国人民谋幸福，为中华民族谋复兴”的初心和使命。

5. 什么是开天辟地、敢为人先的首创精神？

答：开天辟地、敢为人先的首创精神是“红船精神”的核心，是党和人民事业发展的动力。在中国共产党创始人的建党实践和革命活动中，从播撒中国革命的思想火种，到奠基中国工人阶级的先锋组织；从制定彻底反帝反封建的民主革命纲领，到开创中国革命的新局面，无不彰显了开天辟地、敢为人先的首创精神。首创精神是核心，是动力之源。首创精神就是创新精神，创新是党的事业兴旺发达的不竭动力之源。而理论创新是一切创新的先导，理论创新要着眼于探讨和解决经济社会发展中的重大理论和实践问题，把回答新问题作为理论创新的着力点。紧密联系实际，研究新情况、解决新问题、创造新经验，通过创造性的思维，不断摸索和总结经济社会发展的本质和规律。只有坚持用时代发展要求审视自己、以改革精神创新发展理念，中国共产党才能时刻保持蓬勃生机和无限的创造活力，走在时代前列。

6. 什么是坚定理想、百折不挠的奋斗精神？

答：在中国共产党创建的过程中，中国先进分子从激进民主主义者逐步成长为共产主义者。他们在自己建立马克思主义信仰后，又通过成立马克思主义学说的研究组织，深入工农民众中宣传马克思主义，进而把坚定的信仰传递到社会基层，为中国共产党的创建及中国革命奠定了坚实的思想基础，营造了浓厚的理论氛围，培育了一大批革命人才；在上海召开的中国共产党成立大会因遭到租界巡捕袭扰而遇到挫折时，他们并没有退缩，而是坚定地转移到浙江嘉兴南湖，在红船上完成了大会的最后议程，宣告了中国共产党的诞生；在中国共产党领导全国人民进行新民主主义革命、社会主义建设和改革的奋斗历程中，无论遇到多大的困难，用生命和鲜血谱写出一曲曲坚定理想、百折不挠的壮丽乐章。奋斗精神是支柱，是胜利之本。奋斗精神首先来源于坚定的理想信念，拥有坚定的理想信念，才能意志坚强，品节刚毅，无所畏惧，无论遭受多少挫折都不动摇、不退缩、不屈服，不断克服前进道路上的艰难险阻，勇往直前。只有弘扬坚定理想、百折不挠的奋斗精神，认定目标、脚踏实地、一步一个脚印，才能带领全国人民共创美好未来。

7. 什么是立党为公、忠诚为民的奉献精神？

答：中国共产党从诞生的那天起，就以解放全人类、实现共产主义为己任，以全心全意为人民服务为根本宗旨。立党为公、忠诚为民，是中国共产党的性质和宗旨的集中体现，也是我们党区别于其他任何一个政党的显著标志。

近代以来，为了民族独立和人民解放，中国社会各种政治力量先后尝试过诸多救国救民的方案，做过诸多努力，但都失败了。这时，中国迫切需要朝气蓬勃的新生力量，期待着先进阶级和先进政党的出现，充当中国革命的领导者，领导人民完成救国救民的历史重任。1921 年 3 月，李大钊在《团体的训练与革新的事业》一文中，公开表达了希望在中国建立一个代表人民利益的无产阶级政党的强烈愿望："我们现在还要急急组织一个团体。这个团体不是政客组织的政党，也不是中产阶级的民主党，乃是平民的劳动家的政党。"应运而生的中国共产党就是代表最广大人民利益的。党的一大通过的纲领就明确规定：确定党的名称是中国共产党；党的性质是无产阶级政党，要"以无产阶级革命军队推翻资产阶级的政权，消灭资本家私有制，由劳动阶级重建国家，承认无产阶级专政，直到阶级斗争结束，即直到消灭社会的阶级区分""废除资本私有制，没收一切生产资料归社会所有"。这些规定表明了中国共产党要消灭剥削制度、实现共产主义的政治立场和奋斗目标，鲜明地表明了中国共产党是无产阶级性质的政党，划清了中国共产党同其他政党的界限。奉献精神是本质，是德政之基。奉献精神的关键在于党的一切决策和措施都从人民群众利益出发，真正做到权为民所用、情为民所系、利为民所谋。只有始终保持与人民群众的血肉联系，我们党才能保持根本性质、恪守根本宗旨、牢记根本使命，才能巩固长期执政的地位。

8. "红船精神"的本质是什么？

答：中国共产党载着红船的意愿，以立党为公、忠诚为民的奉献精神，努力维护好、实现好、发展好最广大人民的根本利益。中国共产党从诞生那天起，从来就没有自己的私利，而是以全心全意为人民谋福利为根本宗旨。密切联系群众是我们党区别于其他任何一个政党的显著标志。依水行舟，忠诚为民，成为贯穿中国革命和建设全过程的一条红线，也是"红船精神"的本质所在。肩负为人民谋利益的神圣职责和崇高使命，中国共产党人以自己的身体力行，宣传、发动和引领全国各族人民团结一心，和衷共济，英勇奋战，在推进中国革命和建设的进程中，不断维护好、实现好、发展好最广大人民的根本利益。

9. “红船精神”的深刻内涵是什么？

答：“红船精神”一经总结提出和广泛传播，就因其极强的开创性、深刻性和引领性而备受关注。这种精神，有着特殊重要的意义，有着不可替代的作用。红船虽小，却承载千钧，归根结底，它是中国革命精神之源，是我们党的根脉，是共产党人薪火相传的基因源头。几十年来，南湖红船已成为党员干部、甚至全国人民心驰神往的革命圣地。这种精神，诞生于中国伟大的革命实践，不仅与中国共产党历史上形成的优良传统和革命精神有着直接的渊源关系，更是中国共产党人革命精神的起点。正如习近平同志所指出的，“‘红船精神’同井冈山精神、长征精神、延安精神、西柏坡精神等一道，伴随中国革命的光辉历程，共同构成我们党在前进道路上战胜各种困难和风险、不断夺取新胜利的强大精神力量和宝贵精神财富”。这种精神，有着丰富的深刻内涵，它所包含的是“开天辟地、敢为人先的首创精神，坚定理想、百折不挠的奋斗精神，立党为公、忠诚为民的奉献精神”。“红船精神”是建党宣言，一群年轻人勇敢地承担起救国救民的责任，他们迫切渴望通过自己的努力改变中国的命运；他们拥有高尚的理想追求，决心为革命抛头颅、洒热血奉献一生；他们忠诚于信仰，忠诚于中国共产党，把人类的解放和幸福看作最崇高的事业。这种精神，为培养时代新人指明了方向。习近平同志指出，“红船精神”充分体现了走在时代前列的精神，我们要“沿着南湖红船开辟的革命航道奋勇前进”。这种精神实质体现的是中国共产党人的可贵初心使命，宣示的是中国共产党人的坚定政治信念。

10. “红船精神”的时代价值是什么？

答：“红船精神”昭示了我们党的初心和使命。寻根溯源，作为马克思主义政党，我们党自诞生之日起就以解放全人类、实现共产主义为己任，以全心全意为人民服务为根本宗旨。十九大报告强调，中国共产党人的初心和使命，就是为中国人民谋幸福，为中华民族谋复兴。这就进一步明确了“我们党是从哪儿来的，要到哪儿去”这一根本命题，进一步明确了激励中国共产党人不断前进的这一根本动力。“红船精神”贯穿于革命、建设、改革事业的始终，是永不过时、永不褪色的精神动力。“红船精神”展现出我们党的创新精神。红船，见证了中国历史上开天辟地的大事变。我们党从小到大、从弱到强的历史进程，就是一部勇立潮头、敢为人先、开拓进取的创新历程。当前，中国特色社会主义进入了新时代，要取得决胜全面建成小康社会、夺取新时代中国特色社会主义的伟大胜利，就必须善于聆听时代声音，勇于坚持真理，不断推进理论创新、实践创新、制度创新、文化创新以及其他各方面创新。“红船精神”彰显了我们党的奋斗精神。一个拥有8900万党员的大党诞生于一条小船，谁能想到当时多如牛毛的政党中有这么一支红色政党最终崛起，谁又能想到一支50多人的政党发展到今天这般兴盛的局面。中国的革命、建设和改革开放事业，从来都是在惊涛骇浪中不断历练，从而到达成功的彼岸、取得一个又一个胜利的。新征程路上的“四个伟大”，绝不是轻轻松松、敲锣打鼓就能实现的。十九大报告一开始就号召，全党同志要“以永不懈怠的精神状态和一往无前的奋斗姿态，继续朝着实现中华民族伟大复兴的宏伟目标奋勇前进”。

11. 为什么说“红船精神”的提出填补了中国共产党革命精神史的空白？

答：在习近平同志提出“红船精神”之前，中国共产党革命精神是从“井冈山精神”开始讲起，缺少了从建党到井冈山时期这一段历史的空白，造成中国共产党革命精神史与中国共产党历史在时间序列上的不一致。习近平同志在文中指出：“开天辟地、敢为人先的首创精神；坚定理想、百折不挠的奋斗精神；立党为公、忠诚为民的奉献精神，是中国革命精神之源，也是‘红船精神’的深刻内涵。”学习这段话，有两层含义是明确的：首先，习近平同志指出，首创、奋斗、奉献这三种精神是中国革命精神之源，中国革命精神之源，对于共产党来说是从其建党精神开始的。因此，习近平同志概括的首创、奋斗、奉献这三种精神就是中国共产党的建党精神；然后，才说它“也是‘红船精神’的深刻内涵”。习近平同志在文中把红船称之为党的“母亲船”，要“永远铭记我们党的‘母亲船’，重温红船的历史沧桑”，这个“历史沧桑”显然不仅仅是指一天的南湖会议，而是整个建党的历史。因此，用我们党的“母亲船”——“红船”来命名中国共产党的建党精神是最恰当的概括。把“红船精神”确立为中国共产党的建党精神，在中国共产党革命精神史的建构上填补了中国共产党创建到大革命之间的中国革命精神史的空白，使得中国共产党的革命精神史与中国共产党的历史在时间序列上实现了一致。

12. 为什么说“红船精神”是中国革命精神之源？

答：江河万里总有源，树高千尺也有根。南湖红船是我们党梦想起航的地方，是我们党的根脉，在“母亲船”上“起航、凝练、升华”的“红船精神”凝结着党的初心，承载起党的使命。沿着“红船精神”指引的航向，我们党走向井冈山，走进延安，走过西柏坡，走到中南海，走向全国执政。“红船精神”始终照耀着中国革命的光辉历程，一直引领着我们党在前进道路上战胜各种困难和风险，不断夺取新胜利。

13. 为什么说“红船精神”是党的先进性之源？

答：党在南湖红船上通过的党纲第一条就明确：“我们的党定名为中国共产党。”我们党与生俱来就把马克思主义作为指导思想，把实现社会主义、共产主义作为奋斗目标和政治信仰，把自己作为工人阶级和中华民族的先锋队，把自己的初心和使命定格在为中国人民谋幸福、为中华民族谋复兴上，这些都集中体现了党的先进性，表明我们党一开始就走在了时代前列。

14. 为什么说“红船精神”是中国梦践行起点的标志？

答：近代以来，鸦片战争一声炮响，敲碎了中国人的“天朝大国之梦”，也激发了中国人的“民族复兴之梦”。但在很长一个时期，无论是救国图存的“变法梦”，还是单纯学习西方技术的“洋务梦”，抑或是资本主义的“宪政梦”，最终都失败了。在民族蒙受深重苦难、探索光明屡受挫折的逆境中，中国共产党在南湖红船应运而生。中华民族从此就有了主心骨，中国人民就从精神上由被动转为主动，由此开启了实现中华民族伟大复兴中国梦的光明前景。

15.“红船精神”在哪些方面体现了中国共产党人的初心和使命？

答：对于共产党人的初心和使命，习近平总书记一直十分重视。在庆祝中国共产党成立95周年大会上的讲话中，他明确提出：“一切向前走，都不能忘记走过的路；走得再远、走到再光辉的未来，也不能忘记走过的过去，不能忘记为什么出发。面向未来，面对挑战，全党同志一定要不忘初心、继续前进。”在党的十九大报告中，他更是明确指出：“不忘初心，方得始终。中国共产党人的初心和使命，就是为中国人民谋幸福，为中华民族谋复兴。”前不久，带领中共中央政治局常委赴上海瞻仰中共一大会址、赴浙江嘉兴瞻仰南湖红船时，他又说：“上海党的一大会址、嘉兴南湖红船是我们党梦想起航的地方。我们党从这里诞生，从这里出征，从这里走向全国执政。这里是我们党的根脉。”由此可见，要了解中国共产党人的初心和使命，就不能不考察和研究党的创建历史和奋斗历程，就不能不了解“红船精神”。“红船精神”所蕴含的首创精神、奋斗精神和奉献精神，在精神动力、理想信念和根本宗旨方面体现了共产党人的初心和使命。

16. 重温“红船精神”，如何做到不忘初心，重新认识共产党安身立命的根本？

答：党的一大代表在红船上重温了《中国共产党宣言》，掷地有声地指出“共产主义者的目的是要按照共产主义者的理想，创造一个新的社会”。从党的一大到今天，中国共产党面临的形势和任务发生了若干次重大的变化，但是中国共产党人追求国家富强、谋求人民幸福、实现民族复兴的伟大理想并没有发生任何偏移和变化。重温“红船精神”，就是在革命、建设、改革的任何一个时期、任何一个岗位都能高扬革命理想高于天的旗帜，补足精神之“钙”、强健奋进之“魂”，不为风雨飘摇所扰动、不被精神蛊惑而迷茫，始终保持青春的激情和昂扬的斗志，能够为理想而奋不顾身地去拼搏、去奋斗，献出自己的全部精力乃至生命。

17. 重温“红船精神”，如何做到不忘初心，重新认识入党在党的基石？

答：红船上提出的第一个党的纲领指出，“凡接受我党的纲领和政策，愿意忠于党，不分性别、国籍，经过一名党员介绍，均可成为我们的同志”。当时，来自上海、北京、武汉、长沙、济南、广州的先进代表汇聚一堂，既有投身革命的远大志向，也有干事创业的奋斗激情。但是，后来在我们党的发展历程中，有一些昔日的同志却与中国共产党分道扬镳，甚至走向了反面。当前，重温“红船精神”，我们就要拨开历史的迷雾，重温党的誓词，真正放弃个人的利益得失，将个人梦想融入到中国共产党领导的强国大业中来，增强政治意识、大局意识、核心意识、看齐意识，始终做到对马克思主义的坚定信仰，对共产主义和社会主义的坚定信念，对党和人民的赤胆忠心。

18. 在中国特色社会主义进入新时代的背景下，如何结合时代特点，大力弘扬“红船精神”？

答：“红船精神”孕育产生的时候，正是中国共产党的初创阶段，面临重重困难，非常需要走在时代前列的首创精神，需要对理想信念矢志不渝的奋斗精神，需要为人民谋幸福的奉献精神，而这些精神恰恰构成了“红船精神”的精髓。正是在这些精神的激励下，早期的中国共产党人不畏艰难，以开天辟地、敢为人先的首创精神，毅然肩负起“为中国人民谋幸福，为中华民族谋复兴”的历史使命，使中国革命迎来了光明前途。用习近平总书记的话说，就是“小小红船承载千钧，播下了中国革命的火种，开启了中国共产党的跨世纪航程”。现在，中国特色社会主义进入新时代，我们取得的成就是历史性的，面临的困难和挑战也是巨大的。在这种情况下，要带领中国这艘巨轮乘风破浪，沿着党的十九大制定的目标顺利航行，特别需要进一步提振全党全国人民的“精气神”，特别需要继承和发扬“红船精神”所倡导的首创精神、奋斗精神和奉献精神。

19. 为什么说新时代弘扬“红船精神”，必须坚定不移紧跟习近平总书记这个伟大核心？

答：党的十八大以来取得的历史性成就、根本性变革，最根本的就在于有中国共产党的领导，有习近平总书记这个坚强领导核心。习近平总书记是全党全军全国各族人民衷心拥戴的伟大领袖。我们要把忠诚核心、维护核心、看齐核心作为最大的政治，始终在政治立场、政治方向、政治原则、政治道路上同以习近平同志为核心的党中央保持高度一致，始终坚定不移地维护以习近平同志为核心的党中央权威和集中统一领导。

20. 为什么说新时代弘扬“红船精神”，必须始终高举习近平新时代中国特色社会主义思想这面光辉旗帜？

答：马克思主义与中国工人运动相结合，最早的精神结晶就是“红船精神”。“红船精神”赋予我们党与时俱进的理论品质，见证了我们党各个时期的理论创新，推动了习近平新时代中国特色社会主义思想的萌发。“八八战略”和“两山”“两鸟”等重要思想在浙江的生动实践，充分证明了习近平新时代中国特色社会主义思想具有深厚的实践根基，闪耀着真理的光芒，也彰显了“红船精神”首创、奋斗、奉献的力量。我们要高举习近平新时代中国特色社会主义思想这一伟大旗帜，入心入脑、学思践悟，切实做到真学真懂、真信真用。

21. 全军将士认真学习深刻认识习主席瞻仰中共一大会址重要讲话的要求是什么?

答:各级要把学习习主席重要讲话,作为深入学习贯彻党的十九大精神的重要内容,进一步统一思想、凝聚力量,为实现新时代党的历史使命努力奋斗。要着重引导官兵特别是广大党员深刻认识我们党的奋斗历程,学习革命先辈的崇高精神,大力弘扬“红船精神”,从党的光辉历史中汲取奋进的力量;深刻认识入党誓词记住并不难、难的是终身坚守,自觉经常加以对照,做到坚定不移、终身不渝;深刻认识惟有不忘初心,方可告慰历史、告慰先辈,方可赢得民心、赢得时代,方可善作善成、一往无前,始终保持共产党人的初心不改;深刻认识党的十九大的目标任务对全党的要求,牢记根本宗旨,坚定理想信念,保持优良作风,切实肩负起党和人民赋予的新时代使命任务。

22. 怎样努力推动“红船精神”深入实际实践?

答:要把学习十九大精神与学习“红船精神”紧密结合起来。学懂弄通做实党的十九大精神与在新时代继承发扬“红船精神”是高度一致的。《人民日报》重新刊发习总书记旧文的目的,就是为了重温“红船精神”,坚定理想信念,进一步推动党的十九大精神学习宣传贯彻,凝聚起全党全国人民不记初心、牢记使命,锐意进取、埋头苦干的磅礴精神力量。党的十九大精神是“红船精神”的延续和发展,更是“红船精神”的深化和升华。要把宣传十九大精神与弘扬“红船精神”结合起来。宣传好贯彻好十九大精神是当前和今后一个时期全党的首要政治任务。十九大报告的主题是:“不忘初心,牢记使命,高举中国特色社会主义伟大旗帜,决胜全面建成小康社会,夺取新时代中国特色社会主义伟大胜利,为实现中华民族伟大复兴的中国梦不懈奋斗。”习近平同志带领中央政治局常委同志瞻仰南湖革命纪念馆时深刻指出,“事业发展永无止境,共产党人的初心永远不能改变”。大力学习弘扬“红船精神”与学习贯彻十九大精神是高度一致的,只有紧密结合起来学,才有助于更深刻地理解中国共产党人的初心使命，才能更深入思考中国共产党人当初是从哪里出发的、为什么出发的。要勇立传播十九大精神的潮头。学习贯彻好十九大精神和“红船精神”，关键是学习贯彻好习近平新时代中国特色社会主义思想。作为马克思主义中国化的最新理论成果，习近平新时代中国特色社会主义思想是我们必须长期坚持的指导思想。在学习贯彻党的十九大精神和“红船精神”的过程中，要紧抓习近平新时代中国特色社会主义思想这一党的十九大的最大亮点，在学懂弄通做实上下足功夫。不但要能够内化于心、外化于行，还要积极推动习近平新时代中国特色社会主义思想进课堂、进教材、进头脑，为培养教育中国特色社会主义事业的建设者和接班人作出应有贡献。

23. 如何通过弘扬“红船精神”来开展革命优良传统教育?

答：对于继承和发扬革命优良传统，习近平总书记历来十分重视。他在党的十九大报告中论述坚持社会主义核心价值体系和发展中国特色社会主义文化时，都强调了革命文化的重要性。习近平总书记多次到上海一大会址、南湖红船、井冈山、遵义、延安、西柏坡等地，重温革命精神。习近平总书记指出，“‘红船精神’正是中国革命精神之源：中国共产党历史上形成的优良传统和革命精神，无不与之有着直接的渊源关系”。这一论述告诉我们，“红船精神”与“井冈山精神”“长征精神”“延安精神”“西柏坡精神”等是一脉相承、有机统一的，共同构成了中国革命精神的宝库。“红船精神”体现了早期共产党人的价值追求，是其他革命精神的思想源泉和基础。我们在弘扬“红船精神”、开展革命传统教育时，要将重点放在宣传早期中国共产党人的首创精神、奋斗精神、奉献精神上，以充分展现他们为理想信念而不懈奋斗的政治品质和人格风范。

24. 中央党校建立“红船展览室”，宣传“红船精神”，产生的影响和背后的深意有哪些?

答：2015 年，是习近平总书记提出“红船精神”10 周年，浙江省嘉兴市委市政府按相同比例仿制了一艘“红船”赠予中央党校。中央党校校委认为红船体现了中国共产党人的初心和使命，对党校学员具有党性教育的作用，于是决定将这艘仿制的“红船”放置在中央党校掠燕湖上，并建立了“红船展览室”。不久又将“一大代表”群雕像放置在旁边，还在“红船”旁边的凉亭上题写了“不忘初心”匾额。这样，就在中央党校校园内打造了一个以“红船”为中心的党性教育基地。党校新学员进校，学校都要组织他们到这个教育基地进行不忘初心和使命的教育。从实际效果看，“红船”党性教育基地对提升学员的党性修养发挥了十分重要的作用，中央党校学员不仅深入了解了党的创建历史，而且对“红船精神”有了更深刻的理解。在潜移默化中，学员的责任感和使命感增强了，理想信念坚定了。“红船”已成为中央党校党性教育的一大亮点，不仅每天有很多学员前来瞻仰参观，许多外单位党组织和党员干部也慕名前来瞻仰参观。其中深意，就是不忘初心、牢记使命，就是让“红船精神”绽放时代光芒，激活共产党人的红色基因。“红船精神”所承载的首创精神、奋斗精神、奉献精神，是激励我们党顽强奋斗、不断发展壮大的精神动力，是我们党立党兴党、执政兴国的宝贵精神财富，也是新时代坚持和发展中国特色社会主义的坚强精神支撑。红船，不管停靠在哪里，已深深融入共产党人的精神血脉，化为引领中华民族伟大复兴的红色基因。总之，“红船精神”是中国共产主义的先驱者留给我们的宝贵精神财富，我们应该按照习近平总书记的要求，结合时代特点，把这一精神财富发扬光大。中央党校拥有“红船”党性教育基地，在弘扬传承“红船精神”方面，一定要走在前面。

25. 掌握“红船精神”的真谛、践行共产党人的使命，要把什么放在首位?

答: 掌握“红船精神”的真谛、践行共产党人的使命，要旗帜鲜明地把政治建设放在首位。我们党自诞生之日起，就以信仰马克思主义、创造一个新的社会为己任。党的一大宣告了中国共产党的正式成立，从此中国的政治局面翻开了新的一页，走向了无产阶级革命取得胜利的一个新时代，中国共产党明确宣布以马克思列宁主义为行动指南，“彻底断绝与资产阶级的黄色知识分子及与其类似的其他党派的任何联系”，中国共产党把马克思主义的普遍原理与中国的具体实际相结合，使中国革命的面貌为之一新。但是，党的一大并没有解决党的政治问题，在政治立场、党内原则、组织制度方面仍然存在着各种缺陷和问题。因此，从1921年到1935年，中国共产党既有从小到大的快速发展，也曾多次遇到政治军事上的重大挫折，面临生存危机的严峻考验。直到遵义会议的召开，实质上确立了毛泽东同志在党和红军中的领导地位，党的政治建设取得了重要进展，在最危急的关头挽救了党、挽救了红军、挽救了中国革命。当前，世情国情党情与一大相比，发生了天翻地覆的变化。但是，党在长期革命、建设和改革中形成的讲政治、讲规矩、讲纪律的优良传统并没有过时，还需要进一步增强。我们要坚决维护以习近平同志为核心的党中央权威和集中统一领导，进一步提高党的领导水平和执政能力，加强和完善党的政治建设，保持党的先进性和纯洁性，永葆共产党人的政治本色。

26. 新时代掌握“红船精神”的真谛、践行共产党人的使命，要怎样加强全党思想理论武装建设?

答：掌握“红船精神”的真谛、践行共产党人的使命，要坚定自觉地用马克思主义中国化创新理论成果武装全党头脑、教育人民。思想建设是党的基础性建设。全党的思想建设水平，直接决定了我们党的领导力量和执政绩效。党的一大代表董必武同志曾经在1963年12月，为南湖一大会址题写了“烟雨楼台，革命萌生，此间曾著星星火；风云世界，逢春蛰起，到处皆闻殷殷雷”，寓意“党的一大”的巨大历史影响，指出自从党诞生后，中国大地波澜壮阔、天翻地覆。作为从红船走出来的、我们党的创始人之一，董必武同志一生坚定马克思主义信仰，始终以党和人民的“老牛”自勉，他常说：“我们的党是为群众利益服务的，如果不为群众服务，还要组织共产党干什么?”当前世界上正是各种思潮多元激荡、多种观念你方唱罢我登场的时期，中国共产党党员要向董必武同志等一些党的一大的优秀代表学习，以“咬定青山不放松”的态度，牢记党的宗旨，用习近平新时代中国特色社会主义思想武装头脑、教育人民、净化心灵，解决好世界观、人生观、价值观这个“总开关”问题，经得起千锤百炼、惊涛骇浪，自觉地为实现新时代党的历史使命不懈奋斗。

27. 新时代掌握“红船精神”的真谛、践行共产党人的使命，要如何开拓创新？

答：掌握“红船精神”的真谛、践行共产党人的使命，要持之以恒地为新事业开拓创新。1930年，毛泽东同志在展望革命的胜利的时候，曾经满怀激情地指出，“它是站在海岸遥望海中已经看得见桅杆尖头了的一只航船，它是立于高山之巅远看东方已见光芒四射喷薄欲出的一轮朝日，它是躁动于母腹中的快要成熟了的一个婴儿”。从党的一大到党的十九大，中国共产党的“红船精神”照耀着前行的路，正在驾驭“中国号”这艘巨轮驶入全面建成小康社会、建设社会主义现代化强国的新航道，迎接中华民族伟大复兴的曙光。面对新形势新机遇新挑战，我们要进一步解放思想、实事求是、与时俱进、求真务实，以改革创新的进取精神全面增强改革创新的本领，在各自的岗位上结合实际创造性地推动工作，争做坚定的奋进者、搏击者，在浩荡的大时代成为勇于前进的弄潮儿。更为重要的是，我们要学习和继承“红船精神”开天辟地、敢为人先的改革锐气，敢于打破“本本”里的条条框框，敢于突破前人的经验和智慧，在党的十九大精神指导下，推动新的实践、开拓新的局面、再创新的辉煌。

28. 为什么说新时代弘扬“红船精神”，必须毫不动摇地坚持党要管党、全面从严治党？

答：南湖红船是我们党最早立规矩的地方，“一大”党纲中对财经纪律、保密纪律、政策监督等作了明确规定，可见我们党与生俱来就拥有从严治党的优良基因。十九大报告强调，全面从严治党永远在路上，打铁必须自身硬。我们要深刻认识“四大考验”的长期性、复杂性，“四种危险”的尖锐性、严峻性，保持正视问题的自觉、刀刃向内的勇气，以党的政治建设统领党的建设，不断提高自我净化、自我完善、自我革新、自我提高的能力，确保党始终成为时代先锋、民族脊梁。